탈서구중심주의와 그 너머 1

탈서구중심주의와 그 너머 1

: 현대 한국 정치 이론의 공간적 지평

1판 1쇄 | 2022년 2월 18일

지은이 | 이관후, 이지윤, 장우영, 장인성, 전재호, 정승현, 정종모, 최일성, 황종원

펴낸이 | 정민용
편집장 | 안중철
편   집 | 강소영, 심정용, 윤상훈, 이진실, 최미정

펴낸 곳 | 후마니타스(주)
등록 | 2002년 2월 19일 제2002-000481호
주소 | 서울 마포구 신촌로14안길 17(노고산동) 2층
전화 | 편집_02.739.9929/9930 영업_02.722.9960 팩스_0505.333.9960

블로그 | blog.naver.com/humabook
트위터, 페이스북, 인스타그램 | humanitasbook
이메일 | humanitasbooks@gmail.com

인쇄 | 천일_031.955.8083 제본 | 일진_031.908.1407

값 25,000원

ISBN 978-89-6437-394-1 94300
       978-89-6437-393-4 (세트)

탈서구중심주의와 그 너머

1

현대 한국 정치 이론의 공간적 지평

POST
EURO
CENT
RISM

이관후 이지윤 장우영 장인성 전재호 정승현 정종모 최일성 황종원 지음

후마니타스

| 책 출간에 붙여 |

이 책은 서강대학교 '글로컬사회문화연구소'(이하 '연구소'로 표기함)의 연구 결과물이다. '연구소'는 한국연구재단의 후원을 받아 2011년부터 3단계의 연구를 수행해 왔다. '서구중심주의의 사상적 극복 가능성에 대한 예비적 모색'(소형 단계), '탈脫서구중심주의를 지향하는 다양한 사상적 대응의 비판적 검토: 이론적 심화와 지역적 확장'(중형단계), '탈脫서구중심주의적 미래의 모색: 교차·횡단·공존의 사상적 모델을 찾아서'(대형단계)라는 제목의 연구들이다. 소형단계에서는 우리 자신과 학계의 뿌리 깊은 서구중심주의를 반성하면서 극복 가능성을 성찰했다. 중형단계에서는 탈서구중심주의의 이론과 방법을 모색하면서 다양한 지역의 탈서구중심적 대응 사례를 검토했다. 대형단계에서는 비교사상 연구를 통해 탈서구중심주의를 지향하는 대안적 사상을 마련하기 위한 이론적 자원을 확충·심화

하고자 했다. 특히 한국과 동아시아라는 공간적 지평 위에서 전개된 역사를 반추하고, 현대 과학기술의 혁신적 발전이 만들어내는 정치적 함의를 면밀히 추적함으로써 대안적 사상 모델을 구체화하고자 했다. 소형과 중형단계의 연구결과들은 이미 단행본으로 출간되었고, 이 책은 대형단계의 연구 결과를 정리한 것이다.

1. 한국 정치사상의 당면 과제

사상은 '개념으로 포착된 그 시대'이다. 즉, '시대의 흐름, 전개, 그 최종적 결과를 일정한 인식 틀에 따라 포착함으로써 개념적 일관성을 부여'하는 것이다. 또한 이 과정에서 '한 공동체가 겪었던 역사적 경험을 반성하면서, 보다 발전된 형태로 계승하는 작업'이기도 하다. 한 공동체를 건전하게 유지·존속하고, 다음 세대로 계승하자면, 이런 과제는 피할 수 없다.

한국은 19세기 말 이래 수다한 이념이 엇갈리며 격렬하게 대립했다. 지금도 그 여진餘震이 계속되고 있다. 그래서 근대 한국 정치사를 사상적으로 개념화하여 파악하는 작업은 한층 중요하다. 이런 과정 없이 정신적 성숙은 불가능하다. 정신적 성숙은 자신을 돌아보고 반성하는 가운데 보다 높은 단계로 이행할 때 가능하기 때문이다. 때로는 돌아보고 싶지 않은 과거와 마주하고, 떠올리기 힘든 기억을 끄집어내며, 인정하고 싶지 않은 과오를 되새기는 고통스러운 작업이 동반될 것이다. 정치공동체 역시 이 단계를 생략하고서는 새로운 단계로 옮겨 가기 어렵다. 해방 이후 산업화, 분단 극복, 민주화를 지향하면서 근본적 변화를 겪어온 한국 역시 그 경험에 걸맞은 정신적 심화가 동반되지 않으면 '선진국가', '일류국가'로 올라서기 어렵다. 이념 갈등과 정치적 혼란에서도 벗어나기 어려울 것이다.

한국 정치사상이란 한국에서, 한국 정치사상을 연구하는 것만으로는 부족하다. 한국 사회의 역사적 경험을 사상적으로 재구성함으로써 당대의 시급한 문제와 대면하고, 한국 사회의 근본적 질문에 해답을 줄 수 있는 사상적 자원을 마련해야 한다. 그럴 때 비로소 그것을 '생명력 있는' 한국 정치사상으로 부를 수 있을 것이다. 한국의 정치사상은 가장 절박한 문제를 극복하기 위한 사상적 비전을 제시해야 한다. 그 과정에서 현실을 개념적으로 재구성해내는 '독자적인' 인식 틀이나 연구방법이 만들어진다면, 세계 학계에서 '한국 정치사상' 분야를 확립할 수도 있을 것이다. 하지만 현대 한국 정치의 3대 과제를 산업화, 분단의 극복, 민주화라고 했을 때, 의미 있는 성과를 거두었다고 하기는 어렵다.

한편 정치사상은 이상적인 정치공동체의 비전과 운동을 담고 있다. 그런 점에서 정치사상은 미래의 삶을 지향하는 좌표이자 시공간을 초월하는 보편성을 갖고 있다. 그러나 정치사상의 보편성은 정치적 헤게모니에 깊은 영향을 받는다. 동아시아 전통 정치사상에서 유교가 보편성을 갖게 된 것은 중국 중심의 질서라는 현실적 헤게모니 때문이다. 근현대 서구 정치사상의 보편성은 자본주의와 근대국가의 헤게모니를 장악한 서구의 물질적 힘이 배경을 이루고 있다. 한국도 근대화라는 이름으로 서구화를 추진하지 않을 수 없었다. 이에 따라 서구적 개념과 이론체계, 세계관에 따라가지 않을 수 없었다. 그 결과 서구 정치사상의 보편성이라는 인식에서 벗어나기 어려웠다.

한국의 정치사상 연구자들은 현대 한국 정치에서 가장 중요하고 심각한 문제에는 대체로 소홀한 편이었다. 그보다는 서구 정치사상이 제시한 추상적 개념, 예컨대 정의, 공동체, 자유 등의 연구에 몰두했다. 그러나 서구정치사상의 문제 틀에 함몰되어 자신이 발 딛고 서있는 시공간의 문제를 외면한다면 한국 정치사상은 존재의 의미를 찾기 어렵다. 플라톤, 헤겔, 마르크스, 로크, 홉스 등 서구 정치사상은 물론 공자, 맹자, 순자, 노자 등 중국 사상가들, 그리고 다산, 혜강 등 실학자의 정치사상은 바로 그때, 그곳의 가장 시급한 문제를 정면으로 다루고자 했던 현실적 대결의식의 산물이었다.

'미네르바의 부엉이'처럼 한국 근대 정치사를 사상적으로 깊이 포착하려면 근대화의 과제가 어느 정도 완성되어야 한다. 한국은 해방 이후 수많은 굴곡을 거쳤다. 물론 아직도 남북 분단, 민주주의의 심화, 지속가능한 경제발전이라는 과제를 안고 있다. 그럼에도 불구하고, 경제발전은 물론 민주주의에서 눈부신 성과를 거두었다. 이제 한국 사회과학의 자생적 성장을 논할 수 있는 단계에 이르렀다. 그러나 이러한 작업이 제대로 진척되지 않는 가장 큰 이유는 그 필요성이 절박하게 인식되지 않았기 때문이다. 그 주요한 원인 중 하나를 서구중심주의에서 찾고자 한다.

2. 서구중심주의란 무엇인가?

유럽중심주의/서구중심주의Eurocentrism는 "유럽을 자신의 세계관의 중심에 두는 생각이나 실천"(『옥스퍼드영어사전』)으로 정의된다. 유럽 또는 서구는 미국과 영국, 프랑스, 독일 등 서유럽을 포괄하는 용어이다. 즉 미국을 포함한 서유럽의 가치, 규범, 제도를 세계의 표준으로 받아들이고, 비서구인이 거기에 스스로를 일치시키고자 하는 인식과 행동을 가리킨다.

서구중심주의는 대체로 세 가지 명제로 구성되어 있다. 첫째, 근대 서구문명은 인류역사의 발전단계 중 최고의 단계에 도달해 있다(서구 우월주의). 둘째, 서구문명의 역사발전은 서양뿐 아니라 전 인류역사에 보편적으로 타당하다(서구 보편주의). 셋째, 역사발전의 저급한 단계에 머물러 있는 비서구사회는 서구가 달성한 문명화 또는 근대화를 통해 서구문명을 모방하고 받아들임으로써만 발전할 수 있다(서구화).

서구중심주의는 문화제국주의, 혹은 비서구인의 '의식의 식민화'로도 부를 수 있다. 핵심은 서구가 자신의 세계관, 규범, 가치를 비서구에 부과하고, 비서구는 스스로를 이에 일치시키려는 것이다. 비서구는 서구의 제도와 관행을 인류 보편으로 인정하고, 거기에 못 미치는 자신의 현실을 경멸하거나 아쉬워하면서, 토착적인 문화와 정체성을 스스로 무시하거나 경멸하게 된다. '서구=좋은 것=바람직한 것'이 되는 반면, '비서구=저발전=나쁜=바람직하지 않은 것'이 된다. 예를 들면, '서구'를 설명할 때는 '합리적, 이성적, 과학적, 진보적, 논리적, 활동적'이라는 용어가 사용되고, 비서구에는 그 반대이다. 이렇게 서구는 세계의 중심이자 보편이 되며, 비서구는 그것을 당연한 것으로 받아들이는 것이다.

서구중심주의의 뒷면은 오리엔탈리즘이다. 오리엔탈리즘은 요컨대 '비서구에 대한 서구의 왜곡과 편견'이다. 그 본질은 서양을 우월한 존재로, 비서구를 열등한 존재로 이분화하는 것이다. 비서구에 결여된 것은 민주주의, 시장경제, 인권 등이다. 그것을 갖춰서 서구와 같아질 때만 비로소 중심부로부터 인정받고, 세계 역사에 참여하게 된다. '중심부로부터 인정받는다'는 것이 매우 중요하다. 아무리 비서구가 눈부신 성과를 거두어도 중심부에서 인정해주어야 한다. 나의 눈이 아니라 남, 즉 서구의 눈이 판단 기준이다.

역사적으로 서구중심주의는 서구 제국주의와 인종주의의 산물이다. 제국주의를 통해 유럽은 자신의 세계관과 가치체계를 모든 비서구인에게 강요하고 주입할 수 있는 물리적·문화적 힘을 갖게 되었다. 여기에 더하여 서구는 백인종이 세계에서 가장 우월하다는 인적 편견까지 확산시켰다. 그 결과 비서구는 서구문명을 유일한 보편적 대안으로 인식하는 서구중심적 세계관을 내면화하여, 독자적인 세계관을 형성하지 못하고 궁극적으로 자기소외에 이르게 되었다.

서구 사회과학은 특정한 사회의 역사적 산물이다. 비록 보편성의 외투를 걸치고 있지만, 그것 역시 서구의 고유한 역사적 경험의 산물이다. 그러나 서구가 도달한 현재의 모습을 전범典範으로 설정하고 '목적론적 근대화'의 길을 밟았던 비서구는 서구 사회과학이 안고 있는 역사성과 고유성마저 자신의 것으로 내재화하려는 문제를 드러냈다. 예를 들면, 자기가 속한 사회의 시급한 문제보다는 서구 학계의 최신 쟁점에 더 관심을 쏟는 현상, 그리고 서구의 시각과 이론으로 자기 현실을 평가하면서 서구의 '모범적' 이론에 미치지 못하는 비서구의 현실에 자괴감을 느끼는 일들이 생기는 것이다. 한국 사회과학도 그동안 자신의 눈보다는 서구의 눈으로 자기 현실을 파악하고, 자신의 현실은 주변화시키는 '서구중심주의의 폐해'를 드러냈다. '학문의 대외 종속성' 혹은 '식민지화'라는 비난에서 자유로울 수 없는 것이다. 한국 정치사상 부문에서 이같은 서구중심주의의 폐해는 어떻게 나타나고 있을까?

3. 한국 정치사상과 서구중심주의

서구중심주의가 한국 정치사상 연구자들과 한국 정치사상에는 어떤 형태로 투영되고 있을까?

첫째, 문제의식의 서구화이다. 19세기 말부터 대다수의 한국 사상가들은 서구사상의 이해에 몰두해왔다. 이에 따라 전통 사상을 연구하는 학자들은 물론, 당대의 정치현실을 통찰하려는 이론가들 역시 서구 정치사상의 틀에 함몰되었다. 그 결과 자기 사회에 대한 독자적인 문제의식을 형성하지 못하고 자기 사회의 맥락과 유리된 문제의식을 갖게 된다.

한때 유행했던 온갖 종류의 '포스트'가 그런 사례다. 근대화를 달성한 서구에서는 탈근대 혹은 근대 이후를 전망하고 설계하는 포스트가 타당하다. 하지만, 자유·인권·법치·민주주의 등 근대의 가치조차 제대로 완성하지 못한 우리의 현실에서 그런 이론들은 적실성이 크지 않았다. 서구에서 왕성하게 논의되고 있다는 이유로, 그 이론은 '빌려온 정당성'을 누렸다. 이에 따라 한국사회의 절박한 문제들을 사상적으로 재구성하려는 노력은 외면되고, 한국사회의 문제들이 서구적인 문제로 환원되면서 고도로 추상성이 높은 관념의 세계로 증발해버린다.

둘째, 서구 이론에 따른 한국 사상의 동화주의적 해석이다. 어느 사상이나 원산지가 있고 수입국이 있다. 수입국은 자신의 문제의식과 맥락에 맞게 그 이론을 받아들여 수정·보완한다. 그 과정에서 자신의 상황에 맞도록 사상의 재맥락화 작업이 진행되며, 궁극적으로는 사상의 토착화가 이루어진다. 서구 자유주의도 영미권, 프랑스, 독일 등 지역에 따라 그 성격은 조금씩 다르다. 그 사상을 받아들인 문제의식과 사회상황이 다르기 때문이다.

그런데 비서구 학자들은 서구의 세련된 이론에 비추어 그에 모자라는, 혹은 그 이론과 어긋나는 부분을 들어 비서구 사회를 비판한다. '한국 자유주의는 가짜', '한국의 보수는 사이비' 등의 비난도 그 한 예일 것이다. 누구와 견주어 가짜 혹은 사이비인가? 결국 서구 어느 나라의 '오리지널'과 다르다는 말이다. 이렇게 비서구의 사상은 언제나 서구 정치사상의 그림자에 불과하고, 서구 원산지 이론에 못 미치는 성토의 대상이 된다. 결국 사상을 원본과 다르게 만든 한국 사회의 문제의식, 그 문제의식에 따른 사상의 수정과 변용, 그렇게 해서 만들어진 '한국판 ○○주의'의 독특한 성격에 대한 물음은 사라진다.

셋째, 정치사상 분야들 사이의 단절이다. 서구 정치사상가 혹은 이론가들이 항상 인용하는 플라톤, 아리스토텔레스, 홉스, 로크, 루소, 마르크스 등은 서구의 전통이다. 그 전통에 입각하여 논변을 제기하며 동시대의 문제의식에 맞게 사상을 재구성한다. 우리의 정치사상 분야는 서양 정치사상, 동양 정치사상, 한국 정치사상으로 나누어져 있는데, 각 분야별 지적 교류가 거의 없다. 서양 정치사상의 연구자들은 전통 정치사상을 잘 언급하지 않는다. 심하게 말하면, 알려고 하지도 않는다. 동양 혹은 한국 정치사상의 경우, 서양 정치사상의 패권이 워낙 강하기 때문에 서양의 대가들을 인용하지만, 서양의 사상을 끌어들일 뿐 더 깊이 알려고 하지 않는다.

서구의 학문은 세련된 논변과 이론적 도구를 갖추었다. 이 때문에 서구 학문이 세계의 학문 표준으로 자리 잡고 있다는 사실을 무시하면 안 된다. 본 연구가 지향하는 탈서구중심주의는 서구 학계의 학문적 성과를 인정하고 서구의 지적 자원을 충분히 활용하고자 한다. 나아가 그것을 우리의 문제의식과 맥락에 맞게 재구성하여, 궁극적으로는 '자신의 눈으로 자신이 속한 세상을 바라보는' 이론을 만들고자 한다. 이 작업에는 전통 정치사상과 서양 정치사상의 풍부한 지적 유산이 모두 필요하다. 난점은 이 분야들 사이의 지적 교류가 잘 이루어지지 않고 있다는 사실이다. 심하게 말하면 거의 단절에 가깝다. 서구의 지적 자원과 학문적 방법을 빌려 전통 정치사상을 현대적 맥락에 맞게 재구성하려는 노력, 전통 정치사상의 자원을 원용한 서구 정치사상의 창조적 재해석은 계속 미루어지고 있다.

다음으로 한국 현대 정치사상에서 투영된 서구 중심주의의 그림자를 살펴보자.

서구와 비교하여 한국 현대 정치사상의 가장 중요한 특징은 자유주의, 보수주의, 급진주의 등 서구의 여러 이데올로기들이 압축적·동시적으로 유입, 수용되었다는 사실이다. 그리하여 정치사상이 내재적 계기를 거치며 자생적으로 성장하기보다, 그 계기를 생략·압축한 채 외형만 수용되는 양상을 보였다. 물론 19세기 말 이래의 역사적 도전에 대응하여 서구 정치사상을 이해하고 정착시키려는 노력이 부단히 경주되었다. 그 결과 1919년 상해임시정부는 민주공화국을 선포한 것이다.

다만 대한제국과 일제강점기, 해방 후 정치사상의 수용을 보면, 사상마다 일정한 시간적 차이를 두고 유입되었다. 중국으로부터의 독립과 일본을 모방한 문명화가 가장 시급한 과제로 대두되었던 1890년대에는 근대 민족주의가 형성되는 가운데 사회진화론과 자유주의가 먼저 도입되었다. 3·1운동 이후에는 민족주의와 사회주의가 갈등을 빚었다. 해방공간에서는 '이미' 들어와 있던 자유주의가 '자유민주주의'라는 이름을 갖고 사회주의와 치열하게 대립했다.

이러한 역사적 궤적에서 공통적으로 드러나는 특징은 세 가지이다. 첫째, 세계체제의 주변부인 한국이 외세에 의한 생존 위협을 극복하기 위한 방안을 모색하는 과정에서 사상의 수용이 이루어졌다는 점이다. 개화기 초기에는 서구의 사상과 이념은 배척하고 신문물만 받아들이는 방향을 취했다(동도서기). 하지만 점차 서구의 물질문명 이면에 독특한 사상이 내재되어 있다는 사실을 인식하게 되고, 그러한 사상도 도입해야만 문명개화를 이룩할 수 있다는 생각이 확산되었다. 이때 한국에 들어온 서구의 사상은 '빌려온 정당성'을 누렸다. '왜 정당한지' 설명할 필요는 없다. 중심부에서 왔다는 사실 그 자체로 당연히 정당한 것이 되는 것이다.

이처럼 서구를 우리가 도달해야 할 목표로 삼고, 그 수단으로 도입된 사상 역시 '당연히' 옳고, 또 우리에게 필요한 것이라는 전제가 이미 개화기부터 마련되었다. 이러한 인식 아래 '어떻게' 하면 우리도 '빨리' 그것을 실현할 수 있는가 하는 문제가 초미의 관심사가 되었다. 민주주의 여건이 취약함에도 불구하고 대다수 한국인이 이미 민주주의가 바람직한 제도라는 데 합의했다는 사실에서도 그런 점을 엿볼 수 있다. 우리에게는 '왜 민주주의'보다는 '어떻게 그 실현'이 중요한 문제였던 것이다. 사회주의의 경우에도 마찬가지였다.

둘째, 서구 사상이 문명, 개화, 독립, 생존이라는 목표의 실현을 위해 도입되었기 때문에 사상의 현실적 유효성 여부가 대단히 중요했다. 곧 그것이 우리에게 왜 필요한 것인지 내재적인 철학적 기반이나 세계관의 면밀한 이해와 검토에 앞서, 우리에게는 그 사상이 얼마나 부국강병, 근대화, 독립 등의 목표에 '얼마나 더' 기여할 수 있느냐가 중요했다. 따라서 서구 원산지에서 전래된 이념이 한국 현실과 충돌하거나 근본적으로 모순된 요소를 갖고 있더라도, 국가의 목표라는 상위의 가치를 더 잘 실현시킬 수 있다면 적극 수용되었다. 이른바 '한국적' 이념으로의 '창조적' 변형이라는 수사가 그 것이다. 역대 권위주의 정권은 국가안보, 경제성장, 반공을 우위에 놓고, 자유민주주의 앞에 '한국적', '행정적' 등 각종 수식어를 붙였다.

셋째, 한국의 근대 정치사상은 국가, 민족의 생존이라는 절박한 과제의 실현을 위한 이념적 도구로 수용되었다. 이 때문에 어떤 이념도 정당성을 입증하기 위해서는 민족주의의 틀에서 벗어날 수 없었다. 애국계몽기 개화지식인들은 국가의 독립과 부국강병을 위한 방편으로 민주주의 혹은 자유주의 도입을 논의했다. 1920년대 자유주의와 사회주의는 민족해방의 방법을 둘러싸고 큰 갈등을 빚었다. 아울러 해방 후 자유주의와 사회주의는 근대국가의 대안을 둘러싼 이념 대립이었다. 권위주의 정권은 먼저 부국강병을 달성하기 위해 자유를 유보하는 것이 불가피하다는 '한국적' 민주주의를 주장했다. 반면 저항적 자유주의는 먼저 민주주의를 이룩해야 부국강병도 가능하다고 맞섰다. 그렇지만 양측 모두 한국이 '세계에 자랑스러운 국가와 민족'이 되어야 한다는 최종 목적에는 의견이 같았다.

반공의 틀을 깨고 근본적으로 다른 발전 패러다임을 제기한 1980년대 급진주의 진영 역시 민중·민주·민족이라는 슬로건에서 보듯 민족의 자장磁場에서 결코 자유롭지 못하였다. 이들은 여전히 보수진영을 친일, 친미파 집단으로 비판한다. 한편 진보진영에 대한 한국 보수진영의 비판 역시 민족주의 수사학이다. 보수진영은 진보진영의 입장이 진정한 민족 이익에 배치된다고 비판한다. 다시 말해 한국의 정치 이념은 국가와 민족의 생존, 강국强國의 수사학에 간혀있다. 진보진영 역시 이러한 틀을 벗어나기 쉽지 않다.

정치사상은 당면한 사회경제적 문제를 진단하고, 어떻게 대응할 것인지에 대해 방향을 설정하는 역할을 한다. 서구가 완제품으로 내놓은 답변들을 추종할 때, 그리고 더 빨리 그리고 가장 효율적으로 서구를 따라잡는 것이 최우선의 목표였을 때는, 우리 사회가 밟아온 근대화의 경로를 반성하고 이를 바탕으로 장기적인 국가적 비전을 정립하는 과제는 뒤로 미루어졌다. 물론 한국 사회는 압축적 근대화를 통해 '민족국가의 수립', '민주주의의 형성', '사회경제적 근대화'라는 근대화의 핵심 의제를 성공적으로 달성했다. 그러나 현재 사회적 양극화의 심화, 다문화사회로의 진입으로 야기된 국민 정체성의 문제, 민주화 이후 불거진 민주주의의 위기, '4차 산업혁명'으로 인한 급속한 사회 변동과 혼란 등 다양한 도전과 위기에 직면하고 있다. 이런 문제들에 대한 적절한 대응을 가로막고, 맹목적으로 서구의 가치를 '표준'으로 삼는 인식의 편향성, 즉 서구중심주의를 지양해야 한다는 데서 우리의 작업은 출발한다.

4. 탈서구중심주의 전략:
교차와 횡단, 공존과 융합

중심주의를 극복하기 위한 전략은 동화적assimilative; integrative, 역전적reverse; counter, 해체적deconstructive, 혼융적hybrid, syncretic 전략으

로 구분된다. 이를 서구중심주의에 대한 대응에 적용하여 구체화하면 다음과 같이 정리할 수 있다.

첫째, 동화적(또는 통합적) 전략은 비서구사회가 서구 문명이 성취한 보편적인 의미·결과를 수긍하면서 서구의 제도·관행·가치·문화 등을 적극적으로 수용하고, 그것에 동화(통합)하려는 전략이다. 즉, 서구적 가치의 구현을 통해, 서구와 어깨를 나란히 함으로써 서구중심주의를 극복하려는 시도이다. 서구 사상에 의거해서 한국의 과거와 현재를 조망하고 서구의 현실에 대해서도 내재적인 비판을 할 수 있다고 보기 때문이다. 이런 시도는 종종 자본주의 맹아론처럼 한국의 과거에서 근대화·서구화로 진척될 수 있던 자생적 가능성과 한국 사회를 침체로 몰고 간 전통 가치 체계를 비판하는 노력으로 이어진다.

둘째, 역전적 전략은 서구 문명이 강압적으로 부과한 패권적 담론의 보편성 또는 우월성을 부정함으로써 동화를 거부한다. 나아가 자신이 속한 문명의 제도·관행·가치·문화의 독자성, 우월성 또는 보편성을 주장하고, 그것을 보존·강화하려는 전략이다. 전통적 가치 체계의 예외적이고 독특한 성격을 중시하고 서구적 가치의 보편성을 부정하는 시도라고 할 수 있다. 그런데 이 전략은 한국 사회의 부정적인 현실의 원인조차 서구 사상에 의한 왜곡에서 찾고 서구적 가치의 긍정적인 측면들까지도 거부하는 경향을 갖는다. 서구문명의 도전에 대응한 지금까지의 시도들은 대개 동화적 전략과 역전적 전략에서 벗어나지 못했다.

셋째, 해체적 전략은 푸코의 지식/권력 이론에 힘입은 것이다.

서구가 자신과 비서구의 차이를 서술하고 재현하는 과정 — 곧 지식의 생산과정 — 에는 이미 권력이 함축되어 있다. 서구중심주의는 바로 이러한 권력의 담론을 인식하는 데서 출발한다. 그리고 이 지식/권력을 벗어나 타자(비서구)를 서구에 종속시키지 않으면서 재현할 수 있는 대안적 형태의 지식을 창조하고자 한다. 이 전략은 중심과 주변의 구분 또는 이를 가능케 하는 이항대립적 차이들(예를 들면 문명/야만, 현대/전통), 그리고 그 차이들을 규정하는 기준들이 단지 지배와 억압을 위해 중심에 의해 인위적으로 조작·구성·부과된 것으로 본다. 더 나아가 이러한 구분·대립·차이들이 사실상 또는 이론상 타당한 근거가 없다는 점을 들어, 그것을 해체하는 데 주력한다.

넷째, 혼융적 전략이란 서구의 일정한 이념이나 제도 등을 수용할 때 동화적·역전적 전략의 장점을 적극 수용하는 한편, 두 전략이 전제하는 서구와 비서구의 부당한 이항대립을 해체함으로써 앞의 세 전략들을 복합적으로 활용하는 시도이다. 혼융적 전략은 서구 문명과 비서구 문명 간에 존재하는 차이를 수렴하는 동시에 해소되는 계기를 발견함으로써, 두 문명을 호혜적으로 공존시키고 융합하고자 한다. 어느 하나가 다른 하나를 배제하는 것이 아니라 서로의 차이들을 인정하며 융합시키고자 하는 것이다.

동아시아와 서구를 놓고 본다면, 이 전략은 동아시아 국가들이 서구 문명의 일정한 요소들 — 예를 들어, 자본주의, 민주주의, 과학기술 등 — 을 수용하는 과정에서 서구적인 것과 아시아적인 것을 선별적으로 취사선택하고, 양자의 차이를 보존·수렴·해소하는 혼융을 통해 자신들에게 적합한 새로운 종합synthesis을 창안해내는 것을 말한다. 이는 과거의 전통을 서구적 가치에 비추어 비판적으로 재해석하여 계승하는 한편, 전통에 비추어 서구문물을 수정하여 선별적으로 수용하고 그 과정에서 양자의 차이를 해소하거나 공존시키는 과정을 수반할 것이다. 그 과정에서 서구 문명의 우수한 요소의 모방 및 수용(동화적 전략), 그리고 자기 문명의 긍정적 요소의 보존 및 갱신(역전적 전략)을 통한 혼융적 종합이 형성될 것이다.

우리의 전략은 동화적·역전적 전략을 통해 서구중심주의를 극복하려 한 종래의 시도가 일정한 한계를 보였다는 인식에서 출발한다. 혼융적 전략은 공간을 가로지르고 시간을 횡단하여 문명 간의 대화, 과거와 현재의 대화, 교차 문화적 대화를 추구하는 것이다. 교차와 횡단을 통해서 서구의 일원적 보편성에 동화되지 않고, 또 특수성에 의거하여 보편성을 거부하지도 않는 공존과 융합이 가능해진다. 우리 연구는 문명·국가·집단 간의 호혜적이고 평등한 관계를 구축하는 해방 이데올로기를 형성하기 위해, 과거·현재·미래 그리고 서구와 비서구를 교차·횡단하는 연구방법론으로 혼융적인을 탐색해왔다.

서구중심주의를 극복하기 위한 비교의 지평은 정치공동체의 근본적인 필요와 문제의식, 곧 '공동체는 어떤 가치를 실현해야 하고, 그 가치를 어떻게 실현할 것이며, 시대적 변화에 어떻게 대응해야 하는가'에서 출발해야 한다. 서구중심주의의 폐해란 결국 이런 문제의식을 패권적 중심주의에 기대어 쉽게 해결하려고 함으로써 애초의 문제의식은 물론 문제를 인식하는 자신의 존재조차 망각하는 데 있다. 반면 공존과 융합의 비전은 중심의 부재가 아니라 '비패권적 중심' 혹은 '비누적적 중심'에 대한 통찰에 기반을 두고 있다. 즉 공존과 융합은 문명·국가·집단 간의 호혜적이고 평등한 관계에 대한 비전을 제공함으로써 서구중심주의의 기반을 허무는 토대를 마련하려는 연구 전략이다.

교차와 횡단의 전략은 서구중심주의에 기반을 둔 근대적 보편성에 의해 열등한 것으로 비하되거나 은폐되어 있던 타자들의 존재를 드러내고, 소통과 이해를 가능하게 만드는 데 목적을 두고 있다. 전략으로서 교차와 횡단의 개념은 공존과 융합의 비전을 토대로 삼고 있다. 공존과 융합의 비전은 서구와 비서구, 국가와 집단 간의 상호 이해와 소통에 기반을 둔 관계맺음에서 출발한다. 이를 통해 다층적이고 다원적인 서구적 가치와 비서구적 가치를 공동체의 주어진 조건과 과제에 맞추어 혼용하고 종합하여 최초에 수용된 것과 다른 새로운 것으로 창조해내는 것을 지향한다. 이러한 공존과 융합의 비전은 대안적 사상 모델이 한편으로 서구중심주의를 극복하기 위한 다양한 문화권의 시도는 물론 과거와 현재의 횡단이라는 거시적인 관점에서 일반적인 원칙과 이론을 정립해야 하지만, 동시에 한 정치공동체의 근본적인 필요와 문제의식 속에서 구체화되어야 한다는 것을 함축한다.

5. 대안적 사상 모델의 구축: 탈서구중심주의의 방법론

소형단계부터 대형단계까지 이 연구의 기본적인 문제의식은 정치사상의 영역에서 서구중심주의의 폐해를 극복할 수 있는 탈脫서구중심주의적 사상을 정립하려는 것이다. 탈서구중심주의post-Euro-centrism란 일차적으로는 서구중심주의 이후의 사상, 생각의 구조, 문화 사조 등을 의미한다. 문제는 접두사 'post'의 다양한 의미에 따라 탈서구중심주의가 다양하게 이해된다는 데 있다. 이 접두어에는 '이후'after, '반대'anti, '넘어서'trans, beyond라는 적어도 세 가지 의미가 있다. 이 연구는 탈서구중심주의를 세 번째 의미, 곧 서구중심주의라는 메타 이데올로기에 포함된 서구적 가치의 긍정적인 측면을 한편으로 수용하면서, 패권적 중심성을 극복하는 의미로 받아들인다.

이와 같은 탈서구중심주의는 서구의 패권적 중심성에 대한 비판적 성찰을 기반으로 하지 않은 채 서구중심주의 이후를 전망하거나 서구적 가치에 대한 전면적 부정만을 대안으로 삼는 사상과 거리를 둔다. 그것은 서구중심주의의 다원적·다층적 성격에 주목하고, 한 공동체의 주어진 조건 속에서 서구적 가치의 패권적 지배 구조를 공존과 융합의 구조로 변화시키는 시도를 함축한다. 이러한 작업을 위해 이 연구는 소형단계에서부터 서구중심주의를 극복하기 위한 (상위의) 방법론적 개념으로 '횡단성'transversality과 '교차 문화적 대화'cross-cultural dialogue를 강조했다.

교차와 횡단은 차이성을 가진 주체간의 소통을 통해 타자와 나를 동시에 변화시키는 사유의 운동이자 방법론이다. 이를 통해 서로 다른 사회의 '서로 다른 목소리'를 경청하고 타자의 독자성을 인정하며 상호간의 소통 가능성을 높이고 이를 토대로 다양성을 보존하는 종합을 이루고자 한다. 달리 말해, 교차와 횡단은 우리 자신을 타자의 시각으로 보고, 또 타자를 우리의 시각으로 교차해서 보는 과정을 통해 새로운 차이를 생성하는 것이다. 이 방법론은 차이에 대한 상호 이해와 중첩적 합의의 영역을 구축하고 넓혀 가는 것을 함의한다.

교차와 횡단의 방법론에 입각한 대안적인 탈서구중심주의적 사상 모델은 한편으로 서구중심주의에 대한 일반적인 비판적 성찰을 담고 있어야 한다. 다른 한편, 해당 정치공동체의 근본적인 필요와 문제의식을 반영해야 한다. 서로 다른 문명·국가·지역에서 서구중심주의의 발현과 수용 양상이 상이하고, 그에 따라 탈서구중심주의의 문제의식의 양태 또한 공동체의 조건에 따라 다양하기 때문이다. 또한 탈서구중심주의적 사상을 정립하게 위해 활용될 수 있는 사상적 자원도 지역의 문화적 전통과 역사적 맥락에 따라 각기 다양하다는 사실도 고려되어야 한다.

위와 같은 문제의식을 바탕으로 이 연구는 한국과 동아시아를 중심에 놓고, 탈서구중심적 사상의 모델을 정립하는 (하위의) 방법론적 원칙을 네 가지로 설정했다. ① '서양 정치사상의 한국화', ② '전통 정치사상의 현대화', ③ '현대 한국 정치의 사상화(또는 사상적 재구성)'가 그것이다. 그리고 이를 통해 ④ 지구화·정보화 시대에 한국의 탈서구중심주의적 미래 정치사상을 모색하는 것이다.

첫째, 서양 사상의 한국화는 서양 사상의 보편성에 의문을 제기하면서, 한국적 맥락에 비판적으로 수용하거나 그 대안을 고민하는 것이다. 둘째, 전통 사상의 현대화는 동아시아 및 한국의 전통 정치사상에 현대의 문제의식을 투영해서 그 사상을 확충하고 쇄신하는 작업이다. 위의 두 작업에는 전통 정치사상과 서양 정치사상을 비교·검토함으로써, 양자의 수렴가능성을 탐색하고 호환가능성을 확충하는 노력도 포함되어 있다. 이 경우 전통 사상의 관점에서 서양 사상을 비판하고, 서양 사상의 시각에서 전통 사상을 비판하는 교차 비판적인 작업은 서양 정치사상의 한국화는 물론 전통 사상의 현대화에도 크게 기여할 것이다.

셋째, 현대 한국 정치의 사상적 재구성은 현대 한국 정치의 독특성을 발견하여 독창적인 재구성을 시도하는 노력이다. 정치사상 연구자들은 한국 정치 현실에서 가장 중요하고 심각한 문제들이 무엇인가를 고찰하고, 이를 해결하기 위한 이론적 논변이나 사상적 비전을 전개해야 한다. 하지만 역설적으로 정치사상 연구자들의 노력이 가장 부진한 분야가 현대 한국 정치의 사상화 작업이다. 후발국으로서 한국의 3대 정치적 과제는 산업화, 민주화, 통일된 국민국가 건설이라고 할 수 있다. 21세기의 한국은 산업화와 민주화라는 목표는 어느 정도 달성했지만, 향후 한국 사회를 선도할 수 있는 이념적 좌표에 대한 공감대를 확보하지 못했다. 이를 타개하기 위한 작업이 현대 한국 정치의 사상적 재구성이다. 이러한 것들은 정치사상의 지평 혹은 존재 방식 자체의 전환을 촉진시키고, 한국 사회의 탈서구중심적인 장기적 비전을 제시하려는 의도의 소산이기도 하다.

넷째, 지구화·정보화 시대에 탈서구중심주의적 미래 정치사상을 모색하는 것이다. 과거나 현재에 머물지 않고 미래로까지 연구의 시간 지평을 넓히는 것이 필요하다. ICT 기술혁명에 따른 시대적 변화는 그 속도, 범위와 깊이, 시스템 충격이라는 측면에서 '제4차 산업혁명'으로 불리고 있다. 이 현상은 우리에게 위험과 가능성이라는 이중적 계기를 제공한다. 먼저 그것은 기술 격차의 확대를 통해 기존의 서구중심주의를 더욱 강화시킬 위험을 지니고 있다. 그러나 동시에 서구중심주의적 미래의 지속 가능성에 대한 비판을 통해 탈서구중심주의적 사상의 전개에 유리한 환경을 조성하기도 한다.

'탈서구중심적 미래정치사상'은 4차 산업혁명이 추동하는 미래 사회의 모습에 대한 서구학자들의 예견과 전망을 경계하는 데서 출발한다. 즉, 미래의 정치사상 역시 서구중심주의에 지배될 위험이 크기 때문에, 우리의 시각에서 미래상을 선제적으로 확보할 필요가 있다. 이처럼 지구화·정보화 시대에 한국의 탈서구중심주의적 미래 정치사상을 모색하는 것이 우리의 네 번째 방법론적 원칙이다.

이 연구는 기본적으로 탈서구중심적 한국 정치사상의 모델을 구축하려는 데 주안점을 두고 있지만 연구 공간을 한국으로 한정하지 않았다. 한국, 중국(대만), 일본 등 동아시아 국가들의 서구중심주의 극복 시도는 대안적인 사상 모델을 구체화하기 위한 공간적 지평이다. 공간적 지평으로서의 동아시아는 한국의 탈서구중심주의

사상을 정립하기 위한 직접적인 비교의 맥락을 제공한다. 한·중·일 3국은 동아시아 문명권 내에서 오랫동안 전통과 역사를 공유했지만, 근대 서구 문명의 수용과 변용의 과정에서 서구중심주의의 패권적 발현에 대해 제각기 다른 대응을 보여주었기 때문이다. '동아시아 현대 정치사상에서의 탈서구중심주의'는 전통 사상의 강국인 중국과 근대화를 선진적으로 달성한 일본의 정치사상에서 진행되었던 대안적인 탈서구중심적 시도를 발굴해 동아시아적 지평에서 탈서구중심적 정치사상을 모색하는 연구를 지칭한다. 다른 한편 이러한 시도는 전통적 사상 자원을 현대적으로 재해석하고, 현대를 비추는 거울로서 전통의 의미와 가치를 성찰함은 물론, 동과 서를 횡단하여 동아시아 사상과 서구 사상을 교차시키는 사상적 작업이기도 하다.

6. 이 책에 수록된 글들

지금까지 밝혔듯이 우리 연구진은 현대 한국 정치사상의 재구성, 동아시아 현대 정치사상의 서구중심주의 극복 시도, 비교 정치사상을 통한 탈서구중심주의의 이론과 개념의 심화·확충, 탈서구중심적인 관점에서 성찰되는 미래 사상 연구를 유기적으로 연결함으로써 궁극적으로 21세기 한국의 미래 정치사상의 모델을 정립하고자 했다. 그리고 그 방법론으로서 교차와 횡단, 공존과 융합을 제시했다.

정치사상은 비록 이론적인 측면에서 당장의 사회적 변화를 일으키지는 못할지라도, 기존 제도의 취약점을 지적함으로써 사회 구성원들의 사고를 흔들고, 나아가 '지식의 반란'을 일으키는 기반을 조성하여 사회의 근본적인 변화를 이끌어 낸다. 하지만 '교차와 횡단, 공존과 융합의 사상'이 하나의 해방 이데올로기로서 정립되기 위해서는 단지 이론상의 모델·기준·규범으로만 남아서는 안 된다. 그렇다고 실천적 효용성을 과도하게 강조하면 편협한 반지성주의에 매몰될 위험성이 있다. 반면 이론 내적인 일관성·정합성만을 추구할 경우 종종 해당 사회의 구체적인 맥락 및 당대의 변화와 동떨어질 수 있다.

우리는 실천적인 측면에서 해방 이데올로기로 기능하는 동시에 이론에만 함몰되지 않는, 그러면서도 일정한 내적 정합성을 갖춘 이론 모델을 제시하기 위한 노력들의 결과물을 2권의 책으로 나누어 출간하였다. 1권은 '연구의 공간적 지평', 2권은 '연구의 시간적 지평'을 탐구하고 있다. 공간적 지평과 시간적 지평을 구분하기는 했지만, 당연하게도 그 둘이 정확하게 분리되는 것은 아니다.

기본적으로 두 권 모두 한국, 일본, 중국에서 탈서구중심의 정치사상을 마련하기 위한 노력들을 이론화하는 데 주안점을 두었다. 1권은 현대 한국 정치의 이념, 이론, 개념을 분석하는 한편 현대 중국 정치와 일본 정치의 이념을 검토함으로써 한·중·일의 공간적 지평에서 탈서구중심의 문제의식을 개발하고 이론화하려는 글들로 구성되어 있다. 2권은 동서양 정치사상의 비교연구, 전통 정치사상의 현대화 작업을 통해 한국 정치사상의 과거, 과거의 변용과 새로운 모색, 그리고 현재의 상황을 검토한다.

좀 더 구체적으로 1권은 제1부 "현대 한국 정치 이념의 재해석"에서 급진주의, 보수주의, 민족주의 등 서구의 정치 이념이 현재 한국의 정치 현실에서 어떻게 재구성되고 있는지를 분석한다. 그리고 제2부 "현대 한국 정치의 이론적 쟁점"에서는 통상적인 이념 분류를 넘어 이론과 개념 중심으로 한국 정치 현실을 비판적으로 분석하는 작업을 수행한다. 마지막으로 3부 "현대 동아시아의 이념적 모색"에서는 한국 정치사상의 전개를 비교·성찰할 수 있는 동아시아 현대 정치사상에서 서구중심주의를 극복하려는 시도를 살펴본다.

제1부 "현대 한국 정치 이념의 재해석"의 1장인 정승현의 글은 현실 사회주의의 실패 이후에도 마르크스주의적 사회주의를 기반으로 삼거나 혹은 그 이념과 일정한 친화력을 갖고 '사회주의적 변혁'을 지향하는 계급 좌파의 이념을 다루고 있다. 필자는 21세기 한국에서 사회주의 변혁의 당위성과 사회주의의 미래상을 제시하려는 계급 좌파의 주장에 담겨 있는 1980년대식 낡은 인식의 괴리를 문제점으로 지적하며, 서구 정치사상을 자신의 공간에서 재구성하려는 방법을 모색하고 있다. 글의 초점은 마르크스주의가 21세기 한국의 맥락에서 어떻게 변용되는지 분석하는 데 두어져 있다.

2장 전재호의 글은 한국 민족주의의 가장 큰 축을 차지하고 있는 반일감정이 해방 이후 70여 년간 어떻게 변화해 왔는지 역사적으로 추적했다. 필자는 문화와 일상 영역에서의 반일 담론은 사실상 소멸했지만 정치와 역사 부문에서는 계속 이어지고 있다고 지적하며, 한국 정치사상의 가장 큰 줄기인 민족주의의 지속과 변화를 검토하고 있다. 전재호는 반일감정이라는 거의 변하지 않을 것 같은 현상 뒤의 다양한 측면을 분석하면서 한국 민족주의의 특징, 지속성, 변화의 추이를 하나씩 짚어 가고 있다.

3장 이지윤의 글은 민주화가 일정하게 달성된 현재의 상황에서 한국의 보수 세력은 어떤 체제와 가치를 보수保守해야 할 것으로 상정하고 있으며, 그것을 어떻게 정당화하고 있는가 하는 문제를 뉴라이트의 역사적 서사를 통해 검토하고 있다. 필자는 뉴라이트의 역사적 서사가 재해석된 과거를 '있는 그대로의 역사'이자 '올바른' 역사로 제시하는 보수 이념 특유의 과제에 어떻게 대처했는지를 분석하고 있다. 이지윤은 에드먼드 버크의 보수주의와 한국 뉴라이트를 면밀히 대조하며 보수주의라는 서구 원산의 정치사상이 21세기 한국의 시공간에서 어떻게 재구성되고 있는지 그 양상을 추적하고 있다.

제2부 "현대 한국 정치의 이론적 쟁점"은 먼저 1장에서 이관후가 최근 한국 정치의 핵심적 문제점 중의 하나로 대표제 민주주의repre-sentative democracy가 제대로 작동하지 않는다는 점을 지적하며, 그 대안으로 선거를 통한 대표제와 추첨에 의해 선출된 시민의회가 결합된 추첨형 시민의회를 제시하는 주장에 담긴 문제점을 분석하고 있다. 그는 최근 우리의 눈길을 끌고 있는 추첨형 시민의회의 발상이 서구에서 시작되었음을 지적하고, 그동안 우리에게 당연한 것으로 여겨져 왔던 서구의 대표제 원리가 21세기 한국에서 적용될 때 나타나는 문제점들을 검토하며 대표제 원리를 한국의 맥락에서 재

구성할 것을 제안하고 있다.

다음으로 2장에서 장우영은 지능정보사회의 정보/미디어 선택과 활용이 편향 동원bias mobilization에 어떻게 영향을 미치는지를 태극기 집회를 통해 경험적으로 분석했다. 그는 다채널의 고-선택 미디어 환경high-choice media environment이 정착되는 지능정보사회에서는 데이터 유통이 개인 차원으로 전면화되고, 본질적인 정보 편식(고-선택)에 의해 편향 동원과 사회 양극화를 촉진할 수 있다고 분석한다. 이 연구는 정보/미디어에 대한 신뢰도와 선택적 노출 및 동종 선호의 메커니즘이 편향 동원에 어떤 영향을 미치는지 경험적으로 논증하며 정보화 시대에 정치사상이 어떤 형태로 대응해야 할 것인지 모색하고 있다.

마지막으로 3장에서 최일성은 세계사적 맥락과 한국의 맥락에서 여성주의가 어떠한 차이를 보이면서 수용되었는지 검토한다. 그는 서구의 경우 1970년대를 거치면서 생물학적 '섹스'sex에 대한 문제의식에서 사회·문화적 '젠더'gender에 대한 문제의식으로 확대되었다고 지적한다. 반면 한국 사회에서 이러한 문제의식은 1980년대 말 민주화를 경험하면서 거의 동시대적으로 논의·수용되었고, 관련 정책들 역시 충분한 논의를 생략한 채 정부 방침에 따라 목적론적으로 채택되었음을 강조한다. 이 글은 이런 현상을 '비동시성의 동시성'으로 정의하고 서구의 사상이 국내에서 수용되고 굴절되는 양상을 국내의 여성 할당제 정책을 통해 살펴보고 있다.

논의의 공간적 지평을 동아시아적 차원으로 확장하는 3부 "현대 동아시아의 이념적 모색"은 먼저 1장에서 장인성이 전후 일본의 보수적 주체들이 아메리카니즘을 받아들이면서도 미국을 매개로 어떻게 스스로를 주체화하며 아메리카니즘에 대해 어떠한 태도를 보였는지를 검토한다. 그의 분석에 따르면 전후 일본의 보수 주체들은 미일 동맹에 안보를 의탁하면서 산업주의와 민주주의를 받아들였으면서도 아메리카니즘과 심리적 거리를 두었다는 것이다. 반면 냉전 종결 이후 출현한 투쟁적 보수는 국가 의식과 애국심을 강조하면서 공동체적 국민국가의 형성을 모색하고 있다고 지적한다. 이처럼 장인성은 일본 보수주의자들의 탈전후 의식을 검토하면서 보수주의라는 하나의 이념이 일본이라는 공간에서 시간을 달리하며 변용되는 과정을 분석했다.

다음으로 2장에서 황종원은 1980년대 중국에 본격화되기 시작한 시장경제 체제의 도입에 적극적으로 찬동하며 이 정책을 뒷받침하려는 이론을 마련했던 리쩌허우李澤厚의 사례를 다루고 있다. 그의 분석에 따르면 리쩌허우는 개혁개방을 중국 사회가 참다운 의미의 현대화로 나아가는 신호탄으로 보면서도 사회주의와 유교의 문화 전통을 충분히 고려해야 한다는 중용中用론을 내세웠다. 리쩌허우는 서구적 현대화가 낳은 심각한 문제들을 마르크스주의와 유학 중에서 여전히 합리적이라고 판단되는 것들을 참조해 해결의 돌파구로 삼으려 했다는 것이다. 이 글은 리쩌허우를 통해 서양 사상을 중국의 맥락에서 토착화하고자 했던 사례를 추적하고 있다.

마지막으로 3장에서 정종모는 근래 중국에서 대두하고 있는 대륙 신유가 진영의 '유교 헌정주의' 담론의 동향과 그에 대한 비판을 다루고 있다. 그의 분석에 따르면 이른바 대륙 신유가 진영은 홍콩/

대만 신유가를 비판하면서, 정치 유학과 제도 유학을 기치로 유학의 이념을 적극적으로 제도와 법률에 투영하고자 노력하고 있다. 이 글은 대륙 신유가 노선 가운데 유교적 정교합일 형태를 띠면서 급진적 '유교 헌정주의' 경향을 대표하는 장칭蔣慶의 '유교헌정주의', 그리고 '온건한 유교 완전주의'와 '유가 헌정주의'를 내세우는 천주웨이陳祖爲나 야오중추姚中秋를 다루고 있다. 필자는 유가의 입장에서 서구 정치사상을 소화하고 중국의 맥락에 맞게 다듬고자 하는 대륙 신유가의 입장을 소개하고, 그 의미와 한계를 짚어 보고 있다.

우리의 연구 결과가 애초 목표를 달성했느냐는 질문에 자신 있게 대답하기는 어렵다. 오랜 시간 동안 우리의 의식을 무의식적으로 짓누르고 있는 서구중심주의를 떨쳐 버리고 쾌도난마의 탈서구중심주적 대안을 선명하게 만들어 내기 힘든 것이 사실이다. 우리가 추진하는 과제는 학문의 방법론에 치중되어 있는 만큼 담론 자체가 추상적이다. 연구의 이런 성격상 학술 담론의 지평을 넘어서 즉각적인 사회적 확산을 기대하기 어려운 측면이 있다. 그렇지만 적어도 그런 결과를 얻기 위해 노력했던 분투의 흔적은 충분히 전달될 것이라고 생각한다.

10년이라는 시간 동안 '연구소'의 작업을 이끌었던 강정인 교수의 노고에 깊이 감사드린다. 연구를 거의 마무리하는 단계에서 불의의 사고를 당해 현재 요양 중이다. 강인한 의지의 소유자인 만큼 곧 훌훌 털고 일어날 것임을 의심치 않으며 쾌유를 빈다. 또한 훌륭한 연구 결과를 만들어 준 연구원 모두에게 깊은 감사를 표하는 바이다. 끝으로 그동안 지속적으로 우리의 연구를 지원해 준 한국연구재단에 감사드리며, "이 책은 2017년 대한민국 교육부와 한국연구재단의 지원을 받아 수행된 연구임(NRF-2017S1A3A2065772)"을 밝힌다.

2021년 12월
연구자들을 대표하여 정승현, 김영수

제1부

현대 한국 정치 이념의 재해석

POST
EURO
CEN TO
RISM T
M

| 1장 |

한국의 '사회주의 변혁' 좌파의
인식과 지향

정승현

1. 들어가는 말

현실 사회주의의 붕괴와 북한의 심각한 경제난을 목격한 이 시점에서도 한국에는 사회주의 변혁이 이루어져야 한다고 주장하는 세력들이 존재하고 있다. 보는 사람에 따라 이들은 시대착오의 무리, 구제불능의 골수 좌파일 수도 있고, 인간 해방의 열정을 잃지 않은 이상주의자일 수도 있다. 중요한 사실은 이들 역시 자유주의·보수주의·민족주의와 함께 한국 현대 정치사상의 한 부분을 차지하고 있으며 앞으로도 계속 그럴 것 같다는 점이다. 그럼에도 좌파가 누구이고 어떤 논리를 펴고 있는지에 대해 이른바 주류 학계에서는 별로 알려진 바가 없다. 그나마 정의당을 비롯한 진보 정당들은 언론의 주목을 받고 지방의회 선거, 총선, 대선 등 선거를 치르면 분석 대상이 되지만, 좌파의 활동이나 이념은 (비마르크스주의) 학계의 관심조차 받지 못하고 있다. 예컨대, 정치학계에서는 채장수(2003 2004; 2010)의 연구를 제외하면 좌파에 대한 심도 깊은 연구를 찾기 어려운 실정이다.

21세기 한국 사회에서 사회주의의 필요성을 주장하는 논의들이 여전히 계속 이어지고 있다는 것은 곧 마르크스주의 계열의 분파들이 자신의 생명력을 유지하려는 노력들을 계속 진행하고 있다는 뜻이다. 그들의 이념과 활동은 21세기 한국 사회의 대안에 관한 정치적 상상력과 한국 현대 정치사상의 폭을 넓힐 수 있는 중요한 자원으로서 (비마르크스주의) 학계의 논의 안으로 견인되어야 할 필요가 있다. 그러기 위해서는 '현실 사회주의의 실패 이후에도 사회주의적 변혁을 주장하는 이들 좌파는 누구이고, 어떤 인식과 논리를 펼치고 있는가'라는 일차적인 문제가 먼저 검토되어야 할 것이다.

현실 사회주의의 실패라는 조건에서 사회주의적 변혁을 주장하는 좌파의 인식과 논리를 검토하려는 이 글은 다음의 세 가지 질문을 축으로 이루어져 있다. 첫째, 21세기 한국에서 사회주의적 변혁에 대한 주장은 어떻게 확보될 수 있는가, 곧 마르크스주의의 현재적 설득력과 좌파들의 현실 인식이라는 상호 연관된 문제, 둘째, 러시아혁명과 현실 사회주의에 대한 평가는 어떻게 변화했는가, 즉 사회주의의 실패라는 과거를 변혁론 내에서 재해석하는 문제, 셋째, 그들은 어떤 사회주의를 지향하는가, 곧 변혁론이 지향하는 미래상에 관한 문제가 바로 그것이다. 이 질문을 중심으로 한국 좌파 이념의 인식과 논리를 추적함으로써 그들이 과연 현실 사회주의의 실패를 극복한 것인지를 일정 정도 판가름될 수 있을 것이다.

글의 구성은 다음과 같다. 먼저 2절에서는 한국 좌파의 이념적 분포를 사회주의 변혁과 관련해 분류하고, 이 글의 분석 대상이 되는 좌파의 범위를 규정했다. 이후 3, 4, 5절은 앞서 언급했던 질문들을 검토함으로써 사회주의 변혁을 지향하는 '계급 좌파'들이 어떤 인식과 지향을 갖고 있는지를 분석했다. 6절은 사회주의 변혁 좌파의 주장에 담겨 있는 역설적인 한계 ─ 21세기 현실에서 사회주의 변혁의 당위성과 사회주의의 미래상을 제시하려는 노력과 그 속에 담겨 있는 1980년대식 낡은 인식의 괴리 ─ 를 지적했다. 결론에서는 지금까지의 논의를 간략하게 정리하고, 계급 좌파들이 마르크스주의에 관한 다양한 논의와 연구 성과를 흡수함으로써 자신의 인식 틀을 확장하고 보다 설득력 있는 이념으로 발전할 수 있는 자원으로 삼아야 한다는 것을 지적했다.

2. 21세기 한국 좌파의 이념적 분포

한국 정치 지형에서는 보수와 대비되는 정치 이념이 '진보 좌파'라는 한 묶음으로 취급받고 있다. 일상의 정치 용어에서는 정의당은 물론 심지어 더불어민주당까지 '좌파'로 지칭될 정도이다. 하지만 좌파는 진보보다 이데올로기적 의도가 더 분명하고 대단히 가치 부하적인 개념이다. 채장수의 지적과 같이 진보와 좌파는 기존 체제를 바꾸려고 한다는 점에서 일치하지만, 좌파는 기존 체제의 개혁을 넘어 체제의 구성 및 작동 원리를 근본적으로 바꾸고 '대안'을 추구한다(채장수 2003; 2010). 그동안 이런 좌파의 사회변혁에 대한 지향은 '좌파 = 사회주의'라는 등식으로 이해되었다. 사회주의 변혁은 좌파의 표상처럼 여겨져 왔던 것이다. 하지만 이 글의 분석 대상인 최근의 한국 좌파는 현실 사회주의의 실패에 대한 대응에 따라 다양한 이념적 지향으로 분기되었다는 점이 중요하다. 현실 사회주의의 실패는 '좌파 = 사회주의'라는 하나의 등식을 '좌파 ≠ 사회주의', '좌파 ≒ 사회주의', '좌파 = 사회주의' 등으로 나눈 것이다.

필자의 분류는 현재 한국 사회에서 좌파의 분화가 사회주의 변혁이라는 핵심 명제를 어떻게 받아들이고 재구성하는가에 따라 이루어지고 있다는 점을 강조하려는 것이다. 이런 분류에 따라 현재 한국의 좌파들을 네 그룹으로 나누어 보았다. 점진적 개혁을 통해 자본주의를 극복하려고 하지만 그 대안을 북유럽의 사회민주주의에서 찾는 정의당 등의 진보 정당(좌파 ≒ 사회주의), 노동계급 중심의 사회주의 변혁을 기치로 내세우는 '좌파의 좌파' 혹은 '계급적 좌파'(좌파 = 사회주의), 생태운동·여성운동·지역운동 등 그동안 사회운동 영역에서 다루었던 문제들을 마르크스주의와 결합하려는 좌파(좌파 = 사회주의), 자본주의/사회주의의 틀을 넘어 '탈근대적' 대안을 추구하는 비계급적·탈근대적 좌파(좌파 ≠ 사회주의)를 말한다.

이 가운데에서 이 글은 현실 사회주의의 실패 이후에도 마르크스주의적 사회주의를 기반으로 삼거나 혹은 그 이념과 일정한 친화력을 갖고 '사회주의적 변혁'을 지향하는 두 번째 좌파의 이념, 즉 '계급적 좌파' 혹은 '좌파의 좌파'의 사회주의 변혁론을 다루고자 한다. 기본적으로 운동 진영에 속하는 이 그룹들은 현장 활동가 및 운동 단체들과 밀접한 연관을 맺고 1980년대 한국 마르크스주의를 지배했던 사회주의 변혁론을 21세기 국면에서 계승·발전시키고 있다. 따라서 그들의 변혁론을 검토하는 것은 '고전적인' 사회주의적 변혁을 주장하는 좌파의 사상적 대응을 파악할 수 있는 중요한 계기이다. 우리는 이들을 통해 노동계급 중심과 사회주의 변혁이라는 고전적 명제를 오늘의 국면에서 살려내려는 시도를 파악할 수 있을 것이다.

계급 좌파들은 자신을 때로는 진보라고 부르기도 하지만 기본적으로 좌파의 정체성을 강조하고 있다. 김세균은 좌파와 진보 세력을 구분해 "자본주의 극복을 추구하느냐 아니냐를 기준으로 할 경우 진정한 의미의 좌파는 오직 좁은 의미의 좌파, 즉 계급적 좌파만을 가리키는 개념"이라고 규정한다(김세균 2004, 12). 이런 인식은 특히 현장 활동가들에게 널리 공유되어 있다. 권영숙(사회적파업연대기금 대표) 또한 좌파는 "노동자계급적 사고, 노동자계급적 이념으로 실천"하는 집단임을 강조하고 "좌파는 사회주의자이고 현실에서는 반자본주의적 운동"을 할 수 있어야 한다고 주장한다(권영숙 2015, 108). 한마디로 반자본주의와 사회주의 변혁이 자신들의 정체성이라는 것이다.

좌파의 좌파라고 넓게 규정하기는 했지만 그 안에는 여러 그룹들로 나누어져 있고 의견도 서로 다르다. 그중 중요한 단체들만 열거하면 다음과 같다.

트로츠키주의를 따르는 국제사회주의자들International Socialists의 한국 그룹으로서 최일봉, 정성진 등을 중심으로 『마르크스21』이라는 저널을 발간하고 있는 '다함께'(현재 노동자연대) 그룹이 있다. 또한 '사회주의노동자연합'을 결성했으나 2014년 국가보안법 위반으로 해산된 후 '좌익 공산주의'를 표방하며 사회주의 운동을 추진하고 있는 오세철 그룹이 있다. 그리고 채만수, 문영찬 등을 중심으로 저널 『정세와 노동』을 발간하며 레닌주의와 소련 사회주의를 여전히 신봉하고 소련식 사회주의를 건설할 것을 주장하는 '노동사회과학연구소' 그룹이 있다.[1] 그 외에도 '노동자의힘'(1999~2009년), '노동해방 실천연대', '전국노동자정치협회' 등의 운동 단체, 현장 활동가들, 마르크스주의 연구자들이 있다.

이처럼 사회주의적 변혁을 내세우는 계급 좌파라고 하더라도 그 내부에는 매우 다양한 단체나 활동가들이 포함되어 있다. 이들을 모두 포괄하면 지나치게 범위가 넓어진다. 이 글은 분석 대상의 범위를 불가피하게 '맑스코뮤날레'와 공개 저널에 참여해 의견을 밝

1_이들은 오세철 그룹이나 노동자연대 등 구소련을 비판하는 그 어떤 단체나 개인을 가리지 않고 모두 반공주의자·개량주의자라는 적대감을 거칠게 표출하고 있다. "나와 우리 노동사회과학연구소의 주요 활동가들은 뜨로츠키주의자들이나 좌익공산주의자 등으로부터 '스딸린주의자(들)'로, 어쩌면 필시 '구제 불능의 스딸린주의자(들)'로 낙인 찍혀 있다. …… 나는 이를 참으로 '영광스러운 낙인!'으로 받아들이고 있다"고 선언할 정도이다(채만수 2012, 57). 앞으로 이 글에서 전거로 제시된 인용문에서의 강조 혹은 '' 표시는 모두 원문 그대로이며, 필자 소개는 문건이 발표된 시점에서의 것임을 밝혀 둔다.

힌 그룹이나 활동가들로 한정했다. 구체적으로는 그동안 총 8회 개최되었던 '맑스코뮤날레'에서 발간된 저작들, 『노동사회과학』, 『진보평론』, 『마르크스주의 연구』, 『마르크스 21』, 『레프트대구』 등의 저널에 수록된 문건들을 분석 대상으로 삼는다.[2] 이 문건들에는 현장 활동가들을 비롯한 여러 좌파의 글이 수록되어 있기 때문에 그들의 다양한 입장을 검토하는 데 별 무리가 없다고 생각한다.

정리하자면, 이 글에서 말하는 좌파는 넓게 보아 '자본주의 체제의 구성 및 작동 원리를 근본적으로 비판하며 반反 혹은 비非자본주의적 대안을 추구하는' 집단이다. 기존 체제의 개혁을 지향하는 진보와는 개념적으로 구분된다. 그리고 이 글은 좌파 중에서도 '반'자본주의 이념을 근간으로 삼고 자본주의의 혁명적 변혁과 사회주의적 대안을 지향하는 좌파들을 분석 대상으로 삼았다. 구체적으로는 '좌파의 좌파' 혹은 '계급 좌파들', 그리고 이들과 이념적 친화성을 갖고 있는 좌파 논객들의 사회주의 변혁론이 분석 대상인 것이다. 필자는 사회주의적 변혁이라는 큰 문제 틀 속에 이들의 주장을 배치하면서 그들 사이의 갈라짐과 겹침을 드러내고자 했다. 그렇지만 사회주의 변혁이라는 명제를 중심으로 그들의 논의를 추적했기 때문에 공통점이 보다 부각되는 것은 사실이다.

물론 좌파의 기준을 '반'자본주의라는 기준을 넘어 '비'자본주의,

2_『진보평론』이 30호를 내게 되었다. 그간 다양한 입장의 글을 '좌파'라는 큰 틀에서 묶어 내고자 하였다"는 편집자의 술회는 적어도 이론 저널에 참여하는 그룹이나 개인이 '좌파'로서의 정체성을 공유하고 있음을 지적하고 있다(편집자 2006, 8). 본문에서 열거한 다른 저널들과 달리 『진보평론』과 『마르크스주의연구』는 다양한 좌파들의 글을 포괄하고 있다.

'변혁'을 넘어 제도권 내에서의 '개혁'으로까지 확장해 진보 정당과 비계급적 좌파도 함께 고찰하는 것은 충분히 의미 있는 작업일 것이다. 분명 이론과 실천의 측면에서 중첩되는 측면이 발견될 것이다. 그러나 기본적인 철학적 입장과 대안 사회의 지향점이 계급 좌파들과는 큰 차이가 나기 때문에 그들의 논의를 하나씩 비교 검토하는 작업이 선행되어야 하는데, 그러기에는 제한된 지면이 허락하지 않는다. 또한 그동안 학계의 관심에서 멀어져 있던 한국 좌파에 대한 연구에서 먼저 제기되어야 할 질문은 '현실 사회주의의 실패 이후에도 사회주의적 변혁을 주장하는 이들 좌파는 누구이고, 어떤 인식과 논리를 펼치고 있는가'라는 것이라고 생각되기 때문에 분석에서 제외했다.

이런 이유에서 이 글은 한국 좌파의 중요한 흐름 가운데 많은 부분들을 포괄하지 못하고 있다. 특히 고전적 마르크스주의에서 중요하게 다루었던 국가권력의 혁명적 장악이나 프롤레타리아독재 같은 거시적 측면보다는 생태운동, 여성운동, 지역운동 등 그동안 사회운동 영역에서 다루었던 문제들을 마르크스주의와 결합함으로써 21세기 국면에서 사회주의 변혁의 설득력을 높이려는 흐름들을 제외할 수밖에 없었다. 또한 마르크스주의를 비판적으로 재평가하면서 그것을 현대적으로 재해석하는 다양한 좌파들의 논의도 포함시키지 못했다. 따라서 필자의 비판이나 지적은 계급 좌파에만 해당하며 한국 좌파 전체에 대한 그것과 동일시되어서는 안 된다. 이 문제는 결론에서 다시 한 번 언급할 것이다.

또한 이 글은 계급 좌파들의 '이념적 지향'을 다루기 때문에 그들

내부의 여러 단체들의 결성 및 변화 등 '운동'의 측면에서 나타난 구체적 양상은 다루지 않는다. 앞으로 이 글에서 말하는 '좌파'라는 용어는 계급적 좌파, 그리고 이들과 일정한 이념적 친화성을 갖는 좌파 논객들만을 가리킨다. 시기적으로는 2000년 이후에 발표된 문건에 한정한다. 한국 좌파 이념을 1980년대, 1990년대와 분리시켜 말하기는 대단히 어렵다는 점은 충분히 인정한다. 그러나 제한된 지면에 논의의 폭이 너무 커지고 산만해질 우려가 있어, 내용상 꼭 필요한 부분에서 간단히 언급하는 정도로 마무리 지었다.

3. 신자유주의 극복과 사회주의 변혁: 현재의 위기와 마르크스주의의 정당성

1997년 외환 위기 이후 진보 정당을 포함한 모든 좌파는 현재 한국 사회가 당면한 최대의 문제 또는 위기를 신자유주의 세계화로 꼽는 데 이견이 없다. 신자유주의 세계화 이후 한국 사회에는 자본의 착취가 강화되어 노동자·민중의 생존 그 자체가 위험한 상황에 빠지게 되었다는 진단에는 모두 일치한다. 진보 정당은 사회민주주의 노선 아래 보편적 복지, 사회 양극화 해소, 노동자의 생존권 보장을 신자유주의 극복 방안으로 내세웠다. 반면 좌파들은 신자유주의 세계화를 극복하려면 사회주의적 변혁이 필요하다고 주장하며 변함없이 사회주의혁명을 내세웠지만, 외환 위기 이후에는 당장 활로를 찾을 수 없는 형편이었다.

그렇다고 좌파들이 희망을 접은 것은 아니었다. 그들은 "인간의 생명은 유한하지만 혁명을 향한 희망과 실천은 끝이 없다"고 독려하면서 "21세기는 자본의 위기를 노동의 희망으로 만들 수 있는 세기이며 이제 시작"이라고 주장했다(오세철 2000, 200). 또한 당시 전 세계적으로 "시애틀에서 제노바로 이어지는 …… 반세계화 운동은 1960년대 이후 좌파에 열린 최대의 기회"라고 역설하며(정성진 2001, 242) 사회주의적 변혁에 대한 희망을 놓지 않았다. 여전히 그들은 신자유주의 세계화의 "대안은 어디까지나 자본주의 문명 그 자체를 넘어서는 그 무엇"이라고 강조하고 있었다(박노영 2004, 113). 또한 "자본주의가 세계를 그물처럼 얽어 놓았기 때문에 한 나라의 혁명은 다른 나라의 정치와 경제에 연쇄 파장을 일으킬 것"이라고 강조하며(안승천 2005, 366)[3] 세계 규모의 사회주의혁명에 대한 기대를 버리지 않았다. 이런 희망을 좌파들에게 현실로 만들어 준 계기는 2008년 미국발 금융 위기였다.

"갑자기 '사회주의'라는 낡은 유령이 다시 출몰하고 있다. 2008년 미국발 세계 대공황 이후다"라는(편집위원회 2012, 4)[4] 말이 나올 정도로 자본주의 붕괴와 사회주의혁명에 대한 기대감이 2008년 세계 금융 위기로 인해 들끓어 올랐다. 그 이후 좌파들의 문건에서는 '세계공황', '자본주의 붕괴', '임박한 혁명적 정세', '사회주의 변혁'

3_안승천은 '울산 지역 노동운동가'이다.

4_이 책은 '사회주의노동자정당건설 공동실천위원회(사노위)'의 이론 정책지다.

같은 단어들이 두드러지게 나타났다. 현재 국면은 신자유주의 세계화의 지배 아래 공황의 소용돌이 속에 있는 "전후 세계 자본주의의 최종적 위기 국면의 마지막 단계"라는(김세균 2012, 342) 주장이 힘을 얻었다. 신자유주의 세계화로 인해 한국 사회가 당면한 저성장, 양극화, 노동계급·민중의 생존권 파탄은 자본주의 개혁이 아니라 "사회주의를 바탕으로 자본주의 체제 변혁 프로젝트"를 추진해야 극복될 수 있다는 논변이(정성진 2010, 194) 좌파들에게는 한층 더 설득력을 가질 수 있었다.

물론 이들은 과거처럼 마르크스주의가 현재 한국 사회의 모든 문제를 해결해 줄 수 있다거나 혹은 모순과 결점이 없는 '과학'이라고는 주장하지는 않는다. 현실 사회주의의 해체를 목격했던 만큼 마르크스주의의 부족한 점을 충분히 인정하며 민주주의, 생태, 여성, 인권, 소수자 문제 등을 포괄해야 한다는 것을 모두 인식하고 있다. 좌파들의 사회주의 변혁의 정당성 및 필연성과 마르크스주의에 대한 인식은 다음과 같이 정리해 볼 수 있다.

첫째, 세계 자본주의에 대한 마르크스의 분석은 여전히 타당할 뿐만 아니라 오늘의 국면에서는 오히려 그 빛을 발하고 있다는 주장들이다. 자본주의가 존재하는 한 불황과 파산, 실업과 빈곤, 공황은 필연적이라는 점을 마르크스의 분석이 잘 보여 주고 있다는 것이다. 그들은 정보화, 디지털 혁명, 지식 기반 경제 등이 도래했지만 여전히 마르크스가 지적했던 잉여가치, 과잉 축적, 자본의 유기적 구성의 고도화로 인한 이윤율 저하 경향은 변함없이 관철되고 있다는 점에서 21세기도 여전히 "마르크스의 시대"라고 주장했다

(정성진 2006, 58). 더 나아가 『공산당선언』에는 이미 신자유주의 세계화에 대한 선구적 분석이 들어 있으며 "자본주의의 발전 속도와 방향에 대한 마르크스의 서술은 시대를 한참 앞지른 통찰"이었을 강조하는 논자도 있다(김인식 2017, 157). 이런 인식에서 2008년 이후 세계 경제위기를 "자본주의 체제 자체의 근본적 모순으로부터 비롯된 위기"라고 보며 그 해결 방안을 "자본주의 자체를 타파"하는 사회주의적 변혁에서 찾는 것은 자연스러운 귀결이었다(정성진 2008, 28).

둘째, 앞의 것과 연계해 마르크스의 자본주의 분석은 현재 한국의 상황에도 타당하다는 주장이다. 현재 신자유주의 세계화가 초래한 공동체 붕괴, 부의 집중, 승자독식 사회, 비정규직과 여성 노동자의 차별 등은 자본주의의 본성이 드러난 것뿐이며, 신자유주의의 극복, 곧 자본주의 변혁의 이론으로서 "마르크스주의가 여전히 설명 및 개조를 위한 지적 안내자로서의" 구실을 할 수 있다는 것이다 (박노영 2004, 113). 좌파들의 인식에서는 1997년 금융 위기 이후 한국 경제가 겪는 여러 문제점들, 예컨대 산업자본에 대한 금융자본의 지배, 노동계급에 대한 착취 강화 등은 마르크스가 말한 이윤율의 저하 경향을 회복하는 과정에서 양극화가 유례없이 심화된 데 불과하다. "자본주의적 축적의 절대적 일반 법칙이 1997년 위기 이후 한국에서 관철되고 있다는 사실은 한국 사회 변혁에서 마르크스주의의 반자본주의 프로젝트가 여전히 현재적임을 시사"하고(정성진 2013, 302), 신자유주의 아래 "자본의 압제에 시달리는 노동자계급에게 있어 희망은 사회주의 이외에는 존재하지 않는다"는(문영찬

2009, 326) 인식은 계급 좌파들에게 널리 공유되어 있다.

셋째, 마르크스가 지향했던 근본 가치들에 대해 공감하며 그 가치들은 자본주의를 지양함으로써만 실현될 수 있다고 본다는 점에서 마르크스주의를 신뢰하는 주장들도 있다. 이런 주장을 펴는 사람들은 자유, 평등, 연대, 자율성, 민주주의를 마르크스주의의 중요한 가치로 내세운다. 예를 들어, 박노영은 민주주의, 정의와 평등, 다양성과 실질적 자유, 연대를 마르크스주의가 지향했던 가치들이라고 규정하며, 이런 가치에 공감하며 사회와 역사를 이해하는 데 '유물론적 역사 이해'가 가장 중요한 안내자라고 생각하는 점에서 "나는 지금도 나 자신을 마르크스주의자로 생각한다"고 주장했다 (박노영 2016, 360).

대부분의 좌파들은 민주주의, 자유, 평등, 연대, 자율성 등을 마르크스주의의 중요한 가치로 내세우며 사회주의 변혁을 주장하고 있다. 그중에서도 가장 흔히 접할 수 있는 것은 착취와 억압의 자본주의 체제를 넘어 인간 해방을 실현하는 체제로서 사회주의가 필요하다는 주장이다. "노동자계급이 실질적인 주인으로 국가와 산업을 운영하는 사회주의를 통해서만 자본주의 아래 끝없이 되풀이되는 착취·억압·빈곤·차별·야만·전쟁을 끝장낼 수 있다"는 것이다(노동자운동 연구공동체 뿌리 2015, 40). 다른 한편 노동계급 중심은 유지하면서도 "농민, 빈민, 여성, 성소수자, 장애인, 생태 환경 등 다양한 계급 계층, 다양한 부문 운동의 과제를 자신의 과제로 삼아 자본주의 체제의 억압과 차별 극복을 위해 투쟁"하는 운동으로서 사회주의를 내세운 논자도 있다(김태연 2015, 17).[5] 즉 기존의 사회주의 전통에서 포섭되지 못했던 여성·환경·소수자에 대한 억압과 착취까지 반자본주의 운동에 포괄하며 사회주의 변혁의 정당성을 주장하고 있는 것이다.

넷째, 최근 좌파들의 사회주의 변혁론에서는 1980년대와 1990년대에는 별로 제기되지 않았던 '현대 문명의 구원자'로서 사회주의라는 문제의식이 두드러지게 표출되고 있다. 제1차 세계대전 직전 '야만이냐 문명이냐'를 주장했던 로자 룩셈부르크의 경구를 연상시키는 문명 위기론은 좌파들에게 널리 공유되어 있다. 지금 인류는 빈곤, 생태 위기, 제국주의 전쟁의 가능성으로 말미암아 "야만으로서의 자본주의와 문명으로서의 사회주의(공산주의)의 선택의 기로"에 놓여 있다는 것이다(오세철 2009, 325). 또한 김세균은 현재 자본주의 체제는 자본의 엄청난 과잉 축적으로 인한 과잉생산의 위기를 불러오고 있으며, 이것은 상품과 자본의 시장을 놓고 인류를 잿더미로 만들 수 있는 "전쟁 발발의 가능성을 높이는 과정"이라고 지적했다(김세균 2012, 338).[6]

'인류의 사활'이라는 관점에서 사회주의를 내세우는 논의는 노동사회과학 그룹의 논자들에게서 빈번하게 나타난다. 이들은 자본주의가 과잉생산으로 인한 대공황을 피할 수 없으며 1930년대 대공

5_김태연은 '노동자계급정당추진위원회'라는 그룹 소속이다.

6_그 외에도 양준석(2009)은 레닌의 『제국주의론』 분석에 입각하여 오늘날의 '사멸해가는 자본주의'는 또 다른 대규모 전쟁을 일으킬 것이기 때문에 인류의 생존을 위한 자본주의 철폐와 사회주의 변혁이 이루어져야 한다고 주장한다. 그는 '사회실천연구소/사회주의 노동운동가'라고 자신을 소개한다.

황이 제2차 세계대전을 통해 해소되었듯이 현재 혹은 앞으로 닥칠 또 다른 공황 역시 전쟁을 통해서만 해소될 것이라고 지적한다. 그런데 핵무기로 무장한 현대사회에서 또 다른 세계대전은 인류의 절멸을 가져올 것이기 때문에 "인류는 지금 착취와 억압의 자본주의를 지양하고 무계급 평등 사회로 이행해 나아가느냐 아니면 사실상 절멸하느냐 하는 기로에 서 있는 것"이라고 주장한다(채만수 2009, 102).

지금까지 살펴본 바와 같이 현실 사회주의의 해체 이후 좌파들은 잠시 혼란을 겪기는 했지만 2008년 세계 금융 위기 이후 사회주의 변혁의 필연성과 마르크스주의에 대한 자신감을 회복했다. 그리고 노동계급의 혁명, 국유화, 프롤레타리아독재 같은 기존의 사회주의 변혁론을 넘어 여성·인권·환경 등 현대사회의 다양한 가치들을 포괄하고 인류 문명의 구원자로서 사회주의 변혁을 내세우고 있다. 이것은 마르크스주의의 '이상'은 오늘의 국면에서도 타당하다는 인식 아래 현대사회의 중요한 가치들을 마르크스주의의 이상과 통합하며 사회주의 변혁을 정당성을 내세우려는 시도라고 할 수 있다.

4. 레닌과 러시아혁명에 대한 시각들: 사회주의적 변혁의 과거 재해석

좌파들이 2008년 미국발 금융 위기 이후 마르크스주의와 사회주의 변혁의 신뢰감을 회복했다고 하더라도 또 하나 피할 수 없는 문제가 있었다. 그것은 레닌과 러시아혁명에 대한 평가였다. 현재의 신자유주의적 세계화의 위기에 대한 사회주의적 변혁의 시도가 설득력을 갖기 위해서는 과거의 사회주의혁명이 왜 실패로 끝난 것인지, 그것은 진정 실패인지가 해명되어야 했다.

러시아혁명에 대한 논의는 지금도 분분하지만, 최진석의 지적과 같이 그 핵심은 '책임 소재지'를 밝히는 데 있다(최진석 2017, 113). 말하자면 누구에게, 언제부터 문제가 시작되었는가에 대한 논란인데, 이것은 또한 마르크스주의의 이상을 살려내면서 21세기 사회주의 변혁의 정당성을 복원하려는 기획과도 연결되어 있다. 레닌과 러시아혁명에 관한 입장들은 다음과 같이 정리될 수 있다.

첫째, 레닌은 마르크스의 진정한 계승자로서 민주주의와 노동계급의 자율성에 입각한 사회주의를 건설하려고 했으나 혁명 이후 내전, 국제적 개입, 기근 등의 급박한 상황으로 말미암아 민주주의와 노동계급 자주성의 비전을 포기할 수밖에 없었다는 주장들이다. 이런 주장을 펴는 논자들은 권력이 공산당에 집중되고 민주주의가 질식하게 된 일련의 과정이 잘못이었음을 인정한다. 그렇지만 그런 과정은 혁명을 방어해야 하는 급박한 현실 속에서 레닌과 볼셰비키의 '불가피한 정치적 선택'의 결과였다고 평가한다. 즉 일국적 차원에서라도 사회주의를 건설하는 것, 노동조합의 국가 종속, 강제적인 식량 징발, 내전 시기에 자행된 폭력과 학살 등은 극히 잘못되었지만 상황의 압력에 따른 불가피한 측면을 인정해야 한다거나(이재현 2017, 38), 혹은 "대내외적 조건들 속에서 레닌과 볼셰비키가 선택할 수 있었던 유일한 길"이었다고 해석된다(김정주 2018, 102). 이런 주장은 레닌이 상황의 압박 때문에 실현하지 못했던 마르크스주의의 이상을 살려내야 한다는 함의를 갖고 있다. 이런 입장을 지닌 대부분의 논자들은 민주주의, 노동계급의 자율성 및 자발성, 노동계급의 자기해방으로서 사회주의라는 마르크스주의의 이상이 러시아혁명에서 사라졌다는 데 동의하고, 앞으로 사회주의혁명은 이런 이상을 되살려 내야 한다고 주장하면서 21세기 사회주의 변혁의 정당성을 옹호하고 있다.

둘째, 레닌은 올바르게 혁명을 실현했고 훌륭한 성과를 거두었지만 스탈린이 그 성과를 망쳤다는 주장이다. 국내에서는 트로츠키주의자들인 '다함께' 그룹이 주로 이런 의견을 내놓고 있다. 이들은 1930년대 이후, 즉 스탈린 체제가 사회주의 이행의 올바른 경로를 벗어났다고 비판하면서 마르크스와 레닌을 비판으로부터 면제시켜 준다. 레닌은 '아래로부터의 사회주의', '노동계급의 자기해방'이라는 마르크스주의의 원칙에 충실했지만 1930년대 스탈린과 볼셰비즘은 레닌과 질적으로 단절했다는 것이다. "레닌 사후 스탈린이 권력을 장악하고 '일국에서의 사회주의 건설' 노선을 강행하면서 마르크스주의적 원칙들로부터의 이탈이 생겨나기 시작"했고 "시간이 흐를수록 …… 현실 자본주의보다 더 마르크스주의로부터 멀어진 그 무엇으로 변질되어 갔다"는 것이다(박노영 2004, 117). 이렇게 레닌과 스탈린을 구분하지 못하고 레닌이 내세운 혁명 정당의 유효성, 위로부터의 지도의 필요성 그 자체를 부정하는 사람들은 "마르크스주의와 스탈린주의의 차별성을 부정하는 것으로서 고전 마르크스주의 전통에 대한 심각한 왜곡"이라고 지적한다(정성진 2009, 200).

셋째, 레닌의 방법론이나 이론이 처음부터 마르크스의 공산주의론과 달랐다고 지적하면서 레닌에게 혁명 실패의 책임을 묻는 논자들이 있다. 첫 번째와 두 번째 주장들은 현실 사회주의의 해체 이후에도 꾸준히 제기되었던 반면, 레닌의 사회주의 변혁론을 본격적으로 문제 삼는 논변은 2010년 이후에 많이 눈에 띄고 있다. 이런 주장은 마르크스가 제기한 사회주의론의 핵심인 국가 소멸, 작업장 민주주의 등 아래로부터의 사회주의, 그리고 '자유로운 개인들의 연합'이라는 비전을 레닌이 '질식시켰다'는 데 초점을 맞추고 있다. 여기서는 특히 처음부터 레닌의 혁명론이 프롤레타리아독재를 통한 위로부터의 사회주의, 국유화와 당에 의한 중앙집권이었음이 강조되고 있다. 레닌은 상명하달의 단일한 중앙집권 권력을 만들고자 했고, 노동자의 자주 관리 및 자율성을 부정하면서 종국에는 직접 민주주의와 자율성을 기반으로 하는 조직들과 소비에트마저 완전히 무력화시켰다는 것이다(정재원 2017; 김의연 2017). 좀 더 직접적으로 정성진은 레닌이 세운 것은 사회주의가 아니라 국가자본주의라고 규정하며 "국가자본주의 반혁명의 이데올로기인 스탈린주의의 이론적 자원은 레닌의 모순적 사회주의 개념으로까지 소급될 수 있다"고 주장했다(정성진 2013, 106).[7]

이상에서 다룬 세 가지 입장의 논자들은 마르크스주의의 이상이

_____

7_정성진은 처음에는 레닌과 스탈린을 구별했지만, 현실 사회주의의 파산은 레닌의 사회주의론의 한계라고 주장하면서, 레닌에게 직접적 책임을 묻는 방향으로 바뀌었다. 그는 레닌이 혁명 직후부터 국가에 의한 계산과 통제의 중요성을 강조하고, 국가 통제로서의 사회주의를 실시했음을 강조한다.

혁명 과정에서 실종되었음을 지적하면서 혁명 이후 구소련을 사회주의사회로 인정하지 않는다. 러시아혁명 이후 존재했던 사회는 사회주의가 아니라 이행기 사회였으며, 레닌 사후에는 국가자본주의로 변질되었다고 주장한다. 이런 생각들은 후술하는 노동사회과학 그룹을 제외한 좌파들 사이에서 공유되어 있다. 예컨대 오세철, 김세균 등은 소련을 국가자본주의로 규정하고 있다. 또한 정성진은 현실 사회주의는 "고전적 맑스주의와 사회주의 상, 즉 아래로부터의 사회주의, 노동자계급의 자기해방으로서의 사회주의는 아무런 관계도 없는 자본주의 체제"였음을 강조하며, 그 체제를 '관료적 국가자본주의'로 규정했다(정성진 2001, 234). 이들에 따르면 현실 사회주의의 붕괴는 사회주의가 아니라 변질된 국가자본주의의 파산이고, 21세기의 국면에서 사회주의 변혁은 여전히 좌파의 과제로 남게 된다.

마지막으로 위의 입장들과 달리 소련은 사회주의사회로서 '훌륭한 성과'를 거두었다고 평가하는 노동사회과학 그룹이 있다. 그들은 소련에는 교육, 유아 보육, 보건 의료가 무상으로 제공되거나 혹은 높은 보조금이 지급되었으며, 고용 불안이 존재하지 않았던 사회임을 강조한다. 또한 부르주아 민주주의라는 관점에서 보더라도 보통선거권, 여성 선거권이 철저하게 확립되었고, 노동자들은 이미 1930년대 후반에 주 5일 하루 6~7시간 노동을 누렸다고 주장한다(채만수 2008). 스탈린 시대를 공포정치 혹은 전체주의로 규정하는 다른 좌파들과 달리 그들은 당·정부·인민이 혼연일체가 되었던 "노동자·인민 주체의 사회, 노동자계급의 창의와 적극성, 헌신이 지배하던 시대"가 스탈린의 집권기였다고 평가한다(채만수 2011, 34).

물론 이들도 소련의 취약점을 인정한다. 특히 스탈린의 숙청 및 중앙 집중적 관료 지배, 도시와 농촌의 격차, 민주주의의 발전 정체, 국가 소멸의 전망을 마련하지 못한 것 등을 부정적 결과로 꼽는다. 그렇지만 대부분의 좌파들이 민주주의의 실패와 인민의 자율성 억압을 현실 사회주의의 실패 원인으로 꼽으며 자체 붕괴를 강조하는 것과 달리, 노동사회과학 그룹은 현실 사회주의가 '제국주의의 공세'와 '자본주의 시장과 이윤 원리를 강화하는 수정주의'의 도입으로 '전복'되었음을 강조한다. 이들은 소련을 비판하는 인물이나 그룹을 모두 반공 의식에 오염된 소부르주아적 사상의 신봉자라고 비판한다. 소련 비판자들은 "미제국주의와 한국 지배계급의 이해에 복무하게 되는 반동적인 인식"에서 벗어나지 못하고 있다는 것이다 (전국노동자정치협의회 2015, 33).

이처럼 레닌과 러시아혁명에 대한 평가는 상황의 급박성과 사회주의 이상의 괴리, 스탈린에 의한 이상의 파괴, 레닌의 이탈, 사회주의 '업적'을 주장하는 쪽으로 나누어져 있다. 크게 보면 현실 사회주의의 문제점을 인정하며 앞으로 실현될 사회주의는 마르크스주의의 이상을 되살려 내야 한다고 주장하는 그룹들, 그리고 국유화와 프롤레타리아독재를 중심으로 한 20세기 사회주의의 '회복'을 주장하는 노동사회과학 그룹으로 나누어져 있다. 그렇지만 어떤 입장을 취하든 그 근저에는 마르크스주의의 '이상'에 대한 신뢰를 바탕으로 혁명(실패)의 과거를 재해석하고, 이를 바탕으로 사회주의 변혁은 21세기에도 좌파의 올바른 지향점이며 당위라는 인식을 공고히 하려는 시도가 자리 잡고 있다.

5. 어떤 사회주의인가?:
변혁론이 제시하는 미래상

좌파의 논의들은 결국 '어떤' 사회주의를 '어떻게' 실현할 것인가의 문제로 귀착된다. '어떻게'는 실천 방법이고 '어떤'은 대안 사회의 상像을 말한다. 이 글에서는 구체적인 실천 방법이 아니라 '어떤' 대안 사회인가 하는 문제를 다루고자 한다. 현실 사회주의의 해체 이후 21세기 사회주의의 구체적 양상을 새롭게 정립하며 사회주의 변혁의 당위성과 현실성을 계속 확보하기 위해 좌파들은 어떤 미래상을 제시하고 있는지를 찾고자 하는 것이다.

21세기에도 사회주의의 실현을 주장하는 좌파의 출발점은 현실 사회주의의 실패이다. 이론의 일관성과 체계성을 내세우는 좌파 이념에서 현실 인식 및 과거에 대한 재해석은 일정 부분 대안 사회에 대한 비전에도 영향을 미친다. 예컨대 앞서 살펴보았던 변혁론의 과거 재해석에서 사회주의의 '업적'을 주장했던 노동사회과학 그룹은 대안 사회의 상에서도 좀 더 전통적인 변혁론의 틀이 도드라진다. 노동사회과학 그룹은 '마르크스-레닌주의'를 이념으로 삼고, 여전히 사적 소유의 폐지, 노동계급의 혁명, 프롤레타리아트 독재, 국유화를 내세우며 '자본주의 사회구성체의 공산주의 사회구성체로의 교체'를 사회주의의 핵심으로 본다(문영찬 2015, 67).

이 그룹은 사회주의 변혁을 2개의 단계로 구분한다. 첫 단계에서는 민중 권력 수립, 독점자본 몰수, 인민에게 주택·의료·교육 등의 보장이 핵심이다. 다음 단계에서는 민중 권력을 프롤레타리아트 독재로 전화시키고 중소 자본을 몰수하고 농업 및 영세 사업의 집단화 또는 협동조합화가 추진된다. 이들도 사회주의 변혁이 민주주의를 통하지 않고서는 불가능하다고 인정하지만,[8] 이때의 민주주의란 프롤레타리아독재를 통해 프롤레타리아 민주주의를 확보하는 것이라고 주장한다(문영찬 2011).

이런 주장이 계급 좌파 전체에서 널리 인정받고 있지는 않지만, 이와 유사하게 여전히 고전적인 사회주의 변혁론을 제기하는 논자들도 상당한 것이 사실이다. 현재 자본주의는 위기를 겪고 있으며 자본주의에 대한 대중의 불만이 일상에서 만연해 있기 때문에 이들의 불만을 조직화하며 "사회주의를 주장하고, 사회주의 노동운동을 강화하고, 사회주의 노동자 정당을 건설"하여 사회주의 변혁에 나서야 한다는 주장은 지금도 꾸준히 제기되고 있다(성두현 2016, 25).[9] 또한 '노동자 총파업과 가두 투쟁'을 중심으로 "노동자들은 공장을 점거하고 파업을 벌이고 반란을 일으켜 정치권력뿐 아니라 자본가들의 권력에도 도전해야 한다"는 주장도 여전히 있다(전지윤 2009,

---

8_노동사회과학 그룹 역시 현실 사회주의의 취약점이 민주주의의 문제였다는 점은 인정한다.

9_성두현은 '노동해방실천연대' 소속이다.

125).[10]

하지만 많은 좌파들은 현실 사회주의의 실패를 통해 민주주의의 문제를 근본적으로 다시 사유해야 한다는 점을 강조했다. 예를 들어, 이광일은 현실 사회주의가 실패한 원인은 "한마디로 그것은 민주주의가 끊임없이 재구성되는 현실의 운동이라는 점에 대한 성찰의 빈곤 혹은 부재 때문"이라고 지적했다(이광일 2009, 259). 민주주의는 정치와 경제를 비롯한 삶의 모든 영역에서 자치·자율·평등·자유의 원리를 바탕으로 끊임없이 스스로를 변혁시키고 인민의 지배를 실현해 나가는 운동이자 과정이라는 것이다. 반면 현실 사회주의는 프롤레타리아독재의 성립을 민주주의의 완성으로, 관료화된 당의 독재를 당에 의한 민주주의의 실현으로 잘못 인식함으로써 인민은 수동적인 존재로 전락했다는 것이다. 그런 점에서 거의 모든 논객들은 사회주의 정치에서 '인민 대중의 정치적 권위에 입각한 민중 권력'의 형성 및 국가를 통제할 수 있는 다차원적 사회 권력의 설립을 주장하거나(최형익 2008), 국가 관료 기구의 최소화, 직접민주주의, 국가 기능의 축소 등을 통한 '민주적 공동체'의 형성을 특별히 강조하고 있다(김세균 2003).

이런 분석을 바탕으로 좌파들은 21세기에 실현되어야 할 사회주의 변혁에 관한 여러 청사진을 제시했는데, 그 논의들은 다음과 같이 정리될 수 있다. 우선 사회주의 정치체제는 모든 통치 기구 및

10_전지요은 '사회변혁 활동가'로 자신을 소개하고 있다

의결 기구에서 직접민주주의의 실현, 최소한의 국가 관료 및 전문 관리층의 존속, 인민의 자치 기구에 의한 민주적 통치의 실현, 대중 권력에 입각해 노동자 대중 자신의 직접적인 발의와 민주적 참여를 기본으로 삼아야 한다는 점에서는 대부분의 좌파 논객들이 동의하고 있다. 특히 직접민주주의 정치형태인 평의회 민주주의 체제의 확립 등이 강조된다. 경제에서는 국유화를 기본으로 하면서도 협동조합 소유와 부분적 사유를 인정하고, 계획경제 아래 시장경제를 일정 부분 결합하며, 분배는 능력에 따라 일하고 노동시간에 따라 분배하는 차등 분배 등을 기본 요소로 삼고 있는 점이 강조된다. 그리고 앞에서도 설명했듯이 정파에 관계없이 새로운 사회주의는 마르크스주의 내에서 포괄되지 못했던 생태주의, 페미니즘, 지역 정치 등과 연계하여 일상생활에 뿌리내릴 수 있는 현실적인 대안을 내세워야 함을 강조한다. 그리고 노동사회과학을 그룹을 제외한 좌파들의 사회주의 변혁론에서는 과거와 달리 프롤레타리아독재, 국유화 등이 잘 언급되지 않는다.

21세기 사회주의 변혁론에서 두드러지게 보이는 또 다른 특징은 사회주의와 공산주의를 구분하고, 사회주의를 최종 목표로 도달하기 위한 이행기 사회라는 의미로 사용한다는 것, 또한 공산주의라는 용어는 잘 사용하지 않고 코뮨주의, 코뮤니즘, 코뮌적 사회구성체, 코뮌적 공동체 혹은 자유로운 개인들의 연합이라는 말로 대신한다는 점이다.[11] 이는 생산수단의 국유화, 국가에 의한 인민 통제 등으로 표상되는 20세기 사회주의의 부정적 측면으로부터 벗어나 마르크스주의의 이상을 확장하고 재구성해야 한다는 문제의식으로부터 나온 것이다. 예컨대 박영균은 오랫동안 공산주의라는 용어가 현실 사회주의와 동일시되어 그 오명을 쓰게 되었고, 공동 생산이라는 경제적 의미에 한정되어 있었기 때문에 마르크스가 의도했던 본래의 의미를 살리지 못한다는 이유에서 '코뮤니즘'이라는 용어를 쓸 것을 제언한다. 즉 "코뮌은 자기-통치적인 공동체 …… 프롤레타리아독재는 …… 직접민주주의라는 지배 형식에 의해 통치되는 프롤레타리아 민주주의"라고 지적하면서 "코뮤니즘은 말 그대로 자기-통치적인 공동체를 건설하는 것"이라고 주장했다(박영균 2018, 25).

이런 인식은 한국 좌파들에게 널리 공유되어 있으며[12] 노동사회과학 그룹을 제외한 좌파들은 코뮤니즘과 유사한 용어로 마르크스주의의 이상 사회를 표현하고 있다.[13] 그 핵심은 마르크스가 파리 코뮌에서 분석하고 미래 사회의 모델로서 개념화시켰던 코뮌이 계급과 지배 그 자체의 해체를 목적으로 하면서 노동계급뿐 아니라 모든 피압박 대중의 해방을 지향하는 사회주의의 이상이라는 것이다. 코뮌주의의 핵심은 사회의 "근본적인 변혁은 권력 그 자체를 해체하는 것"으로 그 주체는 "코뮌이어야 하고 자율적인 공동체이어야 한다"라는 것이다(박영균 2006, 12). 논자에 따라서 그 구체적 내

11_코뮌에서 파생된 이 다양한 용어들은 한국 좌파들이 보여주는 새로운 지향의 공통점과 함께 미묘한 차이점들을 보여준다.

12_노동사회과학 그룹은 '공산주의'라는 용어를, 김수행(2012), 박지웅(2013), 정성진(2015) 등은 '자유로운 개인들의 연합'이라는 용어를 선호하고 있다.

13_앞에서 밝혔지만 이 글은 '계급좌파'의 논의만을 다룬다. 따라서 비계급적 좌파, 탈근내적 좌파의 코뮌주의는 다루지 않는다.

용에는 다소 차이가 있지만 자율적 공동체, 노동계급의 연대와 자발성, 계급과 지배 그 자체의 해소, 직접민주주의 등을 코뮌의 속성으로 강조한다. 좀 더 풀어서 코뮌을 '사회적 필요노동의 공정한 부담에 기초하여 물질적 생산과정을 합리적으로 규제하고 집단적으로 통제하는 경제체제', '통치자와 피치자가 일치하는 직접민주주의적 정치체제', "연대적으로 결합된 사회화된 인간들의 직접적인 자기 통치 체제"라고 규정한 논자도 있다(김세균 2006, 140).

이런 취지에 공감하는 좌파 논객들은 반자본 투쟁 속에서 노동, 환경, 여성, 인권 등 보편적 가치를 결합하며 코뮌이라는 새로운 지배 장치를 구축함으로써 "삶의 총체적 변화"를 지향해야 한다고 강조한다(박성인 2008, 251). 이들은 노동계급의 혁명을 통한 사회주의 변혁이 아니라 반자본주의적 가치를 내면화한 주체들에 의한 '밑으로부터의 혁명'을 강조하는 경향을 보인다. 구체적으로 환경, 여성, 소수자 인권 등 현대사회의 중요한 가치들을 좌파의 전통적인 반자본주의 전략 속에 포섭하는 거점으로서 코뮌을 일상생활에서 건설하며, 그것을 통해 좌파적 가치를 일상 속에 뿌리내리고 자본주의적 변혁의 주체를 형성하겠다는 전략이다. "마르크스주의가 추구하는 가치는 '사회적 삶 속에서 자신의 가치를 실현하는 코뮌적 정신'에 있다"면서, '반자본이라는 공통 전선 속에서 여성운동과 환경 생태운동이 '계급화', '적색화'되어야 한다'는 주장은(박영균 2009, 201) 좌파 논객들에게 쉽사리 찾아볼 수 있다.[14] 이것은 또한 그동안 한국의 좌파 정치가 대중 결속에 매우 취약했음을 인정하며 노동계급 중심을 넘어 "자유-평등의 관계를 꿈꾸는 자들이 주체가 되는 코뮌

정치를 구체화하는 과정"이라는 주장에서(이광일 2011, 82) 볼 수 있듯이 대중과의 폭넓은 연대를 강조한다.

새로운 사회주의 변혁론에서 중요한 것은 혁명 이전부터 직접민주주의적 장치들을 확장하고 민주주의 훈련을 통해서 대중을 미래 사회의 주체로 만든다는 것, 그래서 "혁명은 봉기를 기다리는 것이 아니라 일상적인 삶 속에서 자기 통치를 스스로 만들어 가는 주체들을 생산하는 것"이라는 인식이다(박영균 2018, 29). 일회적 봉기나 무장투쟁이 아니라 일상생활 속에서 미래 사회의 주체로 만들어 가는 것이 혁명이라고 강조하면서 장기적으로 혁명을 준비한다는 것, 지금 현실에서 '대안적인 삶의 원리'를 훈련하고 준비하자는 것이다. 이득재는 우리가 예측할 수 없는 "특이점을 지나는 순간 다가오는" 혁명에서 중요한 역할을 할 코뮌을 좌파가 앞장서 지방자치단체에 만들어 전국적으로 확산시켜야 한다고 주장하는데(이득재 2010, 32), 이 역시 '언제 찾아올지 모르는' 특이점에 대비하는 장기적 준비 작업으로서 코뮌의 건설을 주장하고 있다.

이처럼 좌파들이 코뮌주의를 마르크스의 이상 사회로 제시하고 있지만 그 비중이 같지는 않다. 김세균, 오세철 그룹, 노동자연대 그룹은 코뮌이라는 공동체의 건설 그 자체를 중시하기보다는 현실 사회주의의 부정적 측면을 피하고 마르크스주의의 비전을 되살려

14_계급 좌파에 속하지 않지만 일상의 삶을 둘러싼 사회 투쟁의 중요성을 강조하며 '녹색 운동과 지역운동의 결합'을 주장하는 논자도 있다(대표적으로 서영표 2011; 2012). 이 문제의식은 계급 좌파를 넘어 한국 좌파 전체에 광범위하게 공유되어 있다.

내는 기획으로서 코뮤니즘을 받아들이고 있다. 이들에게는 사회의 거시적 변화가 가장 중요한 과제이며, 마르크스주의의 미래 사회를 표현하는 용어로서 코뮤니즘을 선호할 뿐이다. 그들은 장기적 변혁론 같은 코뮌주의의 본격적 문제의식을 잘 받아들이지는 않고 여전히 사회주의혁명이 '임박'해 있음을 강조하는 경향을 보이고 있다.

이와 같이 현실 사회주의의 문제점을 극복하고 21세기 한국 사회에서 바람직한 사회주의의 미래에 대한 여러 구상들이 나오고 있는 것은 분명히 고무적이다. 물론 여러 사회주의 모델이 제시되었지만 결국은 "'자기 좋은 것만 사회주의'다"라는 것, 즉 자신이 생각하기에는 이것이 "정말 사회주의다"라는 식으로 논의가 진전되고 있음을 부정할 수 없다(최일붕 외 2009, 58).[15] 그렇다고 하더라도 프롤레타리아독재나 국유화에 갇혀 있던 과거의 사회주의 논의에서 벗어나 환경·생태·인권·여성·소수자 등 현대사회의 보편적인 쟁점들을 좌파의 프레임 속으로 끌어들여 사회주의 비전을 확대하고 보다 넓은 대중적 설득력을 확보하려는 시도는 충분히 긍정적인 평가를 받을 수 있다.

15_'다함께(현재 노동자연대)' 주최의 좌담회에서 정태석의 지적이다.

6. 21세기의 위기와 1980년대의 인식

지금까지 살펴보았듯 좌파들은 신자유주의 세계화를 자신들의
시각에서 분석하고 사회주의 변혁을 대안으로 내세우고 있다. 마르
크스주의를 '진리'나 '과학'으로 받아들이지 않고, 환경·생태·소수
자 등 한국 사회가 당면한 중요 문제점을 마르크스주의 안으로 포
섭할 것을 주장하고 있다는 점은 과거와 달라진 면모이다. 그러나
구체적 분석에서는 결국 제자리를 맴돌고 있다. 좌파들은 현재 한
국 사회가 당면한 가장 큰 문제점을 신자유주의 세계화라고 규정하
지만, 결국 신자유주의는 자본주의의 한 국면에 불과하고, 모든 것
이 자본주의의 모순으로 귀결된다. 한국 사회는 자본주의사회이고,
한국 사회가 당면한 모순은 자본주의 모순이며, 자본주의가 존재하
는 한 사회주의혁명만이 해법이라는 판에 박힌 주장의 재판이다.
분석의 수준에서 1980년대와 크게 다르지 않은 것인데, 다음의 사
례를 보면 잘 알 수 있을 것 같다.

좌파들은 신자유주의가 세계를 지배하며 좌파 운동이 수세에 몰
려 있는 것처럼 보이지만 2008년 미국발 금융 위기 이후 자본의 위
기를 노동자·민중에서 전가하려는 시도에 맞선 투쟁들이 세계적으
로 벌어지고 있음을 강조한다. 이때 베네수엘라의 차베스 정권,
2008년 그리스 반정부 시위, 2011년 아랍의 노동자·민중 투쟁, 미
국 위스콘신 노동자들 투쟁, 월가 점령, 한국에서는 강정 마을 해군
기지 건설 반대 투쟁, 2010년 현대자동차 비정규직 노동자들의 투
쟁, 대학생들의 등록금 인상 반대 투쟁(2011년) 등 모든 것이 신자

유주의에 맞서는 반자본주의 투쟁으로 간주된다. 이 모든 것들은 "쇠퇴기 자본주의 체제를 분쇄할 수 있는 가능성을 보여 주고 있다"는 것이다(오세철 2014, 81). 아마 앞으로 나올 문건에는 2018년 말 프랑스의 '노란 조끼' 시위가 추가될 것이다.

이렇게 세계 곳곳에서 치열한 반자본주의 투쟁이 벌어지는데도 한국에는 여전히 사회주의적 변혁의 전망이 멀게 보이고 있다는 사실을 어떻게 설명할 것인가? 가장 흔히 제시되는 대답은 "우리 사회에서는 반신자유주의 민주혁명을 성취해 낼 객관적 조건들이 성숙하고 대중의 잠재적 역량은 증대하고 있지만 그 혁명을 성취해 낼 정치적 역량이 최하점으로 떨어진 역설"이라는 것이다(김세균 2012, 342-43). 좌파들은 입을 모아 이런 위기가 초래된 원인을 한국 사회의 보수적 정치 구도와 반공·국가보안법 그리고 "지속적으로 의회·선거주의. 합법·개량주의의 길을 확산·확장"함으로써 "노동자 대중을 정치적으로 수동화시킨" 진보 정당들에서 찾는다(고민택 2008, 397).[16] 그리고 정파를 초월한 혁명적인 사회주의 정당의 건설을 통해 이 위기를 돌파할 것이 강조된다.[17]

물론 이들의 주장과 같이 과거의 민주노동당은 계급 정치를 제대로 수행하지 못했다. 또한 사회주의노동자연합은 2014년 대법원으

16_고민택은 현장활동단체인 '노동자의힘' 회원이다.

17_계급 좌파들이 모두 현실 정치를 외면하는 것은 아니다. 김세균은 2015-16년 정의당 공동 대표를 지내는 등 현실 정치에 적극 참여하면서 계급 좌파 운동의 폭을 넓히고자 한다. 그렇지만 계급 좌파들의 전반적 경향이 의회를 비롯한 현실 정치와 일정한 거리를 두고 독자적인 사회주의 정당의 건설에 보다 큰 비중을 두고 있음은 사실이다.

로부터 '국가 변란 선전·선동 단체'로 규정되었고, 통합진보당은 2014년 헌법재판소의 정당 해산 결정에 의해 강제 해산됐다. 그렇지만 그 이전에 자신들의 분열을 먼저 반성해야 한다. 민주노동당은 내부의 평등파PD와 자주파NL의 갈등으로 인해 끝내 분당 사태로 치달았고, 좌파 운동 단체들은 서로 자신의 주장을 내세우며 분열되어 있는 상황이다. 지금까지 한국 좌파들의 진보 정당 활동은 좌파 전체를 위해서가 아니라 "자신의 정치를 위한 활동의 한계 내에서 작동"했다(정상은 2018, 37)[18]는 비판, 즉 자신의 당파 혹은 분파의 관점에서 활동을 했다는 점은 좌파들도 인정하고 있다. 이처럼 소속 그룹의 한계를 벗어나지 못하는 1980년대의 인식으로 인해 노동계급을 비롯한 기층 민중을 동원하는 계급 좌파들의 정치력은 낮은 수준에 머물러 있다.

계급 좌파들은 이런 한계를 돌파하기 위해 먼저 '대중과 혁명적 좌파가 대중적 투쟁에서 만나야 한다', '기층 현장 노동자들의 전투적 네트워크를 건설하자', 총파업투쟁을 통해 '노동자들의 전투성을 최대한 끌어올리도록 노력하자'는 전략을 내세우고 있다. 특히 현장 활동 단체들 중 일부는 '사회주의자들의 주도 아래' 선진 노동자 대열을 일정 규모 형성하고 노동자 투쟁을 앞장서 이끌며 "그 가장 앞선 부분을 사회주의로까지 성장시켜 나가는 것"이 사회주의혁명의 전략이라고 주장한다(노동자운동 연구공동체 뿌리 2015, 44). 여

18_정상은은 자신을 '독립 연구자'로 소개한다.

기서 보듯 소수의 선진 활동가들이 노동계급을 '사회주의자로 만든다', '투쟁으로 이끈다', '일깨운다'는 1980년대의 생각이 21세기 좌파에게도 그대로 나타나고 있다. 그러나 계몽으로 정치력의 한계를 돌파할 수는 없다. 노동계급을 비롯한 기층 민중의 에너지를 이끌어 내지 못하고 있다는 점이 문제의 본질이다.

필자는 좌파들의 노력에 공감하지만 그들이 '한국에는 왜 사회주의가 필요한가'라는 물음에 제대로 된 대답을 내놓지 못하고 있으며 오히려 대중과 동떨어진 낡은 인식으로 치닫고 있다는 사실을 지적하지 않을 수 없다. 앞에서도 보았지만 사회주의 변혁을 통한 신자유주의 극복이라는 그들의 주장과 분석에는 새로운 내용이 거의 들어 있지 않다. 최근 4차 산업혁명이 활발하게 논의되고 있지만 좌파들은 노동 가치론을 고수하며 별로 관심을 두지 않고 있다. 그들은 계급성을 강조하고 자신들이 변혁 운동을 이끌어 나가야 한다고 주장하면서도 보편 가치의 실현을 위한 동맹자로서 시민운동에게는 스스로 장벽을 세워 놓고 있다.

좌파들은 노동자·민중과의 연대, 정규직과 비정규직의 연대를 그토록 강조하지만, 막상 노동자들은 그들의 말을 쉽게 이해하지 못하고, 비정규직은 그들에게 의견을 제시할 마땅한 통로를 찾기 어려운 실정이다. 현장 활동가들은 좌파가 노동계급의 실리주의를 비판하지만 말고 땅으로 내려와 현실을 직시해 줄 것을 촉구한다. 민주노총 민주버스노조 소속의 현장 활동가는 "맑스(주의)를, 계급투쟁의 과학을 재해석하고 재구성한 글들을 주변의 선진 노동자와 활동가들과 함께 이해하면서 읽기란 참으로 쉽지 않다"고 불만을 토로했다(한정주 2002, 338). "좌파 정치가 제대로 되려면, 구름에서 내려와, 땅을 딛고, 사업해야 된다고" 반박하면서 '비정규직에 관심을 가져 줄 것'을 호소하는 발언도 있었다(최형익 외 2004, 54).[19]

필자는 이런 난맥상이 부분적으로는 한국 좌파가 여전히 1980년대의 인식, 특히 '임박한' 혁명의 조급성으로부터 벗어나지 못한 데서 빚어졌다고 지적한다. 21세기 사회주의 변혁이라는 '새로운' 기획 속에 들어 있는 1980년대식의 '낡은' 인식은 좌파 이념이 변화된 현실에 적절히 조응하는 것을 막고 좌파 이념의 실천 세력인 노동계급의 신뢰도 얻지 못하게 하는 요인 가운데 하나가 되고 있다. 그들이 한국 정치에서 의미 있는 대안 세력으로 존속하려면 먼저 1980년대의 틀을 벗어나 자신들의 인식을 다듬을 필요가 있다. 이와 같은 인식 변화의 출발점은 '임박한' 혁명이라는 조급함에서 벗어나는 것이다.

필자는 앞에서 지적했던 '코뮌주의' 문제의식으로부터 좌파들이 도움을 얻을 수 있다고 본다. 특히 사회주의적 변혁이 장기적인 역사의 변혁임을 인정하고, 현대사회의 보편적 가치를 좌파의 가치 안에 통합시키며, 대중과의 연대를 통해 자본주의 체제 안에서 변혁의 주체 형성에 노력을 기울인다는 인식은 좌파들이 현실적인 기획을 마련하는 자극제로 활용될 수 있을 것이다. 아울러 자본주의 붕괴론에서 벗어나 파국이 오지 않는 이유, 자본주의의 생존력에

19_'좌파정치의 방향을 놓고 진행된 좌담회에서 박병규(전국금속산업노동조합연맹 부위원장)의 발언.

대해 보다 깊은 고찰이 요구된다. 그러기 위해서는 계급 좌파들이 한국의 또 다른 좌파 혹은 좌파 연구자들의 노력으로부터 도움 받을 필요가 있다. 이 문제는 결론에서 다시 언급하고자 한다.

7. 맺는말: 인식 틀의 확장을 위한 자원들[20]

필자는 지금까지 계급 좌파, 그리고 이들과 일정한 이념적 친화성을 갖고 있는 좌파 논객들의 사회주의 변혁론의 논거, 마르크스주의와 레닌주의에 대한 시각, 현실 사회주의의 문제점에 대한 인식 및 미래 사회주의 변혁의 모델에 관한 구상들을 살펴보았다. 그들은 신자유주의 세계화로 인한 민중의 생존권 파탄, 사회 양극화, 자본의 지배 등을 21세기 한국 사회의 가장 큰 문제점으로 지적하고 마르크스주의와 레닌주의에 대한 인식을 새롭게 정비하며 사회주의에 대한 여러 모델을 제시하고자 했다. 필자는 이런 시도들이 21세기의 문제의식 속에서 사회주의 변혁의 타당성을 조정하는 작업이라고 평가했다. 그렇지만 다른 한편 낡은 인식 틀에 갇혀 설득력 있는 대안을 마련하는 데 어려움을 겪고 있다는 점도 지적했다.

필자는 계급 좌파가 1980년대 이후 한국 마르크스주의의 지배적

20_결론은 이 글을 심사한 익명의 심사자로부터 받은 지적을 반영하였다. 좋은 지적과 비판에 깊이 감사드린다.

경향이었던 사회주의 변혁론을 직접 계승하고 있는 집단이라 파악하고, 그런 변혁론이 21세기의 국면에서 어떻게 변화 혹은 발전했는지 비판적으로 검토하고자 했다. '자본주의 붕괴와 혁명'에 갇혀 보다 설득력 있는 대안을 마련하지 못하는 상황을 극복하는 데 약간의 조언을 보태려는 의도에서 그들의 논의를 비판적으로 검토했던 것이다. 여기에는 그들의 논의를 학계 안으로 끌어들여 활성화시킴으로써 계급 좌파의 주장들이 보다 많은 사람에게 소개되고 또 유용한 조언이나 지적들을 받을 수 있다는 생각도 깔려 있었다. 또한 그와 같은 비판과 지적이 좌파 이념 그 자체 그리고 한국의 '좌파 일반'이 아니라, 한국 좌파들 가운데 일부인 계급 좌파에게 한정되는 것임을 밝혀 둔다.

필자는 마르크스주의가 한국 정치의 이념적 폭을 확장하고 새로운 가치를 지향할 수 있도록 해주는 사상적 자원이라고 생각한다. 마르크스주의는 여전히 인문 사회학계의 지배적 패러다임 가운데 하나이며 그 문제의식과 이론 틀을 언급하지 않고서는 현대사회에 대한 논의를 진행할 수 없다. 현대 자본주의사회의 불안과 공포를 폭로하며 자본주의 이후의 사회, 사회주의를 모색하는 흐름은 찰스 테일러, 매킨타이어 등 비마르크스주의 사상가들에게도 이어지고 있다. 또한 좌파 학계의 문화적 분석은 위기를 자기 안으로 포섭하는 자본주의의 역동성에 대한 비판으로까지 나아가고 있다. 한국의 좌파들도 이런 경향을 공유하면서 몸, 공간, 시간, 노동, 도시, 인권 등 구체적 쟁점들과 연결시켜 일상의 불만과 저항을 이론적으로 조직화하고 있다.

계급 좌파들은 자본주의 붕괴 혹은 변혁을 중심 명제로 삼고 있지만 한국의 또 다른 좌파 그리고 좌파 연구자들은 더 이상 위기가 곧 자본주의의 몰락이라고 주장하지 않는다. 한국 좌파들은 변화된 시대에 맞추어 자신의 인식 틀을 부단히 개선하며 자본주의 이후의 전망과 대안에 관한 논의를 개발하고 있다. 노동계급 중심이나 혁명적 사회주의 정당 같은 고전적 틀에서는 벗어나 있지만 이들 또한 자본주의의 모순과 폐해를 분석하면서 자본주의 이후의 사회를 모색하고 있다. 생태, 여성, 지역운동을 결합하거나 적·복·보라 동맹을 구축하며 마르크스주의를 비판적으로 재평가하고 사회주의를 현대의 문제의식에 맞게 재구성하는 등 다양한 방향에서의 시도가 이루어지고 있다. 이런 흐름은 현재 학계와 운동 진영에서 큰 영향을 발휘하고 있다. 계급 좌파들이 이와 같은 최근의 경향으로부터 일정 부분을 흡수하여 자신의 인식 틀을 확장하는 자원으로 삼는다면 보다 설득력 있는 운동 방향이나 전략을 수립할 수 있을 것이다.

2장

한국의 반일 민족주의 연구

담론의 변화와 특징

전재호

1. 들어가며

반일反日은 한국 민족주의의 가장 대표적인 담론이다. "민족주의
는 타자에 대한 의식과 타자와의 상쟁을 통해서 형성되고 작동하는
이데올로기"(천정환 2006, 123)인데, 한국에서 민족주의가 형성되고
발전하던 시기에 가장 대표적인 타자가 바로 일본이었다. 일본은
한국에서 민족이 '상상되기' 시작하던 시기에는 민족의 '모델'로 인
식되었지만, 한국을 식민지로 만들어 착취했을 뿐만 아니라 창씨개
명과 조선어 사용 금지 등을 통해 민족의 정체성마저 말살하려 했
기 때문에, '절대 악'으로 인식되었다. 따라서 해방 후 "식민지 시대

일본화의 흔적을 지우고 문화적 독립을 이루는 것"이 중요한 '민족적 과제'로 부상했다. 당시 등장한 '왜색'이라는 표현은 "일본화의 잔재를 총칭하는 말"로 "민족적인 것의 투명성을 해치는 요소"를 가리켰다(김성민 2014, 26-27).

반일 담론은 해방 이후 한일 관계를 포함해 여러 가지 계기를 통해 변화했고, 그 과정에서 부문에 따라 상반된 방향으로 흘러갔다. 한편으로 역사와 정치 부문에서 반일 담론은 내용상 변화가 있었지만, 해방 후부터 현재까지 지속했고 2000년대 이후에는 더욱 강해졌다. 이는 일본군 위안부, 역사 교과서 왜곡, 식민지 강제 동원 피해자 배상 등 과거사 문제는 물론, 일본 관료의 야스쿠니 신사 참배와 독도 영유권 주장 등이 한국인의 민족주의 감정을 자극한 데 기인한다. 다른 한편 해방 직후 '왜색 일소 운동'에 내포되었던 일본에 대한 두려움과 위기의식은 세월이 흐르면서 약화했고, 이제는 거의 사라졌다. 곧 일본 대중문화의 유입을 더는 문화적 침략으로 인식하지 않고, 해방 직후 일본어 간판과 같이 왜색 잔재로 간주했던 것들에 대한 거부감도 사라졌다. 2002년 한일 월드컵 공동 개최 이후 일본의 한류韓流와 한국의 일류日流는 이제 자연스러운 일상이 되었고, 양국 관계가 나빠져도 양국인의 상대국 방문은 별 영향을 받지 않는다. 이렇게 문화와 일상 영역에서의 일류를 보면, 과연 한국에서 반일 담론의 영향력이 강한 것일까 하는 의문도 든다.

그러면 현재 상반된 모습을 보이는 반일 담론은 어떤 역사적 과정을 거치면서 이렇게 된 것인가? 역사, 정치 부문에서 반일 담론이 지속하는 데 비해, 문화와 일상 영역에서 그것이 약화한 이유는 무엇인가? 이 글은 이런 질문에 대한 답하기 위해 해방 이후 반일 담론의 전개 과정을 고찰한다.

이 글은 장기간 한국 사회의 여러 부문에서 표출되었던 반일 담론을 검토하기 위해 거시적·포괄적·역사적 방법을 채택한다. 그 이유는 반일 민족주의 담론이 지닌 특수한 성격을 고려했기 때문이다. 한국에서 민족주의는 비록 예전과 같은 절대적인 영향력은 아니더라도 여전히 정치적·사회적 정체성의 부정할 수 없는 '최저선'을 형성하고 있다. 그런 민족주의를 구성하는 대표적인 타자가 바로 일본이다. 따라서 일본에 대한 부정적인 이미지와 담론은 그 근거, 성격, 논리 구조 등을 따지기 이전에 선험적으로 정당화되고 사회적으로 유포됐다. 많은 경우 '민족은 어떻게 구성되었는가'라는 질문이 한민족의 '신성한' 위상을 부정하는 것으로 받아들여지는 것처럼, '반일은 어떻게 구성되었는가'라는 질문도 본격적으로 제기되지 못했다. 이로 인해 일본에 대한 부정적 담론이나 감정 일반이 반일인지, 아니면 일정한 임계점을 넘은 담론과 감정이 반일인지에 대한 논의조차 제대로 이루어지지 못했다. 또한, 반일 민족주의란 정치, 역사, 문화, 일상 등 각 부문을 일관되게 관통하는 것이고 그것이 당위적이어야 하는지, 아니면 각 부문의 구조적 성격에 따라 차이가 나고 다른 논리로 구성되는 것인지도 분석되지 못했다.

한국 사회에서 반일은 '일본에 반대함'이라는 사전적 의미가 가리키는 무한히 넓은 외연과 '일본을 절대 악으로 여김'이라는 절대적 타자로서의 내포가 중첩되어 있다. 사회 각 부분에서 또 시대적인 상황에 따라 각기 다른 정도로 표출되는 이 외연과 내포의 유동적인 거리는 한편으로 반일을 정당화 ─ 절대 악인 일본에 대한 반대는 당연하고 민족의 의무이다 ─ 하고, 다른 한편으로 반일의 표출을 제어함으로써 반일 민족주의를 존속시키는 우회로 ─ 한민족은 무차별적으로 일본을 적대시하는 것이 아니라 일본의 잘못에 대해 합리적인 반성을 요청할 뿐이다 ─ 를 제공해 왔다. '반일은 어떻게 구성되었는가'라는 질문에 대한 답변 및 반일 담론과 반일 민족주의의 강인한 생명력 및 그 변화상은 이런 반일의 외연과 내포의 유동적인 거리를 함께 고찰할 때 제시될 수 있다. 곧 이런 문제의식은, 분명 일정한 한계를 수반할 수밖에 없지만, 거시적·포괄적·역사적인 담론 분석을 요청한다.

이 글은 이런 문제의식에서 반일 담론의 역사적 구성을 살펴보기 위해 먼저 2절에서 반일에 관한 기존 연구를 검토함으로써 이 글이 취한 방법의 의미를 보강한다. 3절에서는 예비적 분석으로서 반일의 기원과 한국 민족주의의 심리적 특성을 살펴보고, 본격적인 분석을 진행하는 4절에서는 반일 민족주의 담론의 전개 과정을 냉전 시기는 한일 국교 수립 이전과 이후로, 탈냉전 시기는 일본 대중문화 개방 이전과 이후로 구분하여 고찰한다. 끝으로 5절에서는 역사적 전개 과정에서 드러난 반일 담론의 특징을 제시한다.

2. 반일에 관한 기존 연구 검토

반일이 한국 민족주의의 핵심 담론인데도 2000년대 이전까지 반일은 독자적 연구 대상으로 다루어지기보다 한일 관계를 다루는 가운데 언급되는 방식으로 다루어졌다. 예를 들어, 최장집은 현대 한일 관계의 역사와 한국 민족주의를 다루면서, 한국의 반일 민족주의가 일본의 과거 침략 행위에 대한 자기반성 거부와 직접 맞물려 있고, 한국인의 대일 이미지가 분열증적schizophrenic이라는 점을 지적했다(최장집 1996). 또한, 1990년대 후반부터 당시 인기를 얻고 있던 한국의 반일 담론을 비판하는 논평들이 등장했다. 1990년대 김진명의 소설 『무궁화 꽃이 피었습니다』(1993)와 전여옥의 평론집 『일본은 없다』(1993)와 같이 일본을 적대시하거나 비판하는 대중서가 선풍적 인기를 끌었다. 이에 대해 노히라 슌수이는 일본의 역사적 죄악을 묻는 '역사 청산'과 일본의 현재에 대한 왜곡인 '감정적 극일론'을 구별하고, 일본 사회와 역사에 대한 감정적 왜곡과 폄하를 극복하는 것이 진정한 역사 청산과 합리적 한일 관계를 이루는 전제 조건이라고 주장했다(노히라 슌수이 1997). 박유하는 일부 지식인들이 일본에 대한 부정적 이미지를 생산하고, 언론은 왜곡을 확인 또는 의심하지 않은 채 맹목적으로 확대재생산하며, 한국인들은 그런 보도를 아무 의심 없이 받아들였다고 비판하면서 그 배경에 민족주의적 반일 교육이 있다고 주장했다. 그리고 일본을 왜곡하는 글들은 "우리에게 언제까지나 피해 의식을 공고히 하고 왜소한 열등의식을 버리지 못하도록 하며 과대한 우월감을 가질 것을 촉구"한다고 비판했다(박유하 2000, 8). 최길성은 항일과 반일을 구분하면서 반일은 해방 후에 등장한 것으로 그 대상은 일본이 아니라 한국 내 친일파이며, 한국인의 반일 감정이 강한 것은 정부가 그것을 증폭시키는 문화 정책과 반일 교육을 한 것이 주요 원인이라고 주장했다. 그러면서 반일이 애국은 아니고, 국익이라는 점에서 볼 때, 많은 반일론자가 비애국적이라고 비판했다(최길성 2004, 32-33). 최석영은 한국 언론들이 일본에 대한 잘못된 정보와 해석을 대중들에게 전달함으로써 반일 감정을 형성시킨다고 주장하면서, 잘못된 일본의 모습을 전달하는 언론의 기사와 보도 행태를 비판했다(최석영 2010).

1998년 일본 대중문화 개방 이후 문화 부문에서의 반일 담론을 다룬 연구들이 등장했다. 장용걸은 일본 대중문화 수용 과정에서 드러난 '반일'의 역설적 의미를 고찰했고, 반일 감정이 한일 간의 깊은 골을 만들었고 타자에 대한 왜곡과 부정적 이미지를 구축했다고 주장했다(장용걸 2000). 천정환은 2002년 한일 월드컵 이후 한일 간 문화 교류 과정에서 일본 문화에 열중하는 수용자 층에 작용하는 민족주의의 간섭을 분석하여, 그들이 한국 주류 문화의 억압성과 지배이데올로기인 민족주의를 우회했지만, 그 우회가 완벽할 수는 없었다고 주장했다(천정환 2007). 박진한은 2000년대 확산하는 일본 문학과 일본 음식을 대상으로 일본 문화의 소비 형태를 제시하고, 2000년대 중반 친일 청산의 의미와 문제점 및 기업의 '애국심 마케팅'을 통해 반일 의식이 형성되고 전파되는 과정을 설명했다. 또한 국가주의적 관점에서 일본을 바라보는 미디어의 보도 형태를 비판하면서 일본에 대한 인식 전환을 주장했다(박진한 2014). 김성민은 해방 후 수십 년간 지속한 '일본 대중문화 금지'라는 현상을 분석해, 왜색일소운동으로 시작된 금지가 어떻게 해체되었는지를 구조적·비판적으로 고찰했다(김성민 2014). 이지원은 "한일 문화 교류와 '반일' 논리의 변화"에서 1990년대 이후 '왜색문화' 비판 언설이 쇠퇴했음을 제시했다(이지원 2015).

반일 담론이 정치적으로 이용된 점에 초점을 맞춘 연구들도 등장했다. 서중석은 이승만의 반일 운동과 한국 민족주의를 다루었는데, 그는 이승만의 반일 운동이 반공 운동과 밀접히 결합해 있고, 정권 강화라는 정치적 목적을 위해 이용되었으며, 그의 민족주의가 대단히 왜곡되고 파행적이라고 비판했다(서중석 2000). 전재호는 이승만 시기부터 김대중 정부 시기까지 반일 담론의 정치적 이용을 고찰했다(전재호 2002).

2000년대 들어 과거사와 독도 등 현안을 둘러싸고 한일 관계가 악화하자, 이를 다룬 연구들도 등장했다. 지병근은 한국인들의 반일 또는 반중 감정이 감정적 질시, 이념 또는 위협에 대한 합리적 대응이라는 기존 설명이 부분적으로만 타당하다고 주장했다. 대신 국제사회에서 수행되는 일중 양국의 역할에 대한 규범적 차원의 연성 권력 자원이 중요한 결정 요인임을 경험적으로 입증했다(지병근 2008). 손기영은 한일 간 위안부 문제에 초점을 맞추어 한국 사회 내 반일 감정으로 대표되는 '과거의 과잉' 현상이 보편적이고, 이는 일본의 부적절한 역사관과 반성 자세 부족이 원인이지만 한국의 반일 정체성에도 문제가 있다고 주장했다(손기영 2017).

이렇게 기존 연구들은 정치, 역사, 문화 등 특정 부문 또는 쟁점에 초점을 맞추어 반일 민족주의 담론을 다루었을 뿐, 여러 부문과 쟁점을 포괄해 반일 담론을 종합적으로 조망하지는 않았다. 그리하여 반일의 특유한 이중성, 반일 담론의 역사적 변화 및 부문별 차이 등을 고려하지 못했다. 이에 비해 이 글은 해방 이후 상반된 방향으로 전개된 반일 담론의 모습을 고찰함으로써 기존 연구의 공백을 채우려 한다.

더불어 이 글의 역사적인 담론 분석에서 사용된 '반일'이 두 가지 의미를 동시에 지니고 있음을 밝힌다. 첫째, 해당 담론은 당대의 상황에서, 그리고 이후의 구체적인 분석에서 '반일'로 호명되었다. 둘째, 그렇게 호명된 '반일'에는 외연과 내포의 괴리가 잠재되어 있다. 예를 들어, 식민 지배의 과거와 결부되어 일본의 반성 부재나 진정성 없는 사과에 대해 강한 반일 담론이 형성되었을 때에도 일본 문화에 대한 열광이나 미래 지향적 한일 관계에 대한 기대가 한국 사회에서 사라지지는 않았다. 이 가운데 전자는 반일이고, 후자는 반일과는 무관한 현상인가? 아니면 양자의 괴리로 인해 왜색문화를 경계하는 반일 담론이 등장한 것인가? 절대 악이라는 형상은 그 자체로 존립할 수 없으며, 사회 내의 다양한 차이를 통해 재현되고 상징화되어 의미를 부여받는다. 마찬가지로 반일 담론은 한국과 일본의 차이, 한국 내에서 일본에 대한 인식의 차이 속에서 구성된다.

3. 반일의 기원과 한국 민족주의의 심리적 특성

한반도에서 반일 의식은 상당히 오랜 역사를 갖고 있다. 일부에서는 반일의 기원을 고려 말기 왜구의 침입에서 찾기도 하지만, 임진왜란 이전까지 "일본에 대한 증오감은 왜구라는 한정된 집단에 국한된 제한적인 감정"이었다(이규배 2007, 129). 이것이 왜구를 넘어 일본에 대한 '적대적' 의식이 된 계기는 임진왜란이다. 임란 이후의 자료에 따르면, "'임란의 기억=대일 적대감=원수'라는 인식 구도"가 임란 체험자는 물론이고 후대인에게도 공통적으로 나타나고, 더욱이 "적대적 대일 인식은 17세기에서 20세기 초반 한일합방을 전후한 시점에 이르기까지 수미일관 유지되고 있었"다(이규배 2012, 55). 이는 "화이론적 세계관에 입각해 일본을 중화 문화권 밖에서 이탈하여 서구의 오랑캐들과 같아진 야만국"으로 본 위정척사파 유생들의 대일 인식과 일본을 서양 제국과 한통속인 제국주의 침략 세력으로 본 동학 동민군의 대일 인식으로 이어졌다(허동현 2004, 201-211). 다만 개화기에는 일본에 대한 긍정적 시각도 등장했다. 개화파들은 서구화에 성공한 일본을 조선이 따라 배워야 할 이상적 모델이자, 조선의 독립을 옹호하고 근대화를 지원하는 외세로 인식했다(허동현 2004, 216-225).

일반적으로 적대적이고 부정적인 대일 인식은 일본의 식민 지배를 통해 강화되었다고 간주된다. 물론 일부에서는 식민지 시기 "반일 독립 의식 구조를 가진 사람들만 있었던 것은 아니"고, "대부분의 민중들은 무의식 상태이거나 일본 지배에 적응하려" 했으며 "해방 후에 모든 국민이 항일운동을 했던 것처럼, 반일 애국자처럼 둔 갑되는 경우가 많았다"고 반론을 제기한다(최길성 2004, 30). 그러나 해방 직후 한국을 지배한 담론은 '일본은 절대 악'이라는 반일 담론이었다. 그래서 친일파 청산을 무산시켰던 이승만 정부도 교과서, 기념일, 기념식 등을 통해 식민지 시기 일본의 악행과 한국의 피해를 강조하는 반일 담론을 반복적으로 재생산했다. 이를 통해 반일 담론은 자연스럽게 후속 세대에게 전수되었고, 이 과정에서 반일은 한국 민족주의의 핵심 담론이 되었다.

해방 이후 반일 교육은 학생들에게 일본에 대한 두 가지 인상을 갖게 했다. 그것은 일본의 문화적 열등성과 침략성이다.[1] 역사 교과서에는 불교, 천자문, 논어 등 선진 문물이 한반도에서 일본 열도로 전해졌다고 기술되었다. 또한 일본과의 관계를 다룰 때, 신라 박제상의 희생을 비롯하여 고려 말의 왜구 침입, 임진왜란 등 일본의 침략이 자주 등장했다. 물론 고려 시대 몽골의 일본 정벌과 조선의 대마도 정벌 및 조선 통신사 파견 등의 내용도 기술되어 있지만, 일본의 조선 병합은 일본의 침략성을 가장 두드러지게 만들었다. 곧 역사교육을 통해 학생들은 전근대 시기 문화적으로 우월했던 한국이

1_물론 국가에 의한 역사교육 이전, 곧 해방 이전에도 지식인들은 일본에 대한 우월 의식이 있었다. 이승만은 "일본이 바다 한가운데서 삼도왜인(三島倭人)으로 동떨어져 살아가고 있을 때 우리 문명과 예의 작법을 배우고 동양의 개화를 얻었지만, 오늘날에 이르러 자기들이 예부터 문화적인 인종이었다고 변명하고 자만한다고 해도 역사상의 사실을 외면하지 못하고 동양의 문명을 '한국'으로부터 받았다는 것을 인정하고 있다"라고 말했다(정대균 2000, 234).

선진 문물을 전해 주었음에도, 일본이 '배은망덕하게도' 계속 한국을 침략했고 종국에는 식민지로 만들었다고 생각하면서 분노하게 된다. 따라서 한국인의 반일 감정은 "일본에 대한 공포와 문화적 우월감에 따른 경멸"을 내포하고 있다(김성민 2014, 28).

이런 한국인들의 대일 인식은 '긍지'dignity와 '분노'ressentiment를 통해 민족주의의 심리적 측면을 설명한 그린펠드Greenfeld의 주장과 일맥상통한다. 그에 따르면 민족주의는 다른 집단 정체성과 달리 모든 집단 구성원에게 '긍지'를 갖도록 만든다. 그런데 민족주의는 어떤 민족이 긍지를 갖지 못하거나 자신의 긍지를 위협받는 시기에 등장한다(Greenfeld 1993, 49). 이는 '분노'로 설명될 수 있는데, 그것은 "억제된 질투envy와 증오hatred의 감정 및 이 감정의 불만족에서 기인한 심리적 상태"를 말한다. 이 심리적 상태가 발현되는 구조적 조건은 이중적인데, 첫째는 질투 주체와 대상의 근본적 비교 가능성이며, 둘째는 이론적으로 존재하는 동등성이 현실에서 불가능하다는 의미에서 실제적 불평등성이다. 이 조건은 사람들을 분노하기 쉬운 상태로 만든다. 곧 참을 수 없는 현실의 불일치로부터 창조적인 충동인 민족주의가 나온다(전재호 2002; Greenfeld 1993, 16).

한국인의 반일 감정은 외형적으로는 제2차 세계대전 후 독립한 아시아·아프리카 신생국들에서 등장하는 지배자에 대한 적대감, 곧 반제국주의 정서와 유사하지만 실제로는 그와 상이하다. 아시아·아프리카의 신생국들은 대개 지리적으로 멀리 떨어져 있고 교류가 드물었던 유럽 국가들에 지배되었지만, 한국은 비서구 세력이자 이웃인 일본 — 오랫동안 동등하기는커녕 자신보다 열등하다고 생각했던 ― 에 의해 지배되었기 때문에, 반일 감정을 제3세계 민족주의의 특징으로 간주하는 '반제' 저항 의식으로만 해석할 수는 없다. 19세기 말 이래 일본의 신속한 서구화와 근대화는 한국인에게 일본에 대한 일종의 '부러움'과 '질투'의 감정을 불러일으켰다. 더욱이 일제의 강점으로 인한 대한제국 국민으로부터 일본 신민으로 편입, 그것도 이등 신민으로의 전락은 한국인의 '긍지'를 박탈했을 뿐만 아니라 일본에 대한 '분노'를 대중적으로 확산시켰다. 그리고 이와 같은 감정은 일본 식민 지배 기간 내내 반일(또는 항일)에 민족적 정통성을 부여하는 심리적 요소였다(전재호 2002). 부러움, 질투와 분노, 증오의 복합적인 감정이 '반일'에 응축되어 있으며, 반일 담론은 그런 감정을 담아 표출하는 '수로' 역할을 했다.

4. 해방 후 반일 민족주의 담론의 전개 과정

이 절에서는 해방 후 한일 관계의 구조를 주조했던 냉전을 기준으로, 먼저 냉전과 탈냉전 시기로 구분하고, 두 시기는 다시 한일 관계의 결정적 변화를 가져온 사건을 기준으로, 냉전기는 1965년 양국의 국교 정상화 이전과 이후로, 탈냉전기는 1998년 한국의 일본 대중문화 개방 이전과 이후로 나누어 반일 민족주의 담론을 고찰한다.

1) 냉전기

(1) 한일 국교 미수립 시기(1945~65년)

해방 직후 등장한 반일 담론은 친일파 청산과 왜색 일소 등 식민 잔재의 청산을 주 내용으로 삼고 있었다. 친일파 청산은 식민지 시기 동족을 억압했던 한국인에 대한 처벌 요구였고, 왜색 일소는 일본화의 문화적 상징인 일본어와 일본(풍) 문화에 대한 추방 요구였다. 이를 통해 한국인들은 '식민지 시대의 습관을 버리고 새 나라의 새 백성이 되'기를 기대했다(김성민 2014, 27).

그런데 반일 담론은 가장 강력한 시대적 과제였음에도 불구하고 '제대로' 실천되지 못했다. 미군정은 친일파로 간주되었던 일제의 행정 관료들을 그대로 고용했고, 이승만 정부 역시 그들을 보호했다. 심지어 제헌국회에서 결성된 '반민족행위자 특별조사위원회'를 강제로 해산시킴으로써 친일파 청산까지 방해했다.

이승만은 공식적으로 반일 정책을 편 것으로 알려졌지만, 그것은 일부 정책에만 한정된 것이었다. 그는 집권 초기부터 일본과 화해와 협력을 추구했다. 1948년 10월 22일 담화에서 "우리는 과거를 망각하려 할 것이며, 또한 망각할 것"이라고 천명하고 일본에 우호 관계를 유지하자고 했다. 1951년 10월 한일 예비회담에 보낸 원고에서도 일본 측이 저지른 잘못에 대한 원한을 버리고, "이제 우리는 화해하자"라고 했다. 1953년 1월 도쿄 도착 성명에서도 지난 일을 용서하고 잊어버림으로써 양국을 위협하는 공산 세력에 대항해 결속하자고 했다(서중석 2005, 424-426). 그리고 1953년 일본의 한국 지배가 정당했다는 구보다久保田貫一郎 발언으로 인해 전국적인 반일 시위가 일어났을 때도 이승만 정부는 항의와 회담 중단 이상의 조치를 취하지 않았다. 바로 전까지 자주 동원하던 관제 시위도 부추기지 않았다.

이렇게 친일파가 청산되지 못하고 대일 화해 정책이 실시된 데는 이승만의 생각도 중요했지만, 냉전이라는 국제적 요인이 결정적인 영향을 미쳤다. 미소 간의 냉전 격화는 해방 후 한국의 당면 과제를 반일이 아닌 반공으로 전환했다. 국내에서 좌파를 척결하고 북한과의 대결에서 승리하기 위해서는 친일파가 필요했고, 동아시아에서 공산 세력의 확산을 막기 위해서는 한일 양국이 협력해야 했다. 이에 따라 반일 담론은 동아시아에서 한·미·일 반공 동맹 체제를 공고히 하기 위해 시급히 한일 수교를 성사시키려는 미국의 정책과 이승만의 '반공 우선 정책'에 따라 부차적 지위로 밀려났다.[2] 이는 이승만이 반일 담론과 가장 밀접히 관련된 3·1운동이나 8·15 기념사에서 반일보다 반공을 더 강조한 데서도 잘 드러난다. 한국전쟁 직후인 1954년 두 기념사에서 일본의 침략에 대한 비판이나 일제 잔재 청산, 한일회담에서 일본의 태도 등에 대해서는 언급하지 않은 채 반공과 북진 통일을 역설했고, 이후의 기념사에서도 일제의 침략을 언급하기는 했으나 여전히 반공, 반북을 강조했다(서중석 2005, 428).

2_한일회담은 1953년 구보다 발언으로 4년간 중단되었지만 1957년 재개되었다.

이승만 정부가 반일 정책을 편 것은 일본이 반공 노선에서 이탈한 경우였다. 1954년 하반기 일본이 중국과 소련에 대한 접근을 강화하고, 1955년 초 북한과의 교류 움직임을 보이자 이승만 정권은 이를 강력히 규탄했다. 북한과 경제, 문화 교류를 진행하면 일본을 적성 국가로 규정하겠다고 주장하면서 전국적으로 일본의 용공정책을 규탄하는 반일 시위를 조직했다. 1959년 2월에도 일본이 재일동포의 북한 송환을 결정하자, 북송 반대를 위한 국민적 각성을 촉구하는 성명을 발표했고, 이에 호응해 관변 단체들은 대일 규탄 성명을 발표하고 북송 반대 시민궐기대회를 개최했다(전재호 2002, 134).

이승만 정부는 일본과의 갈등이 일어나지 않는 국내 문제에 대해서는 언론이 제기한 반일 담론을 수용했다. 1946년 『동아일보』는 '왜취왜색倭臭倭色을 소탕掃蕩'(1946/08/20)이라는 기사를 게재했고, 이후에도 '사라지지 않는 왜색'(『경향신문』 1946/01/12), '우리 말의 왜색倭色을 청소하자'(『동아일보』 1947/01/09), '중앙청의 왜색 벽화'(『경향신문』 1948/4/25), '왜문자 간판 정리'(『경향신문』 1950/03/14) 등 꾸준히 왜색 일소 주장이 등장했다(이지원 2015, 182-184). 이에 이승만 정부는 "왜색 일소 장려=일제로부터의 독립"이라고 규정하고, "일상용어와 상가의 표찰 등 일어의 잔재가 남아 있으며 일대 수치임으로 관민 합동으로 민족정신 정화 운동에 협조할 것"('8·15 광복절 기념행사 요강-광복절기념행사결정'『경향신문』 1952/08/12)을 시달했다. 또한 1955년 '영화 및 연극 검열에 관한 각본의 건', '영화 검열 요강', '국산 음반 제작 및 외국 수입 레코드에 대한 음반 검열 기준' 등 검열 관련 법령을 제정해 일본제 출판물, 영화, 음반 수입을 통제·금지했다(김성민 2014, 30-31). 이승만 정부는 이를 통해 자신들의 민족적 정당성을 보이려 했다.

이승만 정부의 반공 우선 정책은 장면과 박정희 정부에서도 지속되었다. 두 정부 모두 반일 담론의 실천보다 일본과의 관계 정상화에 더 큰 관심을 기울였다. 미국은 한국의 경제발전을 일본에 맡기려 했기 때문에 한일 정부 모두에게 국교 정상화를 강력히 요청했고, 박정희 정부도 경제발전을 통해 정통성을 확립하려 했기 때문에 '굴욕 외교'라는 비판을 무릅쓰고도 한일회담을 타결시켰다. 그래서 박정희 정부는 반대 세력의 반일 담론을 억압하고 일본의 '도발적' 발언에도 대응하지 않았다. 1965년 1월 7일 제7차 한일회담에서 일본 측 수석대표였던 다카스기 신이치高杉晋一가 기자회견에서 비보도를 전제로 "일본은 조선을 지배했지만, 좋은 일도 해왔다. 이래저래 이의를 제기하는 사람도 있으나 일본으로서는 조선을 발전시키고자 한 것이다. 일본이 20년간 더 지배했더라면 조선은 더욱 좋아졌을 것이다"라고 주장했다(고하리 스스무 2016, 236). 『동아일보』가 이를 보도함으로써 한국에서 반일 민족주의가 대두되었으나, 박정희 정부는 조용히 넘어갔다.

한편 박정희 정부의 한일회담 추진은 지식인, 시민, 학생 등 반대세력의 반일 민족주의를 촉발했다. 반대 세력은 '민족 반역적인 한일회담 중지', '동경 체제 매국 정상배 즉시 귀국', '평화선 사수' 등을 구호로 내걸고 반대 운동을 전개했다. 그들은 박정희 정권이 회담 타결을 서두르는 바람에 일본에 끌려갔고, 결국 너무 많이 양보

했다고 주장했다. 한일 기본 조약에 대해서도 전문에 일본의 사과와 반성이 없고, 식민 지배에 대해 일본이 합법적이라 주장할 여지를 남겼으며, 일본의 범죄에 대한 보상이 최종 완결된 것으로 처리되었고, 재일동포의 합법적 지위도 부인되었다고 비판했다.[3]

다른 한편 1960년대 전반에는 일본 문화의 침투를 경계하는 반일 담론이 등장했다. 이는 1960년 이승만 정부 하야 이후 그동안 금지되었던 일본 상품과 문화가 유입된 현상에 대한 일종의 반작용이었다. 일본 잡지와 소설, 가요는 물론 아지노모토味の素, 간장 등 식료품과 시계, 선풍기, 라디오, 냉장고, 카메라, 텔레비전 등 전자제품에 이르기까지 일본 상품과 문화는 한국인을 사로잡았다. 『사상계』에 따르면 "전국의 다방과 '빠'에서는 일본 노래가 물결치고", 숙녀들은 "조오리"를 신고 거리를 활보하며, 서점마다 일본 문학 번역물이 붐을 이루고 있었다(권보드레·천정환 2012, 515). 이런 '일본 붐'은 역으로 한국의 반일 민족주의를 일깨웠다. 지식인과 언론은 일본 상품과 문화를 일본 제국주의의 (재)침략의 일환으로 보았고, 그것을 통해 "민족의 '얼(정기, 정신)'이 병들고 일본화되어 급기야 민족이 '말살'될지도 모른다"고 주장했다(권보드레·천정환 2012, 534-537). 이에 호응이라도 하듯이 박정희 정부는 쿠데타 직후 대대적으로 밀수를 단속했다. 그런데 1964년에는 일본과 제3국이 합동 제작한 영화 및 일부 일본 영화를 수입하려 했지만, 여론의 격렬

3_한일기본조약의 문제점에 대해서는 전재호(2002)를 참고하시오.

한 반대로 철회되었다. 결국 박정희 정부는 1965년 한일기본조약 조인 직후 외래 풍조를 막는다는 명분으로 '음반에관한법률'과 '외국정기간행물수입·배포에관한법률'을 시행해 일본 대중문화를 '실질적으로' 금지했다(권보드래·천정환 2012, 542-546).

여기서 흥미로운 점은 1950년대 중반부터 유입되던 일본 상품과 문화에 대한 한국인들의 태도와 반일 담론의 관계이다. 한편에서는 일본 상품과 문화가 밀수, 유통, 소비된 데 비해, 다른 한편에서는 그에 반발하는 등 일본에 대한 인식과 태도를 둘러싸고 모순과 갈등이 등장했다(김성민 2014, 38). 엄밀히 말하면, 당시 유입된 일본 상품과 문화는 기존의 반일 담론이 청산 대상으로 삼았던 식민 잔재가 아니었다. 그것은 미군 부대의 PX에서 나온 미국 제품과 마찬가지로 선진 자본주의의 상품이었고 그에 대한 선호는 인간의 물질적 욕망의 영역에 속하는 것이었다. 소비자가 국적을 떠나 좋은 품질의 제품을 좋아하는 것은 자연스러운 일이다. 따라서 당시 일본 상품과 문화에 대한 한국인의 선호는 반일 민족주의에 함축된 내포와 외연의 괴리를 드러내고 있었다.

정리하면 해방 이후의 반일 담론은 친일파 청산과 왜색 일소와 같이 일제 잔재 청산이 주 내용이었지만, 냉전 격화와 한국전쟁을 겪으면서 친일파 청산은 억압되었고 왜색 일소 담론만 실천되었다. 1950년대에는 식민 지배에 대한 일본의 반성 부재라는 '과거사 문제'와 친공 또는 용공적인 일본을 비판하는 담론이 새롭게 등장했다. 1960년대에는 일본 상품과 문화 유입에 따라 경제적 종속, 한국 문화의 오염 및 정체성 상실을 우려하는 왜색 비판이 부각되었고, 한일회담을 거치면서 과거사 문제에 대한 담론을 중심으로 반일 민족주의가 고조되었다.

(2) 한일 수교 이후 시기(1965~90년)

한일 국교 정상화 이후 반일 담론은 주로 대항 세력에 의해 주도되었고, 권위주의 정부는 일본과의 우호와 협력을 중시하는 정책을 전개했다. 이는 냉전에 따른 반공 연대의 필요성 때문인 동시에 경제발전을 통한 권위주의 정권의 유지를 위해 일본의 지원이 필요했기 때문이었다.

박정희 정부는 일본에 대한 인식에서 이전 정부와 차별성을 지녔다. 당시 정권 핵심 세력은 대부분 식민지 시기 출생해 군국주의와 사무라이 정신 같은 일본 제국의 세계관과 사고방식을 당연한 것으로 배우며 자란 세대였다. 그들에게 일본은 개화기 엘리트들이 그랬던 것처럼 근대화를 위해 배워야 할 '모델'이었고, 멸사봉공滅私奉公과 가미카제神風로 대표되는 국가주의 역시 한국의 근대화에 필요한 덕목이었다. 이는 박정희가 아무 거리낌 없이 메이지 유신明治維新을 찬양하고, 일본의 극우 청년 장교들이 1936년에 벌인 2·26 쿠데타를 언급한 데서 잘 드러난다. 따라서 그들은 군사 쿠데타, 국가 주도 경제개발, 국민교육헌장, 10월 유신, 새마을운동 등 일본을 모델로 많은 정책을 추진했다.

또한 1960년대 박정희 정부는 일본으로부터 자금, 기술, 기술자, 원자재, 부품, 기업 문화 등 경제발전에 필요한 대부분의 요소를 도입했다. 그 결과 한국의 경제는 순조롭게 발전했지만, 한국의 수출이 늘수록 일본으로부터의 원자재와 부품 수입도 증가했다. 이에 대해 저항 세력은 한국이 경제적으로 일본에 '종속'되었다고 비판했다. 이런 한일 관계 아래서 박정희 정부가 반일을 내세우기는 어려웠다.

그러나 앞서 언급했듯이 박정희 정부는 1965년 한일 국교 정상화 직후 일본 대중문화를 금지했다. 이에 더해 '한국방송윤리위원회'에 '가요자문위원회'를 두고 음악에 대한 광범위한 심의했다. 여기서 당시 최고의 인기 가요이던 〈동백 아가씨〉를 왜색풍이라는 이유로 방송 금지했고, 이후 1981년까지 왜색과 연관되었다는 이유로 296곡에 대해 방송 금지 처분을 내렸다(김성민 2014, 47). 이는 한일회담 직후 고조된 '왜색문화'에 대한 여론의 경계심을 고려한 것인 동시에 한일 수교 회담 과정에서 자신들에게 붙은 '친일'이라는 비판이 희석되기를 바란 결과였다.

그럼에도 당시 저항 세력은 박정희 정부와 자민당 정권의 정치적 유대를 '한일 유착'이라고 비판하고, 양국의 경제협력 강화를 일본의 경제적 침략 또는 한국 경제의 일본 종속이라고 비판했으며, 박정희 정부가 일본 대중문화의 유입을 강력히 차단하지 않음으로써 퇴폐적인 왜색문화가 한국 청소년들에게 악영향을 미친다고 비판했다.

전두환 정부도 이전 정부와 마찬가지로 우호적인 대일 정책을 전개했다. 나카소네 야스히로中曽根康弘 일본 총리는 1983년 1월 한국을 방문해 40억 달러의 차관을 제공했고, 전두환도 1984년 9월 6일 한국 대통령으로는 최초로 일본을 공식 방문했다. 저항 세력은 이를 양국 보수 세력 간의 유대 강화로 인식했고, 이것이 일본의 경제 침략을 강화하고 신식민지 문화를 유입시킬 것이라고 주장했다. 곧 저항 세력의 반일 담론은 일본의 경제, 문화 침략을 우려하는 내용이었다.

전두환 정부는 1982년 일본 역사 교과서 왜곡 문제로 한국에서 반일 민족주의가 고조되자 제한적이나마 반일적인 태도를 보였다. 1982년 6월 26일 일본 신문들은 문부과학성의 새로운 지도 요강을 바탕으로 개정된 1983년도 사용 예정 고교 사회과 교과서 검정 내용을 다루면서, 검정 후 중국에 대해 '침략'이라고 표현되었던 서술이 '진출'로 바뀌었다고 보도했다. 이를 한국과 중국의 언론들이 보도하면서 양국에서 일본 교과서의 내용이 문제가 되었다. "국사편찬위원회"에 따르면, 일본 문부성 검정관이 교과서의 한국 관련 내용 가운데 24항목, 167개소에 대해 수정·삭제를 요구했다고 한다(정대균 2000, 98).

이로 인해 한국에서 반일 감정이 크게 고조되었고, 전두환 정부도 일본 정부에 강력히 시정을 요구했다. 그리고 국난을 극복하고 민족의 자주와 독립을 위해 헌신한 조상들이 남긴 자취와 자료를 수집, 전시함으로써 후손들에게 민족의 얼과 긍지를 심어 준다는 명분을 내세워 독립기념관 건립 계획을 발표하고 전 국민적 모금 운동을 전개했다(고하리 스스무 2016, 245).

이와 함께 1980년대 재일동포에 대한 일본의 차별 대우는 한국인들의 반일 감정을 자극했다. 대부분 식민지 시기 '반강제적으로' 일본에 이주했던 재일동포와 그 자손은 해방 후 일본 국적을 박탈당하고 외국인이 되어 의무 등록을 해야 했다. 게다가 1955년부터 시행된 '외국인 등록의 지문에 관한 정령'에 의해 강제적으로 지문 날인을 하게 되었다. 이에 반발해 1980년 9월 10일 '재일' 코리언 1세 한종석 씨가 도쿄 신주쿠 구청에서 '외국인등록증 기간갱신' 시기에 의무화되어 있던 지문날인을 거부했고, 이후 이에 연대하는 재일동포 지문날인 거부자가 매년 증가했다. 이에 대해 일본 법무 성은 '재입국 불허'라는 제재를 마련하고, 각 자치 단체에 그들을 고발하도록 했다(박일 2005, 186-189). 이는 한국 사회에서 재일동 포에 관한 관심과 함께 반일 감정을 고조시켰다.

정리하면 한일 국교 정상화 이후 반일 담론에는 양국 간 교류 확 대로 한국 경제의 일본 종속에 대한 우려가 새롭게 등장했고, 4월 혁명 후 등장했던 '왜색 문화' 비판 담론들도 지속되었다. 1982년 일본 역사 교과서 왜곡 사건을 계기로 다시 '역사를 왜곡하는 일본' 이라는 인식이 부상했고, 재일동포 지문날인 거부 사건을 계기로 일본의 재일교포 차별이라는 인식이 새롭게 등장했다.

2) 탈냉전기

(1) 일본 대중문화 개방 직전 시기(1990~98년)

냉전이 붕괴 조짐을 보이던 1988년 출범한 노태우 정부도 우호 적인 대일 정책을 전개했다. 특히 노태우 대통령은 '21세기를 향한 미래지향적인 관계의 구축'을 내세워 1990년 5월 24일 일본을 방문했다. 이에 대해 대항 세력과 일부 언론은 방일 목적이 불투명하다고 비판했고 일부 독립 유공자도 반대 시위를 전개했다.[4] 그런데 노태우의 방문을 맞은 일왕은 과거사에 대해 직접 사과와 반성을 표명하는 대신 유감이란 의미의 '통석痛惜의 염念'이라고 발언했다.[5] 노태우 정부는 "일왕의 발언과 가이후海部俊樹 수상의 사죄 발언을 명확하게 사죄하고 반성한 것으로 평가한다"라고 했지만, 한국인들은 '통석'이란 용어가 외교상의 수사학적 표현일 뿐이라며 반발했다(『한겨레신문』 1990/05/26). 또한 노태우 정부는 일왕의 사과 발언을 너그러이 수용해 과거사 문제에 더는 연연하지 않겠다는 견해를 밝혔는데, 이에 대해 비판 세력은 노태우 정부가 일본에 문화 시장을 개방해 일본의 퇴폐 및 신식민지 문화가 활발히 침투할 것이며, 경제 침략과 함께 군사 협력 관계도 강화될 것이라고 우려했다(『한겨레신문』 1990/05/18; 27). 이는 당시의 반일 담론이 일본의 식민 지배에 대한 사과 부재에 대한 비판에서 사과의 진정성 부재에 대한 비판으로 변했다는 점, 그리고 일본의 경제·문화·군사적 침략에 대한 우려를 담았다는 점을 보여 준다.

4_『한겨레신문』은 1990년 5월 18일자 "대통령은 누구 위해 일본에 가나?"라는 사설에서 노태우 대통령의 일본 방문을 신랄하게 비판했다. 또한 서울민주통일민중운동연합, 민자당 장기집권저지 및 민중기본권쟁취 부산시민운동본부 등은 24일 성명을 발표하여 노태우 대통령의 방일이 일본에 대한 한국의 종속을 심화시킬 것이라고 주장했다(『한겨레신문』 1990/05/25).

5_"우리나라(일본)에 의해 초래된 이 불행했던 시기에 귀국 국민들이 겪었던 고통을 생각하고 본인은 통석의 염을 금할 수 없습니다"(고하리 스스무 2016, 248).

1990년대에는 그동안 주목받지 못했던 식민지 시기의 강제 동원 피해자에 대한 반일 담론이 등장했다. 그들은 강제징용과 징병 및 정신대와 종군위안부로 동원된 사람, 원폭 피해자, 태평양전쟁 참가 부상자로서, 일부는 일본 정부의 공식 사과를 요구하면서 집단 손해배상을 청구했다. 1990년 5월 대통령의 방일을 계기로 한국교회여성협의회가 처음 정신대 문제 해결을 촉구하는 성명서를 발표했고, 1991년 12월 6일 3명의 여성이 일본 정부를 상대로 보상을 요구하는 소송을 제기했다. 이를 계기로 한국에서 종군위안부에 대한 조사가 실시되었고, 약 2만 명의 위안부 가운데 103명이 생존해 있다는 사실이 밝혀졌다. 이는 한국인의 반일 감정을 촉발했고 1992년 1월 8일부터 일본 대사관 앞에서 '수요 시위'가 시작되었다.

일본 정부는 처음에는 종군위안부를 '민간 업자가 데리고 다녔다'라며 군의 관여를 부인했다. 그러나 민간 학자와 연구자들에 의해 군의 관여를 입증하는 공문서가 발굴되자, 1992년 1월 군의 관여를 인정하고, 미야자와 기이치宮澤喜一 수상과 가토 고이치加藤紘一 관방장관이 '군의 관여 아래 다수 여성의 명예와 존엄에 깊은 상처를 준 것에 대해 사죄와 반성'을 표명했다. 그리고 그해 7월과 1993년 8월 두 차례에 걸쳐 부분적이나마 정부 조사 결과와 자료를 공개했다. 그러나 일본 정부는 이 문제가 샌프란시스코 조약 및 각국과의 개별 조약에 의해 이미 해결되었다고 주장하면서 개인 보상을 거부했다(한계옥 1998, 253-254). 이 시기부터 종군위안부 문제는 한국의 반일 담론에서 중심적인 내용이 되었다.

1993년 출범한 김영삼 정부는 초기에 과거사 중심의 대일 접근을 지양하고 경제적 실익을 위해 우호적인 대일 정책을 표방했다. 일본에 대한 감정적 비판이 일본 국내에서 혐한 감정을 불러일으킨다는 인식 아래 과거사보다 우호 협력과 미래 지향성을 강조했다. 여기에는 1993년 8월 고노 요헤이河野洋平 관방장관이 위안부 문제에 대해 "여성의 명예와 존엄을 현저하게 손상시킨 문제"라고 규정하면서 "사죄와 반성의 마음"을 표명한 담화를 발표하고, 호소카와 모리히로細川護熙 총리가 '침략 행위와 식민 지배'에 대해 사죄 발언을 한 것이 영향을 미쳤다(박철희 2008, 331).

그러나 1995년 과거사에 대한 일본 관료의 발언으로 인해 한국에서 반일 민족주의가 고조되자, 김영삼 정부는 반일적인 태도를 취했다. 10월 5일 일본 참의원에서 무라야마 도미이치村山富市 총리가 "한일합병조약은 당시의 국제 관계 등 역사적 관점에서 법적으로 유효하게 체결된 것으로 인식하고 있다"라고 발언하자, 9일 김영삼 대통령이 이를 강하게 비판했다. 게다가 10월 7일 에토 다카미江藤隆美 총무장관이 '식민지 시대에 일본이 한국에 좋은 일도 했다'고 발언한 사실이 보도되자, 김영삼 정부는 한일 정상회담 거부 검토 및 일본 외상 방한 거부 등 강경치를 취하고 에토 장관의 경질을 요구했다. 이에 에토 장관이 사임하고 일본 정부가 11월 14일 한일합방 조약이 불평등조약이었음을 인정하는 친서를 보내면서 갈등이 가라앉았다. 1996년 2월에도 국제해양법조약의 발효로 인해 일본이 200해리 배타적 경제수역을 선포하면서 독도 문제를 둘러싸고 한일 간에 이견이 표출되었고, 한국에서 반일 민족주의가 고조되었다. 일본의 이케다 유키히코池田行彦 외상은 2월 10일 독도 영유권을 주장했고, 이에 대해 김영삼 정부는 독도 문제를 주권적 차원에서 강력히 대응하기로 하면서 한일어업협정의 재협상을 거부하고 독도에 접안 시설을 설치하는 등 실효적 지배를 확인하는 조처를 취했다(박철희 2008, 332).

한편 김영삼 정부는 광복 50주년인 1995년 3·1절 "옛 총독부 건물 철거를 치욕의 역사를 제거해 민족의 정통성을 세우는 일"이라고 주장하면서 경복궁 내 조선총독부 건물 철거를 발표하고 광복절인 8월 15일부터 철거를 시작했다. 일부 언론, 학계, 건축가가 반대했지만, 광복회와 여론은 그들을 '민족 반역자 집단'으로 비난했다. 또한 1990년대 중반 일부 언론은 일본이 식민지 시기 한국의 기맥을 차단하기 위해 전국 명산에 쇠말뚝을 박았다는 '민족정기말살론'을 주장했는데, 상당수의 한국인이 이를 사실로 믿었다. 이에 호응하여 내무부도 민족정기 회복을 내세우며 '쇠말뚝 뽑기' 사업을 진행해 전국적으로 20여 개의 쇠말뚝을 뽑고, 일본식으로 개명된 지명을 되돌리는 사업도 진행했다(이현지 2016). 이는 1990년대 중반에도 과거사를 둘러싼 일본과의 마찰이 반일 민족주의를 촉발하는 중요한 요인임을 보여 준다.

또한 1990년대 중반 한국에서는 '극일'極日적 시각의 반일 담론이 등장하여 인기를 끌었다. 이를 주도한 것은 전여옥의 『일본은 없다』(1993)였다. 이 책은 그동안 일본을 선진국으로 간주하면서 배우려 했던 한국인에게 '일본이란 나라도 알고 보니 별것 아니다.'라는 메시지를 전달했다. '내용 부실'로 많은 비판을 받았음에도

1994년에만 80여만 부가 팔리는 베스트셀러가 되었다. 이는 그만큼 한국인들이 대일 열등감에 사로잡혀 있었다는 사실을 보여 주는 동시에 그것을 극복하려는 열망도 강했다는 점도 보여 준다.

다른 한편 1990년대 탈냉전과 지구화라는 국제 정세의 변화와 국내적으로 민주화와 올림픽, 그리고 3저低 호황에 따른 중산층과 소비문화의 확산은 한국 사회를 개방적이고 자유로운 분위기로 전환했다. 이런 분위기에 따라 일본 대중문화 금지에 대한 비판과 왜색 비판 담론이 약화되었다. 1965년 금지 조치에도 불구하고 그동안 영화, 만화, 가요, 잡지 등 일본의 대중문화가 모사, 표절, 복제, 국적 변경, 밀수 등 다양한 방식으로 한국 사회에 유입되었다. 특히 1980년대 이후 소비문화의 성장, 비디오의 보급, 일본 위성 방송의 확산과 파라볼라 안테나의 수입 허가 등은 일본 대중문화의 소비를 더욱 부추겼다. 또한 1987년 한국의 세계저작권협약 가입으로 그동안 불법적으로 소비되던 일본의 대중문화가 법적 보호를 받을 수 있게 되었고, 1989년 최초로 사전 검열과 정식 계약을 통해 일본 만화가 정식 수입되었다. 곧 1980년대 말부터 일본 대중문화는 위성 방송과 문예 잡지를 통해 일본어 세대에게, 그리고 만화와 영화, 패션 잡지, 해적판 비디오 등을 통해 젊은 세대에게 '생중계'되기 시작했다(김성민 2014, 176-177).

이에 따라 1990년대 일본 대중문화 금지에 대한 한국인들의 인식도 변화했다. 1992년 일본 대중문화 개방에 대한 여론조사는 찬성이 20% 전후였는데, 1994년 조사에서는 50%를 넘었다. 그리고 사회적 논의도 일본 대중문화가 이미 유입되어 폭넓게 소비되고 있다는 현실을 인정하고, '어떻게 국내 산업에 피해 없이 개방을 실시할 것인가'라는 문제를 중심으로 전개되었다. 이로써 퇴폐적인 왜색 문화로부터 한국 문화와 정체성을 보호해야 한다는 내용의 반일 담론은 설 자리를 잃게 되었다. 이에 1994년 7월 문화체육부는『일본 대중문화 대응 방안 연구』(한국문화정책개발원, 1994)라는 보고서를 발표해, '1995년부터의 단계적 개방 실시'와 '1998년의 전면 개방'이라는 마스터플랜을 제안했다(김성민 2014, 187).

정리하면 1998년 일본 대중문화 개방 이전까지 탈냉전 시기의 반일 담론은 식민 지배에 대한 반성과 사죄, 식민지 시기 강제 동원자에 대한 피해 배상, 종군위안부 강제 동원 국가 개입과 피해 보상이라는 과거사 문제가 중심이 되었다. 주목할 점은 이 시기에 일본이 여러 차례에 걸쳐 과거사에 대한 반성과 사과를 표명했음에도, 한국에서는 그 진정성을 의심하는 반일 담론이 등장했다는 점이다. 이에 비해 일본 대중문화의 유행과 개방 논의가 활성화되면서 왜색 문화를 비판하던 반일 담론은 상당히 약화되었다.

(2) 일본 대중문화 개방 이후 시기(1998년~현재)

1998년 최초의 정권 교체로 등장한 김대중 정부는 민주적 정통성에서 유래한 자신감을 바탕으로 적극적으로 우호적인 대일 정책을 추진했다. 먼저, 일본은 한국에서 정권 교체 기간이던 1998년 1월 23일 일방적으로 한일어업협정을 파기했는데, 이는 일본에 불리한 한일어업협정을 개정하려는 외교적 카드였다. 이에 대해 한국의 수산업계와 정치인, 정부가 한목소리로 일본을 강도 높게 비난했지만, 김대중 정부는 집권 직후 바로 일본과 어업 회담을 진행해 새로운 협정을 맺었다. 다음으로 김대중 대통령은 10월 일본을 방문하여 오부치 게이조小渕惠三 총리와 함께 과거사를 직시하면서도 미래지향적 한일 관계를 구축해 나가자는 "21세기의 새로운 한일 동반 관계를 위한 공동선언"에 합의했다. 오부치 총리는 식민지 지배에 대해 역사적 사실을 겸허하게 받아들이고 이에 대해 '통절한 반성'과 '마음으로부터의 사죄'를 표명했고, 김 대통령은 양국이 과거의 불행한 역사를 극복하고 '화해와 선린우호 협력에 입각한 미래지향적 관계'를 발전시키기 위해 서로 노력하자는 뜻을 밝혔다 (박철희 2008, 333).

이런 합의 아래에서 김대중 정부는 1998년 일본 대중문화의 단계적 개방을 추진했다. 이는 국교 정상화와 대중문화 금지가 애매한 형태로 공존하던 '1965년 체제'로부터의 탈각으로써, 한국의 대일 인식과 태도 변화, 특히 1990년대 지속해서 제기되었던 일본 대중문화 개방 요구를 수용한 결과였다. 또한 1997년 경제 위기가 가져온 신자유주의적 시장 개방의 영향이기도 했다. 국제통화기금 International Monetary Fund, IMF은 자동차, 텔레비전, 휴대전화 등 16개 일본 제품의 수입 규제 철폐를 요구했고, 이를 실행하는 과정에서 대중문화도 개방하지 않을 수 없었다.

1998년 일본 대중문화 개방 이후 한일 간에는 우호적인 관계가 지속했지만, 과거사 문제가 대두되면서 반일 민족주의가 다시 부상했다. 2001년 일본의 '새로운 역사교과서를 만드는 모임'의 후쇼사扶桑社 교과서가 문부성의 검정에 통과할 가능성이 있다는 관측이 제기되면서 한국에서 반일 담론이 등장했다. 김대중 정부는 4월 '일본 역사 교과서 대책반'을 설치하고 주일 대사를 소환했으며 교과서 문제를 유엔 인권위에서 거론하는 등 강경 조치를 취했다. 후쇼사 교과서의 검정 통과 이후에는 일본 정부에 35개 항에 대한 수정요구를 담은 역사 교과서 재수정 요구안을 전달했다. 그러나 8월 말 후쇼사 교과서 채택률이 0.039% 밖에 안 되자, 이는 일단 잠복하게 되었다. 이후 김대중 정부는 역사 문제의 재발을 막기 위해 10월 고이즈미 준이치로小泉純一郎 총리의 서울 방문을 허락했고, 한일 역사 공동 연구 기구 설치에 합의했다(박철희 2008, 334-335).

2002년 한일 양국이 월드컵을 공동 개최하고, 일본에서 '한류붐'이 부는 동시에 한국에서도 일본의 소설, 영화, 만화 등 일류가 인기를 얻었다. 같은 해 9월 17일 고이즈미 총리가 북한을 방문하는 등 북일 간에도 화해 분위기가 고조되었다. 이런 분위기 속에서 2003년 집권한 노무현 대통령은 2003년 6월 7일 고이즈미 총리와의 정상회담을 앞둔 기자회견에서 "이번에는 과거사를 언급하지 않기로 작정하고 왔다"라고 언급하는 등, 과거보다는 미래지향적인 한일 관계를 추구할 것을 표명했다. 2004년 7월 제주 양국 정상회담에서도 "참여정부의 임기 중에는 과거사를 외교 쟁점으로 제기하지 않겠다"라고 말했다.

그러나 2004년 12월 17일 이부스키指宿 한일 정상회담에서 일본인 납치 문제와 핵을 둘러싼 대북 정책, 과거사 문제와 야스쿠니 신사참배에 관해 이견이 불거졌다. 이에 더해 2005년 3월 일본 시마네현島根県 의회가 2월 22일을 '다케시마竹島의 날'로 정하는 조례를 발표하자, 한국에서 반일 담론이 다시 불거졌다. 일본 정부는 지방정부 차원의 일이기 때문에 중앙정부가 개입할 수 없다고 방관했고, 타카노 토시유키高野紀元 일본 대사는 '역사적으로 법적으로 다케시마는 일본 땅'이라고 주장했다. 이에 대해 노무현 정부는 3월 17일 NSC 상임위원회에서 '대일 신 독트린'을 발표해 주권 수호의 차원에서 대응하겠다는 의지를 밝혔다. 이 문서는 일본 정부에 의한 독도 영유권 주장이 단순한 영유권의 문제가 아니라 "해방의 역사를 부인하고 과거 침탈을 정당화하는 행위와 다름없다"라고 강한 어조로 비판하면서, 국제사회와 일본 내 양심 세력과 연대해 시대착오적인 역사 왜곡을 바로잡고 올바른 공동 인식이 형성되도록 모든 가능한 수단을 활용해 단호하게 대처하겠다고 선언했다(박철희 2008, 335-336).

이후에도 일본의 과거사 인식과 독도 문제를 둘러싸고 한일 간의 갈등이 지속했다. 2005년 5월 고이즈미 총리는 의회에서 야스쿠니 신사 참배는 타국이 간섭할 문제가 아니라고 말했고, 나카야마 나리야키中山成彬 문부상은 참의원 문교과학위원회 답변에서 독도와 센카쿠열도尖閣列島가 일본의 영토라는 것을 학습지도요령에 분명히 써넣어야 한다고 주장했다. 또한 7월 발간된 『방위백서』에서는 "우리 고유의 영토인 독도의 영토 문제가 여전히 미해결 상태로 존재하고 있다"고 기술했다. 이에 대해 반기문 외교통상부 장관은 "일본이 과거 한반도를 식민지화하는 과정에서 불법 편입한 영토를 자기 영토라고 가르치는 것은 시대착오적 발상"이라며 강한 유감을 표했다(『국정브리핑』 2005/03/30). 이로 인해 2005년 한국인의 반일 감정은 급속히 악화되었다.[6] 또한 2007년 3월 아베 신조安倍晋三 총리는 조선인 종군위안부의 강제 동원에 대해 입증 자료가 없다고 주장했고, 시모무라 하쿠분下村博文 문부성 정무관이 종군위안부와 관련해 일부 한국인 부모들이 딸을 팔았고 일본군은 간여하지 않았다고 주장했다.

한편 노무현 정부는 해방 직후 가장 중요한 반일 담론으로 제기되었지만, 이승만 정부에 의해 중단되었던 친일파 청산 문제를 부활시켰다. 이는 1987년 민주화 이후 시민사회에서 꾸준히 제기되던 친일파 청산 요구를 노무현 정부가 수용한 것이다. 이에 2005년 1월 27일 일제 강점하 반민족 행위 진상 규명에 관한 특별법 개정 법률이 공포되고, 5월 31일 '친일 반민족 행위 진상 규명 위원회'가 출범되었다. 이 위원회는 2009년 11월 30일까지 일제 강점기하의 친일 반민족 행위와 관련한 국내외 자료를 수집하고 친일 반민족 행위 조사 대상자를 선정해 조사하는 한편, 친일 반민족 행위 관련 사료를 편찬하는 작업을 진행했다. 이는 그동안 잊혔던 친일파에 대한 기억을 환기함으로써 한국 사회에서 반일 담론이 강화되었다.

이렇게 한일 관계가 악화된 상황에서 출범한 이명박 정부는 집권 초기 대일 협력을 강조했다. 이명박 대통령은 출범 직후인 2008년 4월 20일 일본을 방문해 '한일 신시대'를 결의했고, 2009년 6월 이명박 대통령의 방일, 10월 하토야마 유키오鳩山由紀夫 총리의 방한

6_2005년 한국인의 일본 호감도는 11.2%로 한일 간의 갈등이 최고조로 악화되었음을 보여 주었다(『한국일보』 2007/09/21).

으로 이어지는 '한일 정상의 셔틀 외교'를 진행했다. 그리고 2009년 9월 정권을 잡은 일본의 민주당 정부와 함께 2010년 한일병합 100주년을 맞이해 과거사 문제를 일단락 짓고, 한일 안전 보장 협력과 자유무역협정Free Trade Agreement, FTA 추진을 주 내용으로 공동성명을 계획했다. 그러나 2010년을 전후한 일본 민주당 내각의 사건·사고로 인해 제대로 진행되지 못했다

한편 일본 정부가 발간하는 『방위백서』는 2005년부터 계속 독도 영유권을 주장하는 내용을 수록했고, 2011년 1월에는 일부 자민당 의원이 독도를 방문하기 위해 한국에 입국하다가 퇴거당한 사건이 발생하면서 독도 문제는 2000년대 반일 담론의 주요 쟁점이 되었다. 또한 일본군 종군위안부 강제 동원에 항의하는 시민들이 2011년 서울 일본 대사관 앞에 종군위안부를 상징하는 소녀상을 설치했다. 이는 일본 정부의 반발을 가져왔고, 다시 한국인들의 반일 감정을 악화시켰다.

이런 상황에서 이명박 대통령이 2012년 8월 10일 한국 대통령으로는 처음으로 독도를 방문했다. 청와대는 이를 "일본 정부가 방위 대강 및 방위백서, 외교청서 등을 통해 독도 영유권 주장을 계속 강화하고 있고, 초중고 검정 교과서의 영유권 관련 표현도 점점 강해지고 있다"라며 "더는 조용하게만 대처하지는 않겠다는 뜻"이라고 설명했다. 일본 정부는 이날 저녁 무토 마사토시武藤正敏 주한 일본 대사를 소환하는 등 강하게 반발했다. 한편 가장 강한 반일 민족주의를 표방해 온 『한겨레신문』은 이명박 대통령의 독도 방문이 국내 정치용이라고 지적했다. 곧 "친인척 비리와 실정으로 임기 말 권

력 누수에 빠진 이 대통령이 곤경을 탈피하는 수단으로 국민의 감정적 호응이 큰 일본 문제를 활용했을 가능성도 배제할 수 없다"라고 비판했다. 이는 한국의 반일 민족주의가 일본에 반대하기만 하면 무조건 동의하는 비이성적 성격을 띠고 있지는 않다 점을 보여준다(신욱희 2018, 164).

2013년 출범한 박근혜 정부는 악화한 한일 관계를 반영하듯이, 취임 직후부터 일본에 강경한 메시지를 보냈다. 3·1절 기념사에서 박근혜 대통령은 "가해자와 피해자라는 역사적 입장은 천년의 역사가 흘러도 변할 수 없다"라고 말했고, 5월 한미 정상회담에서는 일본의 퇴행적 역사 인식이 한국의 상처를 덧나게 하고 한일 관계를 악화시킨다고 발언했으며, 7월 언론인과의 오찬 간담회에서는 아베 총리와의 정상회담에 부정적 의사를 표명하여, 역사 문제의 진전을 정상회담과 연계하는 대일 강경책을 구사했다. 물론 이런 강경 노선의 이면에는 한국의 반일 감정을 자극하는 일본 지도자의 발언이 있었다. 2월 25일 대통령 취임식 사절로 온 아소 다로麻生太郎 부총리는 "미국에서는 남북전쟁을 보는 시각이 지금도 남부와 북부 사이에 큰 차이가 있는 데 한일 관계도 마찬가지"라고 말했다. 아베 총리도 4월 22일 의회에서 무라야마 담화를 "그대로 계승하고 있는 건 아니"라고 발언했고, 다음 날에는 "침략의 정의에 관해서는, 학계에서도 국제적으로도 정해져 있지 않다"라고 침략을 부인하는 발언을 했다. 이는 한국인들의 반일 민족주의를 자극했다. 외교부 장관은 방일 계획을 취소했고, 여성가족부는 앙굴렘Angoulême 국제 만화 축제에 위안부 만화를 제작, 전시하는 것을 지원했으며,

해외 위안부 기립비 건립을 지원하는 등 강경하게 대응했다(손열 2018, 153-154).

박근혜 대통령은 우익 역사관을 지닌 아베 총리를 신뢰하지 않았기 때문에 정상회담은 물론 다자 무대에서 조우 자체도 꺼렸다. 일본도 강경책으로 맞대응하는 등 한일 관계가 악화하자 2014년 3월 버락 오바마Barack Obama 미국 대통령이 헤이그에서 3자 정상회담을 주도했다. 이 과정에서 미국은 양국 간 위안부 문제에 대한 접점을 찾도록 막후에서 조정했다. 4월 서울에 온 오바마 대통령은 위안부 문제를 거론하면서, "전시 성노예 시스템은 끔찍하고 지독한 인권침해이며 당시 여성들은 전시가 아니었어도 경악할 만한 침해를 당했다"라고 표현하고 "아베 총리는 이를 인식하고 있으며 일본 국민들도 과거를 진술하고 공정하게 대해야 함을 확실히 인식하고 있을 것"이라며, "양국 국민은 과거뿐 아니라 미래로 눈을 돌려 해법을 찾을 것"을 촉구했다. 아베 총리도 3월 14일 국회에서 "역사 인식에 관한 역대 내각의 입장을 전체로 계승하겠으며 위안부 문제에 대해서는 필설로 다하기 어려운 가혹한 기억을 가진 분들을 생각하면 정말 마음이 아프다."라고 진술했다(손열 2018, 156-159).

그런데 한일 관계의 악화와 함께 한일 간 교역 규모 및 일본의 대한 직접투자도 축소되고 방한 일본인 수도 급감하자 경제계에서 불만이 제기되었고 미국 역시 압력을 가했다. 이에 박근혜 정부는 2014년 말부터 한일 교착상태 해소를 위한 국장급 및 고위급 회담을 시작했다. 2015년 2월부터 회담이 시작되었으나 일본 근대 산업 시설의 유네스코 세계 유산 등재 문제와 박근혜 대통령의 중국

표 1. 시기별 주요 반일 담론

시기		반일 민족주의 촉발 요인	반일 담론
냉전기	국교미 수립	● 구보다 발언 ● 재일동포 북송 ● 일본 대중문화 및 상품의 유입 확산	● 식민 지배의 불법, 부당성 강조 ● 일본의 친공·용공 비판 ● 한국 문화 오염 및 정체성 침해
	국교수립 이후	● 한일 국교 정상화 ● 한일 경제협력 강화 ● 일본의 역사 교과서 왜곡 ● 재일동포 지문날인 거부 운동	● 일본의 한반도 강점 및 식민지배의 불법성과 부당성에 대한 인식 부재 비판 ● 과거사에 대한 사죄 부재 비판 ● 대일 경제 종속에 대한 우려 ● 과거사 왜곡, 부정 비판 ● 재일동포 차별 비판
탈냉전기	대중문화 개방 이전	● 일본의 식민지 강제 동원 피해자들에 대한 배상 거부 ● 위안부의 국가 동원 부정 ● 독도 영유권 주장	● 식민지 피해자 배상 요구 ● 위안부의 국가 동원 인정과 배상 요구 및 수요 집회 ● 독도 영유권 주장 비판
	대중문화 개방 이후	● 일본 대중문화 개방 ● 후쇼사 교과서 문부성 검정 통과 ● 총리의 야스쿠니 신사 참배 ● 독도 영유권 주장과 시마네현의 '다케시마의 날' 제정 ● 한국 보수 세력의 친일 반민족 행위 조사위원회 비판 ● 일본 위안부의 강제 동원 국가개입 부정과 배상 거부 ● 소녀상 철거 요구 ● 한일 정부의 위안부 합의	● 일본 문화 제국주의 침투 우려 ● 역사 왜곡 및 역사 인식의 우경화 비판 ● 총리의 역사 인식 부재 비판 ● 일본의 불법적인 독도 소유권 주장 비판 ● 철저한 친일파 청산 요구 ● 위안부의 국가 동원 인정 및 배상 요구 ● 소녀상 설치 확대와 수요 집회 지속 ● 가해자의 입장만 반영된 불법적 합의 비판

전승절(9월 3일) 기념행사 참여로 중단되었다. 회담은 미국의 개입으로 재개되어 12월 28일 한일 정부는 합의문을 발표했고 일본군 위안부 문제가 최종적이고 불가역적으로 타결되었다고 선언했다. 그러나 발표 직후 한국에서는 강한 반대 여론이 형성되었고, 당사자를 제외하고 합의를 이끈 박근혜 정권에 대한 반발과 함께 반일

민족주의 역시 급격히 분출했다.[7]

정리하면 1998년 일본 대중문화 개방 이후 왜색 담론은 일본 대중문화의 유행과 2002년 한일 월드컵 공동 개최 및 일본의 한류 등으로 인해 상당히 약화했다. 그러나 일본의 역사 교과서 왜곡과 관료의 야스쿠니 신사 참배, 독도 영유권 주장과 시마네현의 '다케시마의 날' 선포, 종군위안부 강제 동원의 정부 개입 부정, 소녀상에 대한 항의, 아베 정부의 보수화 등으로 한일 관계가 악화하면서 역사와 정치 부문에서 반일 담론은 상당히 악화했다. 그리고 노무현 정부의 친일 반민 족행위 진상 규명 작업은 친일파 청산을 반일 담론으로 복원시켰다.

5. 나가며

이상에서 해방 직후 탈식민의 과제를 담고 시작된 반일 담론이 냉전과 반공으로 인해, 또 새로운 한일 관계와 교류로 말미암아 변화하는 과정을 살펴보았다. 이를 통해 발견한 반일 담론의 특징은 다음과 같다.

7_2017년 4-5월에 시행된 동아시아연구원-엔론(言論)NPO 여론조사에 따르면 한국인 55.5%는 위안부 합의를 부정적으로 평가하고, 응답자의 75%가 위안부 문제는 해결되지 않았다고 보고 있다. 합의를 긍정적으로 보고 있는 일본 여론도 미해결 인식이 54%에 달한다(손열 2018, 169).

첫째, 한국의 반일 담론은 초기부터 냉전에 의해 부차적 가치로 격하됨으로써 '대다수' 한국인의 열망과 달리 실천되지 못했다. 국내적으로 좌우 세력의 충돌은 친일파 청산이라는 반일 담론의 실천을 가로막았고, 국제적으로 미국이 주도한 동아시아 반공 동맹은 한일 간의 협력을 요구했기에 한국 정부의 반일 정책 추진을 어렵게 만들었다. 이런 측면에서 냉전은 반일 담론의 실천을 막은 '구조적' 제약 요인이었다. 이에 더해 반일 담론의 실천을 제약한 또 다른 요인은 일본과의 밀접한 관계를 통해 한국의 경제발전을 추진한 미국의 정책이었다. 미국은 한국의 경제발전을 위해 한일 양국에 수교를 요구했고, 이에 박정희 정부는 국민의 반대를 무릅쓰고 수교를 강행했다. 이런 환경에서 한일회담을 반대하는 반일 담론이 실천되기는 애당초 불가능했다.

그런데 반일 담론의 실천을 제약하던 요인들은 한국의 경제성장과 민주화, 3저 호황과 중산층의 확대, 해외여행의 자유화, 탈냉전과 지구화의 확산, 일본에 대한 한국인의 열등감 약화, 일본 제품과 문화에 대한 거부감의 감소 등 다양한 국내외적 변화로 인해 그 영향력이 축소되었다. 따라서 탈냉전 시기 한국 정부는 과거보다는 상대적으로 자유롭게 반일 담론을 수용하여 실천할 수 있게 되었다.

둘째, 한국의 경제성장과 민주주의 인식의 성장은 반일 민족주의에 큰 영향을 미쳤다. 1950년대만 해도 전쟁을 겪은 직후라 정치적으로도 불안하고 경제적으로 낙후했기 때문에 국가주권뿐만 아니라 개인들도 항시적인 생존 불안에 시달리고 있었다. 따라서 일본에 대한 열등감뿐 아니라 그들과의 교류가 정치, 경제, 문화적 종속을 낳을지도 모른다는 불안과 거부감을 지녔다. 그러나 경제성장으로 선진국의 문턱을 넘어섰고 1987년 민주화로의 이행이 시작되면서 한국인은 민족적 자부심과 함께 자신감을 갖게 되었다. 이는 한국인, 특히 경제성장 이후에 태어난 세대가 더는 일본에 대한 열등감이나 두려움을 갖지 않도록 만들었다. 이에 따라 1990년대 이후 일본 문화의 유입이 한국 문화의 오염 또는 정체성의 훼손을 가져올 것이라는 왜색 담론이 소멸했고, 일본과의 경제 교류가 한국 경제의 대일 종속을 낳는다는 우려 역시 약화했다.

셋째, 〈표 1〉에서 볼 수 있듯이, 지난 70여 년 동안 상당히 다양한 반일 담론이 등장했는데, 그것은 촉발 요인에 따라 실천 가능성이 달라졌다. 해방 직후 등장했던 반일 담론인 친일파 청산과 왜색 일소는 국내에 남은 친일 또는 일본의 잔재를 제거하는 것을 목표로 했기 때문에 내적 실천 가능성이 존재했다면, 1950년대 이후 등장한 반일 담론은 주로 과거사 해석이나 독도에 대한 일본의 인식과 태도를 비판하는 것이기 때문에 일본이 변하지 않는 한, 반일 담론의 실천은 불가능하다. 역사적으로도 1940년대 후반 등장했던 왜색 일소 문제는 정부와 언론의 노력으로 일정 정도 진행되었고, 비록 당시에는 좌절되었을지라도 친일파 청산도 2005년 재등장하여 '역사적 청산'의 형태로 진행되었다. 그러나 일본의 과거사 인식과 독도 영유권 주장, 관료들의 야스쿠니 신사 참배 등 일본의 인식과 태도 변화를 요구하는 반일 담론은 전혀 실천되지 못했을 뿐 아니라, 가까운 장래에도 실천되기 어려울 것으로 예상된다.

넷째, 문화 부문과 일상 영역에서 반일 담론은 역사, 정치 부문과 정반대로 시간이 지나면서 약화 또는 소멸했다. 현재에는 왜색 침투 또는 일본의 경제, 문화적 침략에 대한 우려는 거의 존재하지 않는다. 게다가 한일 관계가 악화해도 관광을 위해 일본을 방문한다. 사실 일본 제품과 문화에 대한 선호는 해방 후에도 반일 담론과 무관하게 지속했고 1965년 정부의 대중문화 금지 조치도 이를 막지 못했다. 1990년대 말의 일본 문화 개방은 이미 개방된 현실을 공인하는 '사후 조치'였을 뿐이다. 이는 일본 문화로 대표되는 자본주의 소비문화에 대한 한국인들의 욕망은 반일 감정과 무관하게 작동했다는 사실을 보여 준다.

결국, 해방 후 70여 년간 정치, 역사 부문과 문화, 일상 영역에서 나타난 반일 담론의 상반된 전개는 일본을 절대 악으로 간주하는 담론의 내포가 지속했던 데 비해 일본에 대한 반대를 의미하는 담론의 외연은 변화했음을 보여 준다.

3장

2000년대 이후
한국 보수주의의 변화

에드먼드 버크와 뉴라이트의 역사적 서사를 중심으로

이지윤

1. 들어가며

상당수의 한국 정치학자들은 특히 민주화 이전 한국 보수주의의 주요 특징을 역설적이게도 '무이념성'으로 규정해 왔다(양승태 1995; 강정인 1999). 체계적이고 일관된 철학적·이념적 체계를 갖추지 못했다는 이런 고찰은 '보수 세력이 지키고자 한 '기존 질서' 또는 '현상現狀, the status quo이 과연 무엇인가'라는 문제에서 비롯되었다. 주지하다시피 1987년 이전까지 한국의 헌법과 역대 정권은 자유민주주의를 표방했지만, 실상은 그와 반대되는 권위주의 정권이었다. 집권 세력이 스스로 표방한 자유민주주의 질서를 온전하게 구현하고 보존하기는커녕 여러 차례 폭력으로 전복하기조차 했다는 사실은 민주화 이전 한국 보수 세력의 무이념성을 여실히 드러냈다. 민주화 이전까지 보수의 시대에 정작 정치적 개념으로서 '보수'라는 말은 "서구 정세를 번역해서 보도하거나 해설할 때뿐"(권용립 2015, 205)이었다는 점도 보수 세력이 보여 준 표방된 이념과 실천된 이념의 괴리와 무관하지 않다. 권용립에 따르면, '보수'가 정치적 개념으로 쓰이기 시작한 것은 '진보'가 의미를 갖게 된 민주화 이후였다(권용립 2015, 231).

그렇다면 민주화가 일정하게 달성된 현재의 상황에서 한국의 보수 세력은 어떤 체제와 가치를 보수保守해야 할 것으로 상정하고 있으며, 그것을 어떻게 정당화하고 있는가? 이 글은 '뉴라이트'[1]의 역사적 서사를 분석함으로써 일정한 답변을 모색하고자 한다.

민주 대 반민주의 구도에 기반한 1987년 민주화 이후 보수는 "한국현대사의 지난 과오를 표상하는 부정적 개념"이었지만, 이후 뉴라이트를 중심으로 한 보수 세력은 보수를 "근대화 및 서구 자유민주주의를 표상하는 적극적 개념"(권용립 2015, 202)으로 전환시키려는 반격을 시도했다. 이때 반격의 중요한 핵심 가운데 하나가 바로 한국 현대사에 대한 재해석이었다. 2005년 뉴라이트의 핵심 논자인 박효종은 보수주의자들이 "완패"한 일곱 가지 요인을 거론하

1_정치적 조직으로서 뉴라이트는 이미 해체되었다. 이에 대해서는 전재호(2014) 참고. 하지만 교과서포럼, 『시대정신』 등을 중심으로 일군의 논자들이 적극적인 한국 현대사 해석을 제시했으며, 이들은 통상 뉴라이트로 호명되었다.

면서 그중 하나로 "과거의 추억과 향수를 살리지 못한 죄"를 꼽았다. 정부 수립, 국가 건설, 산업화, 평화적인 민주화 등 국가를 "피땀 흘려 가꾸고 이룩한 것에 대해서 자부심을 갖고 감회에 젖을 만한" 소재가 충분한데도 "이 향수와 낭만의 감정"을 대중적으로 살리지 못했다는 것이다(박효종 2005, 29, 38, 39). 이런 자기반성은 '실증적이면서도 올바른' 역사를 다시 쓰고, 그것을 국정 교과서로 추진하려는 조직적인 시도에까지 이르렀다.[2] 박근혜 전대통령의 탄핵을 거치면서 국정 교과서의 꿈은 일단락되었지만, 바야흐로 현시점에서 "정치적 보수, 진보의 대결 밑바닥에는 한국 현대사에 대한 화해 불가능한 두 관점이 충돌"하고, "'역사'가 한국의 보수와 진보를 가르는 정치적 잣대"가 되었다(권용립 2015, 311, 312).

여러 비판자들이 지적한 것처럼, 뉴라이트가 국가의 권위를 빌어 대중들에게 각인시키려 한 '실증적이면서도 올바른' 역사는 보수적 관점에서 해석한 자랑스러운 대한민국의 역사를 '올바른' 역사관이자 '있는 그대로의 역사'로 제시한 것이었다. 이때의 실증주의란 해석된 역사를 객관적 역사로 만들기 위한 정치적 의도를 지닌 수사라 할 수 있다. 비판자들이 보기에 뉴라이트의 역사는 역사의 왜곡에 불과했다.[3]

보수든 진보든 모든 이념은 자신의 관점으로 역사를 재해석하는

2_박효종 외(2006)에 실린 "교과서포럼 창립 선언문" 참고.

3_신주백(2006; 2007) 참고. 신주백(2006)에 대한 뉴라이트의 반박은 김재호(2006) 참고. 실증주의의 정치적 성격에 대해서는 김기봉(2008) 참고.

과정을 피할 수 없고, 그렇게 재해석된 역사는 이념의 핵심 내용을 이룬다.[4] 역으로 모든 역사는 있는 그대로의 역사가 아니라 특정 관점에서 해석된 역사이다.[5] 이런 관점에서 보면, '역사 왜곡'이라는 비판은 대개 역사 해석의 방향에 대한 입장의 차이를 반영한다. 진보와 보수는 서로의 역사 해석을 역사 왜곡으로 비판할 수 있는 것이다.

그러나 고려해야 할 점은, 일정한 가치 지향과 이론적 근거에 따라 기존의 질서를 비판하고 변화시키려는 진보 이념과 과거로부터 이어진 현재의 질서를 정당화하고 지키려는 보수 이념에 있어서 역사의 의미가 다르다는 것이다. 진보 이념의 입장에서 현존 질서를 옹호하는 주류 역사는 객관적 사실이 아니라 단지 기득권층의 이익에 봉사하는 역사로 비판되어야 한다. 옹호되어야 할 역사는 주류 역사에 가려진 아래로부터의 역사이다. 요컨대 역사는 근본적으로 그 자체의 진실성을 확보하지 않는다. 역사의 진실은 계급, 민족, 민중과 같은 역사의 주체에 따라서, 또 그런 역사의 주체가 미래를 이끌게 될 근거에 의해서 확정된다.[6]

4_ 만하임은 관료적 보수주의, 보수적 역사주의, 자유민주적 시민 사상, 사회주의, 파시즘 등 근대의 주요 정치 이념들은 각기 상이한 방식으로 "역사의 내면적 구성 원리를 파악함으로써 스스로의 행동 전개를 위한 기준으로 삼으려 했다"고 언급한다(만하임 2012, 305).

5_ 젠킨슨(1991)은 과거의 사실과 역사를 구분하면서 역사는 항상 누군가의 관점에서 해석된 역사라는 점을 강조했다. 나아가 화이트(1991)는 헤겔, 미슐레, 랑케, 토크빌, 부르크하르트, 마르크스, 니체, 크로체 등을 통해 역사 해석과 그 해석이 취하고 있는 수사적 형식의 긴밀한 관계를 상세하게 추적한 바 있다.

반면 현재를 과거가 연속적·누적적으로 도달한 바람직한 결과로 제시하는 보수 이념에서 역사의 진실성은 이념을 정당화하는 핵심 근거이다. 보수 이념은 역사 외부의 논리에 근거한 진보의 비판적 역사를 비현실적인 추상적 역사로 일축하고, 실제 역사의 결과로 현존 질서를 위치지우며, 역사의 흐름 속에서 현존 질서를 정당화할 원리를 찾는다. 보수주의의 '과거' 역시 '있는 그대로의 과거'가 아니라 현존 질서를 정당화하는 데 기여할 수 있도록 '재해석된 과거', 곧 하나의 역사적 서사라는 성격을 갖는다. 그럼에도 역사 내재적인 이념의 정당화 근거를 모색하기 때문에, 보수 이념의 역사는 스스로를 '있는 그대로의 역사'이자 '올바른' 역사인 것으로 제시하는 경향을 갖는다. 이런 보수 이념에서 실제의 과거와 재해석된 과거의 간극은 특유의 문제 ― 현재를 정당화하는 과거는 어떻게 '발견'될 수 있으며, 실제 과거와의 간극은 어떻게 망각될 수 있는가 ― 를 제기한다.

　뉴라이트의 역사적 서사를 다시 살펴보는 것은 역사라는 정치적 갈등의 장에서 한국 보수의 향후 대응 방식을 고찰하는 기반이 된다. 10여 년 이상의 시간과 학계, 언론, 정권까지 총결집하여 내놓은 뉴라이트의 역사 서사는, 그것을 그대로 이어가든 혹은 비판적으로 극복하든, 한국 현대사에 접근하는 보수 세력의 논리적 기초가 되었기 때문이다. 이 글은 뉴라이트의 역사 서사를 '역사 왜곡'

6_역사 외부에서 자연법적인 원칙을 발견하고 이를 현실에 적용하고자 한 '진보' 이념의 성격에 관한 비판으로는 포퍼(2016) 참고.

으로 간단히 비판하기보다 그 역사적 서사가 어떻게 구성되었는지를 살펴볼 것이다. 특히 뉴라이트의 역사적 서사가 재해석된 과거를 '있는 그대로의 역사'이자 '올바른' 역사로 제시하는 보수 이념 특유의 과제에 어떻게 대처했는지를 분석할 것이다. 이는 한국 보수 세력이 어떤 궁지에 빠져 있었는지, 그 곤경에서 벗어나기 위한 시도의 한계는 무엇인지를 분명하게 보여 줄 것이다.

이를 위해 이 글은 2절에서 철학적 보수주의의 원류라 할 수 있는 에드먼드 버크의 역사 해석을 살펴봄으로써 뉴라이트의 역사적 서사를 비판적으로 고찰할 수 있는 발판을 마련할 것이다. 아래의 서술을 통해 분명해지겠지만, 이 글은 버크의 보수주의와 뉴라이트의 담론을 대비함으로써 후자의 흠결을 찾아내려는 것이 아니라, 버크의 보수주의에서도 발견되는 역사와 정치 사이의 관계 문제가 뉴라이트 담론에서는 어떤 식으로 드러나는지를 고찰하는 접근을 택한다. 그리고 3절에서는 민주화 이전과 이후의 보수 담론의 전개를 간략히 정리하고 이어 4절에서 본격적으로 뉴라이트 역사 서사의 특징을 분석한다. 마지막으로 5절에서는 버크의 역사적 서사와 뉴라이트의 서사를 비판적으로 비교·검토하면서 글을 맺을 것이다.

2. 에드먼드 버크의 역사적 서사

이 절에서는 많은 학자들이 근대 보수주의의 원천으로 지목하는 에드먼드 버크의 『프랑스혁명에 관한 성찰』에서도 역사적 서사의 구성 및 그 서사가 제기하는 문제가 나타난다는 점을 논할 것이다.[7] 『성찰』에서 버크는 프랑스에서 발생한 혁신이 영국에 영향을 미칠 것을 우려하면서, 프랑스혁명에 대한 전면적인 비판을 감행하는 한편, 이와 대조적으로 영국의 역사가 보존과 개혁을 동시에 이루어 온 과정이었음을 역설했다. 이런 버크의 논의는 명예혁명에 관한 해석 논쟁으로 시작한다. 특히 그가 문제 삼은 것은, 명예혁명에서 '우리의 통치자를 선택할 권리', '부당행위를 이유로 통치자를 추방할 권리', '우리 힘으로 정부를 세울 권리'를 획득했다는 프라이스의 역사 해석이었다.[8] 반면 버크에 따르면, 명예혁명에서도 왕위의 세습은 불가침의 원리로 천명되었다. 제임스 2세는 "나쁜 왕"이었지만 정당한 권리를 지닌 합법적인 왕이었고, 프라이스가 주장한 것처럼 단순히 부당행위를 저질렀기 때문에 추방된 것이 아니었

7_이하 『프랑스혁명에 관한 성찰』은 이태숙이 번역한 국역본을 인용하고, 『성찰』과 인용된 쪽수만을 표기한다.

8_프라이스(Richard Price, 1723-91)는 미국의 독립 전쟁을 옹호하는 소책자를 발간해서 일약 유명해진 영국의 비국교도 목사이자 정치철학자이다. 버크는 프라이스가 1789년 11월 '런던혁명협회'에서 행한 연설인 "우리나라 사랑에 관한 논설"(Discourse on the Love of our Country)을 주요 대상으로 삼아 영국 내 프랑스혁명 찬양자를 비판했다(이태숙 2013c, 180; 조한욱 2015, 79-80).

다. 명예혁명은 제임스 2세에 대해 "왕과 인민 사이의 원초적 계약을 파기"한 죄를 물었으며, 동시에 왕의 추방과 같은 "난폭한 치유책을 선택할 수밖에 없도록 만드는 것이 거의 불가능"하게 만들기 위한 신중한 조치를 취했다. 명예혁명은 "고래의 헌법을 지키기 위해 발생"했으며, 그렇기에 당시 "새로운 정부를 축조한다"는 생각 자체가 혐오스러운 것이었다. 그래서 명예혁명은 프라이스가 주장한 것처럼 인민이 정부를 세울 권리를 선언한 것이 아니라 조상으로부터 물려받은 영국인의 권리로서 자유를 상속받았다는 상속의 원리를 선언했다는 것이다(『성찰』, 53-82). 버크는 자신의 역사 해석이 프랑스혁명의 여파가 영국에 미치기 전까지는 '장황한 논지를 동원'할 필요도 없이 "자명한 사항"이었다고 주장했다(『성찰』, 70).

그렇다면 명예혁명에 관한 버크의 해석은 그렇게도 자명한 것이었을까? 우선 주목할 것은 명예혁명의 전개 과정이 급진적인 휘그와 보수적인 토리의 타협이었다는 점이다. 명예혁명은 통상 1688년 6월 30일 휘그와 토리의 주요 인사 7명이 네덜란드의 오렌지공 윌리엄에게 무력 개입을 요청하는 비밀 서한을 보내는 것으로 시작해서 1688년 11월 5일 윌리엄의 영국 상륙, 그해 12월 23일 제임스 2세의 프랑스의 도피, 1689년 2월 13일 윌리엄과 그의 아내 메리의 공동 즉위 및 2월 19일의 권리선언 제출로 이어지는 일련의 사건을 지칭한다(문지영 2011, 38).[9] 제임스 2세가 해외로 도피한 뒤

9_명예혁명의 역사적 전개에 대해서는 강원택(2008, 23-37)과 나종일(2005, 471-482) 참고. 명예혁명에 대한 다양한 해석에 대해서는 문지영(2011)과 송규범(2010) 참고.

소집된 1689년 1월 공회의회에서 제임스 2세를 축출하는 데 합의했던 토리와 휘그는 입장의 차이를 드러냈다. 혁명 체제를 수립하기 위해 소집된 공의회에서 세습 군주제의 신성함을 믿은 토리와 폭군을 폐위하고 새로운 헌정을 수립할 신민의 권리를 주장하면서 윌리엄의 국왕 옹립을 주장한 급진 휘그가 격돌한 것이다(송규범 2010, 221). 오랜 논란 끝에 나온 1689년 1월 28일 평민원의 다음과 같은 결의는, '그들이 국왕을 폐위할 수 있느냐 없느냐'라는 논쟁의 핵심을 피해 가는 것이었다.

국왕 제임스 2세는 왕과 인민 사이의 원초 계약을 파기함으로써 왕국의 헌정을 전복하려고 시도했으며, 예수회 수사들과 다른 사악한 인물들의 조언에 의하여 기본법을 위반하고 자신을 이 왕국에서 퇴거하여 통치를 포기했다. 그리하여 왕위는 공석이 되었다(이태숙 2013a, 122).

이 결의안에는 휘그의 입장을 반영하는 원초적 계약과 같은 급진적인 개념과 왕위의 선출 가능성을 시사하는 왕위 공석 판정이 포함되어 있었다. 하지만 제임스 2세의 폐위가 아니라 스스로 물러났음을 시사하는 '퇴위했다'abdicated라는 단어가 사용됨으로써 토리 측이 동의할 구실도 마련되어 있었다.[10] 게다가 1689년 12월에 공

10_귀족원의 주된 반대 이유는 왕위의 선출을 시사하는 문구들 때문이었다. 귀족원은 왕위가 비어 있다는 구절을 삭제하고, '퇴위했다'(abdicated)도 좀 더 명확하게 '버렸다'(deserted)로 수정할 것을 요구했지만, 평민원의 거부와 윌리엄과 제임스의 차녀 앤의 압력 등에 굴복해서 애초의 결의안에 동의했다(송규범 2010, 222; 이태숙 2013a, 123).

표될 권리장전의 기초 작업이 트레비위원회와 소머스위원회에서 진행되었을 때, '원초적 계약의 파기'나 '기본법 위반' 등의 구절은 빠졌고, 고래의 권리를 확인하는 사항들은 포함되었으나 새로운 법 제정이 필요한 권리들은 배제되었다.[11]

한편 명예혁명 직후 발간된 로크의 『통치론』이 자연권, 사회계약, 저항권 등을 중심으로 명예혁명에 대한 해석의 주된 틀을 제공했다는 점을 상기할 필요가 있다.[12] 로크는 국가가 공동체 구성원들의 동의와 계약에 의해 성립되고, 입법권은 "일정한 목적을 위해서만 활동할 수 있는 단지 신탁된 권력"이기 때문에, 입법권을 담당한 자들이 자신들에게 맡겨진 신탁에 반해 행동했을 때 "새로운 입법부를 설립"할 권리를 갖는다고 주장했다(『통치론』 149절, 222절). 로크의 논변은 명예혁명의 결과를 "신탁 행위에 의해 신탁받은 주권자를 창출하는 행위를 수반하는 사회계약의 차원에서" 정당화하는 것이었다(바커 1995, 31). 로크의 『통치론』은 휘그당의 원칙을 정당화하는 이론으로서 "거의 의문의 여지가 없을 정도로 매우 일반

11_왕에게 어떤 권한을 주고 어떤 권한을 주지 않을 것인가를 결정하기 위해 구성된 트레비위원회에서는 23개의 불만사항과 권리사항을 작성했다. 여기에 평민원의 토론을 통해 5개 항목이 추가되었으며 이는 통상 불만항목(Heads of Grievances)으로 불린다. 평민원은 불만항목에서 12개 항목을 고래의 법으로 선언했고, 나머지는 새로운 법 제정이 필요한 권리로 규정했다. 이후 결정사항을 귀족원의 결의에 포함시키는 작업을 위해 소머스위원회가 구성되었는데, 소머스위원회의 보고서에는 고래의 법만이 포함되었다. 버크는 소머스가 혁신 없이 고래의 법을 지켰다고 높이 평가했다(이태숙 2013a, 124-126).

12_이하에서 로크의 『통치론』 인용은 강정인·문지영 옮김(까치 1996)을 따랐으며, 본문에 『통치론』과 절 수를 표기한다.

적으로 수용"되었다(고프 1995, 219).

인민주권과 저항권을 중심으로 한 프라이스의 명예혁명 해석은 로크적 패러다임을 따르고 있었던 셈이다.[13] 반면 휘그당에 속해 있던 버크는 휘그와 토리의 타협으로 전개되었던 명예혁명의 보수적 성격을 부각시키면서 그것이야말로 '자명'한 사실이라고 단언했다. 그는 윌리엄의 '선출'이 "정상적인 세습 계승의 엄격한 순서"에서의 이탈이지만 그것은 "사소하고 일시적인 이탈"이라고 주장하는 한편, 진정한 의미의 선택도 아니라고 역설했다. 제임스 왕을 복귀시킴으로써 발생할 수 있는 종교·법률·자유의 위험을 막기 위한 "가장 엄격한 의미에서 필수적인 행위"였기 때문이다(『성찰』, 60). 또한 그는 명예혁명을 통해 새로운 헌정을 수립할 권리가 획득된 것이 아니고, "설사 우리가 전에 그 권리를 지니고 있었더라도, 영국민은 당시에 자신과 후손을 위해 [그 권리를-옮긴이] 영원히 엄숙하게 부정하고 폐기했다"고 주장했다(『성찰』, 63). 이런 해석은 로크의 『통치론』과는 정반대라고 할 수 있다.[14] 버크의 주장 가운데 로크의 논변과 그나마 부합하는 것이 있다면 프라이스가 말한 '부당

13_고프(1995, 219)에 따르면, 로크의 저작은 비국교도 학계에서 정치학 교재로 쓰이는 등 많은 영감을 주었고, 특히 프라이스와 프리스틀리(Joseph Priestley)에게 큰 영향을 미쳤다.

14_포코크는 버크의 명예혁명 해석이 로크와 정반대라고 지적한다. J.G.A. Pocock. ed. 1993. "Political Thought in the English-Speaking Altantic, 1760-1790: (ii) Empire, Revolution and an End of Early Modernity." *The Varieties of the British Political Thought, 1500-1800.* Cambridge: Cambridge Univ., p. 303. 한편 클레이스(Gregory Claeys)는 『프랑스혁명에 관한 성찰』의 명예혁명 해석이 기존 해석에서 크게 벗어났다는 것이 초기의 주요 반응이었다고 지적한다(이태숙 2013c, 181).

행위를 이유로 통치자를 추방할 권리'에 대한 반박일 것이다. 버크는 이런 저항권은 단순한 부당행위가 아니라 '원초적 계약의 파기' 상황일 때에만 가능하다고 주장했고(『성찰』, 73), 로크 역시 "군주의 인신은 법에 의해서 신성불가침"하지만 "만약 군주가 실제로 그의 인민과 전쟁상태를 초래하고, 정부를 해체하며, 인민을 자연 상태로 몰아넣는다면 그것은 별개의 문제"라고 언급했다(『통치론』 205절). 하지만 로크의 경우 주권자의 신탁 위반 여부를 누가 판단할 것인가의 문제에 대해서 "인민이 재판관"(『통치론』 240절)이라고 답하는 등 인민의 저항권을 적극적으로 해석할 여지를 남겨 놓고 있는 반면, 버크는 순전히 저항의 문턱을 높이기 위한 의도로 논변을 구사한다. 곧 "복종이 끝나고 저항이 시작되어야 하는" 원초적 계약의 파기 상황이란 "통치가 남용되고 진정 혼란이 빠진 후"여야 하며, 따라서 "혁명이란 사려 깊은 자들과 선량한 자들에게는 최후의 수단"이 되어야 한다는 것이다(『성찰』, 77-78).

이 글의 주제에 비춰볼 때, 이상의 간략한 논의에서 중요한 점은 버크가 설파한 영국의 '이상적인' 보수주의적 역사 또한 객관적이고 자명한 사실이라기보다 일정한 의도 아래에서 재구성된 역사적 서사라는 것이다. 레빈Yuval Levin이 지적한 것처럼, 버크의 "이전 2세기 동안의 영국 역사(어쨌든 그의 동포들이 한 왕의 목을 베고 또 다른 왕을 폐위시킨 역사)에 대한 기술은" 의문의 여지없이 "핵심을 부각시키기 위해 껄끄러운 부분을 삭제"하고 "과장"했던 것이다(레빈 2016, 257). 버크는 영국인들이 "냉담하고 둔중한" 국민성 덕택에 조상의 특징을 그대로 지니고 있으며, 영국에서 정부의 구성 원리, 자유 이념, 도덕 원칙은 "우리가 태어나기 훨씬 전에 이해되었고", 누군가가 오만하게 그 원칙에 대해 왈가왈부할지라도 미래에까지 "전부가 잘 지속될 것"이라고 주장했다(『성찰』, 156, 157). 또한 그는 "이제까지 세상에서 벌어진 일 중 가장 경악스러운"(『성찰』, 49) 프랑스혁명의 여파를 경계하면서, 보존과 개혁의 결과물인 영국의 현존 질서가 "그대로 유지"(『성찰』, 165)되어야 한다고 주장했다. 버크의 역사적 서사는 이런 주장들의 근거가 되었다.

그렇다면 버크의 역사적 서사의 특징은 무엇인가? 첫째, 버크에게 '올바른' 역사적 서사는 정치적·이념적 투쟁을 위해 적극적으로 구성되어야 하는 것이다. 그가 보기에 역사 속에는 "교만·야심·탐욕·복수·정욕·반란·위선·통제 안 된 열정·혼란스러운 욕망" 등 과거의 오류와 불행이 산적해 있고, 이로부터 미래를 위한 지혜를 끌어내면 교훈의 보고가 되지만, "악용"될 경우, 국가 내부의 당파들이 불화와 적의를 일으키는 수단을 제공하는 병기고가 된다(『성찰』, 231). 그는 이런 "역사 왜곡"(『성찰』, 234)에 대항하기 위해 명예혁명에 대한 '자명한' 사실을 '장황하게' 설명했다(『성찰』, 70). 또한 다음과 같이 프랑스인들에게도 과거의 영광을 재발견하기를 촉구했다.

당신들은 질서 잡힌 사회로 구성된 적이 없는 것처럼 행동하기로 선택해서, 모든 것을 새롭게 시작했다. 당신네는 잘못 시작했다. 왜냐하면 당신들에게 속하는 모든 것을 멸시하면서 시작했기 때문이다. 당신들은 밑천 없이 사업을 시작한 것이다. 만일 당신 나라의 바로 앞 세대가 별로 영광스럽게 보이지 않는다면, 그들을 지나쳐 버렸으면 될 것이다. 당신들의 주장을 더 이전의 조상들로부터 끌어오면 될 일이었다. 그런 조상에 대한 경건한 애호 속에서, 당신의 상상력은 요즈음의 천박한 행동을 넘어서 그들[조상-옮긴이]에게서 덕과 지혜의 기준을 인식했을 것이다. 그리고 당신들은 닮고자 하는 모범과 더불어 향상되었을 것이다. 조상을 존경하면서 자신을 존경하는 것을 배웠을 것이다. 프랑스인을 어제 갓 태어난 사람들로 간주하거나 1789년 해방의 해까지는 미천하고 예속된 가련한 사람들로 여기도록 하는 선택을 하지 않았을 것이다(『성찰』, 86; 강조는 인용자).

이 흥미로운 구절은 버크에게 바람직한 역사란 객관적인 사실의 연속이 아니라 이념적 효용성을 위해 선별되어 재구성되어야 하는 것임을 보여 준다. 현재를 긍정하기 위해 과거의 영광은 '발견'되어야 하는 것이다.

둘째, 버크의 서사는 매우 오랜 과거로부터 현재까지의 누적적 발전을 묘사하지만 기원의 시점으로 거슬러 올라가지는 않는다. 역사적 기원에서는 불법적이고 폭력적인 것이 발견되기 때문이다. 기원은 오히려 자유를 지향해 가는 역사의 원리와 상충한다. 버크에게서 이처럼 상충하는 기원과 역사 원리를 조화시키는 것은 시효 prescription이다. "시효는 오랜 관행을 통해 그 시작에서는 난폭했던 것을 합법적 정부로 숙성시키기 때문"이라는 것이다(『성찰』, 266). 요컨대 합리적인 역사의 원리는 기원이 아니라 시간의 흐름에 따른 점진적인 변화 속에서 포착되어야 한다. 나아가 시효의 원리가 숙성시키기 전의 폭력적인 과거의 편린들은 이성적인 접근으로부터 보호되어야 한다. 예컨대 국가는 "누구도 마땅한 조심성 없이는 그 결함이나 부패상을 조사하기 위해 접근하지 못하도록 …… 신성화" 되어야 한다. "누구도 국가를 전복시키면서 그 개혁을 시작하려고 꿈꾸지 않도록 하고, 국가의 오류에 대해 부친의 상처를 대하는 것처럼 경건한 경외심과 떨리는 염려를 지니고 접근"해야 한다(『성찰』, 171). 심지어 버크는 헌정 체계가 "논쟁거리라고 생각하여 모든 것을 토론하는 데에 이 시대의 불행"이 있다고 주장한다(『성찰』, 165). 역사는 치밀하게 탐구되고 토론되어야 할 것이 아니라 현재를 위해 영광스러운 과거로 형상화되어야 하는 것이다.

셋째, 버크의 서사에서 바람직한 변화는 누적성과 느린 속도를 갖추어야 한다. 오랜 세월 동안 역사의 시험을 거칠 때에만 편견은 지혜의 축적일 수 있으며, 시효는 거친 제도와 관행을 순화시킬 수 있기 때문이다. 그러나 전체 세계 질서의 한 부분일 뿐인 정치체제에서의 변화는 누적적인 발전만으로 나타나는 것이 아니라 "쇠퇴, 몰락, 쇄신, 진전" 등 다양한 양태로 나타난다. 이때 제한된 이성을 가진 사회적 존재로서 인간이 할 수 있는 최선의 방책은 "개선하는 경우에도 …… 결코 전적으로 새롭게 되지 않으며, …… 보유하는 경우에도 결코 전적으로 낡은 것이 되지" 않도록 국가의 운영에서도 자연의 양식을 견지하는 것이다(『성찰』, 83). 이는 무엇을 개선할 것이며, 무엇을 보존할 것인지에 대한 판단을 요구한다. 버크에게도 "고래의 제도의 과오와 결점은 뚜렷하며 명백"한 것이었고(『성찰』, 270), 그가 보기에 "약간을 변화시킬 수단을 갖지 않는 국가는 보존을 위한 수단도 없는 법"이었다(『성찰』, 65). 따라서 버크의 관점에서 정치가는 "완고함과 극도로 맹목적인 편견의 폐해"보다 "비일관성과 변화의 폐해"가 훨씬 더 크다는 관점을 가지고, 한정된 개인의 지식보다 "여러 국민과 여러 시대가 축적한" 지혜로서의 편견을 존중하여, "완전 파괴인가, 개혁 없는 존속인가의 양자택일"에 빠질 것이 아니라 "보존과 개혁을 동시에" 이루어 내야 했다(『성찰』, 171, 158, 254, 271). 개혁과 보존을 동시에 달성하기 위해서 정치가는 "활발한 정신, 꾸준하고 끈기 있는 주의력, 비교하고 결합하는 여러 능력 그리고 방편이 풍부한 이해력이 제공하는 자원"(『성찰』, 271)을 동원해 "자신의 국가에 현존하는 자료를 가지고 어떻게 최선의 것을 만들어 낼 수 있을까를 항상 생각"(『성찰』, 254)해야 했다. 요컨대 보수적인 정치가는, 과거의 신성화와는 반대로, 바람직한 점진적 변화를 이루어 내기 위해 과거를 "치밀하고 객관적으로 탐구"해야 한다(니스벳 1997, 100).

이상에서 보듯이 영국의 역사를 보존과 개혁의 과정으로 묘사하는 버크의 역사적 서사는 급진적인 변혁에 대항하기 위해 적극적으로 재구성된 것이다. 그리고 그는 이렇게 재구성된 서사가 대중들에게 '사실'로 받아들여지기를 설득하면서 두 가지 상반된 요청을 한다. 즉, 한편으로 불법적이고 폭력적인 기원을 망각하기 위해 역사는 이성적인 탐구로부터 보호되어야 하지만, 다른 한편으로 보존과 개혁의 과제를 달성하기 위해 역사는 치밀하게 탐구되어야 한다. 이런 상반된 요청에 대한 일차적인 응답은 역사 해석의 주체를 신중함과 분별력, "학식과 통찰력을 지닌 사람들"(『성찰』, 173)로 제한하는 것이다. 그들은 역사에 대한 가능한 여러 해석 가운데 일부를 강조하고 일부를 취사선택하여 보수의 역사로 재구성하는 작업의 주체이며, 또한 대중들에게 배제된 역사를 망각해야 한다고 설득하는 작업의 주체이다. 하지만 역사 해석의 주체들 사이에서도 당위적인 역사와 '사실'의 간극 및 그로부터 연유하는 정당화의 문제가 일정한 합의에 이르기보다 논쟁으로 치달을 수 있지 않을까? 그들이 재구성한 역사적 서사가 언제나 바람직한 역사일까? 버크가 이런 문제들을 간단히 건너뛰고 확신에 찬 어조로 보수의 역사적 서사 구성을 요청할 수 있었던 것은, 버크가 처한 역사적 조건과 신의 섭리에 대한 그의 신념 때문이었다.

먼저 당시 영국은 당대인들로부터 "비할 바 없는 최고의 헌정"(이태숙 2013c, 200)으로 칭송받고 있었다는 점을 상기할 필요가 있다. 버크가 영국의 역사적 서사를 재구성하기 위해 과거를 돌아본 시점, 곧 버크의 현재는 이미 왕권의 제한 등 정치적으로 자유주의적 개혁이 축적되어 있었고, 경제적으로도 자본주의의 발전이 상당히 진행되고 있던 시점이었다. 이런 역사적 조건으로 인해 버크는 당위적인 역사와 있는 그대로의 과거 사이의 간극을 거의 무시할 수 있었다. 이런 인식을 바탕으로 버크는 보수적 입장에서 영국의 역사를 재구성하면서도 자신의 시대까지 이루어진 영국의 자유주의적 개혁의 성과를 부정하지 않을 수 있었던 것이다.[15] 그는 중세적인 "기사도의 시대"(『성찰』, 142)를 이상적인 것으로 보았지만, 과

15_이 점이 버크 사상의 내적 긴장과 모순에 관한 논쟁인 이른바 '버크 문제'의 근본 요인이다. '버크 문제'에 관해서는 맥퍼슨(1997) 참고.

거를 재현하는 데 매달리기보다 프랑스혁명의 여파로부터 현재의 질서를 지키는 길을 택했다.[16] 영국의 현재는 이상적인 과거에 견주어 열등한 것이 아니라 과거의 발전을 고스란히 이어받은 상태로 간주되었다. 다만 그는 현재를 파악하는 원리를 보수적 관점에 입각한 것으로 유도하고자 했다. 그리하여 스트라우스에 따르면, 버크는 "자연 상태, 자연권, 인간의 권리, 사회계약, 국가의 인위적 성격" 등 "근대 자연권의 언어를 주저함 없이 사용"하면서도 이런 개념들을 "고전적 틀 또는 아퀴나스의 틀에 흡수"했다(스트라우스 2001, 355).

한편 버크는 역사를 발견하고 역사의 이름으로 당시의 사상적 조류를 공격했다는 평가를 받는다(스트라우스 2001, 363; 이태숙 2013b, 142). 하지만 스트라우스가 지적한 것처럼, 버크가 말하는 '역사의 발견'은 건전한 질서의 원천을 있는 그대로의 과거 속에서 확인했다는 의미가 아니다. 버크에게 "역사적인 것"은 "우연적인 것"이며, "건전한 정치 질서는 결국 우연적인 인과율의 의도되지 않은 산물"이었다.[17] 버크에게 이런 우연적인 사건들과 건전한 정치 질서를 잇는 것은 '인간적 성찰에 의해 완전히 인도되지 않은 섭리적 질서'라는 관념이었다.[18] 당위적인 역사와 사실의 간극의 이면에 신의

16_"우리는 현재의 국교회, 현재의 왕정 그리고 현재의 민주제도를 각각 더도 아니고 현재 존재하는 정도 그대로 유지하기로 결심한 상태다"(『성찰』, 164-165; 강조는 인용자).

17_'우연적인 인과율의 의도하지 않은 산물로서의 질서'라는 관념은 자유주의적 정치경제학의 '보이지 않는 손'을 역사적인 차원으로 적용시키는 것이기도 하다. 이런 해석에 관해서는 스트라우스(2001, 374), 맥퍼슨(1997, 282-312) 참고.

섭리가 있다고 전제되면, 그 간극이 논쟁의 대상이 될 수 없다. 보수적 정치가가 할 수 있는 최선의 길은 특정한 상황에 맞도록 정책을 수정함에 있어서 "자연의 양식을 견지"하는 것(『성찰』, 83), 곧 자연의 기준을 따르고 모방하는 것이다.[19]

이런 역사-자연-정치에 관한 버크의 이해는 혁명을 이끌었던 당대의 자유주의자들과 날카롭게 부딪혔다. 버크와 페인Thomas Paine을 비교하면서 레빈은 버크의 자연이 역사의 경험을 통해서만 알 수 있는 것인 반면, 페인의 자연은 오류와 범죄로 가득한 역사라는 방해물을 극복하고 개별적이고 직접적인 이성적 이해를 통해 인지되는 법칙이라는 것을 지적한다. 버크에게 역사-자연은 항상성과 영속성을 가진 것이지만 끊임없는 변화를 내재한 반면, 페인에게 역사 외부의 자연은 불변의 원칙이지만 총체적이고 급진적인 변화의 근거이다(레빈 2016, 123, 133-134). 이처럼 '진보' 이념은 애초에 역사 외부에서 발견되는 자연법적 원칙과 그것이 적용되어야 할 실

18_"우리의 정치체제는 세상의 질서와 일시적인 부분들로 이루어져 영원한 전체가 된 존재 양식과 그대로 상응하며 조화 속에 자리 잡고 있다. 이 존재 양식에는 인류를 거대하고 신비한 통합체로 엮어 내는 위대한 지혜에 의해, 전체는 어느 한 시기도 노년이라거나 중년이라거나 연소한 상태로 있지 않다"(『성찰』, 82-83).

19_정치 질서가 신의 섭리적 질서의 일부인 이상 보수적 정치가가 발생한 상황에 대해 신중하고 세심하게 대처함으로써 조금 수정할 수 있을지라도 궁극적인 변화의 흐름을 거스를 수는 없다. 버크에 대한 스트라우스의 불만은 이 지점에서 제기된다. 버크는 신의 섭리에 대한 확신으로 말미암아 프랑스혁명이 사악하다고 주장하는 데 만족했을 뿐 더욱 철저하게 저항하지 못했다는 것이다(스트라우스 2001, 377). 요컨대 현재를 신의 섭리가 이끌어 온 과거의 발전으로 긍정하는 보수주의자는 현재의 급격한 변화 또한 궁극적으로는 받아들여야 자신의 주장에 일관성을 갖게 된다.

제 역사의 차이에 기반하여 구성되며, 그 이념의 취약점 또한 양자의 괴리에서 비롯된다. 반면 버크의 보수주의는 역사의 원리를 역사 내부에서 찾도록 했고, 이는 역사의 원리와 그 원리가 전개되고 실현된 역사의 경계를 모호하게 만들었다. 역사의 모든 사건들이 바람직한 것은 아니었지만, 또한 그 모든 것은 역사적 원리가 전개된 것이기도 했다. 그렇다면 이런 다양한 사건들 가운데 어떤 사건들을, 어떤 원리에 입각해서 선별해 역사적 서사를 구성할 것인가? 어떤 역사적 사건이 망각되어야 한다면 그것은 어떻게 정당화될 수 있는가? 버크로 하여금 이런 난제에서 헤매지 않게 해주는 것은 바로 우연적인 인과율의 이면에 섭리적 질서가 있고, 그 질서의 귀결이 바로 현재라는 확신이었다.

하버W. R. Harbour는 과거를 통해 현존 질서를 정당화하면서 동시에 어떤 전통은 때로 수정되고 개혁될 필요도 있다는 것을 인정하는 보수주의는 다음과 같은 근본적인 과제를 갖는다고 지적한다. 곧 '역사의 시험을 거친 현존 질서 가운데 보편적인 것과 개혁되어야 할 것을 어떻게 구분할 수 있는가'라는 물음에 답해야 한다는 것이다. 하버에 따르면, 이 문제에 대한 서구 보수주의자들의 주요한 대응은, 전통·기존 제도·관습 등이 자연법에 가깝게 존재해 왔다고 가정하는 한편, 그런 가정은 어떤 전통적인 관례가 보편적인 도덕 원칙에 직접 위배되는 것으로 증명될 때까지는 역사의 과정에 의해 정당화된 것으로 추정하는 방식이었다. 하버가 보기에 이런 순환론적인 추론 방식은 일련의 전통이 실제로 보편적인 도덕성의 기준과 근접하게 성숙해 온 "거의 이상적인 환경"에서 가장 유효할 수 있

있다.[20]

버크는 바로 이런 이상적인 환경에 속해 있었다. 그는 근대의 합리적 이성에 기초한 변혁의 태동에 맞서 최고의 헌정 질서를 이루어 낸 영국의 오랜 과거를 동원할 수 있었고, 섭리적 질서에 대한 그의 확신은 오랜 전통을 지닌 '유대-크리스트교'의 인식틀에 부합하는 것이었다. 이런 배경에 힘입어 버크는 계몽주의적 자유주의 이념의 추상적 역사관을 비판하는 가운데 자신의 역사적 서사는 마치 객관적인 역사인 것인 양 제시할 수 있었다. 하지만 그의 역사적 서사 역시 현재를 과거의 정점으로 위치시키고자 한 관점의 소산이며, '있는 그대로의 과거'와 '재해석된 역사'의 간극에서 비롯된 문제를 내장하고 있다. 이 문제는 현재를 과거가 도달한 정점으로 묘사하기 힘든, 이상적이지 못한 환경에서 더욱 불거질 것이다. 이것이 바로 식민지 지배와 권위주의적 독재의 과거 그리고 외생적이고 타율적인 급격한 근대화를 겪은 한국의 보수주의자들이 직면했던 상황이다. 한국의 보수주의자들에게 과거는 버크처럼 현존 질서를 정당화할 수 있는 영감의 원천이 아니라 "억압과 분열, 실패에 대한 기억"(박효종 2005, 38)으로 얼룩진 흉터였다. 이로 인해 한국의 보수주의자들은 과거와 맞대면하기를 회피해 왔다면, 뉴라이트는 새로운 역사 쓰기를 통해 과거와 직접 대면하고자 했다. 우리의 관심

20_하버는 이런 가정적 접근법(presumptive approach)이 "버크로부터 커크에 이르기까지 …… 전통적 입장의 심장부"라고 언급한다. 물론 보수주의자들에게 이런 가정적 접근법만이 가능한 것은 아니었다. 하버는 이 외에도 "분별적 접근법(prudential approach)"과 "조화적 접근법(attunement approach)"을 제시한다(하버 1994, 97, 99).

을 끄는 지점은, 버크와 같은 역사적 행운을 누리지 못한 한국의 보수주의자들이 '있는 그대로의 과거'와 '재해석된 역사'의 간극의 문제에 어떻게 대응했는가 하는 점이다.

3. 한국 보수 이념의 쇄신 과정

1) 민주화 이전까지 보수 이념의 빈곤: 미래에 기댄 '보수'

보수주의가 현존 질서를 과거와 연결시켜 정당화하고자 하는 이념이라고 할 때, 민주화 이전까지 한국의 보수 세력은 이 과제를 거의 시도조차 하지 못했고 그럴 필요도 느끼지 못했다.[21] 이는 보수 세력이 냉전과 분단의 구조 속에서 손쉽게 반공주의를 동원해서 사상적 자유를 억압하고 진보 세력의 성장을 봉쇄할 수 있었기 때문에 자신들의 정치적 입장을 논리적으로 정당화할 필요도 없는 온실 속에 있었기 때문이었지만, 좀 더 근원적으로 보수 세력의 근대화 추진 방식에서 비롯된 결과이기도 했다. 우선 자생적 근대화의 실

21_많은 논자들의 '한국의 보수 세력은 있으나 보수 이념은 없다'라는 지적은 이 점을 가리킨다. 이 때의 '보수' 세력이란, 아래에 기술된 것처럼 단지 위상적으로 보수로 규정될 수 있을 뿐, 그 실상은 단지 기득권 세력에 불과하다. 이 점에서 뉴라이트에 의한 역사 새로 쓰기는 이들을 사후적으로 명실상부한 보수 세력으로 재구성하는 작업이기도 하다.

패와 주권의 상실로 인해 전통은 시대착오적인 인습으로 부정되어야 할 것으로 인식되었다. "남한의 보수 세력은 애초부터 물려받은 전통, 종교 및 권위가 아니라 그들이 미래에 도달하고자 하는 근대화의 목표 — 중앙집권적 국민국가의 형성, 자본주의적 산업화 및 민주화 — 에 의해서만 스스로를 정당화"할 수밖에 없었다(강정인 1999, 581). 이에 따라 근대화 이전의 과거는 현존 질서를 정당화할 수 있는 근거가 되기는커녕 위로부터의 근대화를 추진하는 보수 세력 스스로가 부정하거나, 충효 사상처럼 국가에 대한 순응을 고취하기 위해 또는 근대화에 기능적인 덕목들을 선별해 내기 위해 해체되고 재구성되어야 할 대상이었다.[22]

한편 보수 세력이 추진해 가는 근대화 과정과 이를 바탕으로 형성되어 가는 현존 질서도 보수 세력의 정당성의 근원을 잠식해 가는 것이었다. 보수 정권들은 권위주의적 방식으로 전 사회를 총동원해 압축적인 근대화를 추진했지만, (설령 다양한 수식어로 한정했다 하더라도) 스스로를 민주 정권으로 자임했고 장차 민주주의의 충실한 실현을 기약했다. 이처럼 현존 질서가 표방하는 목적과 현실은 현저한 괴리를 보였으며, 보수 정권이 추진하는 근대화는 그것이 성과를 올릴수록 이 같은 괴리에 대한 사회 구성원의 저항을 확산시켰다. 현존 질서는 미래의 목표를 달성하고 나면 부정되어야 할 필요악을 내장하고 있었던 것이다.

22_박정희의 전통문화유산정책에 대해서는 전재호(2012) 참고.

요컨대 민주화 이전까지 한국의 보수 세력은 과거를 부정하고, 미래에 기대어 현재의 모순을 변명하고 봉합함으로써 현존 질서를 정당화할 수 있었다. 보수의 정당화의 근원은 진보와 마찬가지로 미래에서 기원했던 것이다. 미래에 기대어 급격한 사회 변화를 추동해 가는 세력의 이념이 보수주의일 수 있을까? 이 점에서 민주화 이전까지 보수란 다만 고루, 완고 등 부정적 뉘앙스를 가진 일상적 용어에 그쳤으며, 좌익 세력으로부터 현존 질서를 지킨다는 점에서 '위상적 이데올로기로서의 보수'(강정인 1999, 573)를 의미할 수 있을 따름이었다.

2) 민주화 이후 보수의 쇄신: 지켜야 할 질서의 모호한 재천명

1987년 민주화는 보수 세력을 정치적 위기에 빠뜨렸다. 그러나 '보수'가 일상어를 넘어 정치적 의미를 갖게 된 것도 바로 이 시기부터라고 할 수 있다. 민주 대 반민주라는 비대칭적인 도덕적 구도에서 진보 세력의 공격을 받은 보수 세력은 비로소 스스로를 방어할 정당화 논리를 다듬어야 했다. '보수'가 권위주의 정권의 반민주적 행태와 직결되어 있었기 때문에, 보수 세력은 민주화 이전의 냉전적 보수 세력을 수구로 구별해 내고, 보수 앞에 개혁, 온건, 중도, 양심과 같은 다양한 수식어를 달아서 민주화 이후의 보수를 근대화, 선진화, 산업화, 민주화를 표상하는 개념으로 복권시키고자 했다(권용립 2015, 272-275).

여기서 중요한 것은 보수 세력의 위기를 부른 민주화가 기존 (권위주의) 체제가 표방했던 자유민주주의를 일정 부분 실현시킴으로써 보수 세력이 지켜야 할 현존 질서를 마련했다는 점이다. 이에 따라 보수 세력은 과거처럼 표방된 이념과 실천된 이념의 괴리에 심각하게 봉착하지 않고, 보수적으로 절충된 민주화의 성과를 자신들이 지켜야 할 가치로 주장할 수 있게 되었다. 이제야 보수가 주창해온 자유민주주의가 현실적인 근거를 가지게 된 것이다.

그러나 여전히 보수 세력은 현존 질서를 과거와 매끄럽게 연결시키지 못했다. 보수 세력이 지켜야 할 질서가 자유민주주의라고 재천명할 수 있는 계기가 마련되었지만, 민주 대 반민주의 비대칭적 구도 하에서 이는 보수의 과거 행태가 자유민주주의적이지 않았음을 인정해야 한다는 요구도 포함하고 있었다. 하지만 과거 독재 세력과의 타협에 기반을 둔 김영삼 정부 내에서 보수 세력은 이미 정치적 생명 연장의 길을 확보하고 있었다. 김영삼 정부는 1990년 과거 민정계가 다수를 이루는 3당 합당으로 탄생했으며, 김종필로 상징되는 핵심 반민주 독재 세력은 민주화 이후 여전히 제도권 보수 세력의 한 축을 담당했던 것이다. 따라서 반민주적인 권위주의 정권의 과거가 청산되어야 할 것이라는 명분이 부정되지도 않았지만, 실제 청산이 그런 명분에 부합하게 진행되지도 않았다. 김영삼 정권은 "쿠데타와 독재정치를 통해 훼절시킨 역사를 바로잡는"[23] 역

23_『연합뉴스』. "與野4黨 이념논쟁 가열." 1996/02/27. (https://news.naver.com/main/read.nhn?mode=LSD&mid=sec&sid1=100&oid=001&aid=0004038925)

사바로세우기 정책을 추진했고 전두환과 노태우 두 전직 대통령을 구속하고 사형 선고까지 내렸지만, 이들은 곧 사면 복권되었다. 보수 세력에게 민주화 이전까지의 과거는 보수 이념의 정당성의 근원이라기보다는 덮어두어야 할 것으로 남았다.

3) 노무현 정부 시기 보수의 과거 재구성

노무현 정부는 동학운동과 친일 반민족 행위자에서부터 6·25전쟁과 권위주의 체제에서의 인권 문제에 이르기까지 한국 근현대사 전반의 과거사 문제를 '포괄적으로 정리'하고자 했다. 노무현 대통령은 2004년 광복절 축사에서 포괄적인 과거사 정리가 과거사 진상 규명과 관련해서 국회에 올라와 있던 법안들을 조정하기 위해 필요한 조치라고 밝혔지만, 그것이 단지 입법적 조정의 의도만을 담고 있는 것은 아니었다. 거기에는 "굴절된 역사"를 바로잡아야 한다는 의지가 담겨 있었다(국정홍보처 2005, 258). 노무현 정부의 청산 작업은 한국 근·현대사 전반을 청산되어야 할 '부정의한 역사'로 규정하면서, 지체되었던 과거사 청산을 정치의 전면에 끌어올렸다. 과거사 진상 및 책임 소재의 규명은 보수 세력의 과거가 들춰지는 것에 다름 아니었다.

그러나 노무현 정부의 과거사 청산 작업은 역설적으로 과거에 대한 보수 세력의 접근을 바꾸는 전환의 계기가 되었다. 뉴라이트를 중심으로 한 보수 세력의 대응이 이런 공세에 대한 위기감에서 촉발되었다.[24] 이제 과거는 그냥 덮어둘 수만 없었다. 과거의 정당화 문제가 초미의 관심사가 된 것이다. 그런데 이렇게 과거사의 범위가 근대사 전반으로 확장된 것은 역설적으로 보수의 '기회(?)'가 되었다. 포괄적 과거사 정리가 제안된 지 몇 개월 지나지 않은 2005년 1월 교과서포럼이 창립되었다. 이후 교과서포럼은 2006년 11월 『한국 근·현대사』 교과서 시안을 발표하는 심포지엄을 개최했으며, 2008년 『대안교과서 한국 근·현대사』를 간행했다. 2006년에는 이영훈과 박지향 등이 진보의 역사관을 '좌파 민족주의'의 역사관으로 비판하는 『해방 전후사의 재인식』을 발간했으며, 이영훈은 『재인식』에 실린 여러 글들을 일관된 흐름으로 설명하는 『대한민국 이야기: '해방 전후사의 재인식' 강의』를 2007년에 출간했다. 2011년에는 뉴라이트의 싱크탱크 역할을 담당했던 『시대정신』의 여러 논자들의 글을 묶은 『한국 민주주의의 기원과 미래: 보수가 이끌다』가 출간되었다. 포괄적 과거사 정리는 하나의 사건에 대한 책임의 유무를 따지는 것을 넘어 한국 근현대사 전반에 대한 보수적 시각의 재서사화를 유도했던 것이다. 이렇게 구성된 뉴라이트의 역사적 서사에 대한 본격적인 논의는 아래에서 장을 바꾸어 서술하겠다.

24_뉴라이트에 대해서는 김호기(2004), 임혁백(2004), 박태균(2007), 하종문(2007), 신주백(2007), 윤해동(2012), 전재호(2014) 참고.

4. 뉴라이트 역사적 서사의 특징

뉴라이트의 논자들은 노무현 정부가 추진하는 포괄적 청산의 범위에 대응해 식민지 시기부터 현재에 이르기까지 일정한 사건들을 선택하고 의미를 부여하며, 그들의 관점에서 본 한국의 근현대사를 새로 썼다. 이처럼 한국 근현대사 전반을 아우르는 범위의 역사적 서사를 구성하는 전략을 택했다는 점 자체에 주목할 필요가 있다. 개별 과거사 청산의 논쟁을 넘어 역사관이 쟁점이 되었고, 보수적 관점에서 현대사를 다시 쓰고 이를 공식화하려는 전략이 제기된 것이다. 뉴라이트의 역사적 서사는 '부정의의 역사'라는 진보의 서사를 뒤집어, "평화적으로 민주화를 이룩하고, 가난을 극복하여 세계 제10대 경제대국으로 성장"한, "어떤 기준으로 가늠해 보아도" '미션 임파서블을 이룩한 대한민국'의 역사를 제시한다(박효종 외 2006, 21). 이런 성공의 역사는 당연히 성공을 이끌었던 주체들 — 진보의 서사에서는 과거사의 책임을 져야 할 — 을 상찬하는 근거를 제공한다. 적어도 그들이 저질렀던 과거사 문제가 사건의 인과와 구조의 압력 속에서 부득이하게 벌어졌던 일로 해석되게 한다.[25] 덮어

25_성공한 국가 중심의 역사가 기술되어야 한다는 주장으로는 이영훈(2008), 안병직(2008b), 김재호(2006), 이인호·김영호·강규형(2009), 박효종·최문형·김재호·이주영(2006) 참고. 권위주의 정부에서 있었던 자유의 유보를 후진국에서의 국가 건설 과정의 특수성으로 옹호하는 글로는 김충남(2009) 참고. 대한민국의 정통성과 정체성을 부정하는 역사교육은 국가가 엄격히 규제해야 한다는 주장으로는 박효종(2009), 이명희(2013) 참고. 김대중·노무현 정권의 '국정 표류와 실패'의 근본적인 원인으로 대한민국을 친일파가 만든 나라로 보는 잘못된 역사관을 지목하고 제1과제로 역사교육 및 역사 교과서 개혁을 드는 글

두고자 했던 과거가 어떻게 성공의 역사로 재구성될 수 있었는지 좀 더 자세히 살펴보자.

첫째, 이 서사의 출발점이자 정당화의 최종 심급으로서 서구중심적 문명론이 전면적으로 부각된다. 뉴라이트 논자들은 한국의 근현대사를 문명사적 견지에서 접근해야 한다고 주장하면서 '해양 문명'과 '대륙 문명'의 대당을 제시한다. 대륙 문명은 조선을 전근대에 묶어 놓았던 중국을 비롯해 자유의 가치를 무시하는 공산권을 지칭한다. 그리고 해양 문명은 자유주의와 자본주의 문명을 달성한 유럽과 미국을 지칭하는데, 특히 남한 국가의 발전에 지대한 영향을 끼친 미국이 강조된다(이영훈 2007, 63). 해양 문명은 전근대와 구별되는 근대 문명으로서 이념적 가치 평가를 잣대로 본질적인 우월성이 부여된 서구 문명의 다른 이름이다. 이런 서구중심적 문명론에 기대어 이 서사는 근대화의 자생적 가능성을 원천적으로 부정하고 근대화는 우월한 문명이 수준 낮은 문화권으로 문명을 전파하는 '문명의 낙차'를 통해 외부에서 전파·이식되는 경로를 통해서만 가능했다고 주장한다(복거일 2004, 25).[26] 수준이 낮은 문화권에서 근대화를 위한 주체적인 노력은, 좀 더 우월한 문명을 알아채는 혜안과 그것을 신속하고 원활하게 수용하려는 노력에 다름 아니다. 그들이 보기에, 이런 노력은 그 실익이 이미 검증된 서구 문명을 반

로는 박세일(2007a; 2007b), 안병직(2007a) 참고.

26_이와 같은 관념은 블라우트가 서구중심주의의 기초가 되는 문명의 '확산론'으로 부른 것과 동일하다. 확산론의 개념 및 그에 대한 비판으로는 블라우트(2008) 참고.

복하고 따라잡으려는 시도라는 점에서, 나아가 서구 문명이 '자유'의 가치를 실현한 보편적인 문명이라는 점에서 정당한 것이다.

이와 같은 서구중심적 문명론은 일본 역시 해양 문명의 일원으로서 서구 문명을 조선에 전해 주었다는 점에서 식민지 근대화론을 정당화하는 근거가 된다. 해방 이후 일제 하에서 이루어진 식민지적 근대화를 망각·부정하려는 욕구는 자생적 근대화 노력을 과대평가하는 한편 식민지 시기를 친일 대 반일의 이분법으로 해석하는 결과를 가져왔다. 뉴라이트의 역사 서사는 이와 같은 시각이 근대화의 실상과는 거리가 먼, 과잉 민족주의의 소산이라고 비판한다. 대신 그들의 서사에서는 총체적인 망국의 지경에 이른 19세기의 상황이 강조됨으로써 일제에 의한 식민지적 근대화가 한국 근대화의 부정할 수 없는 출발점이라는 점이 부각된다(이영훈 2007, 55-57). 또 뉴라이트 논자들 역시 일본 제국주의의 억압성을 부정하지 않지만, 식민지적 근대화를 경유하면서도 서구 문명의 핵심 가치인 자유는 확산되었고 그 가치를 선구적으로 수용한 이들에 의해 건국의 기틀이 준비되었다고 주장한다. 이로써 '건국 세력'은 친일의 비난을 받을 자가 아니라 선구적인 근대화 주체이고 국가 건설을 준비한 애국자가 된다.[27]

보다 우월한 해양 문명을 선택해 그 문명을 수용하기 시작한 것이 뉴라이트 서사의 출발점이라면, 이후의 모든 역사는 근본적으로

27_뉴라이트의 '건국세력' 옹호에 대해서는 이지윤(2018) 참고.

서구를 따라잡기 위한 과정으로 파악된다(안병직 2011a; 김주성 2011a).
이 압축적인 근대화는 유일한 성공의 경로이기 때문에, 불가피한
현실이며, 그 과정에서 발생하는 부작용을 감수하고서라도 추진해
야 하는 당위성을 갖는다.

이와 같은 서구중심적 문명론은 당연히 뉴라이트 교과서의 기축
이 되어야 했다. 이주영은 새로운 '대안교과서'의 문명사적 접근을
다음과 같이 정리한다(이주영 2006, 198-204).[28]

- 대한민국과 인민공화국 두 국가는 각기 미국의 해양 문명권과 중국
  의 대륙 문명권에 속해 있는 사실에 비추어 그 문명사적인 차이가
  인정되어야 한다.
- 대한민국의 근대화와 선진화는 민족 내부의 역량보다는 외국의 선
  진 문명과의 접촉에 의해 더 큰 영향을 받았다는 사실을 인정해야
  한다.
- 구한말 문명개화파의 전통을 이어받은 발전 세력들에 대한 조명이
  이루어져야 한다.
- 한국인의 근대화와 독립에 기여한 외국인들, 특히 미국 선교사들의
  공로가 인정되어야 한다.
- 이승만과 김성수 및 그들을 도운 한민당, 그리고 많은 청년 단체들로

28_이주영(2006)은 뉴라이트 교과서의 서술 원칙들을 주제별로 나열하고 있다. 이 글에서
는 이주영이 제시한 순서가 아니라 이 글의 논의에 따라 인용하며, 오해의 여지를 피하기
위해 순번을 삭제한다.

구성된 '건국 세력'에 대한 조명이 이루어져야 한다.

• 1960년대 이후 산업화의 공로자들, 특히 박정희와 그의 경제 관료들, 기업가들과 기술자들, 그리고 해외 주재 근로자들의 긍정적인 역할에 대한 서술이 있어야 한다.

둘째, 진보의 역사 서사에 견주어 보았을 때, 보수의 역사 서사에서 민족과 국가의 위상은 역전된다. 예컨대 이영훈에게 민족은 근대에 와서 구성된 것이며 집단적 감성의 범주인 반면 국가는 자유를 실현하고 개선해 가는 핵심적인 제도이다. 이런 개념 구도는 '민족은 쉽게 선동되고 오도될 수 있다'는 경고를 수반하고, 진보 세력이 상정하는 저항적 민족의식의 근저를 흔들기 위한 의도로 활용된다. 예컨대 상상된 공동체로서 민족과 민족의식은 근대적 구성물이므로 근대화가 어느 정도 진행되어야만 발현되고 그런 근대화 속에서 성숙될 수 있는 것이다. 그런데 보수의 역사적 서사에서 근대화는 일제에 의한 식민지 근대화로 출발했으므로 민족 역시 처음부터 일제에 의한 식민지적 근대화에 연루되어 형성되었다고 할 수 있다. 식민 통치 하의 대표적인 민족운동이라 할 수 있는 한글 보존 운동이 통념과 달리 총독부의 지침 내에서 전개되었던 것처럼, 민족은 안정적이고 확고한 저항의 근거가 아니라 체제 내부에 포섭될 가능성을 내재하고 있었다는 것이다(이영훈 2007, 101-102). 또 이영훈은 '대한민국은 반민족 세력이 잘못 세운 나라라는 이해', '2002년 미군 장갑차에 치여 여중생이 사망한 사태에 항의한 대규모 촛불 시위', '남북의 관계에서 '우리 민족끼리'를 앞세우는 태도'

등을 "민족주의 감정이 정치적으로 오용된 대표적인 사례"로 들고 있다(이영훈 2013, 29-30).[29] 반대로 국가는 서구 문명이 이룬 보편적 가치인 자유의 구현체이다. 그러므로 사회주의 국가가 아니라 자유주의 국가를 세운 건국은 단순한 사건이 아니라 문명사적 사건이며, 이렇게 세워진 국가를 수호하고 발전시켜 나가는 것은 압도적인 당위성을 부여받는다.

셋째, 공산주의와 북한은 지속적인 위기의 원인으로서 뉴라이트의 역사 서사 전체를 관통한다. 앞서 언급한 해양 문명과 대륙 문명의 대당이 실상 체제 경쟁에서 승리를 거둔 자유민주주의 체제와 공산주의의 대립 구도라는 점은 이를 예고한 것이라 할 수 있다. 오히려 주목해야 할 점은 우선 자유 대한의 대립항으로서 북한의 존재가 정부 수립 이전 시기까지 확장된다는 것이다. 이는 무엇보다 친일을 포함한 식민지 시기의 모든 활동을 항일이 아닌 자유 대한의 건설을 기준으로 평가해야 한다는 근거가 된다. 보수 세력의 역사적 정통성을 부정하는 친일 대 반일의 구도를 자유 대한의 건설에 기여했는지 여부를 중심으로 한 애국 대 매국의 이분법으로 전환시키는 것이다.

다음으로 북한은 북핵문제 등 외부적인 안보 위기에 국한되지 않

29_그러나 이영훈은 집단적 감성의 영역에 속한 민족이 오용될 가능성을 우려하면서도 "민족주의는 한국인의 소중한 정신문화"로서 "대한민국의 강한 국민적 통합의 바탕"이요 "강한 평등 의식의 뿌리"라고 언급한다. 그가 감성의 영역인 '민족'이 제 역할을 다한 경우로 간주하는 사례는 신탁통치를 둘러싼 좌우 갈등에서 한국인 다수가 우익을 지지한 것이다(이영훈 2013, 26-30).

고, 북한에 동조하고 맹목적으로 통일을 주장하는 좌파라는 내부화된 적을 상기시키는 것이기도 하다. 뉴라이트는 '법치주의의 테두리 안에서의 반공'을 지향한다(김세중 2011a, 69). 하지만 이런 입장이 반공주의를 부정하는 것은 아니다. 오히려 뉴라이트의 역사적 서사는 친북 좌익과 민주화 세력을 구분하고,[30] 민주화 세력과 보수 세력의 역사적 연대를 묘사한다.

> 민주주의라는 관점에서 민주화 운동이 무엇이었던가 …… 첫째는 '민주 회복'의 차원이다. 대한민국의 헌법 정신에 따라 순수한 자유민주주의를 실현하라는 요구이다. 둘째는 좌익 측의 요구인데, …… 자유민주주의를 청산하고 신민주주의, 즉 인민민주주의를 실현하자는 것이다.
> 민주화 운동이 '민주 회복'의 차원에 머무는 한, 진보 진영의 독자적인 민주주의 모델은 없었던 셈이다. 왜냐하면 '민주 회복'이란, 건국 세력이나 산업화 세력이 그간에 행사하고 있었던 권위주의를 청산하고, 제

30_ 하지만 종종 지적되는 것처럼 친북 혹은 종북의 경계는 전혀 뚜렷하지 않다. 당장 아래의 인용문에서 '좌익'은 '순수한 자유민주주의'를 주장하지 않는 모든 이들에게로 확장된다. 안병직의 다음과 같은 말도 보자. "현재 민주당마저도 비록 종북은 아니라고 하더라도 친북적인 인사를 많이 안고 있는 점은 명백하지 않습니까. 그렇지 않고서야 개성 공단 같은 것을 북한에 많이 건설하면 남북이 함께 번영할 수 있다는 꿈 같은 대통령 선거 공약이 나올 수 없지요"(안병직 2011b, 181). 이로 인해 한국의 진보가 사회민주주의적 민주주의 상을 정립하고, 한국의 정치가 "자유민주주의와 사회민주주의 간의 경쟁과 협력의 장"이 되어야 한다는 주장은 매우 공허하게 된다(안병직 2011a, 9). 친북 혹은 종북의 의심으로부터 안전한 대화 상대자가 거의 존재할 수 없기 때문이다.

헌헌법이 법제화한 자유민주주의로 돌아가라는 요구이기 때문이다. 이런 의미에 있어서는 민주화 세력은 건국 세력이나 산업화 세력과 상이한 정치체제를 추구하는 세력이 아니라 동일한 정치체제 내의 상이한 정치적 분파에 불과했던 것이다(안병직 2011a, 5).

친북 좌익이라는 내부의 적과의 대치를 상정할 때, 자유민주주의라고 표방된 체제의 실질은 여전히 반공이 채우게 된다. 이주영이 정리하고 있는 교과서포럼의 대안 교과서 집필의 원칙에서 아래와 같은 자유주의 사관의 항목이 개인의 자유나 시장 질서가 아니라 오히려 국가와 반공에 대한 강조로 채워져 있다는 점도 이를 잘 보여 준다.

- 역사 교과서는 국민 교육 수단이므로 대한민국의 정체성, 다시 말해 헌법에서 제시된 '자유민주적'(자유민주주의적) 기본 질서의 이념을 충실히 반영해야 한다. 즉, 자유주의 사관에 따라 편찬되어야 한다.
- 지금의 좌·우 이념 논쟁과 관련하여 대한민국의 정체성은 우파적 또는 반공적인 것임을 분명히 밝히는 동시에, 그것에 대립되는 좌파적·친공적인 것과의 구분을 뚜렷이 해야 한다.
- 1945년 이후의 역사는 자유민주주의 체제를 거부하는 북한사를 제외한 순수한 대한민국의 국가사로 쓰여야 한다.
- 민족의 완전 자주와 민족의 통일과 같은 실현성이 없는 명분을 절대적인 목표로 내세우는 민족 지상주의, 통일 지상주의의 편협한 시각

은 아주 강하게 견제되어야 한다.

- 대한민국과 인민공화국 두 국가는 각기 미국의 해양 문명권과 중국의 대륙 문명권에 속해 있는 사실에 비추어 그 문명사적인 차이가 인정되어야 한다.
- 20세기 최대의 민족적 재앙을 가져 온 6·25전쟁의 원인과 과정에 대해 상세히 서술해야 한다.
- 실현 가능성이 없었던 좌우 합작론이나 남북 협상에 대한 미련을 버려야 한다.

넷째, 뉴라이트의 역사적 서사는 1987년 민주화에 이르기까지 자유의 구현체인 국가에 의해 자유의 유보·억압이 이루어졌다는 것을 부정하지 않는다. 대신 그런 반민주적·권위주의적 정책들이 후진국의 조건에서 서구를 따라잡기 위해 불가피했음을 강조한다. 그리고 한 걸음 더 나아가 반민주적 과거는 부끄러운 과거가 아니라 현재의 성공을 이루기 위해 반드시 거쳐야 했던, 당시의 상황에서는 최선의 과거였음을 역설한다. '불가피했지만 부끄러운 과오였다'와 '최선의 선택이었다'의 뉘앙스 차이는 대단히 크다. 뉴라이트 논자들의 글에서 흔히 볼 수 있는 '이승만 혹은 박정희의 선택은 올바른 것이었다'는 식의 구절들은 후자의 의미를 전달하고 있다. 그렇다면 이런 평가의 역전이 어떻게 이루어지는지 좀 더 구체적으로 살펴보자.

우선 서구를 따라잡기 위해 도입된 선진 정치제도와 후진국의 제한적인 인적·물적 조건의 괴리가 강조된다. 안병직에 따르면, "한국과 같은 저개발국에서는 …… 선진국의 정치제도를 우선 도입하고 그 이후에 그것을 실현할 수 있는 조건들을 갖추어 가지 않을 수 없"고, 그에 따라 "권위주의하에서는 상호 모순되는 제도들의 동거"하는 양상을 빚게 된다(안병직 2011a, 6). 김세중은 강정인의 개념을 '활용'하여 이런 현상을 권위주의적 과거 질서와 자유민주주의적 미래 질서가 중첩적으로 병존하는 "'비동시성의 동시성' 현상 그리고 '보수주의의 제1의 속성(자유민주주의)과 제2의 속성(반공주의) 사이의 전도된 관계"로 설명한다(김세중 2011a, 42).[31] 김세중은 이런 비동시성의 동시성 현상이 압축적 근대화를 수행하는 과정에서 불가피하게 수반된 것이고, 한국의 보수 세력에 의해 단계적으로 해소된 것으로 파악한다.[32]

다음으로 뉴라이트 논자들은 민주주의가 근대화의 유일한 과제이지도 않을뿐더러 후진국의 조건에서는 민주화에 앞서서 국가 안보의 확보, 산업화(경제발전)가 먼저 그리고 단계적으로 달성되어야 한다고 주장한다. 그 단계를 혼동하거나 동시에 달성하려는 불가능한 시도를 할 경우 근대화는 실패할 수밖에 없다. 안보가 확보되지

31_김세중이 강정인(2009)의 개념을 사용하고 있지만 그 의도는 전혀 다르다는 점이 지적되어야 할 것 같다. 강정인은 이 개념들을 민주화 이전 한국 보수 세력의 이념적 빈곤을 구조적으로 해명하고 비판하기 위한 의도로 사용했다. 반면 김세중은 미래 질서의 실현을 위해 표방된 목표마저 훼손해 가며 현실의 급격한 변화를 추진해 가는 세력에게서 온전한 보수주의 가치 체계가 발현되기 어렵다는 강정인의 지적을 뒤집고 있다.

32_김세중도 '민주화 세력'의 기여를 잊지 않는다. 그러나 좀 더 강조하는 것은 보수 세력이 구축한 사회구조의 변동이 "구심점"이라는 점이다(김세중 2011a, 70).

않으면 근대화의 터전 자체가 상실되며, 경제발전이 이루어지지 않은 상태에서의 민주화는 지속가능하지 않다는 것이다(김세중 2011b). 그러므로 해당 시기에 가장 긴급한 국가적 과제를 추진하는 일은 그 과제에 국가적 역량을 집중시키는 한편 다른 과제들에 대한 요구를 효과적으로 억누르는 정책을 수반해야 한다. 단적으로 말해서, "이승만과 박정희는 자유민주주의 체제의 수호와 경제발전을 위하여 권위주의 체제를 유지"했다는 것이다(안병직 2011a, 6).

그러나 자유민주주의 체제의 수호와 경제발전을 위해 어느 정도의 억압이 정당화될 수 있을까? 뉴라이트 논자들은 권위주의 체제 하에서 "'일정 수준'을 넘어서는 국가권력의 남용과 심각한 인권침해 사례가 발생"했다는 것을 부인하지 않는다(김세중 2011a, 69). 정당화 가능성은 사실 자체의 부정이 아니라 자유의 억압이 벌어지는 정치의 성격 규정 — 곧 사실상의 전쟁인 후진국에서의 장기적인 국가 건설 — 에서 발견된다. 이영훈은 "나라 세우기"state building와 "국민 만들기"nation building를 구분한 다음, 나라 세우기의 정치는 "국가 체제가 안정된 위에 다수결의 원리에 따라 행해지는, 토론과 조정이 가능한, 공공 선택의 정치와는 아주 다른 것"으로서 "어느 이념의 정치 세력이 승리하면 다른 이념의 정치 세력은 죽을 수밖에 없는 사실상의 전쟁"이라고 주장한다. 그의 관점에 따르면, 이 사실상의 전쟁에서 비판의 자유는 유보되어야 한다(이영훈 2007, 228, 234-235, 282). 또 "나라 만들기의 과제들"은 인적·물적 자원이 부족한 후진국에서 한꺼번에 해결될 수 없으며, 불가피하게 우선순위를 정해서 단계별로 수행되어야 한다. 이 과정에서 순위가 밀린 분야로부터 발생하는 저항과 정치적 긴장을 해소할 수 있는 "강력하고 유능하고 올바른 방향의 정치적 리더십"이 필수적이다 (이영훈 2013, 43). 이런 주장은 교과서 포럼의 대안 교과서에 다음 과 같은 원칙으로 반영되었다.

- 대한민국의 자유민주주의 체제는 1948년에 '완성된 상태'에서 출발 한 것이 아니라 다른 후진국들처럼 '걸음마 단계'에서 시작하여 어 려운 과정을 거쳐 점진적으로 정착해 가는 '형성 중인', 따라서 '불완 전한 체제'로 보는 관대한 태도가 있어야 한다. …… 1948년의 국가 보안법 제정, 1952년의 발췌 개헌(대통령 직선제), 1954년의 사사 오입 개헌, 1961년의 5·16군사 혁명, 1972년의 10월 유신은 모두 자유민주주의 체제가 성숙하지 못한 단계에서 일어날 수밖에 없었 던 과도기적 현상들이다. 그런 사건들은, 비록 바람직한 것들은 아 니지만, 자유민주주의가 제대로 성장하지 못한 후진국들에서 얼마 든지 일어날 수 있는 보편적인 현상으로 너그럽게 보아야 한다(이주 영 2006, 193-194).

여기서 이주영은 "너그럽게 보아야 한다"한다고 표현하고 있다. 나라 세우기의 정치를 '사실상의 전쟁'으로 규정하는 것은 그 과정 에서 발생하는 자유의 유보를 관대하게 '볼 수도 있다'가 아니라 '그렇게 보아야 한다'는 요구를 정당화한다. 민주와 반민주의 구도 를 바탕으로 성립된 1987년 민주화 이후 보수 세력이 여전히 현존 질서와 연결시키는 데 어려움을 겪었던 권위주의 정권의 과거사는 이처럼 민주주의를 유보할 수 있는 조건을 상정함으로써 국가를 수호하기 위해 벌어졌던 일들로 정당화되었다. 국가는 "자유의 최후의 보루"(이영훈 2007, 8)이므로 나라 세우기의 정치를 위해 자유가 유보되는 것은 어쩔 수 없는 것이었다.

다섯째, 뉴라이트의 역사적 서사에서 서구를 따라잡기 위한 숨 가쁜 여정은 1987년 민주화를 기점으로 일단락된다. 국가 안보, 경제발전, 민주화의 과제가 단계적으로 마무리됨으로써 그간 미래 질서로 유보되었던 자유민주주의는 보수 세력이 수호해야 할 현존 질서가 되었다. 그렇다면 이제 남은 것은 민주주의의 심화일까? 이와 관련해서 다음과 같은 점이 지적되어야 한다. 뉴라이트 논자들은 민주주의의 핵심을 "자유선거의 절차와 제도"(이주영 2011, 16)로 보고 1987년의 민주화를 통해 민주주의는 확립된 것으로 파악한다. 그들이 보기에 그 이상의 민주주의를 요구하는 것은 "좌익적 민주주의에 대한 욕구"를 드러내는 것에 불과하다(안병직 2011a, 8). 오히려 민주주의는 자유주의와 공화주의에 의해 조율되어야 한다(김주성 2011a, 209, 215). 따라서 민주화 이후 보수 세력이 자유민주주의를 "정치적 방어선"[33]으로 삼는다는 것은 내부의 적인 좌익과 대치하면서 '더 많은 민주주의'에 대한 요구를 제어할 수 있는 수단을 마련하는 것을 의미한다.

---

[33]_강정인은 "보수 진영의 정치적 방어선이 자유민주주의"이고 "자유민주주의의 '수호'라는 차원에서 포퓰리즘을 비판"할 때, 이는 "한국 민주주의가 이제 거의 완성된 것이나 다름없는 적정 수준에 도달했기 때문에, 더 이상의 추가적인 민주화는 필요하지 않"다는 논리를 함축한다고 지적한 바 있다(강정인 2009, 112).

5. 맺는 글: 버크의 역사적 서사와 뉴라이트 서사의 비판적 검토

뉴라이트의 역사적 서사는 그간 보수를 자처하면서도 "현재를 지속적이고 이음새 없이 성장해 온 과거가 도달해 온 정점이라고 보는 보수주의자의 관점"(강정인 1999, 581)을 채택하지 못했던 보수 세력이 제시한 하나의 답변이라고 할 수 있다. 이 서사는 과거를 덮어두고자 했던 이전 보수주의자들의 태도를 극복하고 한국 근·현대사 전반을 현존 질서와 연결시키고자 했다는 점에서 '새로운' 시도이지만, 영광스럽지 않은 과거와 현재를 연결시킬 때 보수주의자가 직면하는 어려움 또한 고스란히 보여 준다.

뉴라이트의 서사는 미래 질서로 유보되었던 자유민주주의 체제가 현실화되었다는 인식을 바탕으로 압축적 근대화의 과거를 현재와 연결시킨다. 하지만 바로 이 점에서 뉴라이트의 역사적 서사는 기본적인 난관에 봉착한다. 버크의 영국 역사와 달리 한국의 근현대사는 오랜 시간에 걸쳐 제도를 숙성시킨 것이 아니기 때문이다. 뉴라이트의 역사적 서사에서도 그것은 자유민주주의 체제의 기반을 다지기 위해 구성원들의 자유를 억압해 가며 대규모 변화를 추진했던 과정이었다. 설령 '후진국'의 조건에서 불가피했던 선택이라 할지라도 과거는 그런 조건 하에서만 정당화될 수 있을 정도로 영광스럽지 않은 것이었다. 과거의 연속적·누적적 도달이 아니라 과거의 파괴와 단절을 통해 진행된 변화의 결과인 현존 질서는 오랜 시간의 시험을 통과한 결과물이라 할 수 없다.

뉴라이트의 서사에서 이런 난관을 극복하게 한 장치는 절대적 당위성이 부여된 서구중심적 문명론 그리고 후진국이라는 조건의 대비이다. 뉴라이트가 보기에 자유민주주의는 대륙 문명과 해양 문명의 대립의 승자로서 역사 발전의 최종적인 정당성을 부여받은 검증된 체제이다. 권위주의적 과거는 후진국의 상황에서는 그 미래 질서를 받아들이고 따라잡기 위해 필요한 것이었다는 식으로 정당화되었다. 따라서 이런 서사는 기본적으로 과거를 통한 현재의 정당화가 아닌 현재를 통한 과거의 정당화라 할 수 있다. 물론 살펴본 것처럼 버크의 역사적 서사 역시 현존 질서를 옹호하기 위해 과거를 적극적으로 재구성하고 있었다. 하지만 영국의 역사적 발전 경로에 대한 확신과 신의 섭리에 대한 믿음은 버크로 하여금 역사의 발전 원리가 자국 역사에 내재해 있음을 확인하는 서사를 구성하게 했다. 반면 뉴라이트는 현존 질서를 정당화하는 원리를 자국의 역사 외부에서 이미 검증된 것으로 전제했고, 이런 현재에 이르는 과정을 목적론적으로 서사화했다. 역사 원리의 외재성은 역사 과정을 우연적인 인과율의 산물이 아니라 그 원리에 따라 현실을 변화시키기 위한 일종의 기획으로 만들었다.

이와 더불어 버크의 역사 서사와 뉴라이트의 역사 서사는 다음과 같은 차이점들을 수반한다. 먼저 오랜 시간의 흐름 속에서 폭력적·불법적인 기원이 순화되었다고 보는 버크의 서사에서 기원은 대중의 무분별한 탐구로부터 보호되고 망각되어야 할 것이다. 중요한 것은 기원이 아니라 오랜 시간에 걸친 점진적인 변화 과정이다. 반면 해양 문명과 대륙 문명의 갈등과 그 귀결을 전제하는 뉴라이트의 서사에서 두 가지 문명의 길 가운데 어느 쪽을 선택하는 기원의 문제는 버크의 역사관과 달리 압도적인 중요성을 갖는다. 한 쪽은 약속된 성공의 길인 반면 다른 쪽은 필연적인 실패의 경로이기 때문이다. 따라서 뉴라이트 서사는 자유민주주의와 시장 질서를 선택한 선각자들의 혜안을 부각시킨다. 그러나 이 기원은 일제의 식민통치와의 타협 및 폭력적인 나라 세우기의 정치와 결부된 것이기도 하다. 뉴라이트의 서사가 기원을 부각시킬수록 망각되어야 할 기원의 과거 또한 도드라진다.

다음으로 버크는 프랑스혁명으로부터의 영향이 영국에 미칠 것을 사전에 차단하기 위해, 영국이 보존하고 있던 과거뿐만 아니라 당시까지 영국에서 진행되었던 자유주의적 개혁의 소산까지 지켜야 할 현존 질서로 규정했다. 버크의 관점에서 보수적 정치가의 노력이 섭리적 질서의 변화에 미칠 수 있는 영향은 크지 않았다. 변화는 그것이 신의 섭리에 따라 이루어진 결과라는 점에서 근본적으로 수용할 수밖에 없는 것이었다. 그러나 뉴라이트의 서사에서 용인될 수 있는 변화는 30여 년 전인 1987년 민주화에 고착되어 있다. 1987년의 민주화를 넘어서는 민주주의의 요구는 좌파 인민민주주의로서 배제되어야 할 것으로 간주되었다. 이것은 지켜야 할 현존 질서가 현재까지의 변화를 포괄하는 질서와 일치하지 않음을 의미한다. 어떤 질서를 지켜야 할 것인가라는 물음에 대해 버크가 간명하게 현재의 질서라고 답했다면, 뉴라이트의 서사는 지켜야 할 현존 질서가 무엇이며, 왜 지켜야 하는지에 대한 답변을 먼저 제시하고 사회적 합의를 구축해야 하는 난제에 봉착한다.

마지막으로 버크에게 역사를 움직이는 궁극적인 원리는 인간의 불완전한 이성으로는 간파할 수 없는 섭리적 질서였다. 이런 인식론적 회의주의는 과거의 전승을 무시하는 변혁이 아니라 우연적인 인과율에 따른 구체적인 상황에 대처하는 주체의 신중함과 그에 기반한 점진적인 변화를 요구한다. 이에 반해 뉴라이트의 서사에서 역사의 변화를 추동하는 주된 갈등은 해양 문명 대 대륙 문명, 자유 민주주의 대 공산주의로 가시화되어 있다. 사회를 이끄는 보수 정치가는 어느 방향이 올바른 것인지, 그 목표를 실현시키기 위해 무엇이 필요한지를 간파한다. 이로 인해 버크에게서 인식론적 회의주의가 다소간 제동을 걸고 있던 엘리트주의적 측면이 뉴라이트의 서사에서는 무한대로 확장될 가능성을 갖는다. 보수적 정치가에게 필요한 것은 신중함이 아니라 그가 파악한 목표에 효율적으로 다가가기 위해 주어진 상황을 과감하게, 심지어 표방된 가치인 자유를 억압하면서까지 변혁할 수 있는 권력과 권위이다.

　앞서 살펴보았듯이 버크는 개혁과 보존의 과제를 동시에 달성하기 위해 역사에 천착할 것과 고래의 제도를 역사적 탐색으로부터 보호해야 한다는 상반된 요청을 제기했다. 현존 질서를 정당화할 과거를 발견하여 역사로 구성해야 한다는 요구와 그렇게 구성된 역사와 있는 그대로의 과거와의 간극은 망각되어야 한다는 요구 사이의 괴리는, 과거의 제도와 전통 및 관행을 보편적인 규범에 근접한 것으로 볼 수 있었던 이상적인 환경에서 그나마 좁혀질 수 있었다.

　하지만 그런 역사적 행운을 누릴 수 없는 환경에서 뉴라이트는 '실증적인 역사'와 '올바른 역사' 사이의 괴리에 어떻게 대응했는가? 뉴라이트 논자들은 대한민국의 역사가 자랑스러운 역사로 기억되어야 한다고 역설했고 국정 교과서를 통해 공식적인 역사로 만들려고 했다. 그러나 실현된 자유민주주의적 현존 질서의 정당성이 근원적으로 우리의 과거가 아닌 서구의 역사에 의해 이미 정당화된 것이라면, 그 기반을 마련하기 위해 압축적 근대화가 불가피했다는 정도의 인정을 넘어서 왜 자랑스러운 역사로까지 기억되어야 하는가? 그 서사를 통해 정당화되는 것이 자국의 역사 내에서 발견되는 원리가 아니라면 무엇이 정당화되는가?『한국 민주주의의 기원과 미래: 보수가 이끌다』라는 책의 부제는 그 답을 넌지시 보여 준다. 뉴라이트의 역사적 서사는 과거로부터 현재까지 크게 변함이 없는 지배 질서, 좀 더 정확히 말해서 친일과 독재의 비난을 받는 보수 세력의 과거를 합리화한다. 이 서사는 역사 발전의 원리가 아니라 역사적 주체에 묶여 있는 것이다.

하버는 실제의 전통과 관행이 보편적인 원칙에 근접해 있지 않은 상황임에도 그렇다는 가정을 밀어붙이는 것은 '도덕적·정치적 재앙'이 될 것이라고 경고한 바 있다(하버 1994, 93). 사실 버크와 같은 이상적인 환경에 있지 않은 보수주의자들이 처한 상황이 대개 그러할뿐더러 한국 사회의 압축적 근대화란 그 간격을 더욱 벌려 놓는 것이었다. 즉, 한국의 근대화는 표방된 가치와 실천된 가치의 간극을 감수하고 밀어붙인 역사적 과정이었다. 이를 사후적으로 정당화할 때, 현재를 긍정하기 위한 역사를 가공하고 보호할 것인가 아니면 보존해야 할 것이 무엇인지를 식별하기 위해 역사를 면밀히 탐구하고 드러낼 것인가라는 문제는 첨예하게 부각된다. 버크는 역사적 행운 속에서 이 문제를 지나칠 수 있었다. 그러나 한국의 보수 세력에게 이 문제는 보수 이념의 존립 근거와 직결된 난제로 남아 있다. 뉴라이트는 역사 외부의 절대적인 정당화 근거인 서구중심적 문명론에 의지해 한국의 근현대사를 새로 쓰는 전략을 택했으며, 국정 교과서를 통해 그 역사에 신성성과 권위를 부여하려 했다. 그 시도는 박근혜 전대통령의 탄핵이라는 외부적 요인으로 일단 좌절되었다. 그리고 무엇을 지켜야 하는지를 파악하기 위해 우리의 과거에 천착하고, 신성화하기 이전에 과거를 드러내는 보수적 역사 서사는 아직 모습을 드러내지 않았다.

제2부

현대 한국 정치의 이론적 쟁점

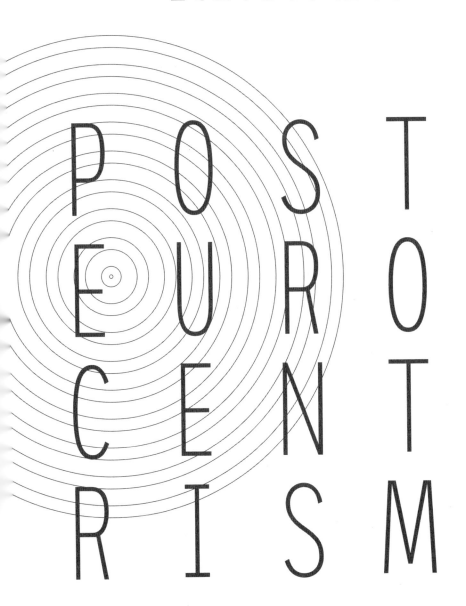

POST
EUR
CEN
RIS

TOTM

| 4장 |

'시민의회'의 대표성

유권자 개념의 변화와 유사성 문제를 중심으로

이관후

1. 시민의회의 등장

최근 한국 정치의 핵심적인 문제 가운데 하나로 대표제 민주주의 representative democracy가 제대로 작동하지 않는다는 점이 지목되고 있다. 비판자들 중 일부는 기존의 대표제를 보완하는 것만으로 문제가 해결되지 않는다고 주장하며 대안으로 '시민의회'를 제안한다. 그러나 시민의회가 정확히 무엇이며, 어떤 위상과 역할, 구성의 논리를 가져야 하는지에 대한 논의는 아직 충분하지 않은 것으로 보인다. 그런 혼란을 반영하듯, 2016년 12월 박근혜 대통령 탄핵 직후 '와글'이 시도했던 온라인 시민의회가 좌초한 바 있다. 당시

와글이 추진한 시민의회는 선출식이었는데 이를 추첨식으로 바꾸면 문제가 해결된다는 주장도 있다.

그러나 이것은 간단치 않은 문제다. 추첨으로 시민의회를 구성할 때 대표성의 기준들이 어떤 것이어야 하는지에 대한 논쟁이 선행되어야 하기 때문이다. 예를 들어 지역, 성별, 세대, 이념적 성향, 소득수준, 직업, 종교 등 가운데 무엇을 대표성의 우선적인 기준으로 삼아야 할 것인지를 정하는 것은 이론적 논의를 넘어 사회적 합의를 필요로 한다. 해외 사례를 참고할 수도 있지만, 지역주의나 세대 간 격차 같은 한국적 특수성을 고려하면 다른 나라의 사례를 한국에 그대로 적용하기는 어렵다. 정치, 도덕, 과학, 환경 등 이슈가 되는 사안에 따라 다른 기준으로 패널을 구성해야 한다는 지적도 유의미하다.

시민의회의 필요성을 주장하는 사람들은 대체로 장점을 강조하면서 빠른 시행을 요구하지만, 시민의회의 대표성을 둘러싼 논쟁을 부정적으로 바라볼 필요는 없다. 민주주의의 형식과 내용을 두고 벌어지는 논쟁은 언제나 열려 있어야 한다. 특히, 일시적으로 특정 법안이나 예산, 사회적 갈등의 공론화를 다루는 수준을 넘어서 기존의 헌법기관을 견제하거나 보완할 수 있는 시민의회가 헌정 체제에서 상시적으로 존재한 전례는 세계적으로도 찾아보기 어렵다는 점에서, 한국에서 이 제도에 대한 이론적 연구의 필요성은 더욱 요구되는 상황이다.

이 연구는 촛불 이후 새로운 민주주의의 시도로서 최근 많은 관심을 받고 있는 시민의회의 대표성과 관련된 이론적 쟁점들을 검토해 보고자 한다. 먼저 시민의회가 왜 지금 제기되고 있는지에 대한 역사적 배경을 대표제의 위기와 대안의 측면에서 살펴보고, 다음으로는 시민의회를 둘러싼 이론적 쟁점 가운데 가장 핵심적인 유권자와 유사성의 문제를 검토할 것이다.

2. 대표의 위기와 시민의회

1) 대표의 위기와 대안의 모색

지난 수십 년간, 현대 정치에서 소위 '대표의 위기'crisis of representation는 하나의 보편적 현상으로 이해되었다. 그런데 이런 대표의 위기는 최근의 일만은 아니다. 근대의 역사에서 대표의 위기에 대한 경고는 시기와 내용에 따라 크게 세 가지로 구분할 수 있다.

먼저, 대표제와 민주주의가 원리적으로 결합 불가능하거나 조화 되기 어렵다는 관점을 들 수 있다. 이 시각은 주권이 양도되거나 대표될 수 없다는 루소의 주장에서 기원을 찾을 수 있으며, 베르나르 마넹(마넹 2004)이나 피에르 로장발롱(Rosanvallon 2011)은 이 문제가 귀족주의적 대표제와 민중주의적 민주주의의 모순적 결합에서 기인하는 것으로 본다(Tormey 2015, 15). 또한 명예혁명 이후 영국에서 나타난 선거권 확대 요구, 프랑스혁명 직후 선거권의 적정한 범주를 둘러싼 논쟁, 미국 헌법의 수립 과정에서 좋은 대표의 성격을 두고 벌어진 연방주의자와 반反연방주의자들 사이의 논쟁은, 참여와 경쟁이라는 대립적 원리의 모순적 결합물로서 대표제 민주주의가 가진 불안정한 본질을 잘 보여 준다(이관후 2016).

두 번째로는 보통선거권의 확립 과정에서 나타난 대표제 민주주의에 대한 비판을 들 수 있다. 19세기 후반 독일, 이탈리아, 스페인 등 유럽의 후발 민주주의 국가에서는, 선거를 통한 대표의 선출과 그 대표들의 통치를 민주주의적 정치발전으로 볼 수 없다는 근본적 회의가 나타났다. 모스카Gaetano Mosca와 파레토Vilfredo Pareto는 선거를 통한 '변화에 대한 모든 시도는 허사'라고 주장했고, 미헬스Robert Michels는 여기서 '과두제의 철칙'을 이끌어 냈다. 앨버트 허시만은 이를 '무용명제'로 정리한 바 있다(허시먼 2010).

마지막으로, 1968년 운동에서 제기된 서구 정당정치의 위기를 들 수 있다. 20세기 중후반에 들면서 정당 민주주의가 제도적으로 확립되었지만, 그런 정당정치의 공고화가 오히려 대표의 위기의 원인으로 지목되기 시작했다. 특히 1960년대 말부터 투표율의 하락, 정당 가입자 수의 감소, 정치인에 대한 신뢰 하락, 제도권 정치에 대한 관심의 감소 등의 현상이 나타나면서, 정부와 의회를 비롯한 주요 대표 기구들이 유권자와 국민을 제대로 대표하지 못한다는 비판이 강하게 제기되었다(Tormey 2014). 이 비판은 현대 정당 민주주의가 상이한 이익들 간의 갈등과 불공정한 경쟁의 문제를 해결하지 못하거나 오히려 이를 더욱 왜곡할 뿐이라는 주장으로 압축된다. 또한 공공 선택public choice 이론은 이런 문제의 원인을 특정 정당이나 정치인들의 이기적 행태가 아니라, 합리성을 추구하는 개별 행위자들의 행동이 결과적으로 빚어내는 구조적·제도적 문제로 파악한다(버틀러 2012).

대표제 민주주의에 대한 이런 비판들의 공통점은, 대표자들이 대표되는 사람들을 상징적·형식적으로는 대표하지만 실질적으로는 그들을 위해 일하지는 않는다는 것이다. 한나 피트킨(Pitkin 1967)에 따르면, 형식상의 대표symbolic representation를 넘어서 실질적인 대표 substantive representation가 실현되기 위해서는, 대표자(들)가 단순히 누군가를 '대신'standing for하는 것뿐만 아니라 대표되는 사람들을 '위한 행위'acting for를 실제로 해야 한다. 그런데 현대의 대표제 민주주의는 유권자들을 투표를 통해 실제로 민주적 권력을 행사하는 주체가 아니라, 선거에서 정치인들에게 표를 던지는 것에 불과한 동원과 기만의 대상으로 만들었다는 것이다.

근대의 대표제 사상가들이 생각했던, 대표자들이 공공선을 위해 일하지 않을 수 없도록 하는 장치 가운데 하나는 주기적인 선거였다. 제임스 밀James Mill의 말대로, 민주주의의 장점은 최선의 통치자를 찾아서 정치를 위임하는 데 있는 것이 아니라, '정직하지 않은 놈 knave'조차도 공공선을 위해 봉사하도록 하는 데 있었다(Mill 1978; Weale 1999 54-56).[1] 그러나 주기적인 선거는 결국 대안이 되지 못했다. 그렇게 선출된 대표들도 공공선을 추구하지 않고, 대표성에

1_물론 이 주장이, 가능하다면 전자를 선출하도록 노력할 필요가 있다는 주장을 기각하는 것은 아니다.

문제가 있는 대표들이 선거를 통해 교체되지도 않았던 것이다.[2]

제임스 매디슨을 위시한 미국의 건국자들은 다른 대안을 기획했다. 그들은 이 문제가 입법부 내부와 입법부·사법부·행정부 간 견제와 균형check and balance의 원리, 그리고 이런 통치 구조를 뒷받침하는 헌법을 통해서 해결될 수 있으리라 생각했다. 그러나 정당의 공천이 당선과 밀접하게 연관되고 카르텔 정당이 출현하면서, 견제와 균형보다는 일종의 내부거래와 담합이 노골화되고, 선거를 통해 대표성이 확보되지 않는 경향이 점점 강화되었다. 정당과 선거가 오히려 헌법의 작동을 어렵게 만들었고, 헌법은 민주주의보다는 엘리트 체제를 공고히 하는 장치가 되었다(달 2004).

이런 대표의 위기에 대해 그동안 다양한 대안들이 제시되었다. 우선 가장 활발하게 나타난 것은 대표제 민주주의의 여러 요소를 개선하고자 하는 시도다. 정당 체제, 정부 형태, 선거제도의 개혁에 대한 연구와 실천들이 이에 해당한다.

정당정치와 관련해 최근 주목받는 것은 새로운 정당 모델의 출현이다. 2008년 금융 위기 이후 후발 민주주의 국가의 기존 정당들이 신자유주의적 세계 질서가 초래한 위기에 제대로 대응하지 못하자, 그리스의 '시리자', 스페인의 '포데모스', 이탈리아의 '오성운동' 등이 등장했다. 이들 정당은 비례대표제와 다당제에 힘입어 초기에

2_물론 선거를 앞두고 토의 절차를 거치게 된다면 선거가 이 역할을 잘 할 수도 있다는 견해도 있다. 이는 선거를 통해 민주주의가 가능하다고 본 밀(J.S. Mill 2012)과 '심의의 날'을 제안한 애커만과 피시킨(Ackerman and Fishkin 2004)에게서 공통으로 발견되는 것이다

적은 지지율만으로 쉽게 제도 정치권에 안착하는 데 성공했고, 최근 선거에서는 돌풍을 일으키고 있다.[3]

정치제도의 변화를 통해 정당 민주주의의 약점을 보완하고자 하는 시도도 나타났다. 한국에서는 정당들이 극단적으로 대립해 국회가 파행되거나 물리적 충돌이 벌어지는 것을 막기 위해 '국회선진화법'을 제정하기도 했고, 승자독식의 경쟁적 다수제 민주주의를 갈등 통합적인 합의제 민주주의로 전환하자는 제안도 꾸준히 나오고 있다.[4] 개헌이나 선거법 개정을 통해 정부 형태와 선거제도를 개선해 정당정치의 발전을 꾀하자는 논의들도 바로 여기에 속한다.[5]

고유한 지역적 문화에 기반을 둔 정치발전의 대안으로 동아시아적 특성을 살리는 방안도 제시되고 있다. 민주주의와 자유주의를 결합시키거나(Kim 2014), 민주주의와 권위주의를 결합시키는 방안(Tan 2004), 유교에 바탕을 둔 헌정주의를 확립하는 방안(Ginsburg 2002), 또는 좀 더 근본적으로 중국 예외주의와 메리토크라시를 결합한 '차이나 모델'China Model 등이 여기에 해당한다(벨 2017).

3_이에 대해서는 이진순 외(2016)을 참조. 한국에서도 여러 정당들이 당원 투표 등, 직접민주주적 제도를 도입하려는 시도를 꾸준히 하고 있다. 더불어민주당 정당혁신위원회(2017) 등 참조.

4_이에 대해서는 김남국(2011), 최태욱(2014) 등을 참조.

5_캐나다 브리티시콜롬비아와 뉴질랜드의 선거법 변경 역시 투표율 하락 등 대표의 위기를 해결하기 위한 시도의 일환이었다. 국내에서 표심의 왜곡을 줄이기 위한 의석 배분 원리의 개정 역시 같은 맥락에서 이해할 수 있다. 이에 대해서는 김주성(2011), 김형철(2010)을 참조.

서구에서는 민주주의적 요소를 확장하거나 변화시키는 방식으로 문제를 해결하고자 하는 움직임이 있었다(Pateman 1970; Macpherson 1977; Poulantzas 1980). 특히 1968년 이후 선거를 통한 대표제 민주주의에 대한 회의와 반발은 주로 '참여 민주주의'participatory democracy'에 대한 관심으로 이어졌다. 참여 민주주의는 직접민주주의를 포함하기는 하지만 보다 광범위한 영역, 곧 국가 단위보다 작은 사회 경제적 제도와 조직, 직장, 공장, 학교, 마을 등에서 일상적인 시민들의 민주적 참여를 지향한다(강정인 1997). 그런데 참여 민주주의에 대한 관심은 1980년 이후 급격히 줄어들었다(Pateman 2012, 7). 무엇보다 경험적 방법론에 따른 조사에서, 대부분의 시민들이 정치적으로 능동적이지 않으며 정치에 대한 관심이나 지식이 부족하다는 반론이 제시되었기 때문이다(Hibbing and Theiss-Morse 2002; 2005).

이런 흐름 속에서 일단의 학자들은 '참여'에서 '토론을 통한 숙의'라는 개념으로 한 발 더 나아갔다. 그중에서 조셉 베세트Joseph M. Bessette가 1980년에 'Deliberative Democracy'라는 개념을 처음 사용하면서 새로운 개념의 장이 열리게 되었다. 한국에서 '숙의·토의·심의 민주주의'로 번역되는 이 용어는 '입법과 같은 정치적 의사 결정을 정당화하는 주요한 수단으로 토론을 통한 논의deliberation를 사용하며, 그런 절차에는 정치적 결정의 영향을 받게 되는 모든 시민에게 자신의 의견을 표출하고 영향을 미칠 수 있는 기회가 주어지는 민주주의'로 이해된다(Farrelly 2005; Folami 2013, 272).[6]

2) 공적 토론이라는 대안

이렇게 보면, 대표의 위기가 근대 이후 매우 오랜 역사를 갖고 있는 것에 비해, '토론을 통한 숙의'라는 대안은 1980년대에 뒤늦게 등장한 것처럼 보인다. 하지만 근대 민주주의의 역사에서 이 주장은 그렇게 낯선 것은 아니다. 사실 공적 토론과 집단적 숙고는 버크, 밀과 슈미트와 같은 사상가들이 의회의 본질로서 언급했던 대표제의 핵심적 가치였다.

에드먼드 버크Edmund Burke는 '의회란 서로 다른 이익의 대변자들이 각자의 이익을 고수하고 방어하며 다투기 위해 모인 회합의 장소가 아니라, 한 나라의 일반 이익general good을 위해 일반 이성general reason을 통해 논의하는 회의deliberation assembly'라는 점을 명백하게 했다(Burke 1961; Pitkin 1967, 171).[7]

존 스튜어트 밀J. S. Mill은 행정부가 행위하는doing 기구라면 의회는 말하는talking 기구라고 차별화했다(밀 2012). 이런 구분은 크게 세 가지 목적을 가지고 있었다. 첫째는 미국 헌법에서 견제와 균형

6_이 번역어의 사용과 관련된 논의는 이관후(2018)를 참조.

7_이런 논의에 어울리는 사람은 공정하고, 성숙하고, 계몽된 수탁자들(trustees)로서의 자격을 갖춘 진정한 자연적 귀족(true natural aristocracy)이며, 물론 당시에는 세습적 귀족 가문에서 배출될 가능성이 가장 높았다(볼·대거 2006, 188-192).
그러나 그는 자연적 귀족과 세습 귀족을 개념적으로 구분하고 있기 때문에, 그를 중세적 맥락의 엘리트주의자라고 비판하는 것은 온당치 않다. 버크의 입장은 아마도 현대사회에서 능력주의(meritocracy)에 가까울 것이다.

원리에 따른 권력분립이 주권을 행정부나 사법부로 분산시키고 있는데, 그것이 불가하다는 점을 분명하게 보여 주기 위함이었다.[8] 둘째는, 의회가 모든 권력에 대한 최고의 통제 능력을 가진 상태에서 '의논'deliberation을 통해 통일된 의견을 형성하는 것이야말로 정치체의 독립성을 유지하는 유일한 방법이기 때문이다. 세 번째는 의회가 행정의 집행이라는 부담을 완전히 덜고, 주권을 위임받은 기관으로서 본래의 기능인 '의논'에 필요한 지적 역량을 충분히 발휘할 수 있도록 하려는 것이었다.[9] 밀은 이 세 가지가 모두 고대로부터 전해진, 하나의 국가를 자유롭게 만드는 민주주의의 정신soul이 담겨있는 기능이라고 말한다. 밀이 보기에 아테네의 민주주의란, 지식이 한 시민에게서 다른 시민으로 전달되게 하고, 사회적·정치적 삶에서 새로운 상황을 맞닥뜨렸을 때 사고를 유연하게 바꾸고 적용할 수 있게 하는 '상호적 소통의 법적 체계'a legal system of communicative interaction였다(Urbinati 2002, 60-64).

칼 슈미트Carl Schmitt 역시 공개적 토론이 의회제의 핵심이라는 의견을 가지고 있었으며, 현대 의회주의가 그 정신적 기반인 토론과 공개성을 상실했기 때문에 존재의 의미를 잃었다고 비판했다.[10]

8_이를 주권이 편의적인 이유로 분리될 수 없다는 맥락으로 이해한다면, 철저하게 인민의 의지가 반영된 대표제 정부론을 지지한 밀은 로크에 가까운 의회주의자라는 비판을 받기보다는, 몽테스키외와 매디슨의 삼권분립 이론의 위험성을 누구보다 정확히 간파한 루소주의자라고 불려야 마땅할 것이다.

9_행정권을 입법권과 주권으로부터 명확히 구분한 루소의 『사회계약론』 3권 1장을 상기할 수 있다.

슈미트에 따르면, 이상적인 의회 민주주의는 상대에게 기꺼이 설득될 의향, 당파적 구속으로부터의 독립과 이기적인 이해관계에서 벗어난 태도를 필요로 한다. 또한 모든 의원은 특정 정당의 대표가 아니라 전 국민의 대표이며 어떤 당파적 지시에도 속박되지 않아야 한다. 하지만 19세기 말에 이미 그런 의미는 크게 퇴색했다(슈미트 2010, 17-18). 요컨대 '말하는Parler 장소로서의 의회Parliament'라는 의미는(레이브라우크 2016, 73) 보통선거권이 확립되던 시기에 이미 상실되어 오고 있었던 것이다. 오늘날에는 이런 현상이 더욱 극적으로 드러나고 있는데 그것은 정당 민주주의가 활성화되면서 나타난 중요한 부작용 가운데 하나다. 대부분의 나라에서 하원과 국회를 구성하고 있는 의원들은 사실상 정당의 거수기 역할에서 크게 벗어나지 않으며, 토론을 통한 공적 합의consensus나 공적 궁리reasoning의 과정은 찾아보기 어렵다.[11]

선거와 정당정치를 통한 민주주의에서 대표제의 핵심적인 정당성의 원천이었던 공적 토론이 사라지게 되면서, 그 대안으로 등장한 것이 시민이 참여하는 대표 기구의 구성이다. 시민의회에서는

10_밀과 슈미트의 공개 토론에 대한 입장은 홍철기(2017)를 참조.

11_그래서 선출과 운영 방식에서 하원보다 덜 민주적인 상원이, 오히려 토론하는 의회 (deliberative body)로서의 본래적 역할에서는 더 낫다는 평가도 있다. 정당의 공천을 통해 투표로 뽑히는 하원의원은, 각 개인의 의견을 발휘할 기회가 없이 정당과 지역구민의 '투표 기계'(voting machine)에 불과한 반면, 선출과정이나 의정활동에서 자율성이 높은 상원의원이 오히려 개인의 양심과 지적 역량을 통해서 공공선을 위한 토론에서 유리한 면을 보여준다는 것이다. 이러한 주장이 유효하다면, 가히 '민주주의의 역설'이라 할 만하다.

토론에 파당적 이해관계가 개입할 여지가 적고, 정당이나 유권자의 눈치를 보지도 않으며, 평등한 참여자들이 누구나 자유롭게 공적인 문제를 논의할 수 있다고 기대하는 것이다(오현철 2009; 이지문·박현지 2017).

이처럼 시민의회는 대표의 위기에 대한 대안으로 등장했다. 그러나 이 제도가 가진 장단점에 대해서는 여전히 몇 가지 이론적 쟁점이 남아 있다. 시민의회가 대표제인지의 여부, 대표제라면 어떤 특징을 가진 대표제인지, 시민의회를 받아들임으로써 나타난 이론적·실제적 변화는 무엇인지, 그리고 시민의회의 구성에서 가장 큰 쟁점은 어떤 것인지에 대한 검토가 우선적으로 필요하다.

3. 시민의회는 직접민주주의인가, 대표제인가?

1) 시민의회는 대표제인가?

시민의회와 관련해 가장 자주 논란이 되는 것은, 이것이 대표제 민주주의의 한 형태인지, 아니면 직접민주주의, 참여 민주주의, 숙의 민주주의 가운데 하나인지 하는 것이다. 이런 문제를 푸는 방법 중 하나는, 그러한 유형의 민주주의를 주장하는 사람들이 시민의회를 어떻게 이해하고 있는지를 보는 것이다. 여기서는 먼저 직접민주주의자들과 참여 민주주의자들이 시민의회를 어떻게 보는지를 살펴보고, 그 뒤에 시민의회의 주창자들은 스스로 그 개념을 어떻게 차별화하고 있는지 확인해 보자.

2008년 스위스에서 열린 제1회 '세계 직접민주주의 대회'에서 칠레의 유명한 직접민주주의 주창자인 데이비드 알트만David Altman은 시민 발의citizen initiative와 국민투표referendum만이 직접민주주의 제도라고 주장했다. 그에 따르면 상대적으로 소수가 참여하는 '주민참여 예산제'는 직접민주주의가 아니다(이정옥 2008, 17). 반면 또 다른 국제적 직접민주주의 운동의 리더인 브루노 카우프만Bruno Kaufmann은 주민참여 예산제가 그 자체로 직접민주주의는 아니지만, 참여가 충분히 개방되어 있을 경우 국민투표와 동일한 효과를 가질 수 있다고 본다(International IDEA 2017, 7). 주민참여 예산제가 '유사 직접민주주의' 제도이기는 하지만, 직접민주주의에 도움이 되는 제도로 이해하는 것이다(이정옥 2008, 17-19). 시민의회에 대해서도 비슷한 입장이다. 카우프만은 시민의회에서 벌어지는 '공적 숙의'public deliberation 그 자체는 직접민주주의가 아니며, 청원petition과 마찬가지로 자문 메커니즘에 지나지 않는다고 평가한다. 그러나 참여의 질과 정도에 따라 유의미한 '유사 직접민주주의'로 볼 수도 있다는 유연한 태도를 취했다.[12]

12_이 부분에 대한 브루노 카우프만의 의견은 2018년 3월 25일의 대담에서 직접 질문을 통해 확인할 수 있었다. 그는 개념으로서의 '직접민주주의'를 다양한 기능을 가진 '스위스 주머니칼'에 비유했다. 하나의 날이나 도구만으로는 그것을 스위스 주머니칼이라고 부를 수 없듯이, 직접민주주의적인 제도가 한 두 가지 뿐 이라면 직접민주주의라고 부를 수 없

시민의회와 참여 민주주의, 숙의 민주주의 사이의 관계는 조금 더 복잡하다. 우선 참여 민주주의와 숙의 민주주의에 대해서는 학자들의 견해가 엇갈린다. 예를 들어, 1990년대 이후 나타난 숙의 민주주의를 참여 민주주의의 '재생'regeneration'으로 보는 관점이 있고, 이들은 시민의회나 주민참여 예산제를 참여 민주주의의 일종으로 간주하기도 한다. 그러나 데니스 톰슨Dennis Thompson은 숙의 민주주의와 참여 민주주의가 이론적으로 상호 대체물이 될 수 없다고 보았고, 참여 민주주의의 권위자라고 할 수 있는 캐롤 페이트만 역시 유사한 입장을 취한다. 페이트만은 논쟁debate이 참여 민주주의를 포함한 모든 민주주의에서 핵심적 위치를 차지하지만, 그것이 민주주의를 위한 필요조건이지 충분조건은 아니라고 본다. 그래서 개별 사례들을 구체적으로 들여다 볼 필요가 있다고 말한다(Pateman 2012, 8).

우선 페이트만은 브라질 포르투 알레그레 지역의 주민참여 예산제에 대해 참여가 광범위하고 체계적이며, 의사 결정권을 시민들이 갖고 있다는 점, 그리고 그 결과로서 대표제 민주주의에서 소외되던 저소득층에 대한 재분배가 나타났다는 점에서 참여 민주주의의 장점이 잘 나타난 사례로 본다. 반면 캐나다 브리티시 콜롬비아주와 온타리오주의 시민의회는 스스로 결정권을 갖지 못했으며, 대표제 민주주의와의 관계 속에서만 유의미했고, 결과적으로 시민의회의

———————

다는 것이다.

안을 국민투표에서 관철시키지 못했다는 점에서 참여가 부족한 숙의 민주주의의 한계를 보여 주었다고 비판한다(Pateman 2012, 8-10).

이렇게 시민의회를 유연하게 바라보는 학자들과 달리, 유럽에서 시민의회를 가장 활발하게 전파하고 있는 레이브라우크Reybrouck는 시민의회를 직접민주주의나 참여 민주주의와 명백히 구분되는, '더 나은' 시스템으로 간주한다. 예를 들어, 그는 '월스트리트 점령 운동'Occupation movement을 비판하면서, 그것은 참여자들 스스로 밝혔듯이 전형적인 직접·참여 민주주의이며 시민의회와는 전혀 다른 성격의, '한계가 많은' 민주주의라고 규정한다. 그는 특히 점령 운동이 포퓰리즘과 참여의 신화, 참여 숭배, 반의회주의에 빠졌다는 점을 비판하면서, 추첨에 의한 시민의회야 말로 선거로 선출된 시민의회를 대체·보완하는 '다른 유형의 대표제'라는 점을 명백히 한다(레이브라우크 2016).[13]

이렇게 보면, 직접민주주의자나 참여 민주주의자 모두 시민의회를 자신들의 범주에 넣을 수 없다는 입장인 가운데, 시민의회의 주창자들 역시 직접·참여 민주주의와 차별성을 강조하는 것을 알 수 있다. 즉, 시민의회를 숙의 민주주의로 분류하되 그것은 직접·참여 민주주의와는 분명히 구분되는 민주주의이고, 대표제에 속하되 선거가 아닌 추첨으로 구성한다는 점에서만 차별성을 갖는 것이다.

13_국내에서도 이지문·박현지(2017), 오현철(2009) 등이 유사한 주장을 하고 있다. 이들에 따르면, 폭넓은 참여와 깊이 있는 토론은 양립하기 어렵기 때문에 참여 민주주의보다는 대표제라는 형식을 가진 시민의회가 더 유용한 정치적 제도다.

기실 개념상으로 보면, 재현이나 대표로서의 '리-프리젠테이션' re-presentation은 본질적으로 그것을 어떤 방식으로 구성하든 그것이 표상하는 그 자체, 곧 '프리젠테이션'presentation이 될 수는 없다. 미니 공중mini-public으로서의 추첨형 시민의회조차 시민 전체와 동일한 것으로 '간주'되는 것이지 시민 그 자체는 아니기 때문이다. 심지어 통계적으로 완벽하게 시민의 축소판으로 구성된 시민의회가 존재할 수 있다고 하더라도, 그것은 시민 전체와는 분명히 구분되는 '대표제'의 한 기구에 불과한 것이다.[14]

2) 시민의회는 어떤 대표제인가?

시민의회가 직접·참여 민주주의와 구분되며, 공적 토론을 중요시하는 숙의 민주주의의 일종이되 여전히 대표제 민주주의의 한 형태라고 한다면, 그 다음 확인해 보아야 할 것은 이것이 어떤 종류의 대표제 민주주의인가 하는 점이다.

먼저 현대 대표제 민주주의에 대해 가장 중요한 저작을 남긴 피트킨에 따르면, 대표제가 민주적이기 위해서는 ① 행위에 권위authority가 부여되어야 하고, ② 대표자가 피대표자들을 대표한다stand

---

14_이런 의미에서 시민의회를 대표제 민주주의 한 형태로서, '소프트 직접민주주의'(Soft direct democracy)에 대응하는 '소프트 대표 민주주의'(Soft representative democracy)라고 부를 수 있다고 생각된다. '소프트 직접민주주의'는 일반적으로 구속력이 없는 국민(주민)투표를 지칭하는 용어이다(Jaske 2017).

for는 상징성을 가져야 하며, ③ 피대표자들의 이익을 위해 행위해야 act for 하고, ④ 대표자들에게 책임responsibility을 물을 수 있는 수단을 갖고 있어야 한다(Pitkin 1967). 이런 기준에 비추어 시민의회를 평가해 보면, ① 특정한 법적 절차를 통해 시민의회가 규정되는 경우에 시민의회의 행위와 결정에 일정한 권위가 부여되겠지만, 주기적인 선거를 통해 구성된 헌법기관으로서의 대표 기구만큼의 권위를 갖기는 어려울 것이다. ② 시민의회가 전체 시민을 대표한다는 상징성을 가질 수는 있지만, 그것이 투표에 의한 대표성을 능가할수 있는지는 불확실하다. ③ 시민의회가 시민들 의 이익을 위한 숙의와 결정을 할 것이라고 가정을 할 수는 있겠지만, 의회가 평범한 시민들로 구성되기만 하면 공익을 위해 더 나은 결정을 내릴 것이라는 기대 역시 어디까지나 희망에 불과하다. ④ 시민의회에 대해서는 선거와 같은 사후적 조치를 통해서 책임을 물을 수 있는 방법이 없다.

다음으로 카스틸리오네와 워렌Castiglione and Warren이 제시한 현대 대표제 민주주의의 '표준 계정'standard account에 따르면, 대표제는 ① 주인-대리인principal-agent의 관계, 곧 대리인은 주인을 대표stand for하고 주인의 이해와 의견에 기반을 두고 행위하며act on[15],

---

[15]_물론 피트킨(Pitkin 1967)이 말하듯이 대리인이 가질 수 있는 자율성의 문제는 그 정도나 내용에 따라 개념적으로도 다양하게 나타날 수 있고, 현대 정치에서도 해당 정치공동체의 선거제도나 정치제도에 따라 특정한 유형화를 거치게 된다. 그러나 적어도 그것이 정치적 대표라는 형식 안에 있다면, 대표자와 피대표자가 일정한 관계를 형성한다는 본질 자체는 변하지 않는다. 이 관계는 모든 대표제 민주주의의 가장 기본적인 조건이다.

② 국민주권에 기반을 두고 대표의 관계가 형성되고, ③ 선거를 통해 정당과 대표자들이 피대표자들에 가져야 하는 반응성responsiveness을 확보하며, ④ 보통선거권을 통해 정치적 평등이 보장된다(Castiglione and Warren 2006; Urbinati and Warren 2008, 389).

이런 기준에서 볼 때, 역시 시민의회에서는 ① 주인-대리인 관계가 형성은 되지만 제도적 안정성이나 구속력은 약하고, ② 국민주권에 기반을 둔 선거권과 같은 명백한 개인적 권리보다는 사회 전체 혹은 국민 개념을 넘어선 피대표성을 인정한다는 점에서 추상적·포괄적이며, ③ 선거를 통한 반응성을 강제당하지 않고, ④ 보통선거권이 아니라 통계적 유사성이나 무작위성을 통해 정치적 평등이 간접적으로 보장된다.

시민의회를 포함한 다양한 시민 패널citizen panel의[16] 대표성을 연구하고 있는 브라운Mark Brown은 대표제 민주주의가 ① 권위성 ② 책임성 ③ 전문성 ④ 참여성 ⑤ 유사성이라는 다섯 가지 요건을 구비해야 한다고 본다. 그런데 그는 시민 패널이 선거를 통한 대표제 민주주의와 비교할 때 ③ 전문성과 ⑤ 유사성에서 장점을 가진 반면, ① 권위성, ② 책임성, ④ 참여성의 부분에서는 약점을 갖기 있기 때문에, 추첨을 통한 시민의회가 선거를 통한 대표 기구를 대체하기 보다는 상호 보완적 역할을 한다고 평가한다(Brown 2006).[17]

16_브라운은 공론 조사, 시민의회 등 다양한 시민 참여 대표제를 통칭하여 '시민 패널'로 부른다.

17_시민의회가 전문성에 강점을 가지고 있다는 주장이 다소 의외라고 할 수도 있지만, 여

이러한 의견들을 종합적으로 검토하여, 필자는 대표제 민주주의의 요건에서 다음의 다섯 가지가 중요하다고 본다. ① 참여에서의 절차적·형식적 평등equal and participatory account ② 묘사적·실질적 대표성descriptive and substantial account ③ 숙의·토의성deliberative account ④ 책임·반응성responsible and responsive account ⑤ 주권에 기반을 둔 견제·소환 기능sovereign account이다. 이런 기준에서 볼 때, 추첨형 시민의회는 통계적인 공정성이 담보된다면 상당한 평등성을 충족할 수 있고, 시민과의 유사성과 불편부당한 대표의 가능성, 숙의·토의의 가능성에서 선거를 통한 대표제보다 나은 점이 있기 때문에 ①, ②, ③의 요건을 비교적 만족시킨다고 볼 수 있지만, 선거를 통해 책임을 물을 수 없고, 반응성을 기대할 수 없으며, 견제나 소환이 불가능하기 때문에 ④와 ⑤에서 매우 중대한 약점을 안고 있다.

이렇게 본다면, 추첨형 시민의회는 선출형 대표제에 비해 전문성, 유사성, 숙의성, 실질적 대표성, 절차적 평등성 등에서 장점을 갖지만 권위성, 책임성, 반응성, 국민주권, 견제 및 소환 등에서는 일정한 약점을 갖는 제도라고 할 수 있다. 즉, 추첨형 시민의회는 모든 면에서 선출형 대표제보다 나은 것이 아니라, 특정한 부분에서는 더 낫고 다른 부분에서는 약점이 있는 것이다. 따라서 우리는

기서의 전문성은 배타성을 갖는 '전문적 지식'의 의미는 아니다. 오히려 그 반대로, 시민 패널을 통한 결정을 하는 과정에서 전문가와 시민들 간에 민주적 소통이 일어나기 때문에, 결정과정에서 전문적 지식이 더 잘 활용될 수 있다는 맥락이다(Brown 2006).

시민의회는 더 나은 대표제가 아니라 다른 유형의 대표제이며, 이 점에서 우월성보다는 다양성의 차원에서 기여한다고 말할 수 있다.

이런 상황이라면, 이제 시민의회 논의에서 중요한 것은 장단점의 이론적·기계적 비교보다는, 시민들이 어떤 유형의 대표제를 선호하는지 혹은 더 민주적이라고 간주하는지에 대한 생각의 변화를 시대적으로 포착하는 것이다.

1960년대에 피트킨은 민주주의가 선출형 대표제를 통해 가능하다고 생각했다. ① 피대표자가 대표를 선택하는 절차가 있고, 대표자의 행위와 결정에 대한 최종적 권한이 피대표자에게 있다는 점, ② 대표자는 특정한 이유를 달성해야 할 책임이 있고, 그에 따라 피대표자는 대표자를 제재할 수 있다는 점 때문이다. 피트킨이 보기에 선거라는 절차는 대표-책임의 관계를 형성하는 핵심적 과정인 반면, 추첨제는 그런 구속력을 부여하지 못한다.

이에 반해 2000년대의 우르비나티와 워렌은 민주주의의 규범적 함의를 시민의회가 잘 보장할 수 있다고 본다. 민주주의의 가장 큰 장점 중 하나는 공적 사안으로 영향을 받는 모든 사람이 의사 결정 과정에 참여할 기회가 보장된다는 것이다. 그리고 이를 달성하기 위한 조건은 ① 모든 개인이 도덕적 법적으로 동등하며, ② 각 개인은 다른 시민이 누구나 동등한 자기 결정능력이 있다는 사실을 인정하는 것이다. 즉, 평등과 상호 존중을 통해 집합적 자치를 가능하게 만드는 것이라고 할 수 있다. 그리고 시민의회는 이런 규범적 원리를 현실에서 실제로 구현하는데 있어서 분명한 이점들을 갖고 있다(Urbinati and Warren 2008, 395-396).

4. 시민의회는 누구를 어떻게 대표하는가?

1) 누가 '유권자'인가?

필자는 최근 20년간 대표제를 둘러싼 가장 중요한 이론적 변화를 크게 4가지로 본다. ① 선거에서 비선거로, ② 영토에서 정체성으로, ③ 인간에서 비인간(자연)으로, ④ 위임에서 주장으로의 변화다.

구체적으로 보면, ① 대표가 대표성을 갖게 되는 절차가 선거를 통한 선출에서 다른 선출 방식이나 다른 참여 방식으로 변화하고 있다. ② 피대표자의 권리가 근대 국민국가에서 국적을 중심으로 한 배타적 국민성nationality을 기준으로 부여되던 흐름에 큰 변화가 생겼다. 특히 기후 위기 같은 지구적 이슈의 등장이나, 소수자의 권리 같은 국경을 넘어선 인권의 가치가 중요해지면서, 정치적 대표의 권리도 피대표자의 정체성을 중심으로 재정립되고 있다. ③ 인간만이 대표될 권리를 가졌다고 보는 시각에서 비인간, 특히 다양한 생물체와 자연물에 이르기까지 피대표성이 확대되고 있다. ④ 이전에는 대표-피대표자 간에 구체적인 위임의 절차가 있어야만 대표성이 있다고 간주되었으나, 누군가가 특정인(사물)을 대표하는 주장을 하고 그것이 합리적인 것으로 인정되면 대표성을 가진다는 견해가 인정받기 시작했다(Ankersmit 2002; Brown 2006; Saward 2006; 2010, Urbinati and Warren 2008; Rehfeld 2005; 2011).

이런 변화에서 공통적으로 발견되는 핵심적인 요소는 대표제에서 너무나 당연해서 오랫동안 잊혀 왔던, 유권자constituency, 혹은 피대표자the represented의 정체성과 자격 문제다. 우리는 흔히 일정한 지역에 거주하는 사람에게 주권의 실현 수단으로서 투표권이 주어지고, 투표권을 가진 유권자들만이 대표될 자격이 있다고 생각한다. 이는 고대 아테네에서 클레이스테네스가 유권자의 개념을 부족에서 거주자, 곧 시민으로 바꾼 것이 그 시초라고 할 수 있다. 사실 같은 곳에 거주하는 것만으로 누구에게나 동등한 정치적 권리가 부여된다는 것은 실로 혁명적인 발상이었으며, 이는 아테네 민주주의 이후 2천년 뒤에나 다시 나타난 개념이었다(Rehfeld 2005; 2011). 근대 국민국가에서 유권자라는 개념은 국가의 영토와 그 안에 거주하는 사람들의 정치적 평등에 기초하고 있지만, 인류 역사에서 그렇게 오랫동안 상식에 속하는 관념이 아니었던 것이다.

그런데 20세기 후반에 들면서 영토에 기반을 둔 유권자, 피대표자 개념은 지속적으로 약화되었다. 지구적 무역과 분업, 초국가적 기업들의 출현과 신자유주의적 금융 질서, 기후 위기와 대규모 이민 같은 세계화의 요소들은 비영토적 대표성의 문제를 촉발시켰다. 동시에 대표와 관련해 새로운 이슈들이 탈국가적 맥락에서 나타나기 시작했다. 젠더, 종교, 종족, 민족, 가치 지향 같은 집단적 정체성이 정치적 대표를 통해 반영돼야 한다는 요구가 커지고 있고, 일부는 실제로 반영되기 시작한 것이다(Urbinati and Warren 2008, 389-391).

이전에도 이와 유사한 요구가 없었던 것은 아니지만 과거에는 국민국가의 영토 내에서 문제해결을 바라는 것이 보통이었다. 그러나 이제는 이슈의 복잡성과 광범위한 영향권 때문에 그 경계가 허물어지기 시작했다. 특정한 국가의 능력이 이런 집단적 정체성을 다 포용하지 못해서가 아니라, 그런 이슈들이 영토에 기반을 둔 기존의 유권자에 대한 정의, 그리고 그 정의에서 도출된 대표를 통해서는 해결될 수 없다는 인식이 나타난 것이다. 즉, 국민국가 내에서 유사한 요구와 정체성을 갖고 있다고 간주되었던(혹은 강요받았던) 국민들이 실제로는 다양하고 복잡한 요구를 가졌다는 점이 드러났고, 그것들이 기존의 방식으로는 제대로 대표되지 못했기 때문에, 대표제 민주주의에 대한 전통적 표준 계정 자체가 변화를 요구받았다고 할 수 있다. 그리고 이제 문제가 되는 것은 선거를 대체할 수 있는 규범적 정당성을 어디에서 확보할 것인가 하는 점이다.

2) '주장으로서의 대표'

유권자성의 변화와 관련해 가장 최근에 나타난 하나의 이론적 흐름은 마이클 세이워드Michael Saward가 제시하고 있는 '주장으로서의 대표'representative claim 개념이다. 그는 선거로 뽑히는 절차와 위임이 아니라 정치적 행위자로서 누군가를 대표하는 주장 행위가 '대표' 개념을 실질적으로 구성한다고 말한다. 즉, 위임의 절차가 아니라 '주장 행위'claim-making가 대표제의 가장 핵심적인 부분이며, 행위 자체가 제도적·형식적·절차적 정당성보다 더 본질적임을 강조하는 것이다(Saward 2006, 299-300).

피트킨의 이론에 따라 구분해 보자면, 이 관점은 대표-위임repre-sentation-mandate 관계보다는 옹호-이익advocacy-interest 관계에 가깝고, 상징적symbolic·묘사적descriptive 대표보다는 실질적인 행위와 실천performance and practice에 강조점을 두고 있다. 즉, 대표제 이론의 핵심을 형식적·절차적 관계에서 실질적인 주장 행위로 전환시킨 것이다.

대표-위임의 관계에서 벗어난 세이워드의 이런 주장은 얼핏 보기에 상당히 생경해 보이지만, 실제로는 현대 정치에서 이미 상당 부분 현실화되어 있는 '사실의 이론화'라고 할 수 있다. 그 전형적 사례는 국제적인 환경 단체들인데, 이들이 대표하고 있는 생물과 무생물은 영토에 기반을 둔 주권에 얽매여 있지 않고, 그(것)들이 피대표(자)가 될 수 있는지의 여부를 법적 절차를 통해 확인받지도 않았으며, 그(것)들로부터 어떤 위임을 받는 절차를 거치지 않았음에도 모종의 대표성을 인정받는다.

예를 들어, 그린피스는 자신들이 고래와 북극곰은 물론 극지의 얼음과 빙하까지도 대표한다고 주장하고, 사람들은 그것의 대표성을 인정하는 것이다. 한국에서도 대법원 판결에서 법인法人으로 인정받지는 못했지만 지율 스님과 '도롱뇽의 친구들'이 천성산의 생물과 무생물을 대표한다는 주장을 펼친 바 있으며,[18] 역시 당시에

18_대법원의 판결문 중 일부는 이와 같다. "도롱뇽은 천성산 일원에 서식하고 있는 도롱뇽목 도롱뇽과에 속하는 양서류로서 자연물인 도롱뇽 또는 그를 포함한 자연 그 자체로서는 이 사건을 수행할 당사자 능력을 인정할 수 없다고 판단한 것은 정당하고, 위 신청인의 당사자 능력에 관한 법리 오해 등의 위법이 없다. …… '도롱뇽의 친구들'은 천성산을 비롯한

는 인정받지 못했으나 제주 강정 마을에서는 문규현 신부와[19] '구럼비살리기전국시민행동'이 구럼비 바위에 대한 대표성을 주장했다.[20]

비단 환경 단체뿐만 아니라 국제적인 인권 단체들, 난민 지원 단체들, 구호단체들, 그리고 다양한 시민단체들 역시 해당 국가나 지역의 당사자들과 위임-책임 관계에 있지 않지만 상당한 수준의 대표성을 인정받고 있다.[21] 이처럼 주장에 기반을 둔 대표 개념은 개인과 집단, 국가뿐만 아니라 동물과 식물, 지각이 없는 자연에 이르기까지 거의 모든 사물에 적용될 수 있다는 점에서, 대표 개념의 지평을 근본적인 수준에서 변화시켰다(Saward 2006, 305).

그런데 이런 확장된 대표 개념조차도 아주 현대의 산물은 아니다. 예를 들어, 개별 지역구에서는 소수라도 전국적으로 특정한 집단이나 가치를 대변하는 사람이 일정한 지지를 받으면 그 대표성을

자연환경과 생태계의 보존 운동 등을 목적으로 설립된 법인 아닌 사단으로서 헌법상 환경권 또는 자연 방위권'을 인정할 수 없다."-사건 2004마1148 공사착공금지가처분 2004마1149(병합). 여기서 법원은 도롱뇽과 천성산의 당사자 능력을 인정하지 않았지만 '그 자체로서는'이라는 조건이 붙어 있다. 따라서 일정한 관계에 있는 대리인이 정당성을 인정받을 수 있는 여지를 남겨 놓았다고 보인다. 또한 '법인이 아닌 사단으로서'라는 단서도 다른 방식을 통한 대표의 가능성을 열어 놓았다고 생각된다.

19_http://www.hani.co.kr/arti/society/area/519705.html

20_http://yunheepathos.tistory.com/195

21_세이워드는 이외에 가수나 연예인도 대표의 형식으로 실질적 주장을 하면 '정치적 대표'에서 제외될 이유가 없다고 본다. 정치적 대표는 거의 항상 미학적, 문화적 측면을 갖고 있기 때문이다(Saward 2006. 296-312).

인정해야 한다는, 현대적인 의미의 비례대표 개념은 보통선거권 도입 이전에도 제기된 문제였다.[22] 실제로 1860년에 『대의정부론』을 쓴 밀J. S. Mill은 헤어Thomas Hare의 의회 개혁안을 소개하면서, 자신의 지역구에서 당선되기 어려운 소수파가 전국 수준에서 표를 얻어서 당선될 수 있도록 하는 제도를 적극 지지했다(밀 2012, 141-147).

비례대표제를 자세히 생각해 보면, 이것은 단순히 선거에서 특정 후보의 유불리의 사안이 아니라, 대표성의 원리에서 매우 중요한 문제라는 것을 알 수 있다. 예를 들어, 영국이나 한국처럼 작은 선거구에서 한 명만을 뽑는 소선거구 단순다수 대표제 방식에 따르면, 3위권 밖의 소수파들은 지역구에서는 당선될 수 있는 가능성이 거의 없다. 하지만 전국적으로 보면 상당한 지지를 얻을 수도 있고, 선거 제도가 다르다면 오히려 가장 많은 득표나 당선자를 낼 수도 있다. 이것은 단순히 선거구 크기의 확장, 곧 비례대표는 전국을 선거구로 한다는 식의 발상으로도 이해될 수 있다. 그러나 전국적 비례대표가 정치적 대표 행위를 하는 방식과 그것을 이해하는 사람들의 태도를 보면, 여기에는 '대표'를 보는 관점의 차이가 근본적인 수준에서 분명하게 나타난다.

22_현대 정당정치에서 비례대표제는 곧 '정당명부제'로 이해되곤 하지만, 원리적으로 보면 정당의 추천이 핵심은 아니다. 무소속으로 출마한 후보자도 특정한 가치나 집단의 이해를 의회에 반영하기 위해 전국적인 지지를 호소할 수 있다. 그가 모든 지역구에 정당추천의 비례후보자와 동등하게 무소속으로 출마하기를 원한다면, 선거관리의 어려움이라는 행정적 불편 외에는 이를 막을 정당한 이유가 없다. 실제로 J.S. 밀이 주장한 내용도 본래 그러한 취지다.

지역구에서 당선된 후보자의 경우에는 그에게 투표하지 않은 유권자일지라도 그와 모든 유권자 사이에는 대표-책임 관계가 설정된다고 보는 것이 일반적이다. 가령, 지역구 의원이 자신의 지지자가 아니라는 명목으로 지역구민의 요구에 대한 대표 행위를 현실적으로 거절하기 어려울뿐더러, 그것이 정당하다고 인정되지도 않을 것이다. 바로 이것이 영토적 주권과 위임 관계에 기반을 둔 절차적 대표성의 관념이다.

반면 비례대표의 경우, 표를 받는다는 점에서는 지역구 수준의 대표-책임 관계가 전국 수준으로 확대된 것에 불과할지 모르지만, 그렇다고 그들이 실질적인 수준에서 전국의 모든 유권자와 지역구 차원의 대표-책임의 관계를 형성하는 것은 아니다. 전국 차원에서 대표성을 주장하는 소수파들은 지역의 이익의 아니라 특정한 가치와 관련된 주장을 펼침으로써 지지를 얻기 때문이다. 이들에게 지역구 의원처럼 자신을 지지하지 않았던 유권자들의 요구도 모두 대변해야 할 의무가 있다고 보기는 어렵다. 그들이 의회의 의원으로서 국민 전체를 대표하는 지위에 있기는 하지만, 사실 그러한 형식적 지위는 모든 지역구 의원에게도 똑같이 부여되는 것이어서 그 역시 특별한 의미를 갖는다고 하기 어렵다. 그래서 이 전국적인 소수파 득표자들은 오히려 적극적으로 자신들의 '주장'에 동의하는 사람들을 대표하기 위해 노력한다. 이렇게 보면, 이 비례대표의 원리는 단순히 '전국을 지역구로 하는 선거구의 크기 문제'가 아니라, 바로 위에서 우리가 검토한 '주장에 의거한 대표 관계'와 원리상으로 더 가깝다는 것을 알 수 있다. 그리고 이렇게 가치와 주장을 중심으로 한 대표-책임 관계가 오히려 선거제도의 본래적 의미에 더 부합한다는 것이 또한 밀의 주장이다.

이런 체제가 되면 지금과 달리 유권자와 대표 사이의 관계가 한층 밀접해지면서 좋은 결과를 낼 수 있을 것이다. 유권자 한 사람 한 사람이 대표에 대해, 그리고 대표가 유권자에 대해 서로 개인적인 일체감을 느끼게 된다. …… 의원들은 그저 각 지역의 건물이 아니라 사람들을, 소수의 명망가 인사들만이 아니라 글자 그대로 유권자들을 대표하게 되는 것이다(밀 2012, 145).

이런 밀의 주장은 이제 전국구 비례대표 선거뿐만 아니라 지역구 선거제도를 갖고 있는 나라에서도 어느 정도 실현되고 있다. 맨스브릿지(Mansbridge 2003)는 밀이 언급한 전국적 차원의 대표성을 '대리 대표성'surrogate representation이라고 개념화했는데, 이는 지역구 차원의 '이원적 대표성'dyadic representation과 구분하기 위한 것이다. 이원적 대표성은 지역구 의원이 지역구 유권자 전체의 이익을 대표해야 한다는 전형적인 지역 중심의 유권자-대표 개념인 반면, 대리 대표성은 자신의 지역구와 관계없이 특정한 가치를 대표할 때 생겨나는 대표성이다.

바로 대리 대표성 개념 덕분에, 우리는 한 지역구에서 선출된 여성이나 흑인 의원이 다른 지역구의 여성이나 흑인들을 대표한다든지, 또는 특정 지역구 의원이 다른 지역에 있는 특정한 가치를 옹호하기 위해 개입한다든지 하는 경우에도, 그 정당성을 인정하는 것이다.[23] 이런 대리 대표성은 밀이 주장하는 전국 규모의 투표뿐만 아니라, 소선거구제 하에서도 다른 지역구의 후보자에게 정치 후원금을 기부하는 것에서도 사실상 실현되고 있다. 이처럼 대리 대표성은 현대 정치에서 선거 후원금 제도가 발전한 나라들에서라면 지속적으로 확장되고 있으며, 한국에서도 그런 경향이 나타나고 있다 (엄기홍 2011).

5. 시민의회의 대표는 유권자와 어떻게 닮아야 하는가?

1) 유사성과 정체성의 정치

시민의회를 비롯해 시민이 직접 참여하는 여러 제도들이 가진 가장 큰 장점은 대표자들과 피대표자들 사이의 '유사성'resemblance이다. 한국에서 시민의회의 필요성을 주장하는 연구자들(오현철 2012, 이지문 2015; 2016, 이지문·박현지 2017, 김상준 2006; 2017)도 모두 이

23_가령 환경 문제에 관심을 갖고 있는 A지역구의 의원이 B지역구의 환경파괴 문제에 대해 개입하고자 할 때, '당신 지역구도 아닌데 왜 월권을 하느냐'는 주장은 대리 대표성과 이원적 대표성이 충돌하는 전형적인 상황인 셈이다.

점을 시민의회가 기존의 대표기구에 비해 갖는 장점임을 강조한다. 그렇다면 여기서 중요한 것은 유사성의 내용이다.

피트킨(Pitkin 1967)이 묘사적 대표성이라고 개념화한 이 관점에 따르면, 특정한 계급, 성gender, 직업군, 인종, 종교인, 지역, 세대 등이 통계적·비례적으로 대표의 구성에 반영될 필요가 있다. 예를 들어, 노동자, 여성, 흑인, 농민, 그리스도교 신자, 불교도, 학생, 청년, 노인 등을 반영하는 묘사적 대표가 특정 집단의 이익과 의지를 있는 반영할 수 있다는 것이다. 달(달 1999)은 무작위로 선정된 시민들의 작은 표본이 전체 시민들을 축약한다는 점에서 이들을 '미니공중'mini-populus이라고 불렀고, 쉐보르스키는 이를 대표성에 대한 거울mirror 관념이라고 불렀다(Przeworski et al. 1999, 32).

사실 이 유사성의 원리는 시민의회 이전에 마넹이 미국 헌법 제정 당시의 논쟁을 소개하면서 이미 학계에서 잘 알려진 내용이다. 독립 직후 미국에서 연방주의자들은 '탁월성'distinctiveness이, 반연방주의자들은 '유사성'이 대표자에게 필요한 덕성이라고 주장했다. 연방주의자들이 이 논쟁에서 승리하면서 미국 헌법과 권력 구조에서는 강력한 귀족적 성격이 나타났고, 워싱턴은 소수의 엘리트에 의해 장악되기에 이르렀다(마넹 2004).

로버트 달Robert Dahl의 주장에 따르면, 미국 헌법은 권력에서 대중을 가능한 배제하는 방식으로 만들어졌던 것이다(달 2004). 그 결과 미국 의회에서는 노동자든, 농민이든, 은행가든, 자본가든 그들의 입장을 대변하는 정치적 대표자를 모두 '변호사들'이 차지하게 된 것인데, 마넹은 의회에 농부보다 변호사가 거의 항상 더 많다는 것은 결코 시시한 문제가 아니라고 지적한다(Manin 2004, 120). 이 것은 곧 '민주적 선거를 통해서 어떤 사람들만이 정치인이 될 수 있다면, 이것은 과연 민주적 대표제인가'라는 물음과 관련되기 때문이다. 그리고 이런 관점에서 볼 때, 시민의회는 분명히 엘리트들로 가득 찬 현대의 의회에 비해 유권자들과 더 많은 유사성을 갖는 것처럼 보인다.

이런 유사성 개념은 현대 정치에서 '정체성의 정치'politics of identity'와도 연결된다. 정체성의 정치는 참여 민주주의자들이 제기한 대표성 문제를 대표제 이론이 수용하면서 나타났다. 참여 민주주의자들은 집단적 정체성이 제대로 반영되지 못하는 선거를 비판했는데, 어떤 이론가들은 대표제를 유지하면서도 투표의 한계를 넘어서 집단적 정체성을 반영할 수 있는 방법을 생각한 것이다. 예를 들어, 앤 필립스Anne Phillips는 이념의 정치politics of ideas가 다양성을 포용하는 데 실패함으로써 여성과 가난한 사람 등 실제로 다수인 많은 피대표자의 권리가 박탈당했다고 비판하고, '실재'하는 유권자들이 대표의 구성에 반영되는 정치politics of presence를 주장했다(Phillips 1995). 윌 킴리카Will Kymlicka는 전통적 자유주의의 시민권 개념을 넘어서 종족, 인종, 종교, 문화적 소수자들의 집단적 정체성이 대표될 수 있는 다문화적 시민권을 역설했다(킴리카 2010).

이들은 형식적 평등에 기반을 둔 주인-대리인 모델이 구조적인 집단적 불이익을 해결하지 못하며, 자유주의적인 평등이라는 절차적 정당성이 결과의 정당성을 보장하지 못한다고 비판한다. 또한 현재의 선거에 의한 대표제가 1인 1표라는 최소한의 평등은 실현했지만 대표의 기본적인 공정성fairness조차 달성하는 데 실패했으며, 바로 이것이 현대 대표제의 위기를 조장했다고 본다. 그리고 그 대안으로 피대표자들을 분절된 개인이 아니라 집단과 개인의 관계 속에서 이해하고, 역사적·경험적으로 형성된 집단의 대표 개념이 필요하다고 주장한다(Urbinati and Warren 2008, 394-395). 시민의회의 옹호자들은 이런 방식으로 집단적 정체성에 기반을 둔 통계적 추출을 통해 대표체가 구성된다면, 소수자 배제의 문제를 극복하고 선거를 대체하는 규범적 정당성을 찾을 수 있다고 본다.

2) 유사성 개념의 쟁점

그런데 유사성을 대표성의 중요한 속성으로 인정하더라도 여전히 남는 문제가 있다. 다양한 정체성 중에서 무엇을 대표의 선정 기준을 삼을 것인지 하는, 곧 무엇의 유사성인가 하는 문제다. 위에서 본 것처럼 흔히 시민의회의 유사성을 집단적 정체성의 유사성으로 이해하지만 이것은 그렇게 간단치 않다. 마르크스가 계급을 즉자적 계급과 대자적 계급으로 분류한 것처럼, 그리고 베블런Thorstein Veblen이 『유한계급론』에서 주장하고 프랭크Thomas Frank가 『왜 가난한 사람들은 부자를 위해 투표하는가』에서 잘 설명한 것처럼, 정체성의 문제도 그가 어디에 속해 있는가와 그의 생각이 어디에 속해 있는가의 문제로 나뉠 수 있다(베블런 2012; 프랭크 2012).

기실 시민의회에서 유사성을 추구하는 이유는 '닮음' 그 자체가 아니라, 미니 공중으로서 유사성을 가진 참여자들이 전체 공중처럼 행동하고 말할 것을 기대하기 때문이다. 즉, 시민의회에게 정보가 주어지고 일정 시간 동안 토론을 하게 되면, 전체 시민들 역시 동일한 결론을 내릴 것이라는 가정 아래에서만 유사성은 의미가 있다. 따라서 이때의 유사성은 시민 전체와 외형적으로 닮는 것similarity of appearance이 중요한 것이 아니라, 그들이 가진 선호 경향에서의 유사성similarity in the tendency of wishes이 중요하다(Pettit 2009, 69-70). 같은 맥락에서 주장으로서의 대표를 옹호하는 세이워드는, '진정한 정체성authentic identity은 주장을 통해서만 획득된다'고 본다(Saward 2006, 313). 맨스브릿지의 대리 대표성 역시 대표자가 외양적으로 어디에 속해 있는가 하는 점보다는 대표자가 가진 정치적 지향과 가치에 핵심이 있다고 보는 개념이다(Mansbridge 2003; Saward 2006, 298).

그런데 이런 생각은 비단 시민의회만의 문제가 아니라 근대 대표제 이론의 초기부터 지적되어 온 것으로, 버크의 '사실상의 대표' virtual representation와 '실제의 대표'actual representation 구분 논쟁에서도 찾아볼 수 있다. 버크는 대표로서의 자질과 자율성을 갖춘 사실상의 대표가 실제의 대표를 대신할 수 있을 뿐 아니라 대신해야 할 때도 있다는 점을 적극적으로 옹호했다(Burke 1961[1774]). J. S. 밀 역시 대표들이 대표하는 집단의 이해를 반영하거나 최소한 유사한 세계관을 갖고 있다면, 외형적 유사성보다는 오히려 지적·도덕적으로 탁월한 사람들이 대표가 되는 것이 최선이라고 보았다(밀 2012). 요컨대, 유사성이 시민의회의 미덕이라고 할 때, 무엇의 유사성을 중요하게 볼 것인가, 그것을 얼마나 중요하게 볼 것인가는 여전히 공적 합의의 대상으로 남아 있는 것이다.

현대에 제기된 또 다른 쟁점 중 하나는 집단적 대표성이 오히려 개인적 대표성을 억압할 가능성이다. 로장발롱은 보통선거권의 확립이 각 개인을 그 자신의 정치적 주인으로 만듦으로써, 집단적 대표성을 가질 수 없었던 개인들에게 정치적 대표성을 부여했다고 평가한다. 반면 현대에 들어서는 수많은 독립적 기구들과 정부의 자문위원, 심지어 시민단체들이 도리어 정치적 불평등을 야기한다고 비판한다(Rosanvallon 2008, 113; Martin 2013, 126).

이러한 로장발롱의 비판을 시민의회에 적용해 보면 두 가지 문제가 드러난다. 하나는 시민의회가 선거를 통한 대표제보다 대표를 더 잘 할 수는 있지만, 각 개인의 정치적 주체성을 약화시킬 수 있다는 점이다. 선거의 경우에는 투표권을 가진 누구나 정치의 공간에서 평등한 권리를 갖고 참여할 수 있는 반면, 시민의회의 경우에는 거기에 뽑히지 못한 시민은 정치적 주권의 행사가 원천적으로 불가능하다. 고대 아테네에서 추첨을 통한 공직자의 선출이 정당화될 수 있었던 것은, 참정권을 가진 성인 남성이라면 누구나 평등하게 일생에 한 번 정도는 뽑힐 가능성이 있었기 때문이었다. 반면, 아무리 크게 잡아도 수백 명에 불과한 현대의 시민의회에 시민들이 뽑힐 가능성은 매우 적다. 바로 이 점에서 시민의회는 상상의 대표이지, 실제의 대표는 아니다. 추첨으로 뽑힌 누군가가 나를 대신하는 것으로 상상하는 것은, 내가 직접 누군가를 선택하는 것과 결코 같지 않은 것이다.

두 번째는 한 개인의 선호나 주장이 특정한 집단적 정체성을 갖지 않거나, 집단으로 대표되지 않는 경우에는 대표되기 어렵다는 것이다. 로장발롱에 따르면, 모든 자발적·비자발적인 집단적 정체성은 대표되는 과정에서 인위적인 구획에 따른 정치적 왜곡과 불평등을 피할 수 없다. 따라서 시민의회가 통계적 표본에 따라 구성되든지 의견과 선호에 따른 차이에 의해 구성되든지 간에 일종의 집단적 분류를 피할 수 없다면, 그것은 보통선거권이 가진 정치적 자유와 평등을 저해하는 요소를 갖게 된다.

유사성을 시민의회의 가장 핵심적인 요소로 꼽고 있는 브라운조차 비슷한 관점에서 시민의회의 대표성에 여러 의문을 제기한다. ① 다양한 구성원들의 중첩적인 정체성 때문에 누가 누구를 대표하는지 정확히 알 수 없고, ② 집단적 정체성이 반영되지 않는 소수자가 발생하며, ③ 사람들의 의견이 사회적 계층에 따라서 주요하게 형성된다는 가정은 불확실하며, ④ 오히려 자신의 통상적인 계급적 이해와 상반되는 가치 지향을 가진 사람들도 적지 않으며, ⑤ 집단적 정체성에 따라 고정적인 이해관계가 존재한다고 선험적으로 전제하는 것이 불합리하다는 것이다. 바로 그런 이유로, 브라운은 한국에서 시민의회를 주장하는 대부분의 사람들과 달리 시민의회가 다루기에 적절한 이슈들은 정치적 이해관계가 걸린 사안들이 아니라, 다양한 사회적 관점이 필요한 문제들, 해결책을 찾는 데 기술과 지식의 복잡성이 요구되는 문제들, 소수자 집단과 관련된 문제들에 국한된다고 말한다(Brown 2006, 218-220).

이렇게 보면 시민의회의 가장 큰 장점인 유사성 역시 적지 않은 문제점을 가지고 있고, 그 주요한 문제들은 통계적 엄밀성을 기한 다고 해서 해결 될 수 있는 사안이 아니다. 유사성이 무엇인가로부터 시작해서, 무엇을 기준으로 삼을지, 그리고 그것을 시민의회로 실현시킬 수 있는지의 쟁점들은 여전히 미해결된 채로 남아 있으며, 이것에 대한 최소한의 합의가 없는 한, 시민의회는 또 다른 대표성의 위기를 조장할 가능성이 높다.

6. 나가며

이 글에서는 최근 한국 정치에서 대표의 위기에 대한 대안으로 논의되고 있는 시민의회가 어떤 이론적 배경을 통해 등장하게 되었고, 그 이론적 쟁점이 무엇인지에 대해 살펴보았다. 검토 내용을 요약하자면, 추첨형 시민의회는 선출형 대표제에 비해 권위성, 책임성, 반응성, 국민주권, 견제 및 소환 등에서는 약점을 보이지만, 전문성, 유사성, 숙의성, 실질적 대표성, 절차적 평등성 등에서는 장점을 가진 '다른 방식을 통한 대표제'라고 할 수 있다. 이런 측면에서 시민의회와 선거를 통한 대표제는 서로를 대체하기보다는 상호 보완적인 속성을 가지고 있는 것으로 보인다.

그러나 시민의회의 이론적 쟁점들이 모두 해결된 것은 아니다. 유권자 개념의 변화는 전통적인 국민주권에 기반을 둔 정치적 권리와 피대표성의 관념을 무너뜨리고 있다. 대표-책임의 관계가 아니라 정체성이나 주장 행위에서 대표성의 실질적 정당성을 발견하려고 하는 것이다. 다른 한편, 유사성은 시민의회의 가장 큰 장점으로 제시되고 있지만, 무엇을 유사성으로 볼 것인지, 그리고 집단적 정체성이 과연 개인의 정치적 자유와 평등을 신장시키는 것인지에 대해서도 여전히 해결되어야 할 부분이 많다.

사실 필자가 이런 쟁점들을 검토하면서 확인하고 싶었던 것은, 이런 문제들이 시민의회가 등장하면서 나타난 새로운 문제가 아니라 19세기 이후 근대적 대표제에서 줄곧 논의되어 왔던 문제들의 현재적 재현이라는 사실이었다. 시민의회를 그런 시각에서 바라 볼 때, 비로소 이 개념이 무엇인지에 대해 정확하게 이해할 수 있고, 막연한 낙관주의에 빠지지 않을 수 있기 때문이다. 그 중에서도 특히 강조하고 싶은 것은, 시민의회의 대표성 문제가 단순히 이론적 쟁점이 아니라, 정치적으로 매우 중요하다는 사실이었다. 무엇보다, 대표제 민주주의와 마찬가지로 시민의회 역시 서구의 근현대사에서 그 나름의 구체적인 요구와 맥락 속에서 출현했기 때문에, 그 개념과 제도를 한국에 적용할 때는 우리만의 재해석과 그에 대한 합의가 필요하다는 점을 분명히 하고 싶었다. 시민의회를 활용하더라도, 그 참여자를 어떤 기준으로 어떻게 구성할 것인가 하는 핵심적인 문제는, 결국 지금 우리 정치공동체가 스스로 정할 수밖에 없기 때문이다.

아쉬운 지점도 있다. 이 글에서는 시민의회가 어떤 대표제인지 하는 근본적인 질문과 유권자의 변화 및 유사성만을 다루었고, 시민의회가 가진 또 다른 쟁점들인 권위성, 책임성, 전문성, 반응성

등의 문제는 다루지 못했다. 이에 대한 추가적인 연구를 할 수 있는 기회가 필자에게 조만간에 오기를 희망한다.

5장

정보/미디어 선택과 편향 동원

태극기집회를 사례로

장우영

1. 문제 제기

정보통신기술Information Communication Technologies, ICTs의 눈부신 발전은 4차 산업혁명을 통한 지능정보사회로의 변화를 이끌고 있다. 2016년 다보스포럼이 '디지털 혁명(제4차 산업혁명)에 기반해 물리적 공간, 디지털 공간, 생물학적 공간의 경계가 희석되는 기술 융합으로 인간과 기계의 잠재력을 획기적으로 향상시키는 사이버-물리 시스템의 구축'을 4차 산업혁명으로 규정한 이래, 세계 각국의 정부와 기업은 사람·사물·공간 등 만물everything을 초연결화·초지능화하는 사회시스템과 산업구조 혁신 경쟁에 돌입하고 있다(슈밥

2016). 이런 4차 산업혁명의 핵심 기제는 사회 융합의 도구로 범용 기술General Purpose Technology화된 ICTs로서, '사물 인터넷, 인공지능, 모바일, 빅데이터' 등이 중추적인 자원으로 다루어지고 있다.

이런 변화는 정치과정에서도 예외가 아니며, 낙관과 비관을 둘러싼 징후와 전망이 교차하고 있다. 그런데 근래 우리 사회의 현실을 돌이켜보면 ICTs가 민주주의 혁신의 견인차로 작동할 것이라는 기대와 달리, 이 연구의 사례와 같이 편향 동원과 사회 양극화를 초래하는 것에 대한 우려가 커지고 있는 것이 현실이다. 이런 맥락에서 지능정보사회 정치의 비관론을 정리하면 다음과 같다. 첫째, 기술은 자연사적 발전이 아니라 사회적 구성social construction의 논리를 따른다. 즉 다양한 이해관계자들이 개입된 기술 형성의 정치과정에 의해 기술의 공공성이나 합목적성은 상쇄될 수밖에 없다. 따라서 대중화된 기술은 합리적 기술이라기보다 승리한 기술wining technology이다(Pinch and Bijker 1987; 장우영 2004). 둘째, 기술의 효과 또한 사회 구성적이어서 민주주의를 촉진할 수도 있지만 후퇴시킬 수 있는 이중적 속성을 유념해야 한다. 앨빈 토플러Alvin Toffler의 언명과는 달리 미국을 비롯해서 많은 국가들의 온라인 공론장은 정치적·이념적으로 파편화되었다. 그뿐만 아니라 인종주의, 증오, 스팸 등 유해 정보 폭포harmful information cascade로 인해 온라인 공간은 허위와 갈등의 온상으로 지목되고 있다(한수경 2014; 장우영 2006). 최근 미국, 유럽, 한국 등의 대선에서 인터넷과 소셜 미디어는 허위 정보의 통로였고, 개인 정보, 포스팅, 검색 등이 선거 캠페인에 악용되며 민주주의를 위협했다(고선규 2017). 셋째, 재스민 혁명Jasmine

Revolution에서 소셜 미디어는 독재에 항거하는 훌륭한 무기였으나 아랍의 봄은 오래가지 않았다. 잠시 퇴장한 권위주의는 다시 복귀했으며, 이는 기술이 민주주의 전환의 핵심 변수가 아니라는 것을 입증한다(Anas 2016). 아울러 인터넷의 등장 이후 4반세기 동안 많은 국가의 검열 장벽은 여전히 붕괴되지 않고 있으며 빅브라더big brother는 더욱 지능화되고 있다(매키넌 2014; 맥체스니 2014). 넷째, 의사 결정을 기술에 위탁할 수 있을까? 중요한 것은 빅데이터의 생산자도 인공지능 알고리즘의 설계자도 인간이라는 점이다. 이는 두 가지 뜻을 내포한다. 우선 빅데이터와 인공지능의 무결성을 입증할 수 없다는 것이다. 그리고 데이터 유통과 알고리즘 설계에 정치적 상업적 의도나 조작이 개입할 수 있다는 것이다(오닐 2017; 김동환 2018). 설령 그렇지 않더라도 모든 변수를 감안해 미래 상황을 예측할 수 있는 피조물은 존재하지 않는다. 따라서 기술이 제도와 같은 위상을 가지고 의사 결정과 인간 행동을 규율해서는 안 되며, 빅데이터와 인공지능에게 위임된 잘못된 의사 결정은 결국 인간에게 피해를 입히고 또한 인간이 그 책임을 져야 한다.

이와 같이 엇갈린 입장에도 불구하고 정치과정에서 기술을 원천적으로 배제할 수 없고 무비판적으로 수용할 수도 없는 것이 현실이다. 즉 이런 딜레마를 정책적으로 조율하고 합리적 대안을 도출하는 것이 지능정보사회 민주주의의 과제이다. 나아가 경제적 효용 중심의 제4차 산업혁명 담론을 시민과 민주주의 중심으로 확장해 나가야 한다. 즉 정보 자원을 민주적으로 통제하고 활용할 수 있는 시민 덕성과 사회 자본을 함양해야 한다. 일찍이 앤드류 샤피로

Andrew L. Shapiro는 이를 '통제 혁명'control revolution으로 명명했는데 (Shapiro 1999), 정보화 환경에서 기본권과 리터러시literacy(정보 독해 능력)를 재정립함으로써 시민이 주도적인 정보 주체의 위상을 점해야 한다는 것이다. 이런 점에서 정보 순환과 활용에서 나타나고 있는 사회정치적 편향 동원과 양극화의 메커니즘을 규명하는 것으로 부터 문제 상황을 이해하는 것이 순리라고 할 것이다.

이 연구는 정보/미디어의 활용이 동류 집단의 연대를 촉진함과 더불어 반대 집단과의 단절을 강화한다는 발칸화balkanization 명제에 입각한다. 동시에 이런 주장이 다분히 기술 결정론적 시각에서 견지되어 왔다는 비판 의식 또한 내포한다. 즉 전술한 바와 같이 기술의 형성과 활용은 사회 구성적이라는 점에서, 정보/미디어의 도구적 활용이 사회 양극화를 촉진한다는 인식을 경계한다. 특히 미디어 풍요의 시대를 구가하고 있는 오늘날 온-오프라인 미디어의 구분이 희석되고, 수용자의 미디어 선택의 범위가 비할 바 없이 넓어진 커뮤니케이션 환경을 고려하면, 개별 미디어의 구조적 속성보다는 수용자의 심리적 행태적 요인에 초점을 맞추어야 한다. 이런 맥락에서 이 논문은 편향 동원의 메커니즘을 분석틀로 구성하고 연구 문제를 탐문한다.

이 글에서는 지능정보사회의 정보/미디어 선택과 활용이 편향 동원bias mobilization에 어떻게 영향을 미치는지를 경험적으로 분석한다. 지능정보사회 커뮤니케이션의 가장 큰 특징은 다 채널의 고-선택 미디어 환경high-choice media environment이 정착되면서 빅데이터 유통이 개인 차원으로 전면화되는 것인데(민희·윤성이 2016),

이에 따라 현상적인 정보 풍요(다 채널)보다는 본질적인 정보 편식(고-선택)에 의해 편향 동원과 사회 양극화를 촉진할 수 있다는 것이다. 특히 중대 선거나 대규모 집단행동 과정에서 그 가능성은 더욱 커진다. 이런 맥락에서 이 연구는 태극기 집회를 사례로 정보/미디어에 대한 신뢰도와 선택적 노출 및 방향성 동기화와 동종 선호의 메커니즘이 편향 동원에 어떤 영향을 미치는지 경험적으로 논증한다.

2. 우리는 왜 극단에 끌리는가?: 편향 동원의 메커니즘과 분석 방법

정보원에 대한 신뢰도는 수용자가 특정 정치 정보를 선호하거나 회피하게 되는 일차적인 요인이다(박성호·성동규 2005). 정보원에 대한 신뢰도는 크게 전문성과 진실성의 두 차원으로 구성된다. 전문성과 진실성은 각각 정치 정보를 다루는 역량과 태도를 함의하며, 수용자는 산출되는 정치 정보의 품질과 객관성을 토대로 두 요인을 주관적으로 평가한다(Hovland and Weiss 1951). 즉 미디어 신뢰는 미디어가 정보원으로서 충실히 역할을 수행하고 있는지에 대한 개별 수용자 차원의 주관적인 평가라는 점을 유념할 필요가 있다(Newhagen and Nass 1989). 여기에서 짚고 갈 점은 미디어 신뢰와 정치 정보 신뢰를 동일시할 수 있는지 여부인데, 주요 연구들은 정보에 대한 신뢰는 대체로 정보원에 대한 신뢰를 추종하는 경향을 보인다고 주장하며, 정보 신뢰를 '정보원 및 정보가 옳을 것이라는 기대'로 정의한다(Eisend 2006; Lucassen and Schraagen 2011).

결국 누가 정보를 제공하느냐가 정치 정보 신뢰도를 좌우한다는 맥락에서, 연구자들은 그 범주를 크게 매스미디어와 뉴미디어로 분류하여 고찰하고 있다. 주요 선행 연구들의 양 미디어에 대한 신뢰도 분석 결과는 다음과 같이 정리할 수 있다. 첫째, 매스미디어에 대한 수용자 신뢰는 많은 국가들에서 감소하는 추세를 보이고 있다(Jones 2004; Tsfari 2010; Golding et al. 2012). 특히 뉴미디어 이용과 대안 저널리즘이 크게 활성화되면서 매스미디어에 대한 비판 의식과 불신이 더욱 커지고 있다(하승태·이정교 2011). 둘째, 정치적 대화에 더 많이 참가하는 사람일수록 매스미디어가 편향되었다고 더 강하게 인식하는 것으로 나타났다(Ho et al. 2011). 이는 정보원이 다양해지면서 의견 교환을 통해 매스미디어에 대한 비판적 메시지들을 접할 가능성이 커지고 이에 따라 부정적 관념이 강화되기 때문이다(김현정·원영아 2015). 셋째, 뉴미디어 정치 정보 소비가 증가할수록 뉴미디어에 대한 신뢰도도 증가하는 것으로 나타났다(신창선·배영 2016). 이는 정보원을 자주 이용하는 집단을 주축으로 정보 신뢰 구조가 형성되기 때문이다. 넷째, 매스미디어에 비해 뉴미디어 정보 신뢰도가 반드시 더 크다고 할 수는 없으며, 주요 맥락을 고려해야 한다. 우선 매스미디어에 대한 신뢰 하락은 공공 기관 신뢰 하락과 동반하는 경향이 나타난다. 이는 매스미디어와 공공 기관이 친화적이거나 공생한다는 관념에서 기인한 것으로 파악된다(Tsfari

2010; Golding et al. 2012). 그리고 뉴미디어 정보 중에서도 전문성을 가진 출처에 대해서는 신뢰도가 높지만, 검증되지 않은 개인적 성격을 띠는 정보원에 대한 신뢰도는 낮게 나타났다(김영기 2010). 다섯째, 미디어와 정보에 대한 신뢰는 정치적 효능감political efficacy 과 정치 참여에 직간접적으로 영향을 미친다. 특히 뉴미디어의 경우 높은 신뢰도를 확보하면 다양한 방식의 온라인 공론 활동과 오프라인 행동을 촉진할 수 있다(Levi and Stoker 2000; 서키 2008; Borah 2013).

매스미디어가 지배적인 저-선택 미디어 환경low-choice media environment에서 수용자는 일방향적으로 최소한의 정치 정보에 노출되었다. 그러나 미디어 생태계가 구조적으로 재편된 고-선택 미디어 환경에서 수용자는 풍부한 정치 정보를 선택할 수 있는 범위가 크게 확장되기 때문에, 특정 채널과 정치 정보를 회피하는 선택이 강화된다. 고-선택 미디어 환경은 미디어의 다변화로 인해 수용자의 채널 선택권이 비약적으로 확대된 환경을 뜻한다(Prior et al. 2005). 즉 고-선택 미디어 환경에서 정치 정보는 강제 기제가 아니라 신호 기제로 작동하므로 수용자의 선호에 따른 선택적 노출selective exposure 이 보편화된다. 선택적 노출은 '미디어 수용자가 자신의 생각이나 태도와 일치하는 정보만을 받아들이고 불일치하는 정보는 배제하는 행위'로 정의된다. 이에 따라 저-선택 미디어 환경에 비해 고-선택 미디어 환경에서 정치 정보 습득과 활용의 격차가 더욱 커지는 것으로 분석되고 있다(민희·윤성이 2016; 박상운 2014).

이런 미디어 신뢰도와 선택적 노출은 동기화motivation와 동종 선호homophily를 촉진하며, 결과적으로 정치 참여에서 편향 동원과 사회 양극화로 이어지는 메커니즘을 조형한다(나은영·차유리 2012). 우선 동기화는 '미디어 수용자가 자신의 이념적 정파적 입장에 근거해서 특정한 목적을 달성하기 위해 정보를 처리하려는 시도'로 정의된다. 동기화는 크게 '객관적이고 합리적인 결론에 도달하는 방향으로 정보를 처리하는 정확성 동기화accuracy motivation'와 '정보의 사실 여부와 무관하게 원하는 결론에 도달하는 방향으로 정보를 처리하는 방향성 동기화directional motivation'의 두 유형으로 분류된다. 따라서 정보에 대한 검증이 결여된 정치적 허위 지각misperception이 팽배한 경우에는 정확성 동기화보다 방향성 동기화가 훨씬 더 강하게 작용한다(Kunda 1990; Taber and Lodge 2006; 노성종·최지향·민영 2017). 이런 대표적인 사례가 가짜 뉴스로서 지난 미국과 오스트리아 대선 및 독일 총선에서 상당한 논란을 불러일으켰다. 특히 미국 대선에서는 유권자 한 명당 1~3건 정도 가짜 뉴스에 노출된 것으로 조사되었다. 그리고 우리나라 제18대 대선에서도 주요 후보들을 둘러싼 가짜 뉴스가 광범하게 유포된 것으로 분석되었다(Allcott and Gentzkow 2017; 황금비 2016; 심홍진 2017; 황용석·권오성 2017). 나아가 이 연구의 사례인 태극기 집회의 경우도 다양한 가짜 뉴스에 의한 탈진실의 동원 의혹 보도와 함께 이에 대한 학문적인 규명이 시도되었다(전상진 2017; 이현출 2017). 가짜 뉴스는 정치적 목적을 달성하기 위해 언론 보도 형식을 취하여 허위 정보를 사실로 오인하도록 만들기 때문에 강한 소구력을 가진다. 이념과 당파성은 이런 방향성 동기화의 핵심적인 정치적 동인이다(Nyhan and Reifler

2010; Garrett and Weeks 2013).

개인 수준의 방향성 동기화는 동종 선호에 의해서 집단화된다. 동종 선호는 '관심사나 이념 등의 동류 집단이 심리적 비용을 줄이는 소통과 결속을 통해 왜곡된 인식과 상황을 촉진하는 현상'으로 정의된다(Festinger 1975). 캐스 선스타인Cass R. Sunstein은 이를 집단 극화group polarization로 명명하며 그 원인을 정보·확증·평판의 세 차원으로 제시한다(선스타인 2009; 2011). 즉 사람들은 다양한 정보 가운데 자신의 신념을 강화하는 내용에 더 많이 접근하고(정보의 힘), 동류 집단과의 공유와 지지를 통해 정보에 대한 확증을 공고히 하며(확증의 힘), 충성심 부족으로 간주될 수 있는 이견은 주류의 입장으로 수정한다는 것이다(평판의 힘). 심리학과 커뮤니케이션학의 논의에서는 동종 선호의 형성 과정을 인지 부조화cognitive dissonance와 확증 편향confirmatory bias으로 개념화한다. 먼저 인지 부조화는 '자신의 견해와 논리적으로 상충하는 정보를 접할 때 심리적으로 불안정해지는 현상'으로, 문화적 규범이나 경험적 가치관의 차이에 의해 발생한다. 이 경우 부조화의 증가를 회피하거나 경감시키려는 의도를 갖게 되는데, 자신의 의견을 뒷받침하는 정보를 추구하거나 자신의 의견에 동조하는 주장을 과도하게 인식하는 동종 선호로 이어진다(Petty et al. 1997; 박상운 2014). 그리고 확증 편향은 '자신의 신념과 일치하는 증거는 수용하지만 반증은 배척하는 심리적 상태'에 의해서 발생한다(Rabin and Schrag 2017). 이는 근거와 검증이 부족해서 공식 정보로 받아들일 수 없음에도 불구하고, 자신의 신념을 위해 사회적 규범을 위배하며 동조를 구한다는 점에서 문제를 야기한다(Frenda et al. 2011).

요컨대 동종 선호는 동류 집단이 큰 비용을 들이지 않는 끼리끼리 소통을 통해 왜곡된 결론에 도달하는 현실을 가리킨다. 전상진의 분석에 따르면, 태극기 집회 참가자들의 경우 정보(신념, 이데올로기, 기대)와 현실의 불일치가 만들어 내는 고통(인지 부조화)을 겪으며, 그것을 줄이기 위해 오도된 정보를 편식하고 사회적 동조를 규합하는 일탈 행위(확증 편향)에 갇혀 있었다(전상진 2017). 그리고 소셜 미디어는 이런 동종 선호의 집단화를 촉진하는 연결망 역할을 하는 것으로 알려졌는데, 많은 언론 보도와 사회적 통념은 물론 필자의 태극기 집회 참가자 심층 면접 조사에서도 이 같은 점이 확인되었다. 소셜 미디어와 같은 끼리끼리 네트워크like-minded network는 중립지대가 허용되지 않고, 피아 구분이 명확한 정치적 공론 활동으로 말미암아 집단 착시로 공동체를 파편화시킬 가능성을 내포한다. 따라서 소셜 미디어와 같이 동류 집단으로 구성된 공간에서 동화 편향은 대단히 강하게 나타나고 이를 숙의deliberation로 착각하는 경향을 보인다. 특히 카카오톡 단체 채팅방과 같은 폐쇄형 소셜 미디어에서 동화 편향은 더욱 강하게 나타난다. 실제로 주변인과 대화를 많이 하고 카카오톡 신뢰도가 높은 집단일수록 동화 편향이 강하게 나타난다는 경험적 연구 결과(박상운 2014)를 확인할 수 있다. 다시 말해서 폐쇄적인 커뮤니티에서의 적극적인 정보 수신·전파 행위는 동종 선호를 촉진할 수 있는 전형적인 현상이다.

이와 같은 고-선택 미디어 활용 메커니즘은 정치 참여 강도와 정치적 효능감에서 수용자의 입장을 합리적으로 개선할 것이라는 개변 가설renovation hypothesis과 오히려 입장을 강화시킬 것이라는 강화 가설reinforcement hypothesis 중에서 후자를 지지한다. 피파 노리스Pippa Norriss는 이를 '참여의 선순환'virtuous circle 효과로 합리화한다(Norriss 2000). 즉 뉴미디어를 통한 소통의 확산이 차별 없이 정치 참여를 확대시키는 것이 아니라, 정치적 관심도가 높은 이들의 효능감과 참여를 제고한다는 것이다. 그러나 참여의 선순환은 두 가지 점에서 그 효과가 제한적이다. 우선 동종 선호를 구조화할 수 있다는 것이다. 앞서 말한 대로 뉴미디어는 매스미디어에 비해 선택적 노출이 더 크기 때문에, 동종 선호를 구조화할 가능성도 훨씬 더 크다. 이에 따라 참여의 양은 증가할 수 있더라도 품질은 저하될 수 있다는 것이다. 결국 숙의 없는 참여와 편향 동원 같은 참여의 품질 저하는 사회정치적 양극화로 귀결되기 십상이다.

그리고 정치적 효능감은 개인의 정치 참여의 지속성 여부에 관련된 한편, 결과적으로는 집단행동의 확산과 성공을 좌우하는 주요인으로 논의된다. 캠벨 등(Campbell et al. 1954)이 정치적 효능감을 '개인의 정치적 행동이 정치과정에 영향을 미치거나 미칠 수 있다는 느낌'으로 정의한 이래, 정치적 효능감은 정치 참여 연구에서 인과관계를 논증하는 주요 요인으로 분석되어 왔다. 그리고 연구 성과의 전전에 따라 정치적 효능감을 단일한 차원이 아닌 두 개의 하위 차원으로 분류하는 경향을 띠었다. 즉 '정치를 이해하고 효율적으로 참여할 수 있다는 자신의 능력에 대한 믿음'을 뜻하는 내적 정치 효능감과 '개인의 요구에 대해 정부 기구나 공직자가 반응할 것이라는 믿음'을 뜻하는 외적 정치 효능감으로 분류된다(Balch 1974;

Miller et al. 1980; Craig and Maggiotto 1982). 요컨대 전자는 정치적 능력에 대한 개인의 평가를 그리고 후자는 정부의 반응성에 대한 지각을 의미한다(강수영 2013). 한편 앨버트 반두라Albert Bandura는 효능감을 개인의 행동 능력에 대한 신념과 정치체제의 반응성에 대한 신념으로 분류하면서도, 두 측면은 독립된 실체가 아니라 경계가 혼재되어 역동적으로 상호작용하는 과정이라고 주장한다(Bandura 1997; 2001). 그리고 정치적 지식이나 결과가 아닌 신념을 통해 정치적 효능감을 측정해야 한다고 강조했다. 이런 반두라의 주장은 정치적 효능감을 기능적으로 분류하는 차원을 넘어 교호적으로 이해하고, 그 속성을 개인의 지식이 아닌 신념으로 제한한다는 점에서 분석의 유용성을 제공한다.

이 연구는 연구 목표에 조응하는 일련의 분석 방법을 체계적으로 활용해 분석 결과의 완성도를 제고한다. 우선 언론 보도와 포털 검색 결과를 대상으로 저널리즘과 수용자의 태극기 집회에 관련한 가짜 뉴스 반응성을 고찰한다. 구체적으로 태극기 집회 언론 보도 기사의 네트워크 분석network analysis 및 태극기 집회 검색량의 구글 트렌드 분석을 수행해 가짜 뉴스의 연관어 연결망 특징과 검색량 추이를 시기별로 논증한다. 다음으로 태극기 집회 참가자 심층 면접 조사를 수행해 응답자들에게 어떤 허위 지각이 팽배했는지를 고찰한다. 구체적으로 미디어 신뢰·선택적 노출·방향성 동기화·동종 선호의 네 가지 기준에서 태극기 집회 가짜 뉴스의 이슈와 내용이 무엇이었는지를 규명한다. 언론 기사에 대한 네트워크 분석과 온라인 검색에 대한 트렌드 분석이 가짜 뉴스에 대한 사회적 관심도를 개괄적으로 보여 준다면, 심층 면접 조사는 응답자들이 어떤 내용의 가짜 뉴스를 어떤 방식으로 허위 지각하고 태극기 집회에 참가했는지에 대한 맥락과 논리를 보여줄 수 있을 것이다. 마지막으로 태극기 집회 참가자 설문 조사를 수행해 참가 강도와 정치적 효능감에 대한 영향 요인을 고찰한다. 구체적으로 미디어 신뢰·선택적 노출·방향성 동기화·동종 선호의 독립변수군을 단계적으로 투입하는 다중회귀분석을 통하여 정보/미디어 활용이 각 종속변수에 미친 영향을 경험적으로 분석한다. 이 분석을 통해 편향 동원의 메커니즘에서 어떤 요인들이 유의하게 작동했는지를 이해할 수 있을 것으로 기대한다. 각 분석의 절차와 내용은 3절과 4절에서 설명하기로 한다.

3. 태극기 집회 언론 보도 기사 연관어 및 참가자 심층 면접 분석

언론에서 태극기 집회와 가짜 뉴스를 어떻게 다루었는지 살펴보기 위하여 보도 기사의 연관어 네트워크 분석network analysis을 실시했다. 구체적으로 한국언론진흥재단의 빅데이터 분석 사이트인 빅카인즈(https://www.kinds.or.kr)에서 제공하는 모든 신문(일간지, 주간지, 지방지, 경제지)과 방송 보도 기사 중에서 '태극기 집회' 보도 기사(2016년 11월~2017년 3월)를 선별한 후, 이 가운데 '가짜 뉴스'를

그림 1. 태극기 집회 언론 보도 기사의 '가짜 뉴스' 연관어 네트워크

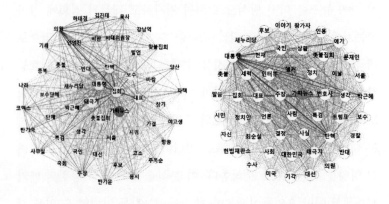

1시기: 2016.11.01.~2017.01.15.　　　　　2시기: 2017.01.16.~2017.03.31.

포함하고 있는 보도 기사를 대상으로 분석을 진행했다. 그리고 태극기 집회 전개 과정에서 가짜 뉴스의 위상 변화가 나타나는지 확인하기 위해, 1월 15일을 분기점으로 전체 기간을 두 시기로 나누어 연관어 분석을 진행했다.

〈그림 1〉은 각 시기별로 빈도수를 기준으로 상위 50개 연관어의 연결망 분포를 보여 준다. 각 단어를 둘러싼 원node의 크기는 단어의 빈도를 그리고 단어 사이의 연결선line의 개수는 두 단어가 동시에 출현한 빈도를 의미한다. 가장 두드러진 특징은 1시기에 비해 2시기에 가짜 뉴스의 빈도와 비중이 확연히 증가했다는 것이다. 이를 통해 태극기 집회가 확산되면서 가짜 뉴스와의 관계에 대한 관심도 크게 고조되었다는 것을 알 수 있다. 구체적으로 〈표 1〉은 각 시기별로 '가짜 뉴스'가 연관어 연결망에서 차지하는 위상을 보여

표 1. 태극기 집회 언론 보도 기사의 '가짜 뉴스' 연관어 연결망 속성

	1시기	2시기
빈도	5	561
근접 중심성	0.004	0.037
중개 중심성	0.000	94,641
위세 중심성	0.195	0.198

준다. 근접 중심성closeness centrality은 해당 단어가 다른 단어들과 얼마나 가깝게 위치하는지, 중개 중심성betweeness centrality은 해당 단어가 다른 단어들을 연결하는 최단거리 상에 얼마나 자주 등장하는지를 가리킨다. 그리고 위세 중심성eigenvector centrality은 해당 단어가 중요한 단어와 얼마나 밀접하게 연결되어 있는지를 나타낸다. 따라서 연관어 네트워크에서 근접 중심성이 크면 전체 문서에서 핵심적인 주제를 표현하는 키워드로, 중개 중심성이 크면 여러 주제들을 묶어 주는 키워드로 해석할 수 있다. 그리고 위세 중심성이 크면 문서 전체의 핵심 주제와 밀접하게 연관된 키워드라고 해석할 수 있다.

〈표 2〉에서 '가짜 뉴스' 키워드는 시간의 흐름에 따라 출현 빈도가 매우 커졌지만 근접 중심성과 위세 중심성은 별 차이를 보이지 않았다. 즉 출현 빈도 기준으로 가짜 뉴스는 1시기에는 18위였으나 2시기에는 4위로 순위가 급상승했다. 그러나 전체 연관어 네트워크상에서의 위상은 거의 변화를 보이지 않았다. 즉 태극기 집회 기사의 전체 주제에서 차지하는 가짜 뉴스의 위상은 별다른 변화가

그림 2. 태극기 집회와 가짜 뉴스 구글 검색량 추이

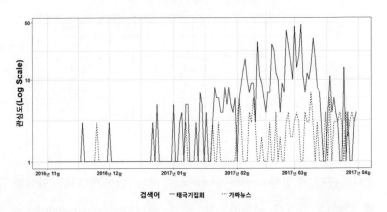

검색어 ─태극기집회 ⋯가짜뉴스

없었다고 해석할 수 있다. 그런데 이와는 달리 중개 중심성은 비약적으로 증가한 점을 확인할 수 있다. 즉 1시기에는 가짜 뉴스를 다룬 태극기 집회 기사 건수 자체가 적어 중개 중심성이 낮게 나타난 반면, 2시기에서 중개 중심성이 비할 바 없이 급상승한 점은 응당 주목할 만하다. 이를 풀이하면 2시기에서 언론은 태극기 집회 기사에서 가짜 뉴스를 핵심 주제로 다루지는 않았지만, 여러 주제들을 다룰 때 가짜 뉴스를 함께 언급하는 경향이 매우 강했다는 것을 알 수 있다. 다시 말해서 언론 보도 기사에서 가짜 뉴스가 태극기 집회를 대표하지는 않았지만, 가짜 뉴스를 매개해 태극기 집회의 여러 측면들을 해석하는 양상이 두드러졌다.

그렇다면 포털 검색에서 태극기 집회와 가짜 뉴스는 어떻게 다루어졌을까? 〈그림 2〉와 〈표 2〉는 연관어 네트워크 분석과 동일한 기간의 구글 트렌드 변화를 조사한 결과이다. 연관어 네트워크 분석

표 2. 구글 트렌드의 태극기 집회와 가짜 뉴스 관심도

검색어	태극기 집회	가짜 뉴스	카카오톡
최대 관심도	46	6	100
최소 관심도	0	0	40
평균 관심도	4.59	0.66	70.47
최대 증가폭	8.44 (1~2월)	1.06 (1~2월)	1.94 (12~1월)

※ 카카오톡 검색 트래픽량은 참고 자료로만 제시하여 〈그림 2〉에는 표현하지 않았음.

이 매스미디어가 태극기 집회와 가짜 뉴스를 다루는 방식을 보여 준다면, 구글 트렌드는 구글에서의 검색량을 통해 이용자들의 관심도 변화를 보여 준다. 구글 트렌드는 특정 기간의 최다 검색어를 기준으로 해당 검색어의 상대적인 비중을 100점 만점으로 변환해 나타낸다. 따라서 100에 가까울수록 대다수 구글 이용자들이 관심을 가지는 주제이며, 0에 가까울수록 소수의 이용자만 관심을 가지는 주제라고 해석할 수 있다. 구글에서 태극기 집회와 가짜 뉴스에 대한 관심도는 2시기, 즉 2017년 1월을 기점으로 급격하게 증가한 점이 확인된다. 특히 태극기 집회는 2017년 3월 최대 관심도가 46에 달하는 특이 현상을 보여 주었다. '태극기 집회'와 '가짜 뉴스' 검색어가 2017년 1~2월에 가장 높은 관심도 증가폭을 보였던 점과 비교하면, 가짜 뉴스의 주요 통로로 회자되었던 카카오톡에 대한 관심도가 바로 전 시기에 최고조에 이른 것은 그 상관성을 유추해 볼 만하다고 여겨진다.

다음으로 태극기 집회 참가자 심층 면접 조사 자료를 활용하여 미디어에 대한 인식과 이용 행태를 고찰한다. 면접 조사는 15차 태극기집회 참가자 중에서 선정하여 진행하였으며 피면접자는 모두 15명이었다. 부연하면 이들은 일반 참가자(13인)와 대통령탄핵무효국민저항총궐기운동본부(이하, 탄기국) 소속 집회 주최자(2인)로 구성되었다. 다음의 네 측면에서 태극기 집회 참가자 심층 면접 조사 결과를 논의하면 다음과 같다. 첫째, '미디어 신뢰'의 측면에서 매스미디어에 대한 불신과 뉴미디어에 대한 호의가 극명하게 나타났다. 이는 그동안 매스미디어는 보수 친화적이고, 뉴미디어는 진보 친화적이라는 통념이 반전된 것으로 인식할 수 있다. 우선 응답자들은 "JTBC의 거짓 '태블릿 PC 보도'가 왜곡된 여론으로 촛불 집회를 촉발하였으며", "다른 종편들도 부화뇌동하여 편파적인 방송을 양산하여 사태를 악화시켰다"라고 인식했다. 그리고 "김대중 정부 이후 좌경화된 공중파 TV와 포털 뉴스가 찬양 일색으로 촛불 집회의 진실을 왜곡하고 있으며 일간신문도 크게 다를 바 없다"고 주장했다. 이들은 매스미디어 중에서는 촛불 집회 현장에서 배척되었던 MBC에 상대적으로 호의적이었다. 반면 구글과 유튜브는 "언론의 여론 조작에 맞서 진실을 접할 수 있는 무기"로 인식하였다. 그리고 "카카오톡과 밴드를 통하여 관련 정보를 공유하고 네트워킹해 태극기 집회에 참가하는 것이 일반적이다"라고 밝히기도 했다. 설문 조사 결과도 이를 뒷받침하는데, 공중파 TV와 소셜 미디어에 대해 신뢰하지 않는다는 응답은 각각 78.6%와 48.7%로 큰 차이를 보였다.

둘째, '선택적 노출'의 측면에서 응답자들은 주로 신뢰하는 미디어를 통해 정보를 검색하고 공유하는 패턴을 보여 신뢰와 노출 간의 강한 상관성이 확인되었다. 우선 이들은 익히 알려진 대로 카카오톡 — 특히 단체 채팅방 — 을 통한 정보 공유와 소통이 지배적이었다. 그 이유로는 카카오톡을 "조작되지 않은 정보가 유통되는 공간"으로 "종북 좌파의 계획적인 음모를 저지할 수 있는 도구"라는 점을 강조했다. 태극기 집회 참가자들의 연령대를 고려하면 정보 활용 능력에서 제한적 리터러시도 폐쇄형 소셜 미디어를 선호하는 데 큰 몫을 했을 것이라고 유추할 수 있다(이현출 2017). 태극기 집회 현장 설문 조사에서도 응답자들이 가장 많이 이용하는 소셜 미디어는 카카오톡(57.0%)-페이스북(16.9%)-밴드(6.8%)-유튜브 등(9.4%)-없음(8.3%) 순으로 나타났다. 그리고 이들은 "진실한 정보를 찾기 위해 검색 행위에 적극적이었는데 그 출처는 주로 구글과 유튜브"였다. 특히 '신의 한 수', '정규재 TV', '참깨방송', '애국채널 SNS TV', '최대집의 지하통신' 등의 유튜브 동영상 채널은 큰 호응을 얻었다. 한 언론 보도에 따르면 '신의 한 수' 구독자는 5만 명 정도이며, '정규재 TV'는 박근혜 대통령과의 인터뷰 이후 하루 평균 24만 명이 시청한 것으로 알려졌다(정철운 2017). 이 밖에 이들은 "인터넷에서는 박사모와 일베저장소가 정보를 습득하는 주요 채널"이라고 언급했다.

셋째, '방향성 동기화'의 측면에서 응답자들은 심각한 허위 지각에 포획된 점이 확인되었다. 이는 "나의 정보 추구 행위가 곧 진실 추구 행위"라는 동일시에서 비롯되었으며, 강한 보수 이념 정향은 취득한 정보를 사실로 확신하는 태도를 강화시켰다. 현장 설문 조사 결과를 참고하면, 응답자들은 촛불 집회의 주원인으로 주관 단

표 3. 태극기 집회 가짜 뉴스 이슈와 내용

이슈	내용
탄핵	● 새누리당 비박계와 민주당이 합작하여 탄핵 정국을 기획하였음 ● 태블릿 pc 보도는 종편이 조작한 것으로 탄핵은 불법 행동임 ● 국정농단 공모와 뇌물죄는 조작되었으며 탄핵 사유가 될 수 없음 ● 헌법재판소장이 탄핵소추를 절차상 위헌이라고 주장하였음 ● 헌법재판소의 탄핵심판은 각하하기로 결정되었음
촛불집회	● 해외 언론과 지식인들이 촛불 집회를 비판하고 있으나 보도되지 않음 ● 종북 세력의 대규모 버스 동원으로 촛불 집회가 유지되고 있음 ● 촛불 집회에서 수백 명의 경찰이 부상당하고 경찰 버스가 전복되었음 ● 중국 정보기관이 박근혜 대통령을 견제하고자 촛불 집회에 유학생들을 대거 참가시키고 있음
종북·북한	● 종북 세력이 국정원과 검찰을 장악하여 탄핵을 주도하고 있음 ● 촛불 집회를 제2의 5·18 광주 폭동으로 만들고자 북한 특수부대 요원들이 서울에 대거 잠입하여 활동하고 있음 ● 촛불 집회 참가자들이 사회주의 체제 수립에 합의하였음 ● 오바마와 시진핑이 2017년 4월 중에 북한을 폭격하기로 사전에 합의했고 미국 상원에서도 이를 승인하였음 ● 북한 폭격 후 국군이 북한을 점령하고 임시정부를 수립할 계획임
19대 대선	● 북한 폭격을 위한 작전이 수행되는 중이어서 대선은 실시될 수 없음 ● 민주당은 19대 대선에서 주한미군 철수를 공약할 예정임 ● 대선 개표 결과를 조작하기로 모의하고 있음 ● 야당은 수조 원의 대선 자금을 확보한 상태임 ● 주요 야당 대선 후보가 부산저축은행사건 등 게이트의 장본인임
세월호 사건	● 천안함 유족은 수천만 원의 보상금을 받은 반면 세월호 유족은 그 수십 배의 보상금을 받았음 ● 서울시 청사에 세월호 납골당을 설치하여 시민들을 끌어들이고 있음 ● 세월호 리본에 촛불을 접합하면 북한 노동당기를 상징하게 됨

※ 주: 필자가 수행한 심층 면접 자료를 요약해 작성했음.

체(36.3%)와 언론(26.4%)을 지목했다. 그리고 이들은 선거에서 일관된 지지 경향을 보였는데, 투표 불참을 제외하면 18대 대선과 20대 총선에서 응답자들의 90% 이상이 새누리당 후보를 지지했다. 무엇보다 탄핵 정국의 시발이 된 "태블릿 PC 보도가 모두 조작된 것"이라는 인식틀이 견고하게 정립된 탓에, 촛불 집회는 물론 언론 보도에서 파생된 일체의 정보는 이들에게 수용될 여지가 거의 없었다. 문제는 이런 허위 지각의 기저에 가짜 뉴스가 광범하게 유포되고, 또한 그것이 소셜 미디어는 물론 집회 장소 등 현실 공간에서도 공공연하게 전파되었다는 것이다. 심층 면접에서 확인된 가짜 뉴스 이슈는 크게 '탄핵, 촛불 집회, 종북·북한, 19대 대선, 세월호 사건'으로 나누어 볼 수 있으며 주요 내용은 〈표 3〉에 정리했다. 이런 가짜 뉴스는 '프리덤뉴스', '노컷일베', '오렌지타임스' 등 언론지 형식을 띤 극우 선전지를 통해 광범하게 배포되었다. 그리고 태극기 집회를 주관한 탄기국이 선전지의 인쇄·배포뿐만 아니라, 창간과 발행에도 직·간접적으로 관여한 사실이 드러나 적지 않은 논란을 빚었다(조유빈·조해수 2017).

마지막으로 '동종 선호'의 측면에서 인지 부조화와 확증 편향 및 이를 뒷받침하는 적극적인 소통 행위가 확인되었다. 무엇보다 이들에게는 "종북 세력의 준동으로 내가 지켜 온 국가의 근간이 무너지고 있다"는 인식이 팽배했으며, 어느 여성 참가자의 경우 "독신 여성 대통령에 대한 악의적인 탄압"으로 탄핵 정국을 인식했다. 이런 바탕에서 이들은 "촛불은 인민, 태극기는 국민"이라는 확증 편향으로 태극기 집회를 정당화했다. 현장 설문 조사를 참고하면 이 지점에서는 응답자들의 누적된 감정의 맥락이 관측되었다. 즉 10점 척도로 측정한 결과, 천안함·연평도 사건으로 말미암아 북한에 대한 분노감(9.54)과 촛불 집회에 대한 분노감(9.11)은 대단히 크게 나타난 반면, 세월로 사건으로 인한 정부에 대한 분노감(3.42)은 매우 낮게 나타났다. 그리고 탄핵 이후 정국에 대해서도 응답자들은 상당한 불안감(9.37)을 표출한 반면, 태극기 집회에 참가하면서 대한 민국 국민으로서의 자긍심(9.37) 또한 동일하게 커진 것으로 나타 났다. 요컨대 악셀 호네트Axel Honneth의 개념을 빌면 이는 역사와 세대로부터 단절되었다고 인식한 집단이 자신의 존재와 가치관을 주창하는 '인정 투쟁'struggle for recognition으로 명할 수 있다(호네트 2011). 즉 "조국 부흥의 주역에서 버림받은 집단으로 몰락했다는 절규"가 동종 선호의 핵심 동인이라는 점을 강조할 수 있다. 그리고 이로 인해 고연령층의 정보 리터러시 제약에도 불구하고 폐쇄형 소 셜 미디어 공간을 기반으로 온라인 행동주의가 크게 확산된 것으로 이해할 수 있다. 현장 설문 조사 결과를 참고하면 상당수 참가자들 이 소셜 미디어 과이용 집단(일일 2시간: 15.1%, 3시간: 10.4%, 4시간 이상: 17.1%)에 속했으며, 동종 선호의 연결망이라 할 수 있는 팔로 워 규모도 〈표 5〉와 같이 구축되어 평균 1,000회 안팎의 정치 정보 를 전달하거나 수신했다.

4. 태극기 집회 참가자 설문 조사 분석과 토의

1) 분석 자료와 변수

이 장에서는 태극기 집회 참가자 현장 설문 조사를 토대로 응답자들의 참가 강도와 정치적 효능감을 분석한다. 태극기 집회 현장 설문 조사는 2017년 3월 1일 15차 태극기 집회 참가자를 대상으로 집회 현장(대한문과 서울시청광장 일원)에서 실시했다. 덧붙이면 정치학 전공 학부생 30명을 사전 교육한 후 당일 12시~20시까지 설문 조사에 투입했으며, 설문지는 850부를 배포해 810부를 회수했다. 피조사자들 일부는 설문 조사 의도를 경계하기도 했으나 대다수는 적극적으로 참여했다. 박근혜 대통령 탄핵심판 이전까지 태극기 집회가 총 19차례 개회되었다는 점에서 한 차례의 설문 조사 자료는 일정한 한계를 가진다. 그러나 다음과 같은 점에서 이런 한계가 적지 않게 상쇄되며, 이 연구의 학문적 의의를 강조할 수 있다. 첫째, 대통령 탄핵 반대라는 태극기 집회의 목표가 일관되었고, 탄핵심판에 임박한 15차 태극기 집회는 민주화 이후 최대 규모의 보수 집회로 대표성을 부여할 수 있다. 둘째, 필자는 수차례의 사전 참여 관찰을 통해 태극기 집회의 주장과 방식을 파악하고 참가자의 성·연령 비율을 추산해 설문 조사를 기획했다. 셋째, 필자의 현장 설문 조사에서 확인된 참가자 특성(〈표 4〉 참조)은 최근의 한 온라인 설문 조사 결과와 매우 유사하게 나타났다. 즉 『조선일보』(2018/08/27)가 월 1회 이상 태극기 집회에 참가한 3037명을 분석한 결과, 40·50대와 60·70대 참가자가 각각 33.2%와 62.2%로 확인되었다. 그리고 대학·대학원을 졸업했으며 중산층에 속한다는 응답이 각각 59.5%와 49.8%로 나타났다. 넷째, 정량적 연구의 탈맥락성 문제를 보완하고자 태극기 집회 참가자 심층 면접 조사를 별도로 진행해 분석 자료로 활용했다. 다섯째, 태극기 집회에 대한 국민 여론

표 4. 태극기 집회 설문 조사 참가자의 인구사회학적 배경

구분		N	%
성	남성	503	62.1
	여성	307	37.9
연령	20대 이하	72	8.9
	30대	45	5.6
	40대	77	9.5
	50대	209	25.8
	60대	238	29.4
	70대 이상	169	20.9
학력	무학	2	0.2
	초등졸	15	1.9
	중졸	49	6.1
	고졸	207	25.6
	전문대졸	80	9.9
	대졸	316	39.1
	대학원졸	139	17.2
월 가구 소득	200만 원 이하	117	14.5
	201-400만 원	249	30.8
	401-600만 원	206	25.5
	601-800만 원	97	12.0
	801만 원 이상	140	17.3
거주 지역	수도권	683	84.3
	비수도권	127	15.6

조사는 일부 실시된 반면, 정작 태극기 집회 참가자들을 대상으로
한 조사는 전무하다는 점에서 현장 설문 조사 자료는 매우 실증적
인 사료의 가치를 지닌다. 〈표 4〉는 태극기 집회 참가자의 인구사
회학적 특성을 정리한 것이다.

〈표 5〉는 분석 변수의 일반적 특성을 정리하고 있으며 이를 부연
하면 다음과 같다. 첫째, 종속변수를 살펴보면 태극기 집회 평균 참

표 5. 분석 변수의 일반적 특성: 기술 통계량

	변수		평균	표준편차	구성(비)
종속변수	태극기 집회 참가(회)		7.03	4.856	
	정치적 효능감(점)		4.48	0.714	
미디어 신뢰도	공중파TV(점)		1.84	1.116	
	종편 채널(점)		1.30	0.738	
	인터넷(점)		2.09	1.238	
	소셜 미디어(점)		2.77	1.404	
선택적 노출	공중파TV(시간)		0.93	1.341	
	종편 채널(시간)		0.48	1.022	
	인터넷(시간)		1.13	1.527	
	소셜 미디어(시간)		1.92	2.097	
방향성 동기화	이념(%)	매우 보수			326(40.2)
		다소 보수			345(42.6)
		중도			114(14.1)
		다소 진보			17(2.1)
		매우 보수			8(1.0)
	정당 지지(%)	새누리당			491(60.6)
		기타 정당			34(4.2)
		없음			285(35.2)
	소셜 미디어 태극기 정보 수신(회)		1,118.3	12,255.7	
	소셜 미디어 태극기 정보 전파(회)		976.9	11,296.8	
동종 선호	정치 토론(점)		3.56	0.091	
	팔로워(%)	~200명			444(54.8)
		201~400명			164(20.2)
		401~600명			96(11.9)
		601~800명			34(4.2)
		801~1,000명			72(8.9)

가 횟수는 7.03회로 나타났다. 이 설문 조사가 15차 태극기 집회에서 시행되었다는 점에서 응답자들은 약 2차당 1회 꼴로 상당히 적극적으로 참가한 양상을 확인할 수 있다. 그리고 이들은 참여 목표가 완전하게 달성될 것(56.9%) 및 어느 정도 달성될 것(37.5%)이라

고 응답해 이례적으로 높은 정치적 효능감을 나타냈다. 이를 5점 척도로 환산하면 평균 4.48점이다. 사실 대통령 탄핵심판을 목전에 두고 국민 여론이 탄핵을 예상하고 있었다는 점에서, 이런 참가 태도는 사지에 몰린 집단 내부에 오도된 자의식 혹은 주관적 열망이 팽배해 있었음을 방증한다. 두 질문은 각각 "귀하는 오늘까지 태극기 집회에 몇 차례 참가하였습니까?"와 "귀하는 태극기 집회 참가 목표가 어느 정도 이루어지리라 믿고 있습니까?"(5점 척도)로 측정했다.

둘째, 미디어 신뢰도는 매스미디어에 비해 뉴미디어가 더 높게 나타났다. 특히 소셜 미디어(2.77)가 가장 높게 종편 채널(1.30)은 가장 낮게 나타났다. 앞에서 설명한 것처럼 정보에 대한 신뢰는 대개 정보원에 대한 신뢰를 추종하기 때문에, 이런 미디어 신뢰도는 매스미디어를 불신하는 참가자들이 뉴미디어를 대안 미디어로 추구했음을 짐작케 한다. 실제로 선택적 노출에서 확인되는 것처럼 탄핵과 태극기 집회 정보 습득 시간도 소셜 미디어가 월등하게 많았고 이어서 인터넷으로 나타났다. 따라서 각각 보수와 진보의 전유물로 불렸던 종편 채널과 소셜 미디어에 대한 신뢰도가 이렇게 전도된 것은 실로 대반전이라 할 수 있다. 아울러 이런 신뢰도 변화는 소셜 미디어를 중심으로 편향 동원을 촉매했다. 네 미디어에 대한 신뢰도는 "귀하는 대통령 탄핵심판과 태극기 집회에 대한 각 매체의 정보를 어느 정도 신뢰하십니까?"(5점 척도)로 측정했다.

셋째, 선택적 노출 역시 매스미디어에 비해 뉴미디어가 더 높게 나타나 미디어 신뢰도와 맥을 같이 하였다. 즉 참가자들은 소셜 미디어(1.92시간), 인터넷(1.13시간), 공중파 TV(0.93시간), 종편 채널 (0.48시간) 순으로 탄핵과 태극기 집회 정보를 많이 습득했다. 이는 더 크게 신뢰하는 미디어의 정보를 더 많이 소비하는 일반적 이용 패턴을 보여 준다. 선택적 노출은 "귀하는 대통령 탄핵심판과 태극기 집회에 대해 각 매체에서 하루 평균 몇 시간 정도 정보를 얻습니까?"로 측정했다.

넷째, 방향성 동기화를 살펴보면 우선 참가자들은 보수가 82.8%에 달해 이념적으로 대단히 동질적인 집단임이 확인되었다. 그리고 정당 지지에서도 60.6%가 새누리당을 지지해 강한 당파성을 드러냈다. 덧붙이면 지지하는 정당이 없다는 응답도 35.2%를 보였으나, 기타 정당 지지가 4.2%에 불과해 일시적으로 지지를 유보한 무당파 현상을 추론케 했다. 참고로 응답자의 87.8%가 18대 대선에서 박근혜 후보에게 투표하고, 20대 총선(지역구)에서는 응답자의 85.8%가 새누리당 후보에게 투표해 일관된 충성심을 나타냈다. 소셜 미디어를 이용한 참가자들의 태극기 집회 정보 수신·전파 횟수는 각각 1,118.3회와 976.9회로 나타나 대단히 적극적인 정보 소통을 확인시켜 주었다. 참가자들의 이념과 정당 지지는 각각 "귀하는 현재 어느 정당을 지지하십니까?"와 "귀하는 자신의 이념 성향이 어떠하다고 생각하십니까?"로 측정했다. 그리고 태극기 집회 정보 수신·전파 횟수는 "귀하는 카카오톡 등 소셜 미디어나 모바일 문자 메시지를 통해서 최순실 게이트·대통령 탄핵·태극기 집회·촛불 집회 등에 관한 정보를 모두 몇 회 다른 사람으로부터 전달받았습니까/다른 사람에게 전달하였습니까?"로 측정했다.

다섯째, 주변인과 대화를 많이 하고 카카오톡 신뢰도가 높을수록 동화 편향이 강하다는 분석 결과(박상운 2014)에 착안하면, 동종 선호는 동류 집단과의 토론 및 소셜 미디어 연결망을 통해 살펴볼 수 있다. 참가자들은 평소 정치 토론에 매우 자주 참가하는 것(3.56)으로 나타났다. 그리고 소셜 미디어 친구와 팔로워 수는 200명 이상이 45.2%로 나타나 연령대를 감안하면 연결망 규모가 상당히 큰 것으로 나타났다. 동종 선호는 "귀하는 평소 주변 사람들과 정치 문제에 대해서 얼마나 자주 의견을 표현하거나 토론하십니까?"와 "귀하는 카카오톡 등 소셜 미디어에서 친구와 팔로워가 모두 몇 명입니까?"(5점 척도)로 측정했다.

2) 정보/미디어 선택과 참가 강도

〈표 6〉은 다중회귀분석을 통해 태극기 집회 현장 설문 조사 응답자들의 정보/미디어 활용이 참가 강도(횟수)에 미친 영향을 분석한 결과이다. 이 연구에서는 〈표 6〉에 제시된 바처럼 인구사회학적 변수를 통제 변수로 포함해서, 각 영역의 독립변수를 네 단계로 순차적으로 투입해 분석을 수행한다. 먼저 단계별로 모형 적합도가 개선되는 것을 확인할 수 있다.

분석 결과를 살펴보면 첫째, 인구사회학적 변수의 경우 유의수준 0.1에서 네 모형 모두 연령과 거주지가 통계적으로 유의하게 나타났다. 즉 연령이 높을수록 그리고 비수도권에 거주할수록 태극기

표 6. 태극기 집회 참가 강도 결정 요인

	변수	모형 1		모형 2		모형 3		모형 4	
		β	t값	β	t값	β	t값	β	t값
인구사회학적 변수	성	-0.414	-0.413	0.003	0.091	0.007	0.209	0.006	0.206
	연령	0.188	5.397***	0.206	5.933***	0.209	5.962***	0.196	5.597***
	학력	0.028	0.818	0.047	1.393	0.049	1.446	0.048	1.457
	소득	-0.017	-0.487	-0.024	-0.702	-0.022	-0.638	-0.042	-1.278
	거주지 (수도권 더미)	-0.128	-3.909***	-0.151	-4.671***	-0.150	-4.655***	-0.152	-4.877***
미디어 신뢰도	공중파TV	-0.034	-0.973	-0.010	-0.284	-0.025	-0.674	-0.011	-0.302
	종편 채널	-0.208	-5.344***	-0.157	-4.146***	-0.143	-3.722***	-0.130	-3.509***
	인터넷	-0.032	-0.898	-0.034	-0.877	-0.043	-1.123	-0.034	-0.913
	소셜 미디어	0.180	5.068***	0.049	1.204	0.048	1.181	0.029	0.735
선택적 노출	공중파TV			0.052	1.304	0.065	1.622	0.073	1.872*
	종편 채널			-0.118	-2.838**	-0.118	-2.842**	-0.124	-3.089**
	인터넷			0.002	0.043	0.000	0.004	-0.004	-0.112
	소셜 미디어			0.233	5.778***	0.218	5.378***	0.151	3.782***
방향성 동기화	이념 (보수 더미)					0.061	1.843*	0.035	1.105
	정당 지지 (새누리당 더미)					-0.041	-1.226	-0.051	-1.588
	소셜 미디어 태극기 정보 수신					0.093	0.431	0.043	0.206
	소셜 미디어 태극기 정보 전파					-0.008	-0.035	0.020	0.094
동종 선호	정치 토론							0.234	7.063***
	팔로워							0.093	2.814**
F-value		17.808 (p=0.000)		16.429 (p=0.000)		13.352 (p=0.000)		16.120 (p=0.000)	
R^2		0.168		0.215		0.226		0.284	

※ * $p < 0.1$, ** $p < 0.05$, *** $p < 0.01$.

집회에 더 많이 참가했다. 둘째, 미디어 신뢰도에서는 종편 채널이 네 모형 모두 통계적으로 유의하게 나타났다. 즉 종편 채널에 대한 신뢰도가 낮을수록 태극기 집회에 더 많이 참가했다. 덧붙이면 모형 1의 경우 소셜 미디어에 대한 신뢰도가 높을수록 태극기 집회에 더 많이 참가하는 것으로 나타났으나, 다른 모형에서는 통계적으로 유의하지 않았다. 셋째, 선택적 노출에서는 세 모형 모두 소셜 미디어와 종편 채널이 통계적으로 유의하게 나타났다. 즉 소셜 미디어 이용 시간이 많을수록 그리고 종편 채널 이용 시간이 적을수록 태극기 집회에 더 많이 참가했다. 첨언하면 모형 4의 경우 공중파 TV 이용 시간이 많을수록 태극기 집회에 더 많이 참가하는 것으로 나타났으나, 다른 모형에서는 통계적으로 유의하지 않았다. 넷째, 방향성 동기화는 모형 3에서 이념이 통계적으로 유의하게 나타났다. 즉 보수 성향일수록 태극기 집회에 더 많이 참가했다. 그러나 모형 3과 4 모두 당파성과 소셜 미디어를 통한 정보 공유는 통계적으로 유의하지 않았다. 다섯째, 동종 선호는 정치 토론과 팔로워 규모가 모두 통계적으로 유의하게 나타났다. 즉 주변인과 정치 토론을 많이 할수록 그리고 소셜 미디어 팔로워 수가 많을수록 태극기 집회에 더 많이 참가했다.

이런 분석의 함의를 구체적으로 논의하면 다음과 같다. 우선 태극기 집회 참가에서 확인되는 연령 효과는 세대 갈등의 전조를 강하게 드리운다. 즉 태극기 집회에 참가한 응답자 연령은 최고 89세를 포함해서 평균 57.16세를 기록해 유례없는 초고령 집회 양상을 보였다. 반면 통계적으로 유의하지 않은 성·학력·소득은 비교적 균일한 분포를 나타내(〈표 4〉 참조), 참가자들이 특정 계층에 편중되지 않았음을 확인시켜 주었다. 아울러 참여 비용을 고려하건대 지방 거주자의 집회 참가 횟수가 더 많은 것은 비합리적이나 이를 통해 소외된 세대의 항변을 엿볼 수 있다. 따라서 이들을 예단해 '일당 받는 할배'로 비하하기보다는 '인정을 위한 저항'(김진욱·허재영 2018) 의 내면을 면밀히 살펴 세대 갈등을 예방할 필요가 있다.

그리고 종편 채널에 대한 불신이 태극기 집회 참여 강도를 높인 점을 주목할 수 있다. 주지하듯이 JTBC의 태블릿 pc 의혹 보도가 촛불 집회의 기폭제가 된 반면, 이 태블릿 pc가 조작되었다는 주장 은 태극기 집회의 대표적인 가짜 뉴스이다. 그럼에도 이 주장은 현 재까지도 태극기 집회에서 반복되며 참가자들의 맹신과 편향 동원 을 계속 고무하고 있다. 이에 따라 '보수의 나팔수'로 불리던 종편 채널의 신뢰도는 급속히 반전되어, 촛불 집회 참가자들이 가장 신 뢰하고 태극기 집회 참가자들이 가장 불신하는 미디어로 변모되었 다(도묘연 2017).

이어서 미디어 신뢰도를 반영해서 선택적 노출이 이루어지고 있 음을 확인할 수 있다. 즉 미디어 신뢰도와 이용 시간이 비례했으며, 이에 따라 소셜 미디어와 종편 채널 이용 시간의 차이가 가장 크게 나타났다. 그리고 종편 채널을 적게 이용할수록 그리고 소셜 미디 어를 많이 이용할수록 태극기 집회에 더 많이 참가하였다. 이는 오 정보misinformation를 사실로 착시하는 믿음이 미디어에 대한 태도 와 정보 소통 방식을 변화시켜 편향 동원을 촉진하는 개연성을 뒷 받침한다.

다음으로 예측과 달리 방향성 동기화 효과가 거의 발생하지 않았다는 점을 주목할 수 있다. 즉 모형 4를 기준으로 보면 이념, 당파성, 소셜 미디어 정보 공유는 통계적으로 유의한 기제로 작동하지 않았다. 이는 해석이 필요한 대목으로 이론적 논의와 달리 선택적 노출과 동종 선호 사이의 중간 지대가 현실적인 의미를 갖지 못한다는 문제의식을 가지게 된다. 우선 이는 개인적 차원의 방향성 동기화와 집단 차원의 동종 선호가 형식논리로는 분리되나 실질적으로는 동시에 진행된 결과일 수 있다. 종속변수가 다르긴 하지만 〈표 7〉에서도 소셜 미디어 정보 수신·전파가 통계적으로 유의하지 않은 점도 참고할 여지가 있다. 특히 소셜 미디어를 매개한 동원 효과가 커뮤니케이션이 아니라 네트워킹에 의해 발생한다는 주장에 의거하면 메시지 교환(방향성 동기화)보다는 팔로워 연결망(동종 선호)이 통계적으로 유의한 점은 납득할 만하다. 다음으로 이념과 당파성은 이미 미디어에 대한 태도(신뢰도)에 반영되었을 가능성을 감안할 수 있으며, 아울러 정치적 동질성이 매우 큰 집단이라 참가 강도에 미치는 영향의 변별력이 감소되었을 가능성도 고려할 수 있을 것이다. 그러나 비관습적 정치 참여 사례로 이를 다룬 선행 연구를 찾을 수 없어, 유추를 예단할 수 없으며 후속 연구를 통해 문제의식을 규명할 필요가 있다.

마지막으로 동종 선호 효과가 강하게 나타났다는 것을 확인할 수 있다. 즉 일상적인 정치 토론과 소셜 미디어 연결망 규모가 집단 극화의 기제로 활용되어 응답자들의 태극기 집회 참가를 촉진한 것으로 나타났다. 덧붙이면 이런 집단 극화는 이들의 정치적 태도(일상

표 7. 정치적 효능감 결정 요인

변수		모형 1		모형 2		모형 3		모형 4	
		β	t값	β	t값	β	t값	β	t값
인구사회학적 변수	성	-0.61	-1.810 *	-0.043	-1.279	-0.045	-1.353	-0.044	-1.313
	연령	0.069	1.957*	0.084	2.328**	0.057	1.570	0.041	1.106
	학력	-0.84	-2.374**	-0.079	-2.246**	-0.070	-1.995**	-0.067	-1.912*
	소득	-0.018	-0.504	-0.025	-0.700	-0.017	-0.476	-0.028	-0.801
	거주지 (수도권 더미)	0.029	0.869	0.017	0.517	0.016	0.468	0.016	0.476
미디어 신뢰도	공중파TV	0.019	0.530	0.038	1.000	0.039	1.029	0.049	1.316
	종편 채널	-0.324	-8.925***	-0.266	-6.767***	-0.236	-5.972***	-0.230	-5.861***
	인터넷	-0.034	-0.915	-0.039	-0.973	-0.034	-0.856	-0.026	-0.670
	소셜 미디어	0.061	1.698*	-0.022	-0.516	-0.017	-0.413	-0.028	-0.684
선택적 노출	공중파TV			0.005	0.112	-0.006	-0.155	-0.004	-0.090
	종편 채널			-0.123	-2.848**	-0.120	-2.804**	-0.124	-2.920**
	인터넷			0.000	0.012	-0.002	-0.043	-0.007	-0.170
	소셜 미디어			0.151	3.609***	0.153	3.654***	0.116	2.745**
방향성 동기화	이념 (보수 더미)					0.102	3.006**	0.083	2.446**
	정당 지지 (새누리당 더미)					0.103	2.992**	0.097	2.848**
	소셜 미디어 태극기정보 수신					0.085	0.381	0.061	0.279
	소셜 미디어 태극기정보 전파					-0.058	-0.262	-0.047	-0.215
동종 선호	정치 토론							0.153	4.374***
	팔로워							0.030	0.849
F-value		13.552 (p=0.000)		11.141 (p=0.000)		9.954 (p=0.000)		10.190 (p=0.000)	
R²		0.133		0.157		0.179		0.200	

※ * p〈0.1, ** p〈0.05, *** p〈0.01.

정치 토론)와 자원 동원 능력(팔로워 규모)에서 비롯된 것인바, 정치
적 태도를 수정하기보다는 강화하는 방식으로 참가했음을 시사한
다. 특히 일반적으로 미디어 활용이 수용자의 정치적 신념을 바꾸

기보다는 강화하는데 더 큰 역할을 해왔다는 점에서 이런 해석은
적실성을 가진다.

3) 정보/미디어 선택과 정치적 효능감

〈표 7〉은 다중회귀분석을 통하여 태극기 집회에 참가한 응답자
들의 정보/미디어 활용이 정치적 효능감에 미친 영향을 분석한 결
과이다. 앞의 절과 마찬가지로 이 절에서도 인구사회학적 변수를
통제 변수로 포함해서, 각 영역의 독립변수를 네 단계로 순차적으
로 투입하며 분석을 수행한다. 우선 단계별로 모형 적합도가 개선
되는 것을 확인할 수 있다.

분석 결과를 살펴보면 첫째, 인구사회학적 변수의 경우 유의수준
0.1에서 네 모형 모두 학력 수준이 통계적으로 유의하게 나타났다.
즉 학력 수준이 낮을수록 정치적 효능감이 더 높게 나타났다. 덧붙
이면 모형 1과 2에서 연령이 많을수록 정치적 효능감도 높았으나,
다른 모형에서는 통계적으로 유의하지 않았다. 그리고 모형 1에서
여성일수록 정치적 효능감이 높게 나타났으나, 역시 다른 모형에서
는 통계적 유의성을 보이지 않았다. 둘째, 미디어 신뢰도에서는 네
모형 모두 종편 채널이 통계적으로 유의하게 나타났다. 즉 종편 채
널에 대한 신뢰도가 낮을수록 정치적 효능감이 더 높았다. 덧붙이
면 모형 1의 경우 소셜 미디어에 대한 신뢰도가 높을수록 정치적
효능감이 더 높은 것으로 나타났으나, 다른 모형에서는 통계적으로

유의하지 않았다. 셋째, 선택적 노출에서는 세 모형 모두 소셜 미디어와 종편 채널이 통계적으로 유의하게 나타났다. 즉 소셜 미디어 이용 시간이 많을수록 그리고 종편 채널 이용 시간이 적을수록 정치적 효능감이 더 높았다. 넷째, 방향성 동기화는 두 모형 모두 이념과 당파성이 통계적으로 유의하게 나타났다. 즉 보수 성향일수록 그리고 새누리당을 지지할수록 정치적 효능감이 더 높았다. 그러나 소셜 미디어를 통한 정보 공유는 통계적 유의성을 보이지 않았다. 다섯째, 동종 선호에서는 정치 토론이 통계적으로 유의하게 나타났다 즉 주변인과 정치 토론을 많이 할수록 정치적 효능감이 더 높았으며, 소셜 미디어 팔로워 규모는 통계적 유의성을 보이지 않았다.

이런 분석의 함의를 구체적으로 논의하면 다음과 같다. 첫째, 응답자들의 정치적 효능감이 전체적으로 매우 크지만(4.48/5), 학력 수준에 따라 차이가 나타난 점을 주목할 수 있다. 특히 학력 수준이 낮을수록 정치적 효능감이 높게 나타난 것은 두 측면에서 해석의 여지가 매우 크다. 우선 학력 수준은 사회적 상황에 대한 객관적 이해 능력을 뜻하기 때문에, 통상적으로 정치 참여 강도에 정의positive 영향을 미치는 것으로 일반화되어 왔다(Veba et al. 1995). 즉 학력 수준이 높을수록 우월한 지적 이해에 바탕해서 정치적 효능감과 정치 참여 강도가 고양된다는 것이다. 그러나 이런 주장은 주로 관습적 정치 참여를 전제한다는 점에서 설명력이 제한적이며, 따라서 비관습적 정치 참여의 이질적인 맥락을 충분히 고려해야 한다. 가령 합리적 선택 시각에서 보면 투표보다 사회운동에 참가하는 것이 더 많은 비용을 지불해야 하고 때로는 상당한 위험까지 감수해야 한다. 이런 맥락에서 정치 참여는 학력 수준과 무관하거나, 오히려 학력 수준이 높을수록 많은 비용과 위험을 부담하는 선택을 회피하게 된다. 다음으로 정치적 효능감의 논쟁적인 속성을 고민할 필요가 있다. 즉 정치적 효능감이 지식과 이해 또는 감정과 신념 중 본질적으로 무엇에 의해 구성되는가 하는 것이다. 이와 관련해서 정치적 효능감의 지적 요인보다 감정적 요인을 크게 강조하는 연구들 (Sarbin 1986; Jasper 1997; Barbalet 1998; Hercus 1999; Polletta and Jasper 2011; 굿윈 외 2012)은 공히 정치적 신념이 지적 이해가 아니라 감정적 견고함을 통해 강화된다는 함의를 제시한다. 아울러 정치적 효능감은 개인이 정치적 행동을 통해 영향력을 발휘할 수 있다는 '신념'에 의해 측정되어야 한다는 반두라의 주장을 상기할 필요가 있다(Bandura 1997; 2001). 이런 점에서 비관습적 정치 참여 효능감에 대한 지적 감정적 영향 요인은 더욱 조밀하게 탐문되어야 한다.

그리고 종편 채널에 대한 불신이 클수록 정치적 효능감이 배양된다는 점을 확인할 수 있다. 이는 공포의 감정이 정치적 효능감을 위축시키는 반면, 불만과 분노의 감정은 그것을 증폭시킨다(박형신·정수남 2015)는 주장을 뒷받침한다. 종편 채널에 대한 불신은 태극기 집회 참가 강도 또한 높인다는 점에서 정치적 효능감과 맥락을 같이 한다. 마찬가지로 신뢰도가 낮은 종편 채널을 적게 이용할수록 그리고 신뢰도가 높은 소셜 미디어를 많이 이용할수록 정치적 효능감이 더 크다는 점이 확인된다. 이 역시 태극기 집회 참가 강도와 맥락을 같이 하는데, 미디어 신뢰와 노출이 정치 참여는 물론 효능감에도 순환적으로 작용한다는 정치적 함의를 얻을 수 있다.

이어서 이념과 당파성 측면에서 방향성 동기화 효과를 확인할 수 있다. 태극기 집회 참가자의 광범한 허위 지각을 전제하면 이는 전형적인 방향성 동기화 현상으로 간주된다. 즉 정확하고 객관적인 결론이 아닌 원하는 결론에 도달하는 방향으로, 응답자들의 이념적 정파적 정향이 작동하며 정치적 효능감을 고양시켰다. 다만 이런 방향성이 '의도된' 허위 지각에 의한 것인지, 아니면 '무지의' 허위 지각에 의한 것인지를 판별할 수는 없다. 그리고 의도된 허위 지각으로 가정하더라도 소셜 미디어 정보 공유는 정치적 효능감에 유의한 영향을 미치지 못했다. 따라서 이 분석 결과에 한정하건대 태극기 집회 참가자의 소셜 미디어 정보 공유가 참가 강도나 정치적 효능감을 고양시켰을 것이라는 세간의 통념은 성립하기 어렵다고 할 수 있다.

마지막으로 정치 토론에 의한 동종 선호가 정치적 효능감을 고양한다는 점을 확인할 수 있다. 반면 자원 동원 능력(팔로워 규모)은 통계적으로 유의하지 않았다. 즉 이 분석 결과를 따르자면 회자되는 바와는 달리 소셜 미디어를 통한 동종 선호의 집단화가 정치적 효능감을 높이는 효과를 거두지 못했다. 오히려 이보다는 오프라인에서의 일상적인 정치 토론이 정치적 효능감을 증대하는 데 기여했다. 따라서 태극기 집회의 참가 목표가 이루어질 것이라는 응답자들의 효능감은 소셜 미디어 팔로워 수에 기능적으로 의존하기보다는 오프라인에서의 대면적인 정치적 대화를 통해 증진되었다고 정리할 수 있다.

5. 결론 및 함의

이 연구는 지능정보사회의 정보/미디어 선택과 활용이 편향 동원에 어떻게 영향을 미치는지를 경험적으로 분석했다. 이를 위해서 우선 태극기 집회의 사례 적실성을 검토하고 분석 대상으로 선정하였다. 주지하듯이 태극기 집회는 가짜 뉴스와 동화 편향을 상징하는 문제 현상으로 대두됨으로써, 그 원인에 대한 규명과 함께 갈등 관리를 위한 실천적 처방을 요청하고 있다. 그런데 가짜 뉴스 등 오정보를 둘러싼 논란에도 불구하고, 실제로 동화 편향이 태극기 집회의 유의미한 동원 기제였는지는 명료하게 분석된 바가 없다. 이런 면에서 이 연구는 사례 분석의 완결성을 기하기 위해, 네트워크 분석과 트렌드 분석, 및 태극기 집회 참가자 심층 면접 조사와 현장 설문 조사 등 정성적 정량적 분석 방법을 체계적으로 동원했다. 특히 참가자들을 집중적으로 조명함으로써 태극기 집회의 내적 논리를 이해하며 시사점을 얻을 수 있었다. 그리고 이 연구는 정치 커뮤니케이션과 정치심리학의 이론적 자원을 체계화해 분석틀을 제시했다. 특히 대개의 연구들이 미디어 신뢰도와 선택적 노출 차원에서 경험적 분석을 수행한 반면, 이 연구는 동기화와 동종 선호를 포함하여 분석틀의 논리 구조를 좀 더 체계적으로 다듬었다.

각 분석 방법을 활용해서 고찰한 결과는 다음과 같이 정리할 수 있다. 첫째, 네트워크 분석과 트렌드 분석을 통해서 태극기 집회와 가짜 뉴스 관련성에 대한 사회적 관심사가 증대했음을 확인할 수 있었다. 덧붙이면 태극기 집회가 점차 가열되면서 태극기 집회와 가짜 뉴스 검색량이 동반 상상했고 박근혜 대통령 탄핵 시점에는 최고점을 기록했다. 그리고 언론 보도 기사의 경우 가짜 뉴스와 연관어 간의 연결망 밀도 또한 초기에서 후기로 갈수록 대단히 조밀해졌고, 가짜 뉴스가 태극기 집회의 다른 주제들을 연결하는 중개 중심성도 비약적으로 커졌다. 둘째, 태극기 집회 참가자 심층 면접 조사를 통해 응답자들의 허위 지각이 상당히 높은 수위에 달했음을 확인할 수 있었다. 응답자들을 통해 정리한 〈표 3〉의 가짜 뉴스 이슈와 내용은 주로 이념과 당파성에 의거해서 허위 지각이 형성되었음을 보여 준다. 한편 이들의 응답 태도에서 허위를 진실로 오도하는 경향이 강하게 나타나 사회적 소통의 필요성을 일깨웠다. 셋째, 태극기 집회 참가자 설문 조사를 수행해 응답자의 편향 동원에 통계적으로 유의한 영향을 미친 요인들을 확인했다. 즉 분석 모형 4를 기준으로 종편 채널 신뢰도(미디어 신뢰도), 종편 채널과 소셜 미디어 이용량(선택적 노출), 일상적인 정치 토론(동종 선호)이 공히 태극기 집회 참가 강도와 정치적 효능감을 고양하는 데 영향을 미쳤다.

전술한 바와 같이 현장 설문 조사 응답 결과를 전제로 이 연구의 함의를 정리하면 다음과 같다. 첫째, 정보/미디어의 선택과 활용이 응답자들의 편향 동원의 촉매제였음을 확인할 수 있다. 이 연구에서는 이를 미디어 신뢰-선택적 노출-방향성 동기화-동종 선호의 측면에서 고찰했다. 그리고 각 단계에서 통계적으로 유의한 주요 변인들을 관측할 수 있었다. 덧붙이면 동화 편향 메커니즘은 형식 논리적 단계로 구분되나, 경험적 분석에서 나타난 바처럼 단계가 중첩될 가능성은 후속 탐구 과제로 여겨진다. 둘째, 고-선택 미디어 환경에서의 응답자들의 특정 채널 선택과 정보 편식이 강하게 나타났다. 태극기 집회 참가자들은 종편 채널을 불신·회피하고 소셜 미디어를 선호·추구하는 전략적 행태를 보였다. 이는 과거 진보층의 미디어 이용이 전이된 양상으로도 이해할 수 있는데, 결국 정치 지형과 미디어 생태계가 이용 행태를 구조적으로 제약한다는 것을 확인할 수 있다. 셋째, 응답자들의 허위 지각이 의도된 것인지 아니면 무지의 소산인지 단정할 수 없으며, 방향성 동기화 요인들이 태극기 집회 참가 강도에 유의한 영향을 미치지는 않았다는 것은 특기할 만하다.

이 연구는 태극기 집회의 성격에 대한 성찰적 이해와 갈등 관리에 대한 논의를 간략히 제언하면서 글을 맺고자 한다. 태극기 집회에 대한 단상은 연구자들에 따라 '촛불 집회의 대응 사회운동counter movement', '극우 헤게모니 운동', '인정을 위한 투쟁' 등으로 펼쳐지고 있다. 이 단상들을 요약하건대, 우선 2002년 촛불 집회 이래 강화되어 온 보수층의 반작용이 현금에 이르렀다는 점에서, 태극기 집회는 대응 사회운동으로서의 역사성을 가지고 있다. 그리고 참가자들이 태극기 집회를 반북 체제 수호 운동으로 정의하면서 이념 갈등의 축이 점차 공고해지고 있다. 또한 한국전쟁과 반공 권위주의의 정치 사회화를 강렬하게 경험한 고연령층이 태극기 집회의 주축을 형성함으로써 세대 갈등도 심화되고 있다. 여기에 정치적 대표 체제에서 보수의 입지가 극도로 위축되면서 태극기 집회의 거리 투쟁은 장기화되고 있다. 따라서 사회 개혁과 전환기 정의 세우기 이후, 갈등 관리와 사회 통합의 논의를 본격화할 필요가 있다. 특히 태극기 집회와 참가자들을 분리하고, 이들을 격리 대상이 아니라 대화상대로 호명해야 한다. 그것은 전상인(2017)의 지적과 같이 특정 세대가 인지 부조화를 겪으며 '시간의 실향민'으로 전락하지 않도록 하는 사회적 책무라 할 수 있다. 아울러 이념과 세대를 축으로 하는 새로운 남남 갈등을 예방하는 것 또한 역사적 책무라 할 수 있다.

| 6장 |

여성 할당제인가,
젠더 할당제인가

한국의 할당제 정책에 내재된 '비동시성의 동시성'

최일성

1. 서론: 섹스, 젠더 그리고 '비동시성의 동시성'

오늘날 한국 현대사의 흐름을 특징짓는 개념 가운데 하나로 이른
바 '비동시성의 동시성'simultaneity of the non-simultaneous[1]이 회자되고
있다. 이 개념은 한국 현대사의 압축적 성장 과정, 즉 전근대적, 근

1_이 개념은 독일 철학자 에른스트 블로흐(Ernst Bloch)가 바이마르공화국의 모순적 정체
성, 즉 "왜곡된 자본주의 체제로서의 파시즘"의 성격을 설명하기 위해 처음 사용하였고(강
정인 2008, 121), 한국에서는 강정인(2014)과 임혁백(2014) 등이 한국 현대 정치(사상)에
드러난 다층적·중층적 특성을 설명하기 위해 차용하고 있다.

대적, 탈근대적 요소들이 동시대적으로 공존하면서 만들어 낸 부조리를 설명하는 데 탁월한 장점이 있는 것으로 평가된다(이병하 2015, 243 참조). 강정인·정승현에 의하면, 정치사상의 영역에서 이런 부조리는 세계사적 맥락을 달리하는 복수의 이념들이 한국 현대 정치사라는 동시대적 공간 속에서 동시다발적으로 조우·충돌하면서 특정 이념을 중심으로 '중층 결정'overdetermination되는 현상으로 나타난다고 한다.[2]

필자가 보기에 한국 현대사에서 여성 정책도 이와 유사한 경험을 하고 있는 것처럼 보인다. 주지하다시피 세계사적 맥락에서 여성주의는 1970년대를 거치면서 생물학적 '섹스'sex에 대한 문제의식에서 사회·문화적 '젠더'gender에 대한 문제의식 — 양자의 교차 가능성에도 불구하고 — 으로 전환·확대되는 과정을 거친다. 그러나 한국 사회에서 이런 문제의식은 1980년대의 민주화를 경험하면서 거의 동시대적으로 논의·수용되며, 게다가 관련 정책들 역시 충분한 논의를 생략한 채 정부 방침에 따라 목적론적으로 채택된다. 그런 이유로 자칫 상충될 수도 있는 두 문제의식이 혼융될 뿐만 아니라 양자 사이의 모호한 중층 결정이 관련 정책을 지배하기도 한다. 단편적인 사례이기는 하나, 한국 학계에서는 아직까지도 여성학Women's Studies과 젠더학Gender Studies이 서로 다른 이론 체계임에도 불구하

2_강정인·정승현은 루이 알튀세르(Louis Althusser)의 '중층 결정' 개념을 빌어 민주화 이전 한국 현대 정치의 이념적 지형을 "민족주의에 의한 여타 이념의 중층 결정"으로 설명한다 (강정인·정승현 2013, 4-5).

고 혼용되는 경우 — 이론적으로는 양자의 구분을 당연시함에도 불구하고 — 가 드물지 않으며,[3] 정무적으로도 '여성가족부'가 젠더평등gender equality의 책임 부서라는 상징적 행정 — 이 부서의 영문 명칭이 Ministry of Gender Equality(젠더 평등부)라는 차원에서 — 이 큰 저항 없이 받아들여지고 있다.[4] 필자는 이런 현상들이 강정인·정승현(2013)의 개념을 빌어 '섹스에 의한 젠더의 중층 결정'overdetermination of gender by sex으로 정의될 수 있지 않을까 조심스럽게 판단한다.

필자가 보기에 이런 중층 결정 현상은 특히 국내의 할당제 정책에서 두드러지게 관찰된다. 사실 국내 학자들의 상당수는 분석 층위가 사뭇 다른 '여성 할당제'Quotas for Women; Quotas for female; Women's Quotas와 '젠더 할당제'Gender Quotas를 대부분 '여성 할당제'

3_한국연구재단이 제시한 [학술연구분야분류(2016년 2월 기준)]는 국내 학계의 현실을 우회적으로 보여 준다. 이 분류에 따르면 '여성'과 'Gender'는 사실상 동의어로 취급되고 있다. 예를 들어 여성학은 Gender Studies, 여성 정책학은 Gender Policy, 여성정보학은 Information and Gender, 여성사는 Gender History, 여성문화학은 Gender and Culture, 기타여성학은 Other Gender Studies 등으로 명시되고 있다.

4_오늘날 국내에서는 Gender Equality의 번역어가 '양성(남녀)평등'이냐 혹은 '성평등'이냐를 둘러싸고 첨예한 논쟁이 진행되고 있다. 이 논쟁은 2005년 당시 여성부가 여성 정책 용어 개편 사업을 통해 Gender를 '남녀별' 혹은 '성별'로, Gender Equality를 '양성 평등' 혹은 '남녀평등'으로 번역할 것을 제안(백현석 2005 참조)하면서 본격화되었고, 이를 증빙이라도 하듯 2015년에 <양성평등기본법>(강조 추가)이 제정·발효되면서 절정에 다다랐다. 이와 관련하여 다수의 여성단체와 학자들이 비판적인 의견을 개진하였는데, 특히 배은경(2016, 23-24)과 박주연(2017)을 참고하라. 2015년 <양성평등기본법>의 시행을 계기로 '여성가족부'의 명칭을 '양성평등부'로 바꾸자는 의견이 개진되었으나(이하나 2015), 진지한 토론으로 이어지지 못했다.

로 기술하거나 번역하는 경향을 보이고 있다.[5] 그러나 이론적인 관점에서 전자는 생물학적 여성 일반에게 일시적으로 혹은 잠정적으로 특혜 — 긍정적 차별대우 — 를 제공하는 '차별 정책'으로서의 적극적 조치를 의미하지만,[6] 후자는 논의의 맥락에 따라 생물학적 남성과 여성을 각각 혹은 함께 아우를 수 있는 '보편 정책'으로서의 적극적 조치를 의미한다(Norris & Dahlerup 2015). 이때 중요한 문제는 생물학적 성별 격차가 아니라 사회구조에 침윤된 불평등성 그자체가 되며, 민주주의의 원칙과 절차를 어떻게 실현할 것인지가 중요한 쟁점이 된다.

유럽젠더평등위원회European Institute for Gender Equality, EIGE가 제시한 정의는 이런 이념을 상징적으로 대변한다. 이에 따르면 젠더 할당제는 "여성 그리고/또는 남성women and/or men에 의해 채워질 혹은 그들에게 할당된 지위 및 자리의 수나 비율(%)을 특정

5_국내 학계의 할당제 관련 연구 논문 제목을 살펴보면, 대부분이 '여성 할당제'를 영문으로는 'Gender Quotas'로 소개하고 있다. 반대로 국외에서 실시되는 Gender Quotas는 대부분 '여성 할당제'로 번역하고 있으며, 이를 '젠더 할당제'나 '젠더 쿼터제'로 번역·소개한 경우는 매우 드물다.

6_일반적으로 '적극적 조치'는 차별적 우대 정책으로서의 적극적 조치를 지칭한다. 이 용어는 1961년 미국의 케네디 대통령의 행정명령 제10925호 — "인종, 정치적 신조, 피부색, 민족 기원" 등에 근거한 차별을 금지한 — 에 처음으로 등장하였고, 법률상으로는 1964년 민권법(The Civil Right Act) 제7장에 처음으로 규정되었다(박경순 2008, 125-127 참조). 미국, 독일, 캐나다 등에서는 'Affirmative Action', 유럽연합, 영국, 이탈리아 등은 'Positive Action'으로 명명하고 있다. 우리나라의 경우 1995년에 제정된 <여성발전기본법>에 "여성의 참여가 현저히 부진한 분야"를 시정하기 위한 '잠정적 우대조치'(제6조)라 명시하였으나, 2002년 개정 법률에서 이를 '적극적 조치'로 변경하였다(김경희 2005a).

규칙이나 기준을 바탕으로 마련함으로써 젠더 균형적인 참여와 대표성의 성취를 신장시키기 위한 적극적 조치"[7](강조 추가)로 정의된다. 이런 정의는 젠더 평등이라는 보편주의를 지향하기 때문에 생물학적 여성 일반을 '불리한 조건에 놓인 사람들'로 설해 그들에게만 특혜를 베푸는 차별적 우대 조치로서의 여성 할당제와는 담론의 층위를 달리 한다(바치 2009, 15-20 참조). 그럼에도 불구하고 젠더 할당제를 여성 할당제와 동일시하거나 혼용하는 국내의 관습적인 경향은 한국 여성 정책사 속에 내재된 비동시성의 동시성, 즉 '섹스에 의한 젠더의 중층 결정'의 한 단면을 예증하는 것이 아닌가 생각한다.

이에 필자는 한국 현대사에서 관찰되는 이런 중층 결정 현상을 오늘날 국내에서 제시되는 할당제 정책을 통해 좀 더 면밀하게 분석해 보고자 한다. 그것은 구체적으로 섹스에 의한 젠더의 중층 결정을 증명해 내는 과정임과 동시에, 그런 중층 결정이 국내의 할당제 정책에 어떻게 투영되고 있으며 관련 담론들을 어떤 결과로 이끌고 있는지 분석하는 과정이 될 것이다.

본격적인 논의에 앞서 본고에서 사용할 여성 정책 관련 용어 몇 가지를 제안하고자 한다. 지난 30년간 한국 사회는 특히 〈여성발전기본법〉(1995)과 〈양성평등기본법〉(2015)의 제정·시행을 경험하면서 여성 정책 관련 용어 선정을 두고 극한의 대립을 벌여 왔다.

---

[7]_European Institute for Gender Equality, "Gender Quotas"(https://eige.europa.eu/thesaurus/terms/1203?lang=en _검색일 2020/03/16).

그리고 그 논쟁은 오늘날에도 여전히 진행 중에 있다(유정미 2019, 3-12 참조). 필자는 이런 논쟁 역시 '섹스에 의한 젠더의 중층 결정' 양상을 드러내고 있다고 판단하는데, 학계에서조차 섹스 중심의 용어가 젠더 중심의 용어를 압도하는 것처럼 보이기 때문이다. 예를 들어, Gender에 대한 국내 학자들의 번역어를 살펴보면 섹스 중심의 '성별', '남녀별'의 용어가 젠더 중심의 '성', '젠더' 등의 용법보다 두드러지고, Gender Equality 역시 섹스 중심의 '양성 평등', '남녀평등'의 용어가 젠더 중심의 '성평등', '젠더 평등' 등의 용법보다 빈번한 것이 현실이다.

이런 이유로 필자는 사회과학적 분석 범주로서 Sex와 Gender의 고유성을 구분할 필요가 있다고 판단하여 적어도 본고에 한해서는 두 용어를 '섹스'와 '젠더'로 음역해서 제시하고자 한다.[8] 관련 용어 역시 국내의 주류적인 관행이나 입장과는 별도로 여성 할당제 Quotas for Women; Quotas for female; Women's Quotas, 젠더 할당제Gender Quotas, 젠더Gender, 젠더 평등Gender Equality, 젠더적 관점gender perspective, 젠더 주류화Gender Mainstreaming 등의 용어를 사용함으로써 다소간의 개념 차이를 드러내고자 한다.[9] 그러나 이런 시도는 본고

8_ 다만 국내에서 정책적으로 공표된 용어는 그 용어를 그대로 명시하며, 대신 괄호 속에 음역된 용어를 병기할 것이다. 예시) 양성(젠더)평등.

9_ 이와 유사한 태도를 독일 학계에서 찾아볼 수 있다. 생물학적 성과 사회·문화적 성이 Sex 와 Gender로 구분되어 있는 영어와 달리, 독어에는 생물학적 성을 의미하는 Geschlecht만 존재한다. 이런 이유로 독일 학계는 그동안 Sex와 Gender를 번역할 때 Geschlecht 앞에 '생물학적' 혹은 '사회학적'이라는 형용사를 붙여 왔다. 그러나 젠더학(Gender-Studien)의 필

의 구성을 위한 의도적인 조치이며, 따라서 관련 용어의 용법에 대한 비판을 우회하는 것이다. 용어에 대한 개념적 정의는 관련 전문가들의 세심한 논의를 필요로 하며, 별도의 과제로 남겨 두도록 하겠다.

2. 세계 여성주의 역사 속의 할당제: 여성 할당제에서 젠더 할당제로

1980년대 말 한국 사회에서 진행된 탈권위주의적 민주화는 여성주의 운동의 이론적·실체적 지형에 많은 변화를 주었다. 과거 여성주의 운동은 민주적 결사와 활동이 제한됨으로 인해 소수의 전위적 여성운동가들을 중심으로 진행되었다. 그러나 민주화를 거치면서 여성주의 운동은 여성운동가들뿐만 아니라 주부, 학생, 청년, 직장인 등 광범위한 계층의 여성들이 참여하는 그야말로 범사회적인 시민운동으로 발돋움했다(김기선미 2004, 353). 정치적 의제의 차원에서도 여성주의 운동은 과거 여성 차별 및 여성 억압에 대한 소극적인 문제제기 수준을 뛰어 넘어, 사회 전 분야에 걸쳐 여성들의 적극

요성이 인정되기 시작한 1990년대 이후부터 독일 학계는 Gender를 별도의 번역 없이 도입하고 있다(브라운·슈테판 편 2000, 91-97 참조). 국내에서도 젠더를 독립적인 사회과학적 분석 범주로 받아들여야 한다는 주장이 지속적으로 제기되고 있다. 특히 김미덕(2011), 김은실(2008), 배은경(2004)을 보라.

적이고 균형적인 참여를 주장했을 뿐만 아니라(전경옥 외 2010, 67), 정치·경제·사회·문화 등 제반 영역에서 여성주의적 시각 — 이른바 '젠더적 관점'gender perspective — 이 반영될 수 있는 실천적인 노선을 고민하기 시작하였다(김경희 2005b, 256).

한국 여성주의 진영의 이런 기류 변화는 비단 국내에서 촉발된 민주화뿐만 아니라 세계 여성주의 진영에서 제안된 전략적인 노선 변화와도 맥락을 같이 한다. 1995년 북경에서 개최된 제4차 세계 여성대회에서 참가국 189개국의 만장일치로 채택된 〈북경행동강령〉은 이런 변화를 상징적으로 보여 준다. 이 행동강령은, 앞서 채택된 〈여성차별철폐협약〉Convention on the Elimination of All Forms of Discrimination against Women, CEDAW(1979) 제4조 1항에서 제안된 여성을 위한 차별적 우대 조치의 필요성을 인정하면서도(예를 들어 〈북경행동강령〉, 57 문단 참고), 이에 만족하지 않고 정치·경제·사회·문화 등 전 분야에 걸쳐 "젠더적 관점을 주류화하기 위한 능동적이고 가시적인 정책"(25 문단)을 요구하는 이른바 '젠더 주류화'Gender mainstreaming의 전략을 새로운 여성주의 노선으로 선언한다. 유엔경제사회이사회(ECOSOC 1997)는 이 개념을 다음과 같이 정의하였는데, 오늘날 젠더 주류화 논의의 중요한 시발점을 제공하고 있다. "젠더적 관점을 주류화하는 것은 법률, 정책 또는 프로그램 등을 포함한 모든 계획된 행위들이 남성과 여성에게 미치는 영향을 모든 영역과 모든 수준에서 평가하는 과정이다. 이것은 여성과 남성이 동등하게 혜택을 누리고 불평등이 지속되지 않기 위함인바, 정치, 경제, 사회 등의 모든 영역에서 남성의 관심과 경험뿐만 아니라 여성의 관심과 경험까지도 정책 및 프로그램을 설계하고, 실행하고, 관찰하고 평가하는 과정에 온전히 통합시키는 전략이다. 이것의 궁극적인 목적은 젠더평등이다"(UN Women 2000, 2, 강조 추가).

이 전략에 담긴 핵심적인 정신은, 요컨대 제1차 세계여성대회(1975, 멕시코시티)의 정신을 대변하는 '여성 발전론'Women In Development의 이상을 뛰어 넘어,[10] 정치·경제·사회·문화 등 제 영역에서 젠더적 관점을 주류화하는 과정·절차에 초점이 맞춰진다(김경숙 2015, 137; 정인경 2012, 57). 그동안 여성 발전론은, 예를 들어 경제발전 과정에서 빈곤의 여성화를 부추겨 온 권력, 교육, 생산 자원 등에 대한 제한된 접근을 문제 삼는 데에는 일정 수준 성공했을지라도, 경제정책과 계획을 수립하는 과정에서 젠더적 관점을 주류화하지 못했고, 따라서 빈곤의 구조적인 원인을 제시·해결하는 데에는 일정 수준 실패한 것으로 평가받고 있다(48 문단 참조). 따라서 여성발전론은 그간에 누적된 남녀 사이의 성별 격차를 해소한다는 명분으로 '여성 중심적인'women-based 또는 '여성을 위한'for women 정책들제안하고 실천해 왔지만(김은경 2015, 142), 주류 사회의 모든 분야

10_'여성 발전론(WID)'은 1970년대 경제발전 과정에 소외된 여성들의 경제활동 참여를 주장하면서 본격화되었다(Boserup 1970 참조). 그러나 여성만을 대상으로 한 이론이라는 점(김은경 2015, 142 참조), 여성의 비임금노동 — 돌봄, 가사, 생계유지 노동 등 — 을 고려하지 못했다는 점(장필화·노지은 2013, 215 참조), 제3세계 여성과 서구 여성을 동일시하여 여성들 사이의 차이에 주목하지 못했다는 점(김경희 2005b, 268), 남성 중심의 서구 자본주의 체제에 오히려 여성을 종속시킨다는 점(장필화·노지은 2013, 216 참조), 따라서 불평등한 젠더 구조를 변화시키는 데에는 한계가 있다는 점(배은경 2016, 16 참조) 등에서 비판이 제기되고 있다.

에 걸쳐 뿌리 깊게 자리한 역사적이고 구조적인 불평등을 문제 삼는 데에는 이론적·실천적인 한계를 드러내고 말았다는 것이 학계의 중론이다(김경희 2005b, 274-280; 배은경 2016, 14-19; 왈비 2008, 151; 허라금 2008, 74).

그런 이유로 젠더 주류화 전략은, 불리한 조건에 놓인 것으로 가정된 여성 일반에게 이른바 '동등 대우(혹은 과정의 평등)'나 '적극적인 우대(혹은 결과의 평등, 따라서 역차별의 문제가 제기될 수 있는)'를 제안해 왔던 여성 발전론의 자유주의 이념(허라금 2008, 49-53)을 대신하여, 불평등하고 모순적인 사회구조 그 자체를 젠더적 관점에서 재검토해 모두에게 평등하고 공정한 사회구조로 '전환'(마경희 2007, 48-50)할 것을 요청하는 일종의 보편주의 이념을 추구하게 된다. 이전의 전략이 남녀관계를 변화시키기 위해 생물학적 여성 일반에게 초점을 맞추었다면, 새로운 전략으로서의 젠더 주류화는 사회구조에 침윤된 젠더 관계를 변화시키기 위해 사회구조 그 자체의 변화에 초점을 맞춘다는 것이다. 따라서 젠더 주류화 전략은 여성에게 한시적으로 혹은 잠정적으로 혜택이나 기회를 제공해 왔던 차별적 조치를 넘어서서 불평등한 젠더 관계를 유지·재생산하는 사회구조를 보다 나은 사회구조 ― 궁극적으로는 젠더 평등을 실현할 수 있는 ― 로 전환시키는 데 초점을 맞춘다. 그런 의미에서 젠더 주류화 전략은 "젠더 평등을 이루기 위한 과정"(Walby 2005, 454)이자 "공공 정책의 구조·과정·환경에 젠더적 관점 …… 을 내면화하여 평등을 제도화하는 과정"(Daly 2005, 435)으로 이해되며, 따라서 민주주의적 가치와 젠더 평등을 실현할 수 있는 이른바 "전환적 잠재력"(영 2004, 247)에서 여성 발전론보다 진일보한 정책으로 평가된다.[11] 이때 여성 발전론의 입장에서 추진된 할당제 조치들 가운데 하나가 '여성 할당제'라면, 젠더적 관점을 주류화하기 위한 할당제 정책은 이른바 '젠더 할당제'로 명명될 수 있다(Norris & Dahlerup 2015).[12]

세계 여성주의 진영의 이런 전략 변화는 여성들 간에도 '지배/억압'의 관계가 존재한다는 현실 인식(배은경 2016, 8; 모한티 2005, 73-131 참조)과, 생물학적 여성 일반이 남성 일반에 의해 '영속적으로' 혹은 '원형적으로' 차별받는다는 가설이 허구적이라는 주장(부르디외 2000, 123 참조) 등이 설득력을 얻은 결과이다. 실제로 생물학적 섹스의 단일성을 전제한 여성 발전론은 한편으로는 '남녀' 사이에서뿐만 아니라 '여성들' 사이에서도 존재할 수 있는 인종, 계급, 문

11_물론 젠더 주류화 개념의 모호함이나 난해함을 지적하는 연구들도 상당수 존재한다. 예를 들어 부츠와 베네트(Booth & Bennett)는 젠더 주류화 전략을 둘러싼 유럽연합의 정책적 혼동을 보여 주며 그 개념이 여전히 '모호한'(fuzzy) 상태로 남아 있다고 주장한다(부츠·베네트 2004, 127). 그러나 이들의 주장은 젠더 주류화의 개념이 이론적으로 명확하지 않을 뿐, 그것이 "도래하지 않은 미래를 위한 전략"(Ibid. 140)이라는 사실을 부인하는 것은 아니다.

12_노리스와 달러럽(Norris & Dahlerup 2015, 6-7)은 <북경행동강령>이 여성주의 진영 내에서조차 논쟁적인 개념이라고 할 수 있는 'Quotas(할당제)'라는 용어를 사용하지 않고 있으나, 정치적 의사 결정 과정에 있어서 "민주주의를 강화하고 그 기능을 증진시키기 위해"(181 문단) 여성 참여를 증진시킬 수 있는 제도적인 조치를 요청하고 있다는 차원에서 (특히 292 문단 참조) 젠더 할당제를 제안하고 있다고 해석한다. 이들은 특히 <북경행동강령>이 유엔 경제사회이사회가 앞서 여성 참여율의 임계점으로 제안한 30%를 근거로 각국의 현실을 비판하고 있다는 점(181 문단)에서 젠더 할당제에 대한 논의가 필요하다고 주장한다.

화, 취향 등에 따른 다양한 억압 구조를 간과하고 있으며(박이은실 2010, 261), 다른 한편으로는 가부장제 문화에서 폄훼되어 왔던 여성의 정체성 ― 자연으로서의 여성, 신체로서의 여성, 감정으로서의 여성 등 ― 을 부정적인 성격에서 긍정적인 성격으로 재해석할 뿐 기존의 위계적이고 불평등한 젠더 관계를 오히려 강화해 온 것으로 평가받고 있다(장필화·노지은 2013, 215; 프레이저 & 니콜슨 1993, 128-140). 그런 의미에서 젠더 주류화는 생물학적인 여성 일반에게 남성에 상응하는 동등 대우나 혹은 남성을 추월하는 적극적인 우대(차별)정책이 필요하다는 여성 발전론의 자유주의 인식론을 넘어서서, 누구라도 불합리한 조건에 놓여서는 안 된다는 보편주의 정신을 전면에 내세우는 것이다(바치 2009, 15-17; 자한 2009, 31).

물론 세계 여성주의 진영의 이런 전략 변화를 이해함에 있어서 생물학적 섹스 ― 여성 할당제 ― 가 더 이상 중요한 범주가 아니라는 식으로 이해해서는 안 될 것이다.[13] 여성 발전론과 젠더 주류화의 이상이 중첩되는 부분도 상당하기 때문이다(조영희 2008, 436 참조). 실제로 〈북경행동강령〉은 생물학적 여성을 위한 적극적 조치 ― 여성 할당제 ― 의 필요성을 광범위하게 인정하고 있으며, 이런 조치를 바탕으로 여성의 참여 증진을 위해 노력해야 할 분야들을 비교적 상세하게 제시하고 있다. 예를 들어 고등교육 분야(80 문단 c), 교육기관(82 문단 g), 과학기술 분야(82 문단, 83 문단), 경제정책

13_그런 이유로 허라금(2008, 64)은 "기존 여성 정책과 성(젠더)주류화의 승계성"을 부인하지 말 것을 당부한다.

입안 및 구조 조정 분야(165 문단 d), 정부 및 공공 행정 분야(191 문단 a), 공사 영역에서의 의사 결정 지위 분야(192 문단 a) 등이 그 사례이다. 이런 입장은 '여성차별철폐위원회'CEDAW의 일반 권고general recommendations를 통해 이미 국제 협약 차원에서 강조되어 온 바이다. 1982년 유엔이 설립한 동 위원회는 특히 2004년 〈여성차별철폐협약〉의 이행 사항을 점검하기 위해 '일반 권고 No. 25'[14]를 발표했는데, 이에 따르면 개별 회원국들은 성별 격차를 해소하기 위해 어떤 형태의 '일시적인 특수 조치'temporary special measures를 어느 수준까지 시행하고 있는지를 위원회에 보고하도록 요청하고 있다(CEDAW 2004, 33 문단 참조).

그러나 〈북경행동강령〉은 이런 일시적인 특수 조치에 만족하지 않고 비단 여성에게만이 아니라 "남성과 여성 각각에게 미치는 영향"(예를 들어 123 문단)을 고려해 각 분야에서 실시되는 정책과 프로그램을 수립·집행하고, 그 과정에서 "젠더적 관점을 주류화하는 적극적이고 가시적인 정책"(예를 들어 25 문단), 요컨대 해당 국가의 사정에 부합하는 보편주의 정책을 '제도적인 차원'(292 문단)에서 별도로 마련할 것을 행동강령 전반에 걸쳐 강조하고 있다. 예를 들어, 교육 및 훈련 분야(79 문단), 보건 및 의료 서비스 분야(105 문단), 여성 폭력과 관련된 분야(123 문단, 124 문단), 무력 분쟁의 평화적 해

14_CEDAW(Committee on the Elimination of Discrimination against Women), "General recommendation No. 25: Article 4, paragraph 1, of the Convention (temporary special measures)", 2004.

결·종식을 위한 분야(141 문단), 경제정책 분야(164 문단), 권력 및 의사 결정 분야(189 문단), 여성 향상 촉진 분야(202 문단), 여성 인권 분야(229 문단), 미디어 분야(238 문단), 천연자원 보존·관리 및 환경보호 분야(252 문단), 아동 및 청소년 관련 분야(273 문단) 등이 그것이다. 이런 입장에서 〈북경행동강령〉은 젠더 주류화의 중요한 전략적 수단들(Sterner & Biller 2007, 15-17 참조)이라고 할 수 있는 '젠더 예산'gender budget, '젠더 분석'gender analysis, '젠더 영향 평가' gender impact assessment, '젠더 인지 통계'gender sensitive statistics, '성별, 연령, 사회·경제적 지위 그리고 다른 인구학적 범주에 따라 체계적으로 취합되고, 분리되고, 분석된 자료와 통계'data and statistic systematically collected, disaggregated and analysed by age, sex and socio-economic status and by established demographic criteria 등을 제안했는바, 할당제 분야에서 추진될 수 있는 젠더 주류화 정책들 가운데 하나가 바로 '젠더 할당제'가 되는 것이다.

그러므로 세계 여성주의 패러다임의 주요한 특징 가운데 하나는 생물학적 섹스에 토대를 둔 여성 할당제와 젠더적 관점에 토대를 둔 젠더 할당제가 논의의 층위를 달리해 제시되고 있으며, 전자에서 후자로의 패러다임 전환이 점진적으로 진행되고 있다는 점이다. 물론 여성 할당제가 세계 여성주의 역사에 미친 영향에 대해서는 아무리 강조해도 지나치지 않을 것이다. 그러나 적극적 우대 조치로서 여성 할당제는 젠더 주류화의 문제의식, 즉 불평등하고 모순적인 사회구조를 여성에게뿐만 아니라 남성에게도 평등하고 공정한 사회구조로 전환하기 위한 전략으로서는 일정 수준 미흡하다는 사실이 중요하게 언급될 필요가 있다. 적극적 조치가 성별 격차를 해소하기 위한 '잠정적'이고 '일시적'인 조치일 수밖에 없는 한계는 이런 불완전성을 우회적으로 상징한다. 〈여성차별철폐협약〉조차도 적극적 조치가 정치·경제·사회·문화 등의 영역에 뿌리 깊은 여성에 대한 차별을 철폐하고 남녀평등을 촉진할 수 있는 효과적인 수단이라는 점을 인정하면서도, 제4조 1항을 통해 "기회와 처우의 평등이라는 목적이 달성되었을 때까지"라는 단서를 명시함으로써 그것의 이론적·실천적 한계를 상징적으로 드러내고 있다. 이는 보편정책으로서의 젠더 할당제와는 이론적으로 구분될 수 있는 중요한 차이가 된다. 그러므로 젠더 주류화를 단순히 '여성을 주류화'하는 것으로 이해하거나(조영희 2008, 434 참조), 혹은 젠더 주류화 관련 정책들 — 젠더 할당제 — 을 기존의 적극적 조치와 동일한 수준에서 '여성 중심적인' 혹은 '여성을 위한' 정책 — 여성 할당제 — 의 연장선상에서 이해하는 것(배은경 2016, 34-38; 허라금 2008, 63-64 참조)은 세계 여성주의 패러다임의 전환적인 흐름을 읽어 내지 못하는 이론적인 정체로 평가될지도 모르겠다.

3. 한국 현대사 속의 할당제 정책: 여성 할당제에 의한 젠더 할당제의 중층 결정

한국 현대사에서 할당제는 세계 여성주의 패러다임의 이런 전환

과정에 맞물리며 등장한다. 그런데 이 과정에서 특징적인 부분은 여성 발전론에 토대를 둔 적극적 우대 조치로서의 '여성 할당제'와 젠더 주류화의 한 방편으로 거론될 수 있는 '젠더 할당제'가 짧은 시간차를 두고 거의 동시대적으로 수용되며, 그 과정에서 양자의 이론적 층위가 충분히 검토·구분되지 않은 채 전자가 후자의 정치 사상적 함의를 압도하며 마치 동의어처럼 혼용되고 있다는 사실이 다. 강정인의 표현을 빌자면 이런 현상은 "정치사상(들)이 내재적 발전 계기를 거치면서 자생적으로 성장하기보다는 그 계기를 생략 또는 압축한 채 외부로부터 최종적인 완성 형태로서 수용되는 양상"(강정인 2008, 123), 혹은 그런 정치사상(들)이 역사적 계기에 맞춰 순차적으로 출현하기보다는 목적론적 필요성으로 인해 '동시적(압축적)으로 수용되는 양상'(같은 책, 126)으로 설명이 가능한 이른 바 '비동시성의 동시성'의 한 단면을 드러내는 것이 아닌가 생각된다. 이를 좀 더 살펴보자.

우리나라에서 할당제 논의가 본격적으로 시작된 것은 1979년 적극적 우대 조치의 국제적 표준을 명시한 〈여성차별철폐협약〉이 유엔총회에 의해 채택되면서부터이다. 대한민국 정부는 그로부터 5년이 지난 1984년 12월 27일 일부 조항에 대한 유보를 조건으로 이 협약을 비준하는데,[15] 이로부터 여성 단체들은 사회 각 분야에

15_유엔총회에 의해 1979년 12월 38일 채택되고 1981년 9월 3일 발효된 <여성차별철폐협약>(Convention on the Elimination of All Forms of Discrimination against Women, CEDAW, 1979)에 대해 우리나라는 1984년 12월 27일 협약 제9조 '여성의 국적 취득 및 변경에 관한 사항'과 제16조 '혼인 및 가족관계 사항' 일부 조항 유보를 전제로 비준하였다(김엘림 1996,

걸쳐 할당제의 필요성을 적극적으로 주장하기 시작했다. 이런 움직임은 민주화를 거쳐 1994년 한국여성단체연합, 한국여성단체협의회, 여성유권자연맹, YWCA 등 56개 단체들이 '할당제도입을 위한 여성연대'를 결성하면서 정치적 세력화로 결실을 맺었다(장필화 외 2015, 215).

행정적인 결실은 이듬해 1995년 9월 15일 북경에서 개최된 제4차 세계여성대회에서 〈북경행동강령〉이 채택되면서이다. 그렇다고 세계 여성주의 진영에서 제안된 젠더 주류화 전략이 국내에서 곧바로 수용된 것은 아니었으며, 그러기에는 시간도 너무 촉박했다. 게다가 한국은 공식적인 참가국도 아니었다(전진영 2013, 35 참조). 그럼에도 이 당시 정부는 할당제를 요구하는 국내외적 분위기를 반영하여 동년 12월 22일 〈공무원임용시험령〉을 개정했고, 우리나라 최초의 할당제 규정이라고 할 수 있는 '여성 공무원 채용 목표제'를 도입하였다. 이듬해부터 적용된 '여성 공무원 채용 목표제'는 여성 합격자가 기준 비율 미만일 경우에 선발 예정 인원을 초과해 여성을 채용할 수 있도록 한 적극적 우대 조치로서의 여성 할당제였으며, 향후 5년간 공무원 공개 채용에 있어서 여성 합격자 수가 상대적으로 적은 행정고시와 외무고시, 그리고 7급의 행정, 공안, 외무 행정직 분야의 공개 채용부터 우선적으로 적용토록 계획되었다(배귀희·차재권 2008 참조).

_____

125-126).

법률상의 변화도 시작되었다. 〈북경행동강령〉이 채택된 지 얼마 지나지 않아 정부는 1995년 12월 30일 우리나라 최초의 여성 정책 관련 법률이라고 할 수 있는 〈여성발전기본법〉을 제정해 여성 할당제와 같은 적극적 우대 조치 — 젠더 주류화 조치가 아니라 — 의 법률적 근거를 마련했다. 제정 당시 동법 제6조는 이를 다음과 같이 선언하고 있다. "국가 및 지방자치단체는 여성의 참여가 현저히 부진한 분야에 대하여 합리적인 범위 안에서 그 참여를 촉진하기 위하여 관계 법령이 정하는 바에 따라 '잠정적인 우대 조치'를 취할 수 있다"(강조 추가).

이후 할당제 논의는 1998년 구성된 대통령 직속 여성특별위원회가 〈여성발전기본법〉 제7조(여성 정책 기본 계획 수립)에 근거해 '제1차 여성 정책 기본 계획(1998~2002)'을 마련하면서부터 제도적인 성과로 나타나기 시작했다. 추후 여성 정책 기본 계획은 2001년에 설립된 여성(가족)부에 의해 네 차례에 걸쳐 5년 주기로 갱신되었고, 제4차 여성 정책이 진행 중이던 2015년에 〈여성발전기본법〉이 〈양성평등기본법〉으로 전면 개정·시행됨에 따라 '양성 평등 정책 기본 계획'(2015~2017; 2018~2022)으로 명칭이 변경되어 실시되고 있다. 정부는 이 계획들을 통해 여성의 참여를 확대하고 젠더 평등을 실현하기 위한 다양한 할당제 정책들을 제안했는바, 이 가운데 필자는 공공 부문의 '여성관리자 임용 목표제'와 정치 분야의 '여성 후보자 공천 할당제'를 중심으로 제1차 및 제2차 여성 정책 기본 계획의 변화 과정을 살펴보고자 한다. 필자가 보기에 공공 부문에 적용된 '여성 관리자 임용 목표제'는 여성의 사회참여를 확대하기 위한 적극적 조치로서의 여성 할당제를, 반면 '여성 후보자 공천 할당제'는 여성의 정치 참여를 신장시키기 위한 젠더 할당제의 성격을 드러내는 — 혹은 드러낼 수 있는 — 대표적인 정책으로 파악되나, 한국 현대사에서 두 정책은 모두 '여성의 대표성 제고'라는 단일한 표제 하에 '섹스에 의한 젠더의 중층 결정' 혹은 '여성 할당제에 의한 젠더 할당제의 중층 결정' 양상을 드러내는 것으로 파악된다.

1) 제1차 여성 정책 기본 계획(1998~2002)

1998년에 시작된 제1차 '여성 정책 기본 계획'(1998~2002)은 "국가 및 사회 발전에 남녀가 공동으로 참여하는 사회시스템(을) 구축"[16]한다는 여성 발전론의 이상을 궁극적인 정책 목표로 제시하고, 6대 기본 전략과 20대 정책 과제들을 제안했다(여성특별위원회 1997, 12-13 참조). 이 가운데 할당제 관련 정책은 첫 번째 기본 전략인 "여성의 대표성 제고"[17]에 응축되었고, 이를 실현하기 위해 마련된 정책 과제인 "정책 결정 과정에 여성 참여 확대"에 그 내용이 구체적으로 명시되었다. 그 내용을 개괄적으로 정리하면 〈표 1〉과

16_제1차 '여성 정책 기본 계획'에 명시된 정책 목표는 "건강한 가정의 구현과 국가 및 사회 발전에 남녀가 공동으로 참여하고 책임을 분담하는 사회시스템 구축"이다.

17_제1차 '여성 정책 기본 계획'에 명시된 제1대 기본 전략은 "법·제도 및 관행의 개혁과 여성의 대표성 제고"이다.

표 1. 제1차 '여성 정책 기본 계획'의 할당제 관련 정책 발췌

제1차 여성 정책 기본 계획(1998~2002)			
정책 목표	국가 및 사회 발전에 남녀가 공동으로 참여하는 사회시스템 구축 목표2. 여성의 사회참여 확대		
6대 기본 전략	1. 법·제도 및 관행의 개혁과 여성의 대표성 제고		
20대 정책 과제	2. 정책 결정 과정에 여성 참여 확대		
세부 정책 과제	2-2. 여성의 공직 진출 확대	2-2-1. '여성 공무원 채용 목표제' 지속 추진	2000년 '여성 공무원 채용 목표제' 실시 효과에 대한 종합 평가 2003년 '양성 평등 채용 목표제'로 변경 추진
		2-2-3. 보직·승진 및 교육 훈련에서의 여성 공무원 권익 확보 방안 검토	2002년 '5급 이상 여성 관리자 임용 확대 5개년 계획(2002~2006)' 수립 2002년 '여성 관리자(5급 이상) 임용 목표제' 도입
	2-4. 여성의 정치 참여 확대를 위한 여건 조성		2000년 〈정당법〉 개정을 통한 국회의원 비례 대표 후보자 30% '여성 후보자 공천 할당제' 도입

같다.

세부적인 내용을 살펴보면, 제1차 여성 정책은 "여성의 대표성 제고(제1대 기본 전략)"를 위해 "정책 결정 과정에 여성의 참여(가) 확대(제2대 정책 과제)"되는 것이 필요하다고 인식했고, 이를 "여성의 공직 진출 확대(2-2)"와 "여성의 정치 참여 확대를 위한 여건 조성(2-4)"를 위한 세부 정책 과제로 나누어 제시했다(여성특별위원회 1997, 31). 구체적으로 제1차 여성 정책은 여성의 공직 진출 확대와 관련해 앞서 실시되던 '여성 공무원 채용 목표제'를 세부 정책 과제(2-2-1)로 승계해 채용 비율과 적용 범위를 확대하는 한편(박혜영·

정재명 2010, 8 참조), 기간 역시 2년 연장해 2002년까지 실시토록 당초의 계획을 확대·수정했다(김영미 2003, 13-14; 김혁 2004, 67; 여성부 2003, 54 참조). 이 제도는 2000년에 진행된 이행 평가를 바탕으로 2003년부터 '양성 평등 채용 목표제'로 명칭이 변경되어 남성 합격자의 비율이 낮은 일부 분야에서는 남성 지원자도 추가 합격시킬 수 있는 방향으로 변경되었다(김영옥 외 2006, 32 참조). 그러나 이런 정책만으로는 5급 이상의 관리직에서 여성의 비율을 신장시키는 데에는 미흡하다는 여성계의 문제의식을 반영하여 1차시기의 마지막 해인 2002년에 '여성 관리자(5급 이상) 임용 확대 5개년(2002~2006)'을 별도로 수립했고(세부 정책 과제 2-2-3), 당해 연도 4.8%인 5급 이상의 여성 관리자의 비율을 2006년에는 10% 이상 달성할 수 있도록 조정했다(여성부 2002, 46; 여성부 2003, 58). 이 정책은 이듬해 '여성 관리자(5급 이상) 임용 목표제'로 명명된 적극적 우대 조치 — 여성 할당제 — 로 구체화되었고, 제2차 여성 정책 기본 계획(2003~2007)의 10대 핵심 정책 과제들 가운데 하나인 "정책 결정 과정에 여성의 대표성 제고" 계획으로 승계되었다.

정치 분야에서 제1차 여성 정책은 "여성의 정치 참여 확대(세부 정책과제 2-4)"를 위한 정치 관계법 등에 대한 법·제도의 개선을 추진했고, 제16대 국회의원 선거를 앞둔 2000년 2월 16일 〈정당법〉을 개정해 우리나라 최초의 '여성 후보자 공천 할당제'를 도입하는 혁신적인 성과를 거두었다. 개정된 동법 제31조 4항은 각 정당이 국회의원 비례 대표 후보자(광역시·도의회 의원 포함)를 추천할 경우 30% 이상을 여성으로 추천할 것을 명시했다.[18] 이 규정은 비록 강행 규정이나 위반에 대한 별도의 벌칙 규정을 갖추었던 것은 아니었지만 제16대 국회의원 선거에서 16명의 여성 의원을 배출하는 소기의 성과로 나타났다.

그러나 제1차 여성 정책에 따라 실시된 할당제 규정들은, 비록 〈북경행동강령〉이 채택된 이후에 실시되었으나 국내 학자들 사이에서 그 의의가 충분히 논의되지 못했고,[19] 따라서 젠더 주류화 전략의 이상을 반영하기보다는 생물학적 성별 격차를 줄이기 위한 여성 발전론의 적극적 우대 조치, 즉 여성 할당제의 성격을 강하게 띠었다. 실제로 제1차 여성 정책 하에 제안된 할당제 관련 정책들 — '여성 후보자 공천 할당제'를 포함해 — 은 모두 〈여성발전기본법〉 제6조에 명시된 '잠정적 우대 조치'의 규정을 근거로 추진되었다는

18_여성주의 학자들 사이에서 여성참여비율의 임계점으로 거론되는 30% 기준은 1990년 유엔 경제사회이사회(ECOSOC)의 결의안(1990/15)에 근거를 두고 있다. 해당 결의안은 정부, 정당 등을 포함한 사회 각 분야에서 여성들이 관리자지위(leadership positions)에 1995년까지 30%, 2000년까지 50%까지 참여할 수 있도록 노력해야 한다고 요청하고 있다. ECOSOC, Resolutions 1990/15, 7 문단. Recommendation VI 참조. 해당 결의안의 30% 규정은 1995년 <북경행동강령>(182 문단)에서 재차 인용되었고, 오늘날의 할당제 논의에서 중요한 국제적 기준처럼 제시되고 있다.

19_제1차 여성 정책 기본 계획(1998-2002)은 첫 번째 정책과제인 "사회전반의 성차별적 법·제도 및 의식의 개선"과 관련하여 '성(젠더)인지적 관점에서 통계자료 개발' 등을 제안하였고, 2002년에는 <여성발전기본법>을 개정하여 '젠더분석' 혹은 '젠더분석평가' 등의 근거조항(제10조 1항)을 마련했다는 점에서 부분적으로 젠더주류화 전략을 실현하고 있다고 평가할 수 있다(여성가족부 2008, 11 참조). 그러나 1997년에 발간된 제1차 '여성 정책 기본 계획'이나 2003년 출간된 제1차 '여성 정책 기본 계획 추진 성과'에는 사실상 젠더주류화 전략과 관련된 구체적인 언급이나 논의, 혹은 실현 방식 등이 이론적으로 명확하게 제시되지 않고 있다.

점에서 이런 판단은 논리적인 근거를 마련한다. 그런데도 '여성 후보자 공천 할당제'의 경우 여성 할당제와 같은 적극적 조치의 필수 조건이라고 할 수 있는 '일시성' 혹은 '한시성'과 관련된 유보 조항을 생략하고 있었고, 오히려 구〈정당법〉제31조 1항과 현행〈공직선거법〉제47조 2항에 따라 '민주적 원칙과 절차'[20]를 준용해야 한다는 조건이 부가됨으로써 젠더 할당제의 보편주의 성격을 아울러 내비쳤다. 이런 이중성은 '여성 후보자 공천 할당제'가 이론적으로는 민주적인 원칙과 절차에 따라야 하는 젠더 할당제의 이념을 반영함에도 불구하고 현실적으로는 생물학적 여성의 기술적 대표성 descriptive representation을 중시하는 차별적 우대 조치 ― 여성 할당제 ― 로서 운영되고 있음을 우회적으로 드러낸다.

게다가 이 당시 할당제 관련 논의에서 '여성 후보자 공천 할당제'를 '민주적 원칙과 절차'의 측면에서 이론적으로 검토한 논의는 드물었으며, 대부분은 '여성차별철폐위원회'의 '일반권고 No. 25'가 주장하는 바와 같이 여성의 기술적 대표성의 확보가 실질적 대표성 확보의 지름길 ― 그 가능성을 부인하는 것은 아니지만 ― 이라는 적극적 조치의 이상(CEDAW 2004, 9 문단)을 이론적으로 강조하는 입장을 취했다. 물론 '여성 후보자 공천 할당제'와 같이 젠더 할당제의 성격을 지닌 정책 ― 민주주의의 원칙과 절차를 준용해야 하

20_1993년 이래 구〈정당법〉제31조 1항은 "정당의 공직선거후보자의 추천은 민주적이어야 한다"는 민주주의의 원칙을 선언하였다. 해당 규정은 2005년〈정당법〉에서〈공직선거법(제47조 2항)〉으로 자리를 옮겨 규정되었고, "정당이 …… 후보자를 추천할 경우에는 민주적인 절차에 따라야 한다"는 '민주적 절차'의 원칙으로 개정되었다.

는 영구 정책이라는 차원에서 — 이 여성을 위한 앞선 시기의 여성 할당제 정책과 단절되었다거나 또는 그런 접근을 대체한다고 주장할 수는 없다. 그러나 그렇다고 해서 여성의 정치 참여를 '결과의 평등' 차원에서 정량적으로 달성하고자 하는 적극적 조치가 기존의 불평등한 사회구조를 변화시키기 위한 이른바 '지름길'fast track이라는 가설에 과도하게 의존하는 주장도 문제가 있다. 왜냐하면 불평등한 사회구조는 성별의 영역뿐만 아니라 인종, 문화, 빈부, 취향 등과 같은 다양한 사회 영역에 걸쳐 있으며, 따라서 여성에 대한 우대 정책이 자칫 다른 사회 주체에 대한 홀대 정책으로 모습을 달리할 수도 있기 때문이다. 그런 의미에서 할당제 정책이 남녀를 달리 취급하던 여성 발전론의 논리에서 남녀를 동등하게 고려하는 젠더 주류화의 논리 속에서 재구성될 필요가 있으며, 따라서 정량적 수준의 적극적 조치가 젠더 평등을 실현하기 위한 지름길로서는 미흡하다는 일각의 주장(Squires 2004, 19-21 참조)은 숙고의 여지가 있어 보인다.

더 나아가 기술적 대표성의 확보를 강조하는 여성차별철폐위원회의 일반권고 No. 25는 한시적 조치로서의 적극적 조치에 관한 권고이지 〈북경행동강령〉에서 제안된 젠더 할당제에 대한 권고가 아니라는 사실을 염두에 둘 필요가 있다. 젠더 할당제는 여성의 참여 비율을 정량적인 결과로 요구하는 정책이 아니라, 불평등한 사회구조로 인해 소외(배제)된 주체들에게 민주적인 원칙과 절차를 보장하기 위한 정책으로 이해되기 때문이다. 이 경우 여성의 참여 비율 등과 같은 정책 지표는 젠더 할당제의 필요조건이지 충분조건으로 전제되지 않으며(Rees 2005, 563; 김영옥 외 2006, 19 참조), 따라서 그런 비율이 정책의 궁극적인 목표로 설정되지 않는다.[21] 그런 의미에서 볼 때, 제1차 여성 정책은 '정책 결정 과정 — 그것이 공공 부문이건 혹은 정치 분야이건 간에—'에 '여성 — 그 여성이 누구이건 간에 — '의 참여 비율이 확대되면 궁극적으로 '여성의 대표성이 제고'될 수 있다는 기술적이고 정량적인 의미의 대표성 개념을 지향하고 있었고, 따라서 제1차 여성 정책 하에 제시된 할당제 정책들은 그것이 '여성 관리자 임용 목표제'이건 혹은 '여성 후보자 공천 할당제'이건 간에 생물학적 성별 격차를 존재이유로 삼는 여성 할당제를 중심으로 중층 결정되고 있었다는 정치사상적 진단이 가능해 보인다.

2) 제2차 여성 정책 기본 계획(2003~2007)

제2차 '여성 정책 기본 계획(2003~2007)'은 세계 여성주의 진영에서 제안된 젠더 주류화 전략을 정책적으로 반영하여 이전 시기와

21_오늘날 여성계 일각에서는 지역구 선거에서 여성 후보자의 비율을 30% 이상 추천할 것을 '노력 사항'으로 명시한 <공직선거법> 제47조 4항 규정을 '의무 규정'으로 바꾸자는 주장이 제기되고 있다. 그러나 그런 주장은 위헌의 소지가 있다는 것이 헌법학계의 견해이다(전학선 2010 참조). 권력관계에 토대를 둔 젠더적 관점은 사회관계를 남녀 관계로만 치환하지 않으며, 따라서 오늘날 학계에서 진지하게 논의되고 있는 성소수자, 이주민, (신)빈곤자 등과 같은 또 다른 부류의 사회적 소외(배제)자에게는 왜 의무 할당제를 부여하지 않는가의 문제가 제기될 수 있기 때문이다.

는 사뭇 다른 층위에서 마련되었다. 이를 위해 제2차 여성 정책은 "실질적 남녀평등 사회의 실현"[22]이라는 〈북경행동강령〉의 이상을 거시적인 정책 목표로 설정했고, 구체적인 추진 체계로 "성(젠더) 주류화" 전략을 명시적으로 언급했다(여성부 2002, 27). 정치사상의 관점에서 제1차 여성 정책과 제2차 여성 정책 사이의 두드러진 차이는 바로 이 부분에서 관찰된다. 제2차 여성 정책은 이를 다음과 같이 밝히고 있다. 즉 "성(젠더) 주류화 정책의 철학과 기조를 바탕으로 정부 정책에 양성 평등 관점을 통합하기 위한 구체적인 정책 과제를 추진"(여성부 2002, 29)하며, 따라서 "정부의 모든 정책이 성별 영향을 고려하여 만들어지고 '남·녀 모두에게' 평등한 효과를 가져올 수 있는 제도적 기반을 조성"(여성부 2002, 38, 강조 추가)한다는 것이다.

이런 입장에서 제2차 여성 정책은 〈북경행동강령〉에서 젠더 주류화의 중요한 전략적 수단들로 제안된 정책들 가운데 '젠더 예산', '젠더 분석', '젠더 인지 통계', '성별 분리 통계'sex-disaggregated statistics 등의 필요성을 첫 번째 핵심 과제 ─ "정책에 양성 평등 관점 통합" ─ 로 제시하고, 그 당위성을 이론적으로 입증·해명하는 데 세심한 노력을 기울이고 있다(여성부 2002, 39-42 참조). 이 가운데 할당제 관련 정책들은 두 번째 핵심 과제로 제시된 "정책 결정 과정

22_2002년 여성부가 발간한 『여성 정책 용어사전(2002)』에 의하면 'Gender Equality(젠더 평등)'는 '남녀평등'이나 '양성 평등'으로 번역·제시되고 있다(오성진 외 2002, 18 참조). 그러므로 제2차 '여성 정책 기본 계획'이 정책 목표로 제시한 "실질적 남녀평등 사회"는 젠더 주류화 전략의 이상인 "실질적 젠더 평등 사회"를 지칭하는 것으로 파악된다.

에 여성의 대표성 제고"에 구체화되었고, 그것의 세부 정책 과제들 가운데 하나인 "공공 부문 여성의 의사 결정 과정 참여 확대(2-1)" 를 통해 '여성 관리자 임용 목표제'가, 또 다른 정책 과제인 "여성의 정치적 대표성 제고(2-2)"를 통해 '여성 후보자 공천 할당제'가 이 전 시기보다 훨씬 강화된 방식으로 제시되었다. 이를 개괄적으로 정리하면 〈표 2〉와 같다.

세부적으로 살펴보면, 제2차 여성 정책은 "정책 결정 과정에 여성의 대표성 제고"를 10대 핵심 과제 가운데 두 번째 과제로 제시하고, 이를 공공 부문과 정치 분야로 나누어 각각의 세부 정책 과제를 마련하였다. 그러나 공공 부문 여성의 의사 결정 과정 참여 확대(2-1)와 관련된 세부 정책들은 젠더 주류화 전략이라기보다는 여성 발전론의 차별적 우대 조치로서의 성격을 드러내고 있다. 실례로 제2차 여성 정책은 2003년부터 실시되고 있던 적극적 조치로서의 '여성 관리자(5급 이상) 임용 목표제'를 각 부처로 확대·적용하는 데 정책적인 노력을 기울였고, 이 과정에서 2005년 〈국가공무원법〉을 개정해 공공 부문의 여성 참여를 신장시킬 수 있는 적극적 조치의 법률적인 근거를 마련하는 데 일정 수준 성과를 보여 주었다.[23]

그러나 이런 정책들은 공공 부문의 채용 과정에 초점을 맞춘 성별 격차 해소와 관련된 적극적 조치들이었기 때문에, 채용의 과정

23_"공무원의 임용은 …… 장애인·이공계 전공자 등에 대한 채용·승진·전보 등 인사관리 상의 우대와 실질적 양성평등을 구현하기 위한 '적극적인 정책'을 실시할 수 있다(2005년 3월 24일 개정 〈국가공무원법〉 제26조. 강조 추가)."

표 2. 제2차 '여성 정책 기본 계획'의 할당제 관련 정책 발췌

제2차 여성 정책 기본 계획(2003~2007)		
정책 비전	실질적 남녀 평등 사회의 실현	
정책 목표	목표3. 사회 각 분야 여성의 대표성 제고	
추진 전략	성 주류화 & 협력 체계 구축	
10대 핵심 정책 과제	2. 정책 결정 과정에 여성의 대표성 제고	
세부 정책 과제	2-1. 공공 부문 여성의 의사 결정 과정 참여 확대	● 2003년 '양성 평등 채용 목표제' 실시 ● 2003년 '여성 관리자(5급 이상) 임용 목표제' 실시 ● 2005년 〈국가공무원법〉 개정을 통한 적극적 조치 실시 근거 마련 ● 2007년 제1차 '여성 관리자(4급 이상) 임용 확대 5개년 계획(2007-2011)' 추진 ● 2007년 '여성 관리자(4급 이상) 임용 목표제' 도입
	2-2. 여성의 정치적 대표성 제고	● 2004년 〈정당법〉 개정으로 국회의원 비례 대표 후보자 50% '여성 후보자 공천 할당제' 도입 ● 2004년 〈정당법〉 개정으로 국회의원 지역구 후보자 추천시 지역구 총수의 30% 이상 '여성 후보자 공천 할당제' 도입(노력 사항) ● 2004년 〈정치자금에관한법률〉 개정에 의한 지역구 국회의원 여성 추천 보조금제 신설(제17조 2) ● 2005년 〈공직선거법〉 개정으로 국회의원 비례대표후보자 50% '여성후보자 공천할당제' 및 교호순번제 도입 ● 2005년 〈공직선거법〉 개정으로 국회의원 지역구후보자 추천 시 전국지역구총수의 30% '여성후보자 공천할당제' 도입(노력사항) ● 2005년 〈정치자금법〉 개정으로 여성추천보조금제 개정(제26조)

에서 뿐만 아니라 승진이나 보직의 측면에서도 여성의 비율을 제고할 필요가 있다는 문제의식이 제기되었고, 이를 반영해 2007년에는 4급 이상의 관리직 여성 공무원의 비율을 확대하기 위한 제1차 '여성 관리자(4급 이상) 임용 확대 5개년 계획(2007~2011)'이 별도로 마련되어 추진되었다. 이에 따라 기존의 5급 이상 여성 관리자

비율을 제고하기 위해 시행되었던 차별적 우대 조치로서의 '여성 관리자 임용 목표제'는 승진과 보직의 관점을 반영해 4급 이상의 여성 관리자 비율을 제고하기 위한 적극적 조치로 변경·추진되었다. 이 계획은 2012년에 시작된 제2차 '여성 관리자(4급 이상) 임용 확대 5개년 계획(2012~2017)'으로 연장·실시되었다.

정치 분야의 변화는 한층 두드러졌다. 2004년 제17대 총선을 앞둔 3월 12일에 〈정당법〉 개정이 이루어졌고, 국회의원 비례 대표 후보자 가운데 여성 후보자의 비율을 50% 이상 추천할 것을 명시한 법 규정(제31조 4항)이 신설됨으로써 기존 30%보다 높은 수준의 '여성 후보자 공천 할당제'가 시행되었다. 지역구 선거의 경우에도 전국 지역구 총수의 30% 이상을 여성 후보자로 추천할 것을 노력 사항으로 명시(제31조 6항)함으로써 국회의 경우 비례대표를 넘어 지역구 차원으로 '여성 후보자 공천 할당제'가 확대될 수 있는 법률적인 근거가 마련되었다.[24] 이 조항은 오늘날까지도 노력 사항으로 명시되어 있으나,[25] 2004년 3월 12일 〈정치자금에관한법률〉 개정을 통해 지역구 총수의 30% 이상을 여성으로 추천한 정당에 대하

24_광역지방의회의 경우에는 이보다 앞선 2002년 3월 7일 <정당법> 개정을 통해 지역구 시·도의회의원선거 후보자 가운데 30% 이상을 여성으로 추천할 것을 명시(노력사항)하였고, 이를 준수한 정당에게는 동법 제17조 규정에 따라 지급하는 보조금 외에 제17조 2의 규정에 따라 지급하는 보조금을 추가로 지급할 수 있는 인센티브조항을 마련하였다(제31조 6항).

25_"정당이 임기만료에 따른 지역구국회의원선거 및 지역구지방의회의원선거에 후보자를 추천하는 때에는 각각 전국지역구총수의 100분의 30 이상을 여성으로 추천하도록 노력하여야 한다(2020년 3월 22일 개정 <공직선거법> 제47조 4항)."

여 이른바 '여성 추천 보조금'을 추가로 지급할 수 있는 별도의 인센티브 규정(2004년 개정 〈정치자금에관한법률〉 제17조 2)이 마련되는 소기의 성과로 나타났다.[26]

이런 변화는 2006년 제4회 지방선거를 앞둔 시점에서 한층 강화된 방식으로 실현되었다. 2005년 8월 4일 기존 〈공직선거및부정선거방지법〉이 〈공직선거법〉으로 개정되면서 과거 〈정당법〉에 근거를 두었던 '여성 후보자 공천 할당제'가 개정된 〈공직선거법〉으로 자리를 옮겨 명시되었다. 이 과정에서 비례 대표 후보들 가운데 50% 이상을 여성으로 추천할 것을 명시한 정량적 방식의 '여성 후보자 공천 할당제'는 후보자 명부의 매 홀수 번호에 여성을 추천토록 하는 이른바 '교호 순번제'의 절차적 방식이 새롭게 도입되었다(현행 〈공직선거법〉 제47조 3항).[27] 이는 여성 비례 대표 후보들이 당선 가능성이 낮은 순위에 집중적으로 공천되는 문제를 해결하기 위해 프랑스가 2000년에 처음 도입한 이른바 '파리테'parité[28]법의 원

26_ '여성추천보조금' 제도는 지방선거(광역시·도의원선거)에서 여성의 정치 참여를 확대하기 위해 2002년에 사전적으로 도입된 제도이다. 2002년 3월 7일 개정된 〈정치자금에관한법률〉 제17조 2에 따르면, "임기만료에 의한 지역구시·도의회의원선거후보자중 100분의 30 이상을 여성으로 추천한 정당에 대하여 공직후보자 여성추천보조금 총액의 100분의 1 50은 지급 당시 정당별 국회의석수의 비율에 따라, 그 잔여분은 최근 실시한 국회의원 총선거의 득표율의 비율에 따라 배분·지급한다"고 명시하고 있다.

27_ '교호 순번제'는 2002년 3월 7일 개정된 〈정당법〉을 통해 광역 지방의회에 먼저 도입·적용되었다(2002년 개정 〈정당법〉 제31조 5항 참조). 게다가 이 경우 여성 후보자의 추천 비율이나 순위를 위반한 경우에는 선관위 접수 과정에서 등록 명부를 무효화할 수 있는 이행 규정(2002년 개정 〈공직선거법〉 제52조 1항 2호)까지 동시에 마련되었다.

리를 차용한 것으로서, 정량적 지표에만 의존하기 쉬운 여성 할당제의 한계를 한층 민주적인 방식으로 끌어올린 것으로 평가된다(스콧 2009, 81-106 참조).

지역구 선거에서도 일정 수준 변화가 나타났다. 물론 지역구 총수의 30% 이상을 여성으로 추천할 것을 노력 사항으로 명시한 2004년 〈정당법〉 규정은 오늘날까지도 법규상으로는 별다른 진진을 이루지 못하고 있는 것이 사실이다. 그러나 2005년 〈정치자금에관한법률〉을 〈정치자금법〉으로 개정하는 과정에서 지역구 후보들 가운데 여성 후보를 30% 이상 추천한 정당에 한하여 지급하던 여성 추천 보조금을 그보다 낮은 비율로 추천한 정당에 대해서도 지급할 수 있는 좀 더 구체화된 규정이 마련되는 성과를 거두었다 (동법 제26조). 여성 추천 보조금을 명시한 해당 규정(현행 〈정치자금법〉 제26조 규정)은 2006년 제4회 지방선거를 앞둔 4월 28일 한 차례 더 개정되어 여성 후보자 비율 산정 기준이 후보자 총수 대비에

28_2000년 6월 6일 프랑스는 지역(Region)의회 선거, 유럽의회 선거 그리고 상원의원 선거 등과 같이 비례대표제로 운영되는 선거는 물론이거니와 다수 대표제로 운영되는 하원의원 선거에서 정당들이 후보자를 공천을 할 때 남녀를 '교호 순번적(paritaire)'으로 공천하는 이른바 '파리테(Parité)'법을 제정하였다(김민정 2015, 71-74 참조). 파리테 법에 대한 국내 학자들의 번역은 일반적으로 '남녀동수법'으로 정착되고 있는 것 같다. 그러나 이 같은 번역은 마치 여성들이 50%의 입후보권을 정량적으로 요구―물론 다수대표제로 치러지는 지역구선거는 그런 방식으로 운영되지만―하는 여성할당제처럼 오해될 소지가 있기 때문에(스콧 2009, 182-186), 파리테법의 목적, 즉 선출직에 참여할 수 있는 기회를 남녀에게 각각 교호순번적(paritaire)으로 부여한다는 평등주의 철학을 희석시킬 가능성이 높다고 본다. 따라서 필자는 파리테법을 '남녀동수법'보다는 '남녀교호순번제법' 혹은 '교호법'으로 번역하는 것이 보다 적절하다고 판단한다.

서 지역구 총수 대비로 변경됨으로써 그 실효성이 강화되었다.[29] 그러나 이론적인 관점에서 여성 추천 보조금은 여성이라는 생물학적 지표를 해당 보조금의 근거로 삼을 뿐만 아니라 여성은 지원과 보호가 필요한 존재라는 인식이 내재된 정책이라는 점에서 젠더 주류화가 아니라 여성 발전론의 차별적 우대 조치의 연장이라고 보는 것이 정당할 것이다.

이론적인 관점에서 제2차 여성 정책의 주요한 특징 가운데 하나는 이전 시기의 정치사상적 토대가 되었던 여성 발전론의 한계를 공식적으로 인정하고 젠더 주류화 전략을 새로운 정책적 추진 체계로 받아들인다는 점이다(여성부 2002, 29-30). 이런 변화는 특히 정치 분야와 관련된 할당제 정책들에서 좀 더 구체화되었고, 일정 수준 절차화된 방식으로 실현되었다. 2005년 국회의원 비례 대표 선거에 적용된 교호 순번제의 도입은 할당제 관련 젠더 주류화 전략 가운데에서는 단연 돋보이는 변화이다. 이는 여성 일반을 보호와 지원의 대상으로 전제하던 제1차 여성 정책의 주체 중심의 차별적 논리 ─ 여성 발전론 ─ 를 지양하고 성별, 인종, 지역, 문화 등에 상관없이 누구라도 민주주의의 원칙과 절차에 따라야 한다는 보편주의 정신을 일정 수준 실현한 것이라고 평가할 수 있다.

29_2006년에 개정된 <정치자금법> 제26조 2항은 이에 따라 '전체 지역구 후보들' 가운데 30% 이상의 선거구에 여성을 공천한 정당이 있다면 그 정당끼리 보조금을 나눠 가지며, 30% 이상 공천한 정당이 없는 경우에는 여성후보자를 15-30% 공천한 정당에게 보조금의 절반을, 5-15% 추천한 정당에게 보조금 총액의 30%를 기준에 따라 나누어 지급하도록 명시하고 있다(현행 <정치자금법> 제26조 참조).

그러나 다른 한편에서 제2차 여성 정책은 여성에 초점을 맞추는 여성 발전론적 정책에서 크게 벗어나지 못하고 있다는 것이 학계의 중론이다. 왜냐하면 제2차 여성 정책에 따라 실시된 할당제 관련 세부 정책들의 대부분은 "여성의 대표성 제고(제2대 핵심 전략)"라는 명분에 따라 여성의 양적 참여 비율 확대라는 적극적 조치의 차원에서 실현되고 있었고, 그런 의미에서 기존 질서에 대한 여성의 이른바 "끼워넣기"(김영옥 외 2006, 13) 전략과 별반 다른 것이 아니었기 때문이다. 이는 앞선 시기와 마찬가지로 제2차 여성 정책의 수립 근거가 〈여성발전기본법〉이었고, 이 법을 관통하는 정신이 사실상 여성 발전론의 자유주의 이념에 의존하고 있었기 때문으로 풀이된다.[30] 젠더 주류화의 궁극적인 목적이 젠더 평등을 지향하는 것이고, 따라서 불평등한 권력관계로서의 젠더 관계를 변화시키는 것이 그 주된 목적인 데 반해, 〈여성발전기본법〉은 '남녀(양성)평등'이나 '남녀 관계'가 해당 법률의 뼈대를 구성하고 있을 뿐 젠더 평등이나 젠더 관계에 대한 개념을 사실상 포괄하지 못하는 것으로 이해되기 때문이다(김영옥 외 2006, 16 참조).

게다가 제2차 여성 정책은 젠더 주류화의 궁극적인 목표라고 할 수 있는 '젠더 평등'을 생물학적 섹스의 관념이 농후한 '남녀(양성)평등'으로, '젠더적 관점'을 '양성 평등 관점'으로 좁게 해석함으로써 여성 발전론을 관통하는 생물학적 성별격차의 함의를 온전히 씻

30_"이 법은 …… 정치 경제, 사회 문화의 모든 영역에 있어서 남녀평등을 촉진하고 여성의 발전을 도모함을 목적으로 한다(〈여성발전기본법〉 제1조)."

어 내지 못한다는 문제도 제기되고 있다. 실제로 제2차 여성 정책은 젠더 주류화를 정의함에 있어서 세계 여성주의 진영에서 제시된 개념과는 사뭇 다른 층위에서 출발하고 있다. 이에 따르면 젠더 주류화는 "여성만을 대상으로 하는 정책을 넘어 남성을 변화시키고 남녀의 사회적 관계를 변화시키는 정책"(여성부 2002, 29, 강조 추가)으로 정의되며, 따라서 그것의 목적은 "남녀평등 ─ 젠더 평등이 아니라 ─ 을 이루기 위해 성(젠더)관점을 모든 정책 과정에 통합하는 것"으로 (여성부 2002, 38, 강조 추가)제안된다. 그러나 정치사상의 관점에서 이런 정의는 보편주의가 아닌 생물학적 성차에 근거를 둔 정의로 이해되며, 게다가 생물학적 성별 격차만을 해소하기 위한 수단으로 설정되고 있기 때문에 왜곡된 의미의 젠더 주류화 개념으로 파악된다. 여기서 '남성을 변화시키는 정책'의 의미가 무엇이며 그런 정책이 구체적으로 어떻게 실현될 수 있는지는 명확하게 제시되지 않고 있으나, 여성만을 대상으로 삼는 정책 ─ 여성 발전론 ─ 과는 다른 층위의 정책이라는 점을 강조하려는 이론적인 고육책으로 파악된다. 필자는 이런 방식의 개념적 정의가 생물학적 섹스에 의한 젠더의 중층 결정이 빚어낸 부조리의 한 단면을 예증하는 것이 아닌가 생각한다.

사실 '여성 관리자 임용 목표제'와 같이 여성 발전론에 근거를 둔 할당제 정책들은 생물학적 성별 격차가 만연한 현실적인 상황을 고려할 때 사실상 매우 절박하고 시급하게 필요한 정책임을 부인할 수 없다. 그러나 여성 일반에게 제공하는 차별적인 우대 정책의 경우, 사회적·역사적 맥락을 불문하고 영구적으로 그런 정책을 지속시켜야 할 이론적인 근거를 마련하기 어려운 것이 사실이다. 따라서 여성 할당제는 성별 격차에 대한 일정 수준의 해소를 전제로, 혹은 그런 결과의 평등을 목표로 '한시적으로' 혹은 '잠정적으로' 시행될 경우에만 정책적인 정당성을 담보할 수 있다. 반면 젠더 주류화 전략에 근거를 둔 할당제 정책의 경우, 민주주의의 원칙과 절차라는 보편주의를 지향하기 때문에 한시적으로 혹은 잠정적으로 시행되는 여성 할당제와는 차별성을 가질 수 있다. 이런 논리에서 '여성 후보자 공천 할당제'는 '여성 관리자 임용 목표제'와는 달리 민주주의적 원칙과 절차에 대한 고민을 담아내야만 하며, 제2차 여성 정책은 이를 교호 순번제로 풀어냄으로써 일정 수준 젠더 주류화의 이상 ─ 혹은 '기회의 평등'(스콧 2009, 151)이라는 민주주의의 원칙과 절차 ─ 을 실현하고 있다고 평가할 수 있다. 그러나 교호 순번제가 도입된 지 15년이 지난 오늘날까지도 그 단계를 넘어서질 못하고 있다는 것이 오늘날의 문제이다. 젠더가 여성으로 환원될 수 없듯이 젠더 할당제가 여성 할당제로 환원될 수 없다는 사실을 염두에 둔다면, 생물학적 성별에 근거를 둔 교호 순번제 역시 젠더 할당제를 실현하기 위한 중간 단계일 뿐 종착지는 아니라는 사실을 염두에 둘 필요가 있다. 오늘날 교호 순번제의 이념을 가장 잘 실천하고 있는 프랑스의 파리테법이 결국에는 남녀의 생물학적 성차에 의지하고 있다는 내부적 비판이나,[31] 혹은 동성 커플의 권리를 포

31_파리테법은, 비록 그것이 교호순번제와 같은 절차적 함의를 제시한다고 할지라도, 결국에는 '여성'이라는 생물학적 지표에 의존하고 있다는 점에서 비판의 대상이 되고 있다

괄적으로 인정한 '시민 연대 계약'Pacte civil de solidarité[32]과 남녀의 성차를 준용하는 '파리테법'과 사이의 이론적 갈등 등은 젠더 할당제의 미래적 전망 속에서 숙고의 여지가 있는 것으로 파악된다.

4. 결론적 논의:
'여성의 대표성' 개념을 둘러싼 오해와 곡해

이상으로 필자는 부족하나마 한국의 할당제 정책의 주요한 변화과정을 살펴보았다. 제2차 여성 정책이 종결된 이후 여성 정책 기본 계획은 두 차례에 걸쳐 더 수립·시행되었고, 앞서 언급한 바와 같이 2015년에는 〈여성발전기본법〉이 〈양성평등기본법〉으로 전면 개정됨에 따라 두 차례의 '양성 평등 정책 기본 계획(2015~2017; 2018~2022)'으로 명칭이 변경되어 시행되고 있다. 그러나 한국 현대사에서 할당제 관련 주요 정책들과 원칙들은 제1차 및 제2차 여

(스콧 2009, 267-272 참조).

32_이론적인 관점에서 파리테법이 보편적인 시민 개념에 '성차'를 요구한다면, 1999년에 채택된 '시민 연대 계약'은 그런 '성차'를 오히려 제거할 것을 요구하고 있다. 따라서 전자가 "차이의 이름으로" 보편주의("동등한 인정")를 주장한다면, 후자는 "같음의 이름으로" 보편주의를 주장하는 차이를 보이고 있다. 이런 차이로 인해 오늘날 프랑스에서는 '보편주의'의 개념을 둘러싼 정치학적 논쟁이 새롭게 진행되고 있다. 이에 대해서는 스콧(2009, 193-234)를 참고할 것.

성 정책을 통해 구체화되었기에 본 논의에서는 이런 변화만으로도 유용한 결론적 함의를 제시할 수 있을 것으로 판단한다.

필자는 제1차 및 제2차 여성 정책에 대한 분석을 바탕으로 한국 여성 정책사에 내재된 정치사상적 특징을 '섹스에 의한 젠더의 중층 결정', 혹은 '여성 할당제에 의한 젠더 할당제의 중층 결정'으로 결론 맺고자 한다. 그런데 이런 중층 결정 양상에서 비롯된 정치사상적 부조리는 무엇인가? 학자에 따라, 혹은 입장에 따라 다양한 의견이 개진될 수 있을 것이다. 필자는 그런 의견들 가운데 정치사상적으로 시급한 논의가 필요하다고 판단하는 주제·문제 하나를 거론함으로써 본고를 매듭짓고자 한다. 그것은 바로 '여성의 대표성'women's representation 개념을 둘러싼 오해와 곡해가 한국 사회에 자리하고 있다는 사실이다. 필자가 보기에 섹스에 의한 젠더의 중층 결정, 혹은 여성 할당제에 의한 젠더 할당제의 중층 결정이 빚어낸 가장 심각한 부조리는 바로 이 개념을 둘러싸고 전개되고 있으며, 오늘날의 한국 사회의 할당제 관련 담론과 정책에 편재해 있는 것으로 파악된다.

사실상 한국 현대사에서 할당제 관련 정책은 억양의 차이는 있으나 거의 대부분 '여성의 대표성 제고'라는 슬로건을 중심으로 구축되고 있다. 앞서 논의한 바와 같이 제1차 여성 정책은 "여성의 대표성 제고"라는 제1대 기본 전략을 중심으로 "정책 결정 과정에 여성 참여 확대"를 핵심 정책 과제로 제시하고 있고, 이를 다시 여성의 '공직 진출'과 '정치 참여' 확대라는 세부 정책 과제로 구체화하고 있다. 이는 여성의 공직 진출과 정치 참여가 공히 '정책 결정 과정'

으로 환원되고, 이것이 궁극적으로 '여성의 대표성 제고'로 이어질 것이라는 논리 구조를 함축한다. 제1차 '여성 정책 기본 계획'은 이를 "정책 결정 과정에의 여성 참여"라는 통합적인 문구를 바탕으로, 요컨대 공직 진출과 정치 참여를 구분하지 않은 채 다음과 같이 선언하고 있다. "정책 결정 과정에의 여성 참여는 인구의 절반을 차지하고 있는 여성의 의견이 반영된 정책을 수립하는 데 매우 중요하다. …… 정부는 여성의 요구를 정부 정책에 반영하는 동시에, '남녀가 평등하게 참여하고 책임지는 사회'를 이루기 위해서 …… 종합적으로 지원하고 …… 적극적 유인책을 마련(하고) …… 아울러 여성의 정치 참여를 위한 여건을 조성해야 한다"(여성특별위원회 1997, 28. 강조 추가).

한편, 젠더 주류화를 공식적인 추진 체계로 선언한 제2차 여성 정책도 이와 유사한 논리 위에서 구축된다. 제2차 여성 정책은 "사회 각 분야 여성의 대표성 제고(목표 3)"를 정책 목표로 설정하고, 이를 실현하기 위한 핵심적인 정책 과제로 "정책 결정 과정에 여성의 대표성 제고(2)"를 제시한다. 이는 다시 '공공 부문 의사 결정 과정 참여'와 '여성의 정치적 대표성' 확대라는 세부 정책 과제로 구체화된다. 이런 정책 구조 역시 제1차 여성 정책과 마찬가지로 공공 부문과 정치 분야가 구분되지 않고 공히 해당 분야에 대한 여성의 수적 참여 비율의 정도가 '여성의 대표성'의 정도를 대변할 수 있다는 논리를 형성한다. 요컨대 공직 ― 그것이 임용직인지 선출직인지 상관하지 않고, 혹은 공공 부문인지 정치 분야인지 구분하지 않고 ― 에서 여성의 대표성을 확보하기 위해서는 공직 사회 내

여성의 수적 참여 비율을 확대하는 것이 필요하다는 논리이다. 필자가 보기에 이런 논리 구조는 오늘날까지도 한국 사회의 할당제 관련 담론이나 정책에서 거의 불변의 테제처럼 전제되고 있다.

이 지점에서 필자는 한국의 할당제 정책을 압도하는 '여성의 대표성'이라는 슬로건이 무엇을 말하고자 하는지를 되묻고자 한다. 물론 여성의 대표성이라는 개념은 〈북경행동강령〉뿐만이 아니라 '여성차별철폐위원회'의 일반 권고에도 강력하게 주장되고 있고, 학계에서도 흔히 주장되는 개념이라는 점은 주지의 사실이다. 그러나 세계 여성주의 패러다임이 섹스에서 젠더로 전환되고 있는 오늘날의 현실을 고려할 때, 양자의 강조점이 사뭇 다르다는 사실이 중요하게 거론될 필요가 있다. 요컨대 '여성의 대표성'이라는 개념은 '여성'과 '대표성'이 서로 다른 층위에서 조합될 수 있는 복잡한 개념이기 때문에 학술적인 차원에서는 좀 더 세심하게 다루어질 필요가 있다는 것이다.

먼저, 정책적 대상으로서의 '여성'은 누구인가? 여성 할당제의 대상으로서의 여성은 분명 생물학적 여성 일반을 의미할 것이다. 그러나 젠더 할당제의 대상으로서의 여성은 생물학적 여성 일반을 지칭하는 개념이 아니라 해당 사회의 젠더 관계 속에서 고려된 '일부의', 요컨대 '특정 젠더 관계에 놓인' 여성을 지칭할 것이다. 게다가 젠더가 여성으로 환원될 수 없기에 젠더 할당제는 사실상 여성만을 대상으로 한 정책이 될 수 없다는 사실도 자명하다. 젠더가 여성(섹스)에 의해 중층 결정되는 경우, 젠더 개념에 내재된 권력관계의 속성이 제거될 가능성이 높고, 사회적 행위자를 남성과 여성이라는 생물학적 지표에만 의존하게 됨으로서 사회적·정치적 주체의 다양성을 탈각시킬 가능성 또한 농후해진다. 이런 모순은 궁극적으로 성별 격차의 문제뿐만 아니라 사회구조에 내재되어 있는 불평등성 그 자체에 대한 시각도 방해할 수 있다. 그러므로 여성 할당제와 젠더 할당제의 정책적 목표를 설정함에 있어서 그 대상이 생물학적 관점에서 고려된 여성 일반인지 혹은 젠더적 관점에서 고려된 일부의 주체(여성)인지가 분명하게 구분되어야만 하며, 만일 후자라면 해당 정책이 문제 삼고자 하는 '젠더 관계'가 무엇인지를 정책적으로 특정할 필요가 있다. 젠더 할당제가 여성에 대한 우대 조치로서보다는 민주주의의 절차와 원칙의 측면에서 고려되어야 하는 이유가 여기서 마련될 수 있다.

둘째, 목적으로서의 '대표성'이 무엇을 의미하는가? 정치사상 분야에서 대표성은 대의 민주주의의 승인과 함께 진지하게 논의되고 있는 개념이다. 그러나 이 개념은 단순 논리로 치환되지 않는다. 예를 들어 피트킨(Pitkin 1967)은 대표성의 개념을 '형식적'formalistic, '기술적'descriptive, '실질적'substantive, '상징적'symbolic 대표성으로 구분하고 있다. 하지만 그녀의 통찰력은 그런 구분에 있는 것이 아니라 그것들이 진정한 의미의 '정치적 대표성'political representation으로 승화될 수 있는 조건이 무엇인지를 해명하는 데 바쳐진다. 이때 중요한 요건이 바로 '위임'delegation의 여부이다. 피트킨은 대중이 선출한 '선출 대표'와 그를 행정적으로 대체한 '대리 대표'가 동일한 의미의 정치적 대표성을 갖지 않는다고 지적하는데, 왜냐하면 전자는 대중에 의해 위임된 '위임 대표'이지만, 후자는 그런 위임이 배제된 '대리인'일 뿐이기 때문이다(Pitkin 1967, 133-134).

이런 통찰력은 한국의 할당제 정책에서 중요하게 고려될 필요가 있다. 예를 들어, 공무 부문에서 대리인 혹은 대리 대표라고 할 수 있는 행정적 '여성 정책 결정자'의 임용 비율을 높이는 정책 — 여성 할당제 — 과, 다른 한편에서 정치 분야의 선출직 대표로서의 '여성 위임 대표'의 비율을 높이는 정책이 동일한 수준의 '여성의 대표성' 개념으로 통합될 수 있는 것인지를 고민할 필요가 있다. 공무 분야에서 여성 대리 대표의 비율을 높이는 정책은 형식적이고 기술적인 의미에서의 대표성에 의지하지만, 정치 분야에서 여성 위임 대표의 비율을 높이는 정책은 실질적이고 상징적인 의미에서의 대표성을 지향하고 있다. 따라서 후자의 대표성은 전자의 대표성과는 달리 '정치적 대표성'으로 승화될 수 있는 이론적인 근거 — 정치적 위임 — 가 마련되고 있다. 그럼에도 한국의 할당제 정책은 위임 대표와 대리 대표의 개념적 차이를 구분하지 않거나 무시한 채 '여성의 대표성'이라는 정제되지 않은 단일한 슬로건을 바탕으로 모호하게 중층 결정되고 있다. 정치적 위임이나 위탁의 과정이 생략된 제 사회 분야에 있어서, 비록 그것이 공직이나 공무 부문이라고 할지라도, 혹은 그것이 '대표 관료제'(김혁 2004 참조)의 의미로 적극적으로 해석될 수 있다고 하더라도, 그 분야에서 논의될 수 있는 '형식적' 혹은 '기술적' 의미의 대표성 개념을 정치적 위임의 여부가 중요하게 고려될 여지가 있는 '실질적' 혹은 '상징적' 대표성의 개념과 동일 수준에서 논의할 수 있을지 의문이다.

섹스에 의한 젠더의 중층 결정, 혹은 여성 할당제에 의한 젠더 할당제의 중층 결정은 그런 의미에서 여성의 형식적·기술적 대표성의 확대가 실질적·상징적 대표성을 담보하기 위한 기본 조건이라는 모호한 단정으로 이어지는 문제를 초래한다. 전자의 대표성과 후자의 대표성을 구분하지 않는 경우 여성의 참여를 저해하는 사회적 요인으로서의 '유리 천장'glassglass ceiling과 정치적 요인으로서의 '과소 대표성'under-representation의 문제를 혼동 — 양자 모두 여성의 수적 비율이 낮다는 동일한 차원으로 환원되면서 — 하게 되고, 단순히 여성의 참여가 저조하다는 섹스 중심의 결론 속에서 여성의 참여 비율을 강제하는, 심지어 의무화하는 적극적 우대 조치로서의 여성 할당제가 가장 빠르고 효과적인 지름길이라는 섹스 중심의 논리만을 정당화할 수 있다는 것이다. 그러나 유리 천장의 문제는 정치적 위임 여부와는 다소 동떨어진 사회적 소외(배제)의 문제로 파악되지만, 과소 대표성의 문제는 정치적 위임의 여부가 중요하게 고려될 필요가 있는 정치적 소외(배제)의 문제라는 점에서 근본적인 차이를 드러낸다. 왜냐하면 유리 천장은 기술적 대표성의 차원에서 논의될 수 있는 반면, 과소 대표성은 정치적 대표성의 차원에서 논의되지 않고서는 해명이 어려운 사안이기 때문이다. 따라서 과소 대표성의 문제는 젠더 할당제를 통해, 요컨대 권력관계인 젠더 관계 속에서 특정 주체(여성)의 정치적 위임을 방해하는 비민주성을 시정하는 정책을 통해 해결될 수 있는 문제인 것이지, 생물학적 여성의 사회적 참여 비율을 제고하는 유리 천장 타개책 — 여성 할당제 — 만으로는 근본적인 해결을 기대하기 어려운 문제인 것이다. 물론 이런 지적이 여성 할당제와 같은 적극적 조치의 가치나 위상을 폄하하려는 의도가 아님을 분명히 할 필요가 있다. 사회 제 분야에서 여성 할당제와 같은 적극적 조치는 사실상 시급하고도 절실한 과제이며, 필자 역시 적극적으로 동의하는 바이다. 그럼에도 본고는 단지 정치적 위임의 문제가 중요하게 고민될 필요가 있는 젠더 할당제를 그런 위임이 배제된 여성 할당제 정책으로 환원하려는 태도를 재고할 필요가 있다고 제안하는 것이다. 이는 한국 사회에서 '여성학'과는 별도로 이른바 '젠더학'이 함께 논의되어야 하는 이유이기도 하다.

7장

일본 보수 지식인의
전후/탈전후 의식과 '아메리카'

에토 준, 니시베 스스무의 아메리카니즘 비판과 보수적 주체화

장인성

1. 머리말

'전후'는 전쟁의 상흔과 전쟁 체험의 기억이 남아 있는 동안을 가리킨다. 현대 일본인에게 '전후'는 1945년 태평양전쟁에서 패전하면서 출현한 '전쟁 이후'를 말한다. '전후 의식'은 전시 파시즘 체제에서 영위된 전쟁 체험을 극복하고 인간의 존엄과 평화를 존중하는 새로운 사회제도와 국가를 구성해야 한다는 의식이다. 전후 의식은 패전을 계기로 성립한 평화 헌법, 민주주의, 미일 동맹이란 제도로 짜여진 전후 체제와 밀접히 관련된다. 전후 의식은 이들 제도의 정당성과 유효성을 자각했을 때 성립한다. 그런데 냉전 종결(1989년)

과 걸프전 발발(1990년)을 계기로 일본인의 전후 의식에는 '냉전 이후'라는 또 하나의 전후가 덧붙여졌다. '탈전후'라는 말은 전후 의식을 보지하면서 전후 체제를 벗어나려는 지향성을 내포한다(조관자 2017, 17). 전후 체제를 부정하는 '탈전후 의식'은 일본 국가가 탈냉전의 질서 변동에 제대로 대응하지 못한 상황에서 출현했다. '잃어버린 20년'의 상실감도 '냉전 이후'의 의식을 부채질했다. 평화헌법, 민주주의, 미일 동맹의 제도(규범)와 이것을 파악하는 이념이 '전후 의식'을 구성했다면, '탈전후 의식'은 이들 제도를 변경함으로써 전후 체제를 벗겨 내고자 하는 의식을 말한다. 탈전후 의식은 전후 의식의 연장이거나 변형이다. 탈냉전기 일본의 지식인들은 '패전 이후'를 극복하지 못한 채 '냉전 이후'와 대면해야 하는 사상 과제를 안고 있다.

이 글에서는 냉전기와 탈냉전기 일본의 탈전후 의식과 주체화에 관한 보수 지식인의 사상을 분석한다. 특히 에토 준江藤淳(1932~1999)과 니시베 스스무西部邁(1939~2018)를 중심으로 검토한다. 에토 준은 1960년대~1990년대 냉전과 경제성장의 문맥에서 활동한, 보수적 관점에서 일본의 국가와 사회에 대한 비평을 활발하게 전개한 전후 최고의 문학 비평가였다. 보수 논객 니시베 스스무는 1990년대~2010년대 탈냉전과 경제 침체의 문맥에서 투쟁적 보수를 표방하면서 전후 체제를 가멸차게 비판한, 탈냉전기 일본을 대표하는 경제사상가이자 사회비평가였다. 이들 두 사람은 각각 냉전와 탈냉전의 맥락에서 문예, 사회, 정치에 대한 보수적 비평criticism을 통해 비판적critical 보수주의자로서 행동했다.

두 보수 지식인은 진보 지식인의 '위선적', '이상주의적' 행동과 논리적 합리성에 기초한 진보주의적 견해에 대항하였다. 냉전기 지식사회를 주도한 진보 지식인들(혹은 좌파)은 논리적 당위성에 의탁해 현실 변혁을 모색했다. 마루야마 마사오丸山眞男로 대표되는 진보 지식인이나 진보 정치가들은 '평화'와 '민주'를 절대 가치로 삼아 현실 변혁을 모색했고, 개인의 자유권, 평화주의, 민주주의 같은 근대적 가치를 구현하는 개체로서 근대적 주체를 상정했다. 보수 지식인들은 평화와 민주의 '논리'가 만들어 내는 이상과 현실 사이의 괴리나 모순에 주목했다. 에토와 니시베는 전통과 근대, 개인과 사회와 국가, 일본과 미국, 일본과 세계의 관계들에 내장된 괴리나 모순에 민감했다. 보수의 주체화는 이런 괴리와 모순을 예리하게 감지해 내는, 역사적 현실에 기반을 둔 리얼리즘의 감각에서 비롯된다. 두 비평가는 국가 이익과 안보를 우선하는 보수 정치가와 정책 지향적 보수 학자의 정치적 현실주의와 구별되는, 문학적 리얼리즘에 친화적인 리얼리즘의 소유자였다. 전후 체제의 모순된 현실을 포착하는 민감한 감각을 가졌다.

비판적 보수 지식인은 보수 정치가나 우익 세력과 구별된다. 전통과 역사에서 보수적 가치를 찾고 일본의 국익을 우선한다는 지향성은 같지만, 행동과 사상에서는 차이를 보인다. 일본의 보수 정치가와 우익 세력은 국가주의 성향이 강하다. 보수 정치가는 미일 동맹에 기초한 자주적 정상 국가를 지향한다. 우익 세력은 천황제 가치를 우선하고 배타적 민족주의를 표방하면서 정치적 행동에 나선다. 비판적 보수 지식인은 전후 체제(평화 헌법, 민주주의, 미일 동맹)와 자민당 보수 정권에 비판적이라는 점에서 보수 정치가와 다르며, 천황제적 가치를 절대화하지 않는다는 점에서 우익 세력과 구별된다. 비판적 보수 지식인들은 국가와 보수적 가치를 옹호하지만 정치적 행동에 나서기보다는 비평 활동을 선호했다. 보수적 가치를 일본의 전통과 역사에서 찾지만 국가주의로 연결시키는 데는 신중했다. 생활 보수와 정치적 보수 사이의 중간에서 일상과 정치를 연결하는 보수적 감각을 영위했다. 일본의 국가와 사회를 세계의 보편적 맥락에서 파악하고 일본 문화를 보편적 세계 문화와 관련해서 파악하는 감각을 가졌다.[1]

에토와 니시베의 전후 의식, 탈전후 의식은 미국이라는 변수와 관련된다. 일본은 전쟁의 주체로서 미국과 대결하였고 패전 후에는 미국의 제도와 이념을 받아들였다. 냉전기에는 미국과의 안보 동맹을 통해 미국의 관여와 규율을 허용했고 미국이 주도한 자유무역 체제에서 고도 경제성장을 통해 경제대국이 되었다. 일본의 전후 의식은 미국을 매개로 성립했다. 일본의 전후적 사고를 틀지운 미국의 제도적, 사상적 규율을 '아메리카니즘'Americanism이라 한다면, 아메리카니즘을 수용하고 이에 적응하는 과정을 '아메리카화'Americanization라 부를 수 있다. 전후 일본은 아메리카니즘의 규율을 받아들이는 아메리카화를 통해 생존과 발전을 모색했다.[2] 평화주의와 민주주의

1_비판적 보수 지식인의 범주도 물론 단일하지는 않다. 리버럴리즘과 문화적 교양을 중시하고 향유하는 리버럴 보수(문화적 보수주의자)도 있고, 국가 지향성이 강한 투쟁적인 보수 논객도 있다. 그 양태는 정치경제적 문맥에 따라 조금씩 달랐다.

를 표방한 진보 지식인들은 이들 이념을 내장한 아메리카니즘과 그 것을 수용하는 아메리카화에 비교적 관대했다.

비판적 보수 지식인의 리얼리즘도 '아메리카'를 매개로 영위되었다. 하지만 평화주의와 민주주의 이념의 현실적 한계를 인지했던 보수 지식인들은 전후체제의 제도와 사상을 규율하는, 일본이 강하게 연루된 미국에 불편함을 느꼈다. 이들은 전후 일본을 성립시킨 미국의 존재를 인정하면서도 미국이 평화 헌법, 민주주의, 미일 동맹을 통해 전후 체제를 규율하는 방식에 불만을 가졌다. 일본을 규율하는 미국의 권력, 사상, 가치에 매몰되지 않으려 했다. 이들은 미국의 존재를 받아들이는 한편, 전후체제에서 내면화된 '아메리카' 표상과의 고투를 통해 주체화했다. 주체화는 '아메리카'가 규율한 전후 체제의 현실과 이상의 간극을 추궁하는 행위를 통해 나타났다. 이 간극을 추궁하는 행위는 냉전에 의해 규율된 전후 체제에서는 절제되어 있었고, 냉전 종식을 계기로 표출되었다. 에토 준과 니시베 스스무가 '아메리카' 표상을 매개로 어떤 전후/탈전후 의식을 드러내고 일본을 주체화했는지를 분석하는 것이 이 글의 과제이다. 우선 전후 일본에서의 주체화와 아메리카니즘부터 살펴보기로 한다.

2_전후 일본에서 미국의 의미는 흔히 '친미-반미' 구도를 상정하는 내셔널리즘의 관점에서 파악된다. 예를 들면 노병호(2014)를 들 수 있다. 하지만 이항 대립적 구도가 아니라 포섭-내포 관계를 영위하는 주체를 상정하고 이런 관점에서 아메리카니즘과 아메리카화가 작동하는 양상을 볼 필요가 있다.

2. 전쟁과 주체화와 미국

1) '전후'와 주체화

일본의 통상산업성은 1956년 『경제백서』에서 "더 이상 전후는 아니다"라고 선언한 바 있다. 전전의 경제 수준을 회복했다는 의미에서였다. 1980년대 초 나카소네 야스히로中曾根康弘 수상은 경제 대국화를 눈앞에 두고 "전후 정치의 총결산"을 표방하기도 했다. 일본 연구자 존 다우어John Dower는 1989년 쇼와 시대의 종언을 보면서 "일본의 전후는 비로소 끝났다"고 했다(Dower 1999). 패전 이후 언제까지를 '전후'로 보는지는 주체의 관점과 일본의 상황에 따라 다르다는 사실을 알 수 있다. 보수주의자들은 평화 헌법, 미일 동맹, 민주주의에 의해 규정된 전후 체제가 바뀌어야 '전후'가 끝난다고 생각한다.

일본의 지식인들은 패전 이래 오랜 시간이 지났지만 아직도 '전후'를 말한다. '전후 30년', '전후 50년', '전후 70년'을 기억하면서 부단히 '전후'를 생각한다. '전후'는 전쟁을 기억하거나 과거의 전쟁 체험을 반추함으로써 성립한다. '전후'는 일본 국가의 전쟁 수행(공적 경험)과 개인의 전쟁 체험(사적 경험), 그리고 일본 국가의 추모 행사(공적 기억)와 개인의 전쟁 기억(사적 기억)을 통해 구성된다. 그런데 '전후'는 전쟁 이후의 물리적 시간만을 가리키지는 않는다. 그것은 '이후'를 규율하는 규범(제도)이 작용하는 공간과 그 공간에서 배태된 정신을 표상한다. '전후'의 실존적 문제를 규율하는 틀은 평화 헌법, 민주주의, 미일 동맹으로 구성된 전후 체제였다. 이들 제도가 일본인의 삶을 규정하는 한, '전후'는 소멸하지 않을 것이며, 전후 체제에서 배태된 '전후 의식'은 온존하기 마련이다. 주체들은 미일 동맹, 평화 헌법, 민주주의에 관한 생각을 표명함으로써 전후 의식을 드러낸다.

전후 일본의 지식인들은 패전 '이후'를 규정한 전쟁의 의미를 되새김질하고 '이후'를 규율하는 공간(체제, 제도)을 문제 삼는 사상적 고투를 지속했다. '전후 의식' 또는 '전후 사상'은 일본인의 기억과 삶을 규율하는 '전쟁'(태평양전쟁)이라는 역사적(시간적) 사건을 성찰하고 미래의 이상적 상태에 기대와 희망을 의탁하면서 '이후'(전후 체제)에서의 현재적(공간적) 실존을 성찰하는 의식 혹은 사상이다. 전후 의식은 전쟁 체험의 기억(시간)과 전후 체제의 제도(공간)가 교착하는 지점에서 성립한다. 그것은 현재를 살면서 '전후'의 물질적, 정신적 유산을 자각하는 의지의 표현이며, 전후 체제를 살아가는 일본인의 주체성을 표현한다.

질서가 변동하면 상황(객관)과 주체(주관) 사이에 간극이 생기는 경우가 많다. 간극은 기존의 질서가 새로운 질서로 대체되는 과정에서 기성의 규범과 가치가 적실성을 상실하는 한편 새로운 규범과 가치가 미확립된 상태에서 표출된다. 주체들은 이 간극에 민감할 때 불안을 느낀다. 자기 불안은 주체 의식을 유발하는 모멘텀이지만 불안 자체가 주체를 만들어 내지는 않는다. 이런 간극을 해소하려는 의지와 행동을 수반했을 때 주체는 탄생한다. 간극을 해소하려는 의지와 행동은 주체화의 표현이다. 주체화는 중심의 지배에 대한 종속 상태, 특정 체제에서 관습화된 무의식, 개체의 무자각을 일깨우는 '안연'安宴을 깨뜨리는 행위다. 주체화는 주체를 규율하는 세계와 타자의 규율을 감지해 내는 예민한 감각과 비판적 사유, 때로 투쟁적 행동을 요구한다. 주체화는 주체의 위상이 바뀌고 정체성이 위기를 맞는 질서 변동 과정에서 두드러진다. 변동기에는 체제의 패러다임을 보전하고 주체에 안정과 편안함을 제공했던 주류 이념이 유동화한다. 주체화는 변동을 초래한 타자를 의식하면서 주체를 규율하는 세계에 스스로를 자리매김하거나 더 나은 상태로 등고하려는 의지를 드러내는 행위이다.

전쟁은 질서 변동의 가장 극단적인 형태이다. 개항 이래 일본은 전쟁을 도발하면서 주체화했다.[3] 근대 일본은 두 전쟁을 수행하면서 대결적 주체를 확립했다. 청일전쟁을 통해 중국을 능가하는 국민적 주체로 성장했고, 러일전쟁을 계기로 러시아에 대항하는 제국적 주체로 부상했다. 대결적 주체는 절대자의 초월적 시선을 결여한 채 주관적 정념의 발출과 행동을 통해 자신의 존재를 확인한다. 하지만 제국적 주체는 대결적 주체만으로 성립하기는 어렵다. 제국이 하나의 세계를 구성하고자 할 때 대결을 넘어 세계를 포섭하는, 혹은 세계에 포섭되는 주체를 상정해야 한다. 일본의 제국적 주체는 글로벌 전쟁(태평양전쟁)을 수행하는 동안 유럽 중심의 세계사를

3_근대 및 전후일본의 사상사를 '주체'의 관점에서 파악하는 데는 小林敏明(2010)가 도움이 된다.

벗어나 자국을 포함한 세계사를 구축하려는 포월적 주체화의 의지를 보였고 세계사적 주체를 모색했다.[4] 패전은 포월적 주체화의 좌절을 뜻했다. 전후 일본의 지식인들은 민주화를 계기로 민주주의에 부응하는 개체(개인)의 주체화를 모색하게 된다. 미국을 매개로 한 주체화였다.

2) 미국 표상과 주체

근대 일본의 주체화는 전쟁만이 아니라 미국과의 관계에서도 촉발되었다. 미국은 페리 내항 이래 일본의 주체화와 자기 인식을 유발한 촉매였다. 막말유신기 일본에서 '개화=아메리카화'는 메이지 10년대 이래 확산된 '개화=유럽화'보다 앞서 나타났다. 미국은 '자유의 나라', 자유 이념이 구현된 '성지'로 인식되었다(亀井俊介 1978; 亀井俊介 1979). 미국은 메이지 근대화 과정에서 유럽 국가들에 비해 의미는 제한적이었지만 문명개화의 중요한 모델이자 수입처였다. 더불어 미국에 대한 부정적 이미지도 형성되었다. 미국을 체험한 일본 지식인들 사이에서 미국은 경쟁 원리가 강한 사회, 부패 빈곤

4_주체는 초월적 주체, 대결적 주체, 포월적 주체를 상정할 수 있다. 초월성은 주체와 객체를 규율하는 세계를 넘어선, 또 다른 세계를 지향하는 것이며, 정치 세계에서는 세계 보편의 절대적 기준을 제시하지 않는 한 확보하기 어렵다. 근대 일본은 발전과 팽창 과정에서 대결적 주체로서 성립했고, 제국 말기에 포월적 주체로서 세계사의 새로운 구성을 시도한 바 있다(장인성 2018).

과 인종 편견이 심한 '병든 국가'라는 이미지도 생겨났다. 미국은 상반된 이미지를 지닌 야누스적 존재였다. 유토피아와 현실주의의 상충된 미국 이미지가 공존했다(요시미 슌야 2008, 52-58). 양면적 미국 표상은 미국이 고립주의 정책으로 일본에 제한적으로 관여한 동안에는 개인적 차원에 머물렀다. 사회 차원의 '친미-반미' 구도 는 아직 출현하지 않았다.

제1차 세계대전 이후 미국은 집단표상으로서 의미를 갖게 된다. 미국의 문명과 달러가 세계를 압도하고 아메리카니즘이 동아시아 사회에 침투한 가운데, '자유', '민주주의'로서의 미국 표상이 일본 지식사회에 유포되고 미국의 대중문화가 일상생활에 침투한 가운데, 미국은 일본 도시민의 일상생활에서 이국異國이 아니라 "우리 자신 의 일부"로 내면화되었다. 평론가 무로후세 고신室伏高信은 1929년 작 『아메리카』에서 "미국적이지 않은 일본이 어디에 있는가. 미국 을 떠나서 일본이 존재하는가 …… 미국은 세계일 뿐만 아니다. 오 늘날 일본 역시 미국 이외의 그 무엇도 아닌 것이 되었다"라고 말했 다. 관동 대지진 직후에 미술사가 안도 고세이安藤更生는 "오늘날 긴자에 군림한 것은 아메리카니즘"이라 단언하기도 했다(요시미 슌 야 2008, 69-73). 미국은 일상생활의 문명 의식이나 문화 의식에서 '일본 자신의 일부'로서 내면화되었던 것이다.

하지만 총력전 체제를 거치면서 미국은 타자화되고 야만시되었 다. 만주사변 이후 제국주의 일본은 영토 팽창에 적극 나서면서 미 국을 적대적 타자로 상정했다. 미국의 대중문화를 소비하는 일본 도시인들의 사적 영역에서 미국은 문명국이었지만, 파시즘과 총력전 체제가 규율하는 공적 영역에서 미국적 가치는 부정되었고 일본의 생존과 번영을 위협하는 야만국('영미귀축') 미국의 이미지가 강요되었다. 사적 영역에서의 '친미'는 이를 압도하는 공적 영역에서의 '반미'와 공존할 수 없었다. 파시즘 체제에서 제국적 주체는 '야만의 제국' 미국과 투쟁하는 대결적 주체로 성립했다. '문명의 제국'으로서 대동아공영권을 기반으로 세계사를 재구성하려는 포월적 주체를 지향하였다.

일본의 패전은 제국적 주체의 파탄을 초래했다. 미국은 일본의 전후 체제를 규정할 '문명국'으로 재등장했다. '패전국' 일본을 규율한 평화 헌법과 민주주의는 미국적 가치의 수용을 매개했고, '자유국가' 일본의 안보를 책임지는 미일 동맹은 미국적 가치의 작용을 보장했다. 아메리카니즘은 평화 헌법, 민주주의, 미일 동맹을 통해 전후 일본에 자리 잡았다. 평화 헌법과 민주주의 하에서 진보(좌파)가 부활하고 보수-진보(보혁)의 정치 구도가 성립한 한편, 냉전과 미일 동맹을 둘러싸고 진보(좌파)와 보수(우파)의 이념 대결이 벌어졌다. 1950년대 전후 지식인의 주체화는 냉전에 대처하는 방식을 둘러싸고 진보와 보수가 벌인 대결 구도에서 성립했다. 안보 투쟁 이후 1960년대 일본에서 주체화는 아메리카니즘을 받아들이면서 일본적 주체를 구축하려는 의지로 나타났다. 주체화는 아메리카니즘과 이것에 규율되는 전후 체제에 대응하는 행위였다.

3. 전후 체제, 아메리카니즘, 아메리카화

1) 아메리카니즘과 아메리카화

태평양전쟁(대동아전쟁)은 깊은 상흔을 남겼다. 제국 일본은 국체론과 파시즘에 추동된 거국일치의 총력전을 수행했건만 무조건항복으로 끝났기에 패전의 후유증이 더욱 컸다. 전후 지식인의 주체화와 주체성은 일본의 전후 체제를 규율한 '아메리카'와 미일 동맹에 의해 미국과 연루된 '냉전 체제'에 대한 대응과 관련된다.[5] '아메리카'는 군사기지와 문화 소비의 양면에서 일본인의 일상의 삶과 의식에 뿌리 내렸다. 요시미 슌야吉見俊哉의 표현을 빌자면, 미국은 해방자이자 정복자였고, 욕망의 대상이자 두려움의 근거였다. 반기지 운동은 점령자 미국에 저항하는 주체로서 '국민=민족'을 성립시켰다. 국민의 일상 의식은 국민적 주체화(네이션 실현)와 아메리카니즘의 담합을 뒷받침했다. 미국의 폭력(군사기지)과 일본인의 소비적 욕망(대중문화)이 표리일체를 이루면서 '아메리카'는 국민적 소비생활의 이미지를 만들어 냈고, 일본인의 일상 의식에 내면화하면서 일본인의 정체성을 재편했다. 애니메이션, 텔레비전 드라마, 가요, 디즈니랜드 등에서 리메이크된 '미국=일본적인 것'이 만들어졌고

5_전후일본의 주체성 논쟁에 관해서는 Koschmann (1996), 岩佐茂(2009, 178-179)을 볼 것.

아메리카니즘이 대량 소비되었다(요시미 슌야 2008, 34-43, 232). 아메리카니즘은 전후 일본인의 미국 상상을 매개하였고 미국과의 연루를 조장하였다.

아메리카니즘Americanism은 원래 영어의 한 방언인 미국어가 북미에 보급되는 현상을 가리키는 말이었다. 그런데 19세기 전환기 무렵부터 합중국에 대한 애착이나 정치적 공감을 뜻하게 된다. 18세기 유럽의 계몽 지식인은 미국을 프런티어이자 신의 선택을 받은 성지로 여겼고, 미국의 예외성에서 부패한 유럽을 혁신할 가능성을 찾았다(古矢旬 2002, 3-4). 19세기 아메리카니즘의 특징은 예외성과 고립주의에 있었다. 그런데 19세기 후반 들어 프런티어의 소멸로 국내 팽창이 한계를 맞게 되면서 변화가 일어났다. 농본사회에서 산업사회로 바뀌면서 대기업이 등장했고, 이민노동자가 대량으로 도시에 유입되면서 빈곤층이 출현했다. 쟁의, 반래디컬리즘, 반카톨릭주의 등이 출현하면서 사회진화론적 경쟁에 기초한 개인주의가 탄생했다. 기능별 조직화가 이루어지면서 집단주의collectivism도 발생했다. 합중국은 자유방임 국가에서 행정국가로 변모했다(古矢旬 2002, 17-26).

아메리카니즘은 미서전쟁 이후 미국이 해외 팽창에 적극 나서면서 재정의되었다. 특히 20세기 들어 미국의 고립이 끝나면서 아메리카니즘은 미국의 국제적 위상과 역할을 재정립하는 이념이 되었다. 미국은 대大사회가 출현하면서 가치관을 재정립하는 한편, 세계적 사명감을 갖고 유럽의 위기에 대처해야 했다. 인류 사회의 진보를 주도한다는 강한 자부심이 미국의 대외 정책에 반영되고 국민의식을 바꾸었다(古矢旬 2002, 17-26). 아메리카니즘은 미국이 세계 대국으로 등장해 대외 정책의 기조를 예외성에서 선구성으로 넓히면서 국내 수준에서 국제 수준으로 확산되었다. 특히 제2차 세계대전 이후 아메리카니즘은 자유로운 개인의 경제활동이 보장되는 자유국가의 상징이 되었다. 미국의 생산품은 자유주의 경제뿐 아니라 데모크라시의 상징이 되었다(佐伯啓思 2008, 106-108).

아메리카니즘은 대량생산, 대량 수송, 대중 교육, 대중문화 등 대중 민주주의와 자유민주주의를 특징으로 하는 대중사회의 출현과 관련된다. 대중 민주주의는 대중 기술, 과학적 경영관리, 실용 지식에 기초한 대중사회의 출현에 기초한다. 19세기 유럽에서 자유주의와 민주주의는 대립적 가치였지만, 20세기 미국에서는 자유민주주의로 결합되었다. 자유주의와 민주주의와 비즈니스가 결합한 미국적 경영 방식, 과학적 관리, 자유시장 원리, 포디즘이라는 합리적 경제 양식은 '자유'라는 보편 가치를 실현하는 데 기여했다. 경제 모델화를 추구한 신고전학파 경제학, 계량 분석에 입각한 실증과학, 교육 표준화에 의거한 민주주의는 아메리카니즘의 세계적 확산에 이바지했다. 자유민주주의는 미국의 패권화와 더불어 세계적으로 확산되었고 대중 민주주의의 실현을 통해 공산주의, 마르크시즘, 내셔널리즘에 대항하는 보편 이념이 되었다(佐伯啓思 2008, 97-103).

아메리카화Americanization는 근대화와 민주화를 통해 아메리카니즘을 수용하고 이에 적응하는 것을 뜻한다. 미국에서 아메리카화는 출신, 민족, 언어, 종교가 다른 이민자들이 시민권과 문화 정체성의 융합을 통해 국민 정체성을 가진 시민이 되는 과정, 즉 이민자의 타율적인 동화나 자율적인 적응을 말한다. 그런데 국제 수준에서 아메리카화는 미국에서 유래되거나 미국과 결부된 이념, 상품, 관행과 접촉하면서 생겨난 사회조직, 정치 구조 혹은 소비 양상의 변화과정을 말한다. 미국에서 유래된 관행이나 사물의 수용과 적응을 말한다. 아메리카화는 아메리카니즘의 보편성을 전제로 한다. 하지만 아메리카니즘이 확산될 때 수용자는 미국 통합의 문화 과정 내지 원리(대자적 아메리카니즘)를 자기 시선으로 바라보고 수용하게 된다(대타적 아메리카니즘). 아메리카화는 정치, 언어, 문화, 경제의 다양한 영역에서 전개되며 시간, 공간, 문맥, 위상에 따라 의미가 달라진다(Desmond 2012, 62-64).

그런데 비서구 사회에서 아메리카니즘은 미국 상품을 구매하거나 미국 자본을 도입함으로써, 나아가 '미국적 상품'을 매개로 자유주의와 민주주의가 결합된 자유민주주의를 받아들임으로써 보편적인 것이 된다. 아메리카니즘은 수용자의 아메리카화를 통해 보편성을 획득한다. 아메리카니즘은 "아메리카의 외부에서 생겨난, 아메리카에 대한 리액션"이며, 미국의 상품과 가치뿐만 아니라 "타국측과의 연관을 포함한 개념", 즉 타국의 시선과 연루된 개념이다. 미국이 강요한 것이 아니라 비서구 사회가 미국을 보고 배운 방식이었다(佐伯啓思 2008, 108-115). 비서구 사회의 아메리카니즘은 '미국의 아메리카니즘'이 아니라 자기 사회에서 변용되고 자기 체험에서 표상된 '자국의 아메리카니즘'이다. 비서구 사회의 아메리카니즘은 보편성과 더불어 특수성을 보인다. 국제주의뿐만 아니라 민족주의를 촉발한다. 비서구 사회에서는 미국적인 상품과 자유민주주의의 보편성에 동조하면서도 그 보편성이 자국을 규율한다고 생각했을 때 미국적인 것(아메리카니즘)을 거부하는 반미 감정이 발생한다. 여기서 '친미'와 '반미'의 감정이 생겨난다.

2) 냉전 제국 미국, 전후 체제, 보수화

일본에서도 아메리카화는 미국의 대중문화와 이에 결부된 자유민주주의를 수용하는 과정이었다. 아메리카니즘은 미국의 문화와 권력에 대응하는 '친미'와 '반미'의 양가적 감정을 유발했다. 1920년대, 1930년대 아메리카화된 도시인의 대중문화는 미국의 보편적 가치를 매개로 국제주의 감각을 배양했지만, 동시에 타자 미국과의 관계를 의식하는 국민적 주체의 출현을 촉발했다. 전시기에 들면 아메리카니즘은 부정된다. 태평양전쟁 때 '우리 자신의 일부'가 된 '아메리카'를 청산하는 작업은 전투적 내셔널리즘의 표현이었다. 전쟁은 미국과의 군사적 대결일 뿐만 아니라, 일본에 내면화된 미국 문화, 즉 '일본적 아메리카니즘'과의 투쟁이기도 했다.

전후 일본의 아메리카화는 '전승국' 미국의 지도를 받는 신일본 건설과 '냉전 대국' 미국이 새롭게 구성하는 전후 체제 형성에 강력하게 작용하였다. 미국은 민주화 개혁을 주도하였고 전후 체제를 구성하는 미일 동맹, 평화 헌법, 민주주의의 형성에 깊숙이 관여하였다. 미국이 냉전 제국으로서 정치경제적, 문화적, 이념적으로 동맹국 일본의 전후 체제를 규정한 가운데 아메리카니즘은 정치, 군사, 경제, 문화 등 모든 분야에 강하게 작용하였다. 미국은 일본과 이익 충돌을 초래할 수 있는 국민국가이자 동시에 일본을 규율하는 냉전 제국(세계)이었다. 일본은 경제 차원에서는 '미국의 모형 정원 箱庭'이었고 안보 차원에서는 '반공의 성채'였다(『世界』編集部 編 2005, 46-48).[6]

미소 대결의 냉전 상황에서 안보 쟁점이 첨예화하면서 반미 감정은 사회 영역에서 광범위하게 표출되었다. 천황제 내셔널리즘을 계승한 보수 우파나 리버럴 보수들은 미국이 주도한 냉전의 현실을 수긍하면서 친미 태도를 보였지만, 친미 감정이 반기지 투쟁과 평화운동을 추동한 반미 감정을 압도하지는 못했다. 미국의 '지배'에 저항한 공산당이나 재일 조선인, 기지 주변 농민들은 '평화'와 결부시켜 반미를 주장했다. 반미를 외치면서 '민족'을 강조했다. 진보 좌파 활동가들은 '미국 제국주의'가 일본 식민지화, 군사기지화를 추진하면서 민족 독립이 위기에 처하고 일본 문화가 퇴폐적인 미국 문화에 물든다고 비판했다. 반미 내셔널리즘은 기지 주변 농토의 수용, 매춘부, 아동교육 문제를 둘러싸고 투쟁을 벌이면서 고양되었고 마침내 1960년 안보 투쟁으로 이어졌다(小熊英二 2002; 요시미 슌야 2008, 235-246).

보수 정치가와 대중은 친미가 주류였다. 미국(맥아더)과 일본(천황)의 포용으로 성립한 전후 체제에 순응한 보수 정치가들은 전후

6_구조적 보수주의는 전쟁 피해국과 그 국민들의 희생, 그리고 국내의 희생(오키나와에의 군사적 집중) 위에 성립하였다.

체제의 제도에 전적으로 동의한 건 아니지만 미국이 일본의 안보와 경제를 담보하는 한 친미일 수밖에 없었다. 사회 영역에서 고조된 반미 감정이 자유당과 민주당이 보수 합동으로 성립시킨 55년 보수 체제를 압도하지는 못했다. 안보 투쟁 좌절 이후 보수 체제가 안정된 가운데 안보 쟁점이 소멸하고 경제성장에 매진하면서 친미의 구조와 심리는 굳어졌다. 평화 헌법, 민주주의, 미일 동맹을 추동하는 미국적 가치, 즉 아메리카니즘이 안정적으로 작용했다.

친미의 주류화와 반미의 주변화는 일본의 전후 체제가 자유 진영을 규율한 냉전 세계에 포섭된 것과 관련된다. 미국이 자유 진영을 이끌어 가는 냉전 제국으로서 일본을 규율하는 가운데 미국 문화는 일본인의 일상생활에 내면화되었다. 좌파 공산주의자와 달리 안보 쟁점에 대응한 진보 지식인들의 평화주의와 평화운동도 친미를 부정하지는 않았다. 민주주의와 평화주의를 지향하는 한, 이와 관련된 제도나 가치를 제공하는 미국을 부정하기는 어려운 법이다. 미일 동맹도 안보뿐 아니라 일본인의 문화 의식까지 규율했다. 미국의 헤게모니와 팍스 아메리카나는 아메리카니즘의 확산에 기여했다. 미국은 절대 우위의 군사력과 경제력을 토대로 국제 공공재를 제공했고 자유무역 체제를 지지함으로써 세계경제를 지탱했다. 냉전 체제와 팍스 아메리카나의 토대 위에 일본 보수 사회가 확립되었고 보수적 사고가 일상화되었다. 일본은 냉전 제국 미국의 문명(아메리카니즘)에 부응해 미국 문명과 미국적 이념을 보편적인 것으로 상정하면서 자국의 개별 문화를 자리매김해야 했다.

전후 일본은 아메리카니즘의 우등생이었다. 아메리카니즘은 미국 사회에서보다 일본에서 더 성공적이었다고 볼 수도 있다. 일본은 미국식 생산방식과 경영, 미국식 경제학과 경영학을 받아들였다. 서구 경제가 살아나고 정보혁명에 의한 산업화의 세계적 확산과 국경을 넘은 경제활동으로 팍스 아메리카나가 절대적인 것은 아니었다. 안보상, 경제상 마찰도 없지 않았다. 안보 조약 개정 이후 베트남전쟁을 둘러싼 안보 마찰도 있었고, 섬유 마찰을 필두로 철강, 텔레비전, 공작기계, 자동차 등을 둘러싼 미일 무역 마찰도 있었다. 하지만 이런 마찰은 미일 동맹과 미일 경제 관계의 큰 틀에서 제어될 만한 것이었다. 1970년대, 1980년대 고도 경제성장을 추동한 일본적 경영, 도요타 생산방식, 큐시QC서클 등은 포스트 포디즘이라기보다는 아메리카니즘의 연장이었다. 일본적 특수성은 아메리카니즘의 성공적 전개를 원활하게 해준 토양으로 기능했다(佐伯啓思 2008, 115-117).

냉전 제국 미국이 관여한 평화 헌법, 민주주의, 미일 동맹으로 운용된 전후 체제에서 아메리카니즘은 평화주의와 민주주의를 표방한 진보 지식인의 이상주의에 영향을 미쳤고, 안보 투쟁 이후 자유주의 무역 체제에서 경제발전을 모색한 보수 지식인의 현실주의를 규율하였다. 경제성장의 과정에서는 진보건 보수건 친미이거나 용미眷美일 수밖에 없었다. 반미는 성립하기 어려웠다. 전후 체제와 미일 동맹이 보수 정권의 장기 집권에 순기능을 하면서 냉전 제국의 아메리카니즘은 일본인의 마음 속 깊이 자리 잡았다. 천황제 이념이 일본인의 심정에 내면화된 것과 닮았을 수도 있다. 아메리카니즘(자유민주주의와 대중 민주주의)은 중산계급의 성장과 더불어 보

수의 구조화를 공고히 했고, 안정된 미일 동맹과 지속적인 경제성
장은 보수적 사고를 배양했다. 구조화된 보수주의에서 친미 의식은
안정적일 수 있었다. 하지만 내면화된 아메리카니즘에 대한 자각이
없었던 건 아니다. 안보 투쟁 이후 보수 지식인들은 '아메리카의 그
림자', 즉 아메리카니즘을 폭로하기 시작했다.

4. 전후 체제의 허구, 보수의 주체화

1) '아메리카의 그림자'와 보수의 주체화

　좌파 혁신과 대중 민주주의가 결합해서 발생한 안보 투쟁이 좌절
된 이후 일본의 전후 체제는 안정기에 들어선다. 1960년대~1980
년대 자민당 보수 정권이 고도 경제성장을 지속하는 가운데 보수와
진보는 안정적으로 동거했다. 정치 세계에서는 자민당 보수 정권이
우세한 가운데 혁신 야당인 사회당이 공존했다. 경제성장으로 소득
이 증대하면서 신중산층이 형성되면서 일상생활에서는 생활 보수
주의가 공고해졌다. '평화'와 '민주'는 더 이상 정치적, 이념적 투쟁
의 소재가 아니라 일본인의 생활 감각과 결부되었다. 전후 체제=평
화 체제가 안정된 가운데 '평화'와 '민주'가 일본 사회의 일상생활
에 뿌리내렸을 때 진보 세력의 운동과 언설은 현실과 유리될 수밖

에 없었다. 지식사회에서 공산 세계에 우호적인 좌파 지식인들의 입김이 여전히 셌지만, 중산층이 보수화함에 따라 진보 좌파는 점차 대중적 기반을 잃고 반미 운동도 동력이 떨어졌다. 베트남전쟁을 둘러싸고 평화 쟁점이 한때 운동을 자극하기도 했지만 전후 체제를 흔들 정도는 아니었다. 진보 지식인 중에는 보수로 전향하는 자들도 나타났다.[7] 미일 동맹을 토대로 통상 국가 노선을 옹호하는 현실주의 사회과학자들은 자민당 보수 정권의 대외 정책을 지탱하는 이론적 동력을 제공했다.

안정된 보수 정권이 고도 경제성장을 이룩하는 가운데 민주주의와 평화주의가 생활 보수에 침윤되면서 아메리카니즘은 자연스럽게 일본인의 정치의식과 일상 의식에 내면화했다. 일본의 안보를 미일 동맹에 의탁하고 경제성장과 소득 증대에 매진하는 콘텍스트에서 소비 욕망의 주체는 경제성장=근대화의 모델을 규정한 아메리카니즘에 젖어 들었다. 1950년대에 반미 내셔널리즘을 표방한 안보 투쟁은 대타적 주체를 일깨웠지만, 이제 반미 투쟁이 사라지고 아메리카니즘이 일본 사회의 일상에 내면화했을 때 '친미-반미' 이분법은 성립하기 어려울 터였다. 그렇다고 일상생활에 침윤된 아메리카니즘을 내부로부터 자각해 내는 시선이 없지 않았다. 리얼리즘을 표방한 보수 지식인들은 안보투쟁의 좌절을 전후한 때부터 전

7_가장 상징적인 인물은 시미즈 이쿠타로(清水幾太郎)다. 선두에서 안보 투쟁을 지휘했던 진보 지식인 시미즈는 경제성장 과정에서 보수로 전향했다. 1980년대에는 핵무장을 주장하게 된다.

후 체제를 규율하는 미국의 존재를 의식하기 시작하였다. 일본인의 일상생활과 내면에 은밀하게 드리워진 '아메리카의 그림자',[8] 즉 아메리카니즘을 감지하였다. 보수의 리얼리즘은 아메리카니즘을 상대화할 가능성을 내장하였다.

현실감이 강했던 보수주의자들realist conservatives은 냉전 초기부터 진보 지식인들의 평화주의와 민주주의에 비판적이었다. 평화주의, 민주주의를 절대이념으로 삼아 냉전과 일본의 현실을 왜곡한다고 보았던 것이다. 문예 비평가 후쿠다 쓰네아리福田恆存는 이상주의적 진보의 절대 평화주의가 냉전과 일본의 현실을 호도한다고 비판하였다(福田恆存 1987a; 1987b). 사회비평가 오쿠마 노부유키大熊信行는 인간을 규율하는 국가를 '악'으로 규정하는 한편, 패전 체험과 전쟁 책임에 대한 주체적 자기반성을 결여한 '민주주의의 허망'을 추궁했다(大熊信行 1957). 이들은 리얼리즘의 관점에서 1950년대 '평화주의'와 '민주주의'의 절대이념에 가려진 허구를 읽어 냈다. 냉전의 현실, 일본 국가의 현실과 진보주의 이념(평화주의, 민주주의) 사이의 간극을 감지했다. 이들은 전후 체제를 움직이는 아메리카니즘을 부정하지는 않았다. 다만 '평화'와 '민주'를 구체적인 현실에서 작동하는 제도로서 이해하였다. '평화'와 '민주'의 절대이념으로 현실을 규정했을 때 생겨날 현실과의 괴리에서 허망함을 자각했을 때, 현실적 보수주의자들은 절대이념의 방향을 지시하는 '아메리카

8_'아메리카의 그림자'는 가토 히로노리의 표현이다(加藤典洋 1985).

의 그림자'를 절감했을 터다.

'아메리카의 그림자'는 안보 투쟁이 좌절하면서 진보 지식인의 민주주의론과 평화론이 허망함을 드러냈을 때 겉으로 드러났다. 1960년대 초중반 보수 지식인들은 '아메리카의 그림자'에 빛을 투사시킴으로써 보수적 주체화의 새로운 시작을 알렸다. 전후사관에 덧칠된 미국의 시선을 걷어 내고 주체적인 전후사 해석의 길을 열고자 했다. 태평양전쟁론이 시발점이었다. 철학자 우에야마 슌페이 上山春平는 「대동아전쟁의 사상사적 의의」(1961)라는 논설에서 전후에 금기시된 '대동아전쟁'이란 명칭을 소환했다. 미국이 구성한 '태평양전쟁사관'을 극복하고 주체적 관점에서 미일전쟁을 파악하기 위해서였다. 우에야마는 '태평양전쟁'이라는 호명에 반영된 "우리 측 행동을 저들이 판정하는 입장"에 놓는 풍조에서 벗어나 전쟁 체험을 "우리 측 집단의 일원으로서 반성하는 입장"을 표명하였다 (上山春平 1972, 3-4).[9] 평론가 무라카미 뵤에村上兵衛도 '대동아전쟁'에 대한 철저한 탐구가 일본인의 현재적 삶을 이끌고 일본인에게 중요한 시사를 제공할 것이라 주장했다(村上兵衛 1963). 하야시 후사오林房雄의 대동아전쟁론은 일대 논쟁을 불러일으켰다. 하야시는 『대동아전쟁 긍정론』(1964년)에서 "불가해하고 부조리한 전쟁"(대동아전쟁)을 "자기 자신의 역사로 파악하고 자신의 눈으로 재조

9_우에야마 슌페이는 1972년 시점에서는 고도의 정보망을 갖춘 수동적인 비무장 방위 체제를 구상하였다. 이것은 '힘에는 힘을'이라는 남성적인 체제가 아니라 '힘에는 비명(悲鳴)을'이라는 여성적인 논리에 일관하는 것이었고, "에너지 원리에 기초한 방위 사상에서 정보 원리에 기초한 방위 사상으로의 전환"이었다.

명"하는 작업을 시도했다. 전쟁의 긍정, 부정을 떠나 이제야말로 "'대동아전쟁'의 재고찰, 일본인 자신의 눈에 의한 재조명"을 해야 할 때가 왔다는 것이다(林房雄 1964, 10-11).

우에야마와 하야시의 대동아전쟁론은 전후 체제의 안정화와 더불어 아메리카니즘에 윤색된 패전 공간의 역사관을 반추하는 시선이 출현했음을 보여 준다. '친미 대 반미'의 이항 대결적 시선에서 성립하는 대타적 주체와 달리, 이들은 전쟁 해석의 문제를 둘러싸고 일본 자신의 시선을 가지고 자기를 재구성해야 한다는 대자적 주체의 시선을 열었다. 그렇다고 '대동아전쟁'을 옹호한 것은 아니다. 우에야마는 1961년에는 헌법 9조의 부전 이념을 긍정하면서도 비무장론을 옹호하는 데는 주저했다. 하지만 1960년대 중반에는 비무장 자위를 생각하게 되었고 1960년대 말에는 비무장 자위를 주창하게 된다.[10] 우에야마는 전승국 미국의 판정에 의거한 타율적 반성을 넘어 일본의 주체적 판단에 의한 자율적 반성을 심화시켰다. 자기 체험을 중시한 보수적 주체 의식의 표현이지만 미국을 배제한 건 아니었다. 이와 달리 하야시는 '대동아전쟁'을 긍정했다. 제국주의 전쟁의 관점과 동아시아 맥락에서 '대동아전쟁'을 파악하고 정당화하였다. 하야시에게 미일전쟁은 서세동점 이래 근대 일본이 "잠깐의 휴지기"(평화)를 거쳐 1945년 8월까지 수행한 "동아 백년전쟁의 종곡終曲"이었다(林房雄 1964, 14-25).

10_「再び大東亜戦争について」(1964), 「不戦国家の防衛構想」(1965), 「不戦国家の理念」(1968). 이들 논설은 上山春平(1972)에 수록되어 있다.

1960년대 초중반 보수적 전쟁관의 출현은 '타율적, 비주체적인' 진보 좌파의 태평양전쟁사관과 '자율적, 주체적인' 보수 우파의 대동아전쟁사관을 대립시키는 인식 구도가 성립했음을 뜻한다. 이런 인식 구도의 성립은 전쟁사관의 변화를 보여 주지만 그것만은 아니다. 미국이 관여한 타율적인 전후 체제 구성에 대한 이의 제기로 볼 수도 있다. 일본의 보수적 주체는 미국의 전쟁 체험이 아니라 일본 자신의 전쟁 체험에서 미국에 포섭되지 않는 주체를 구성하고자 했다. 보수적 주체는 현실주의적 중상주의, 혹은 정치적 현실주의의 출현과 보조를 맞추면서 논단의 중요한 축을 담당하게 된다.

2) 전후 민주주의의 허망과 아메리카니즘

'아메리카의 그림자'는 역사관의 문제에 한정된다. 경제성장기의 보수적 주체들은 1960년대, 1970년대를 거치면서 전후 체제의 제도적 규율을 받아 일본 사회와 일본인의 의식에 침윤한 아메리카니즘을 수면 위로 끌어냈다. 이런 변모 과정은 경제성장기의 보수주의를 대표한 문학 비평가 에토 준江藤淳을 통해 엿볼 수 있다. 에토는 안보 투쟁이 좌절하면서 진보 지식인이 파탄했을 때 아메리카니즘의 취약성을 읽어 냈다. 아메리카니즘을 조장하는 전후 체제의 제도를 문제 삼으면서 아메리카니즘을 상대화했다.

에토가 보기에 일본의 전후는 진보가 허구를 구성하는 과정이었다. 비유적으로 말하면 일본의 전후는 "백치白癡적으로 비만해지는 과정"이었다. 진보 지식인이 존재근거로 삼은 '민주주의'와 '평화주의'는 상대화를 거부하는 닫힌 논리로써 불안정한 심정을 봉쇄한 데서 성립한 '가구'仮構, 즉 허구일 뿐이었다. 민주주의와 평화주의의 '가구'가 안보 투쟁을 계기로 냉엄한 안보 현실 앞에서 파산한 것이다(江藤淳 1967a, 7-14). 에토는 전후 일본이 약진할 논리적 이상과 일본이 발딛은 역사적 현실 사이에서 괴리를 간파하였다. 이런 괴리는 평화 헌법을 매개로 민주주의와 평화주의의 절대적 '이상'을 조장하는 한편 미일 동맹을 통해 안보의 '현실'을 규율하는 아메리카니즘의 이중성에서 비롯된다. 에토는 아메리카니즘의 이중성과 그것이 조장하는 허구에 주목했다.

이런 허구(괴리)를 해소하려는 욕망과 열정에서 열광적 내셔널리즘과 절대 불가침의 이념이 모색된다. 에토는 진보 지식인의 평화주의와 민주주의에서 전중기의 패너티시즘과 닮은 열광적 내셔널리즘을 보았다. 진보 지식인의 민주주의 이념은 "안보 문제를 국내 문제에 불과한 것으로 오인한 지식인의 자폐 작용"이며, 이 자폐 작용이 열광적 내셔널리즘을 유발한다는 것이다(江藤淳 1967b, 23; 江藤淳 1967d, 36-37). 절대 평화주의도 "만방에 관절冠絶하려는 급진적 심정", 즉 급진적 내셔널리즘의 표현이었다(江藤淳 1967a, 15). 이런 열광적 내셔널리즘은 절대 불가침의 이념에서 비롯된다. 에토는 전전의 일본을 규율했던 국체의 절대 신성神性을 떠올리면서 진보 지식인의 평화 이념, 민주 이념에서 절대 불가침의 "새로운 국체의 존엄"을 보았다. 진보 지식인들이 "새로운 국체의 불가침성"에 얽매인 채 "피치자의 자세"에 익숙해져 있다고 비판했다(江藤淳

1967c, 93). 에토는 진보 지식인의 민주, 평화 이념과 안보 현실의 괴리에서 생긴 허구가 부추긴 열광적 내셔널리즘과, 이런 열광적 내셔널리즘이 조장하는 진보의 비주체성을 간파했다. 근대적 주체성을 모색한 진보 지식인의 비주체성을 추궁한 것이다. 에토의 진보 이념 비판은 일본 헌법을 매개로 '평화 국가' 일본을 상정하는 절대이념(평화주의, 민주주의)을 자유주의적으로 규율하고 미일 동맹을 매개로 '기지 국가' 일본의 안보를 현실주의적으로 구속하는 아메리카니즘(혹은 미국 표상)의 양면성을 추궁한 것이었다.

에토는 민주주의와 평화주의를 재규정함으로써 진보의 허구를 깨고자 했다. 에토는 '민주'를 이념이 아니라 제도로 보았다. 민주주의를 국가, 민족 차원에서 추구할 정치 이념이 아니라 비정치적 개인의 차원에서 인간을 규율하는 제도로 파악했다. 민주주의는 "정치의 인간에 대한 지배를 가능한 한 완화하고, 그 대신 인간의 자신에 대한 지배를 될수록 강고히 해주는 체제"여야만 했다. 에토는 개인의 삶을 정치에서 분리하고 국가의 관여를 배제하는 니힐리즘의 관점에서 민주주의를 이해했다. 정치가 인간에 개입해서는 안 되고 개인의 일상생활과 평화로운 생활을 보장해 주면 된다고 생각했다(江藤淳 1967b, 17-23). 또한 에토는 '평화'의 의미를 평화 이념으로 파악하지 않고 국제 관계의 현실에서 찾았다. 평화는 절대 이상의 논리를 가지고 상정해서는 안 되고 상대적인 국제 관계의 현실에서 모색해야 하는 것이었다. 그는 평화를 "전쟁을 회피하는 노력"으로 이해했다(江藤淳 1967a, 15). 에토는 '민주'를 국내 제도의 차원에서, '평화'를 국제 제도의 차원에서 파악한 셈이다. 에토는

'민주'와 '평화'를 제도의 관점에서 이해함으로써 진보 지식인이 보였던 '가구'를 해소할 가능성을 열었다. 그렇다고 아메리카니즘의 양면성이 해소된 건 아니었다. 개인의 일상생활을 보장하는 '민주'와 '평화'의 가치를 인정하는 한, "전쟁을 회피하는 노력"이 미일 동맹을 전제로 하는 한, 아메리카니즘을 거부할 수는 없었다.

그런데 민주주의와 평화주의의 절대이념, 즉 "새로운 국체의 존엄"이 허망함을 드러낸 뒤, 보수 정권의 장기 집권과 경제성장 속에서 '민주'와 '평화'가 현실로서 지속될 때, 에토는 아메리카니즘의 규율을 제도의 차원에서 인식하게 된다. 1970년대의 에토는 일본국 헌법의 현실 규정에서 '아메리카의 그림자'를 강하게 느꼈다. "1946년 헌법의 구속"(평화 헌법)과 "현실적 동맹"(미일 동맹)을 통해 일본의 '평화'와 '민주'의 일상생활에 작용하는 미국의 양면적 규율을 감지하였다. 일본의 자율성을 위해서는 미국이 제정한 "1946년 헌법의 구속"에서 벗어나 미국의 압박을 배제해야 하지만 미국 없이는 냉전 상황에 대응할 수 없고 독립하기 어려운 일본의 딜레마를 자각했다. 미국의 타율적 규율과 일본의 자율적 주체성 사이의 간극을 보았다. 평론가 가토 노리히로加藤典洋는 "전후 일본에서 '아메리카'는 커다란 존재인 것이 아닐까, 우리가 생각하는 것보다 훨씬 깊이 아메리카의 그림자는 우리의 생존에 침투해 있는 건 아닐까, 그리고 우리를 '공기'처럼 덮고 있는 '약함'은 이런 아메리카에의 굴종의 깊이인 것이 아닐까"라고 했다(加藤典洋 1985, 22-23). 에토의 생각을 이렇게 대변한 것이다. 에토는 일본인의 일상생활에 드리워진 '아메리카의 그림자'에서 "아메리카에의 굴종"

을 읽어냈다.

"아메리카에의 굴종"을 응시한다는 것은 일본을 누르는 '아메리카의 하중'을 감지하는 것이기도 하다. 앞에서 보았듯이 우에야마와 하야시는 '대동아전쟁'이란 호명을 소환함으로써 아메리카의 관점을 극복하고 일본인의 자기 체험과 주체적 관점을 재구성하고자 했다. 미시마 유키오三島由紀夫는 더 나아가 미국에 방위를 맡기고 독립국가처럼 행세하는 '평화 국가' 일본의 "기만"을 견디지 못해 군사 쿠데타를 꿈꾸었다. 전후 체제에 대항하는 니힐리즘적 투쟁(전공투)도 이런 기만을 추궁한 것이었다. 에토는 미시마의 행위를 "군대놀이", "혁명 놀이"라 비판했다. 일본의 전후 체제(경제성장과 평화)를 보장하는 미국의 권력을 보지 못한 '놀이'에 불과하다는 말이다(江藤淳 1973). 에토는 헌법과 동맹을 매개로 한 '아메리카의 구속'을 강하게 의식했다. 그는 미국이 강제한 "굴욕 헌법"을 폐기하고 자립해야 한다는 주장에 동조했지만, 민족의 독립을 미일 동맹의 틀에서 모색해야 한다고 생각했다(加藤典洋 1985, 44-45). 에토는 근대화=경제성장을 보장한 미국의 존재를 무시할 수는 없었다. '부'富의 욕망을 채우려는 근대화로 "모성"을 상실했지만, 미일 동맹 체제하에서 가능했기에 일본은 '부'父 ― 주체적 권위 ― 의 상실도 감내해야 한다고 보았다. 미국이라는 '부'를 받아들이면서 "성숙"을 모색해야 한다고 주장했다(江藤淳 1975).[11] 아메리카니즘의

11_에토 준의 보수사상에 관해서는 서동주(2018)도 참고가 된다.

은밀한 작용, 즉 '아메리카의 그림자'를 폭로하면서도 그 그림자 밑에서 자율적인 주체의 형성을 추구한 것이다.

에토의 주체화 의지는 1980년대 들어 데탕트로 동아시아 안보 상황이 바뀌었을 때 또 한번 굴절하였다. 에토는 일본을 구속하는 "헌법상의 허구"를 문제 삼았다. "정치적 현실과 헌법상의 허구의 괴리"를 추궁했다. 에토는 방대한 사료 수집과 면밀한 분석을 통해 미점령군이 평화 헌법을 "강제"했음을 실증하고자 했다. 교전권을 박탈당한 일본의 비주체성을 드러내고자 했다. 에토가 생각하기에 전후 체제는 미 군사력의 압도적 우위를 기반으로 보수 개헌파, 혁신 호헌파 그리고 미국의 세 행위자가 "묵계"와 "친화력"을 유지하면서 보수와 혁신 둘 다 평화 헌법의 교전권 포기를 용인하고 주권 제한을 서로 묵인하는 "밀교"의 세계였다(江藤淳 1980, 83-87). 에토는 헌법에서는 교전권을 부정하면서도 실제로는 자위권을 인정하는 "허구"를 추궁했다. 이 허구를 해소하려면 일본은 강제된 헌법상의 타율적 구속을 벗어나 교전권을 행사할 수 있는 주권국가여야 한다고 주장했다. 에토는 미국의 구속을 벗어나 미국과의 관계를 재설정해야 한다고 역설하였다. "강제된 파트너"가 아니라 "자유로운 파트너"로서의 미국을 상정하면서, 미일 동맹은 더 이상 "점령의 지속"이어서는 안 되고 "주권국가 간 동맹"이 되어야 한다고 주장했다(江藤淳 1980, 92-95).

에토는 타율적인 헌법 제정과 종속적인 교전권 부정 위에 성립한 전후 체제의 허상을 추궁함으로써 보수적 주체화의 또 다른 모습을 보였다. 에토는 평화 헌법의 규율(교전권 포기=주권 제한)과 미일 동맹의 비대칭성으로 지탱되는 전후 체제에서 일본의 구조적인 비주 체성을 보았다. 에토는 보수-진보-미국의 결탁('묵계'와 '친화력')이 만들어 낸 전후 체제의 모순과 일본의 종속성을 폭로하는 한편, 이 러한 모순과 종속성을 자율적인 헌법 개정, 미일 동맹의 주체적 재 구성을 통해 극복하고자 했다. 헌법상의 교전권을 인정하는 것이야 말로 주체성의 핵심이었다. 헌법상의 교전권을 인정한다는 것은 평 화 헌법의 타율성(비주체성)을 극복하는 것, 즉 주권(주체성)을 회복 하는 것이자 또한 강제된 비대칭적인 미일 동맹을 자유로운 대칭적 인 것으로 바꾸는 결절점이 된다. 이는 전후 체제의 모순을 해소하 는 길이었다. '성숙'의 보수적 주체화는 미국을 '부'가 아니라 '파트 너'로 여기는 심리로 나타났다. 다만 에토의 보수적 주체화는 교전 권 부재(주권 제한)의 전후 체제가 간직한 허구를 부정한 것이었지 전후 체제와 아메리카니즘을 전적으로 거부한 건 아니었다. 여전히 우세한 군사력과 견고한 동맹을 제공하는 후견국 미국이 필요했기 때문이다.

5. 탈미국과 탈전후 의식

1) '근대에의 순수 적응', '미국에의 과잉 적응'

보수적 주체화는 탈냉전을 계기로 전후 체제를 부정하는 형태로 전개된다. 냉전 종식은 냉전 제국의 몰락 내지 약화를 초래했다. 소련 제국의 몰락뿐만 아니라 소련과 대결한 미국 제국의 상대적 약화를 가져왔다. 일본의 보수 지식인들은 냉전 종식에서 '근대의 종언'을 예감하기도 했다. 이를테면 나카소네 야스히로가 주도하고 보수 학자들이 참여한 공동 연구팀은 냉전 종식의 의미를 이성 신앙의 종언, 팍스 아메리카나의 해체, 열린 인터내셔널리즘의 방향에서 찾았다.[12] 다만 이들은 근대정신(이성 신앙)의 종언을 말한 것이지 국민국가의 쇠퇴를 전망한 건 아니었다.

일본의 지식인들이 냉전의 종언을 자기 문제로서 실감한 것은 걸프전(1990) 발발을 통해서였다. 걸프전은 미국이 압도적인 힘을 보여 준 것이 아니라 압도적인 힘을 가질 수 없음을 보여 준 사태였다(佐伯啓思 2008, 43). 일본은 걸프전에의 관여 방식에 관한 논쟁을 통해 자기 문제로서 포스트 냉전을 의식하게 된다. 일본은 미국의 상대적 약화를 보완하는 역할, 즉 경제대국의 위상에 걸맞은 군사적 공헌을 수행할 것을 국제사회로부터 요청받았다. 걸프전은 일본에

12_나카소네 야스히로가 주도하고 무라카미 야스스케(村上泰亮), 사토 세이자부로(佐藤誠三郎), 니시베 스스무(西部邁)가 참여한 공동 연구에 의하면, 첫째, 냉전 종식은 공산주의 체제의 좌절을 뜻한다. 소련제국의 해체는 유토피아를 창조할 수 있다는 인간의 계획 능력에 대한 과대한 기대와 믿음의 패배, 즉 '이성신앙의 종언'을 보여 준다. 둘째, 냉전 종결은 팍스 아메리카나의 해체를 뜻한다. '힘의 게임'을 대신하는 '부의 게임'이라는 새로운 형태의 국가간 경쟁이 출현한 동시에 상호 의존 체제의 고도화가 전개되는 것을 의미한다. 셋째, 냉전 종식은 국민국가의 쇠퇴를 초래하지는 않는다. 부의 게임은 닫힌 내셔널리즘이 아니라 열린 인터내셔널리즘의 방향에서 국민국가의 역할을 확대시킬 수 있다(中曾根康弘 외 1992, 73, 77-78, 91-95).

게 전후 체제의 취약성을 일깨우는 계기가 되었다. 걸프전 발발을 계기로 일본 사회에서는 유엔평화유지군PKO 파견, 집단 안보 참여 등 군사적 국제 공헌을 둘러싼 논쟁이 벌어졌고, 이 과정에서 1960년 안보 투쟁 이후 유보되었던 안보 쟁점이 부활했다. '패전 이후'에 풍미했던 '평화'와 '민주'의 쟁점이 '냉전 이후'의 상황에서 부활했다.

'냉전 이후'의 안보 상황은 '패전 이후'에 구축된 제도들(평화 헌법, 민주주의, 미일 동맹), 즉 전후 체제를 뒤흔들었다. 군사적 국제 공헌, 즉 자위대 파병은 평화 헌법 개정과 미일 동맹 수정과 직결된 문제였다. 이는 전후 체제를 지탱해 온 "묵계"와 "친화력"이 깨질 상황이 도래할 수도 있음을 뜻했다. 보수 정치가들은 자위대 파병을 주장하면서 헌법 개정 문제를 들고 나왔다. '보통 국가'를 표방하면서 전후 체제에서 익숙해진 수동적인 평화(자위)를 벗어나 능동적인 평화(국제 공헌)를 모색했다. 진보 지식인과 보수 지식인들도 평화 문제를 둘러싸고 개헌-호헌 논쟁을 벌였고, 자위대 파병의 입법 절차를 둘러싸고 상이한 관점에서 민주주의를 문제 삼았다. 냉전 종식 이후 진보 좌파가 현저히 약해지면서 보수적 견해들이 '평화'와 '민주'의 쟁점을 주도했다. '냉전' 상황과 달리 '냉전 이후'의 맥락에서는 보수 지식인이 이들 쟁점을 둘러싸고 강하게 보수적 견해를 제시했고 적극적으로 언론 활동에 나섰다. '싸우는 보수'로 등장했다.

니시베 스스무西部邁는 '싸우는 보수'를 표방한 대표적 보수 논객이었다. 니시베는 '냉전 이후' 일본의 정신 상황을 경제대국을 달성한 1980년대의 연장선상에서 민감하게 포착했다.[13] 니시베는 에토 준이 미국에 의한 "헌법의 구속"과 미 점령기의 "언론 검열"을 해명하는 작업을 통해 아메리카니즘을 상대화했던 1980년대에 사회비평을 시작했는데, 에토와는 다른 방식으로 '아메리카'를 문제 삼았다. '대중 민주주의'의 관점에서 아메리카니즘이 경제성장의 일본 사회에서 갖는 의미를 탐색했다. 니시베는 전후 일본을 "고도 대중사회"로 보았고, 이런 관점에서 아메리카니즘을 비판했다. 일본의 경제성장 과정에서 부풀어 오른 경제적 욕망(산업주의)과 대중적 욕망(민주주의)에 주목했고, 이런 욕망을 부추긴 아메리카니즘을 추궁했다. 경제성장(근대화)과 더불어 일본 사회에 뿌리내린 아메리카니즘이 고도 대중사회 일본의 민주주의를 규율하는 양상에 주목하였다. 1980년대는 경제적 성공으로 일본인의 자신감이 고조되면서 일본적 특수성을 적극적으로 긍정하는 일본 문화론이 아메리카니즘에 대항하여 고개를 들던 때였다. 니시베는 이런 일본 문화론과 거리를 두었다. 경제발전과 더불어 성장한 신중간 계층이 일본 사회를 지탱하는 기반을 형성했다고 해석하는 일본 사회론과도 견해가 달랐다.

니시베는 아메리카니즘의 본질을 '산업주의'와 '민주주의'에서 찾았다. 일본의 아메리카화를 일본 사회에 산업주의(행복주의)와 민주주의(평등주의)의 메커니즘이 확립되는 과정으로 보았다. 니시베

13_니시베 스스무의 보수주의에 관해서는 장인성(2014; 2021, 제4장)을 참조하기 바란다.

는 일본의 민주주의와 산업주의를 미국적인 것으로 이해했다. 그에 따르면, 근대화를 믿으면서도 근대화를 회의하는 애증 병존ambivalence의 감정을 가진 유럽의 지식인들과 달리, 미국의 지식인들은 근대화에 대한 회의를 떨쳐 냈다. 그 결과 미국에서는 비지니스 문명이 발달하고 고도 대중사회가 실현되었다. 니시베는 미국의 산업주의와 민주주의를 받아들여 일본 사회가 "아메리카화의 외관을 지닌 대중화"를 실현했다고 파악하였다. 개방적, 신축적인 일본형 집단주의가 산업제와 잘 맞았고 아메리카화에도 유효하게 작용했다고 보았다. 하지만 동시에 일본형 집단주의 때문에 아메리카니즘(민주주의와 산업주의)은 일본 사회에 "왜곡된 형태"로 수용되었다고 판단하였다(西部邁 1987, 36-44).[14] 일본형 집단주의를 매개로 "아메리카니즘이라는 신선한 의상"을 걸친 산업주의와 민주주의가 도입되었는데, 일본형 집단주의와 결부되어 산업주의와 평등주의가 과잉 발달했고, 이로 인해 민주주의와 산업주의를 경신輕信하는 풍조가 생기고 "풍요로운 무계급 사회"가 되었다는 것이다(西部邁 1987, 9, 74-75). 일본 사회는 근대화를 추구하면서 물질적 행복을 추구하는 산업화와 사회적 평등을 이루는 민주화를 달성했지만, 그 결과 쾌락주의와 평등주의에 빠졌다는 것이다. 민주화와 산업화의 결과 일본은 "다원적 자유"와 "전체적 관리"를 양손에 들고 평등주의와 쾌락주의를 추구하는 사회가 되었다는 것이다(西部邁 1987, 36-44).

14_니시베 스스무는 일본형 집단주의를 폐쇄된 집단주의가 아니라 구성원의 의견과 자유를 얼마간 용인하는 개방적, 신축적인 집단주의로 이해했다.

니시베는 고도 대중사회 이후 찾아올 자기 불안에 주목했다. 쾌락주의(경제성장)와 평등주의(평등한 분배)가 빚어낸 목표 상실, 목적 상실, 가치 상실과 같은 자기 불안을 보았다. 니시베에 의하면, 이런 자기 불안은 근대화에서 비롯된 것이다. 아메리카화에서 촉발된 대중 소비사회화가 초래한 것이다. 니시베는 근대화 곧 아메리카화를 "근대에의 순수 적응"과 "아메리카에의 과잉 적응"으로 해석했다. 아메리카를 향한 일본 사회의 순수 적응과 과잉 적응의 결과 진선미의 절대기준을 부정하고 절대기준의 탐색을 거부하는 상대주의의 자기 불안이 생겨났다고 보았다. 상대주의가 경제적 소유와 정치적 참가에의 욕망이 팽배한 경제성장 과정에서는 활동주의acti-vism로 나타나지만, 성장 이후에는 과잉된 풍요 속에서 니힐리즘으로 나타난다고 생각했다(西部邁 1991, 25-27).[15]

1980년대 니시베는 고도 대중사회의 경제적 욕망(쾌락주의)과 대중적 욕망(민주주의)을 아메리카니즘의 왜곡된 수용으로 파악했다. 니시베의 견해는 아메리카론의 지평을 넓힌 것이라 해석할 수도 있다. 앞에서 보았듯이 경제성장기의 에토 준은 "헌법의 구속"과 일본 사회의 현실 사이에서, 즉 전후 체제의 제도norm와 실제reality 사이의 간극(허구)을 추궁했다. 에토와 달리 니시베는 일본 문화(집단주의)와 결부되면서 고도 대중사회를 내부로부터 추동한 근대화(산업화와 민주화)와 근대 이념(산업주의와 민주주의)의 수용 형태, 즉 "근

15_니시베의 상대주의 비판에 관해서는 西部邁(1984; 1989) 참고.

대에의 순수 적응"과 "미국에의 과잉 적응"에 주목했다. 두 보수주의자는 아메리카니즘을 보는 시선이 달랐다. 일본 사회에 아메리카니즘이 작용하는 모습을 주목하면서 에토가 전후 체제의 허구성을 읽었다면, 니시베는 대중사회 일본의 과잉성을 보았다. 두 사람은 '허구'와 '과잉'을 유발하는 원천인 미국 자체를 추궁하기보다는 '허구'와 '과잉'을 만들어 내는 일본 사회의 양태를 비판했다. '아메리카=근대'까지 배척한 건 아니다.

2) 탈아메리카니즘과 근대 비판

냉전 종결 이후 1990년대를 거치면서 니시베는 전후 체제를 부정하고 아메리카니즘을 거부하게 된다. 니시베는 걸프전을 계기로 일본 사회에 소생한 평화주의와 민주주의의 허상을 추궁했다. 니시베는 걸프전이 이라크의 "문명파괴" 행위를 제재하기 위해 수행하는, 국제 규칙에 의거한 강제력 행사이며, 국제사회에 규칙과 강제력이 작동함을 보여 주는 "문명의 징표"라 생각했다. 미국이 단행한 전쟁이어서가 아니라 유엔의 결의에 따른 국제 규칙의 표현이라서 걸프전을 긍정했다. 니시베는 걸프전의 이런 성격을 고려하지 않는 일본의 여론을 문제 삼았다. 걸프전 평가와 참여를 둘러싸고 일본의 대중과 지식인이 감정론에 치우쳐 "절대 평화의 염불"만을 외운다고 비판했다. 니시베는 걸프전에 대응하는 과정에서 재점화된 평화론에서 "의태擬態로서의 평화주의"를 보았다. "감정의 지배"에 의존하는 평화주의는 대중 민주주의의 확산과 매스컴의 발달에서 말미암은 것이라 생각했다(西部邁 1991, 40-46). 감정에 치우친 "의태로서의 평화주의"는 패전 이후와 냉전 초기의 상황에서 만연했던 절대 평화론을 떠올리게 한다. 진보적 기분에서 뿜어 나왔던 절대 평화주의가 '냉전 이후'의 상황에서 부활한 것이다.

흔히 전후에는 전전과 전중(전시)의 체험을 총체적으로 부정하는 사고가 출현한다. 패전 이후에 전시 파시즘 체제를 총체적으로 부정하는 사유가 분출했듯이, 냉전 이후에도 전후 체제를 전면 부정하는 견해가 출현했다. 1990년대 들어 보수주의자들은 냉전 체제의 재해석에 적극 나섰다. 냉전 체제와 결부된 전후 체제를 아메리카니즘으로 왜곡된 세계로 규정하면서 전후 체제를 전면 부정하게 된다. 니시베는 냉전 체제를 근대주의에 매몰된 "좌파체제"로 간주했다. 개인의 자유와 기술의 합리를 최고 가치로 여기는 근대주의를 "좌익"으로 규정했다. 니시베가 생각하건대 미국은 자유주의와 시장주의를 내걸고 소련은 계획주의, 관료주의를 표방하지만, 물질적 풍요와 평등한 분배를 지향한다는 점에서 미국, 소련 모두 이란성 쌍둥이와 같은 존재였다(西部邁 1996, 212-213). 개인의 자유(미국)를 지향하건 사회의 합리적 계획(소련)을 예찬하건 둘다 '근대주의=좌익'이라는 말이다. 니시베는 냉전을 자유주의 대 사회주의의 대립이 아니라 좌익 내부의 갈등 내지 분쟁으로서 재정의했다(西部邁 2005, 70-71). 냉전 체제=좌익 체제를 전면 부정했다.

냉전 체제(=좌익 체제) 부정은 미국 부정과 상통한다. 니시베는 전후 체제의 평화를 미국 제국의 평화로 이해했다. 전후 체제의 '평화'

는 미국의 "평정"平定을 뜻하는 말이었다. 미국의 "평정" 하에서 아메리칸 데모크라시에 "복속"하는 "정신적 패배"를 함축한 말이었다. 전후 일본은 "아메리카화의 실험 국가"였고, '평화'는 아메리카의 권력 행사(평정=아메리카화)에 의한 실험이었다(西部邁 2011, 223-224).[16] 니시베는 아메리카화를 미국에의 종속으로 파악했다. 아메리카화로 미국에 종속된 일본 사회는 미국의 인민 주권주의에 굴복했고, 생명 지상주의와 물질 우선주의에 빠졌으며, 이로 인해 국가의식과 독립심, 자국사에 대한 자신감을 철저히 상실했다고 보았다. 그에 따르면, 일본은 미국에 안보를 의탁하는 종속 상태에서 경제 번영만을 모색하는 "아메리카의 후위 부대", "미국의 속주屬州", "투표권 없는 자치령"에 지나지 않았다. 자위대는 미국의 "속군"屬軍이며, 일본인은 속국의 "예종隷從 민족"일 뿐이다(西部邁 2005, 61-73; 2011, 224-225).[17]

니시베는 아메리카니즘이 '냉전 이후'에도 지속될뿐더러 오히려 소련의 붕괴로 더 강해졌다고 비판한다. 체제파 보수(보수 정치가)가 미국의 패권에서 벗어나 자율을 모색하기는커녕 아메리카니즘에

16_니시베 스스무는 'peace' 개념의 원뜻을 '평정'(平定)에서 찾았다. '평정'은 강국이 약국을 제압한 것을 확인하기 위해 '협정'(pact)을 체결하는 것을 뜻한다. '팍스 로마나'(로마의 평화)에서 '평정된 약소국 중에 불만이 서려있는 불안정한 통치상태'라는 뜻을 읽어낸다.

17_보수주의자 사에키 게이시(佐伯啓思)도 같은 견해였다. 사에키는 패전의 트라우마에서 미국은 권력의 상징이자 '정의'를 독점한 '아버지'로 여겨졌다. '아버지' 미국을 통해 '불량자식' 일본은 교정되었다고 말한다. '미국적인 것'에 종속되었다고 말한다. 전면적으로 아메리카화되었다는 것이 아니라 사물을 판단하고 평가하고 의미지울 때 '미국적인 것'을 기준으로 삼는다는 말이다(佐伯啓思 2008, 147-149).

더욱 오염되었다는 것이다. 니시베는 규제 완화, 가격 파괴, 초국가 경제 등 아메리카적인 개인주의, 경쟁주의, 시장주의를 외치는 고이즈미 정권의 정책에서 이 사실을 확인하였다(西部邁 1984, 213-214). 고이즈미 정권은 아메리카니즘을 금과옥조로 삼으면서 "미국적인 것"을 지향하는 "성역 없는 구조 개혁"을 실천하고 있으며, 일본은 "종주국" 미국에 대응하기는커녕 여전히 "미국 제국주의에 대한 굴종"을 보이고 있다는 것이다(西部邁 2002, 21-23).

니시베 스스무는 미제국주의의 산물이라면서 아메리카니즘을 전면 부정하였다. 미국을 부정했다. 니시베는 근대 최초이자 최대의 대중국가, 민주주의국가인 미국은 순수한 형태의 근대주의를 시향하는 "좌익주의" 국가이며, 합리주의에 대한 회의를 결여한 "초근대적ultra-modern인 기술주의 국가"라고 비판했다. 미국의 모순을 패권화로 해소하려는 군사 국가라 비난했다. 니시베가 다음과 같이 주장한다. 아메리카니즘은 이들 속성의 총칭이며 "세계 파괴 운동"에 불과한 것이다(西部邁 2011, 156-157). 아메리카니즘은 일본의 국민정신을 해치고 있다. "아메리칸 데모크라시라는 이름의 압착기"(아메리카니즘)는 일본의 국민정신을 훼손할 뿐이다(西部邁 2011, 239-240). 아무런 규제 없이 일종의 종교로서 수입된 미국의 '자유'와 '민주', 즉 아메리카니즘은 일본의 국민정신을 파괴하는 흉기일 뿐이다(西部邁 2002, 24-25).

이처럼 1990년대 이래 니시베는 투쟁적 보수를 자처하면서 미국과 아메리카니즘(자유민주주의)에 대한 투쟁을 노골화하는 한편, 국민정신과 역사와 전통을 중시하는 국가의 재구축을 꾀하는 언론 활동을 전투적으로 전개했다. 〈새로운 역사 교과서를 만드는 모임〉을 창설하고 『국민의 도덕』을 집필하는 등 일본의 국가와 국민정신을 재발견하는 보수적 투쟁에 나서게 된다.

냉전 체제=전후 체제에서 보수적 주체는 일본 사회와 일본인의 심정에 침투한 아메리카니즘의 불편함을 내부로부터 의식했지만 이를 부정하지는 않았다. 평화 헌법, 민주주의, 미일 동맹의 제도들에 규율되었기 때문이다. 하지만 '냉전 이후' 상황에서는 전후 체제의 제도적 변경을 요구하고 나아가 이들 제도를 부정하는 주장을 서슴지 않았다. 냉전 종결로 전후 체제의 보수 사상을 규율했던 '미국의 구속'이 약해졌기 때문이다. 탈냉전기의 보수적 주체화는 아메리카니즘과 미국의 존재를 부정함으로써 성립했다. '냉전 이후'의 투쟁적 보수는 '반미'를 통해 주체화했다고 말할 수도 있다(西部邁·小林よしのり 2002). 그렇다고 '친미-반미' 구도가 재현된 건 아니다. 투쟁적 주체화는 '친미-반미' 구도의 극복을 지향한 것이었다.

6. 맺음말

전후 일본에서 보수주의와 근대주의는 모순된 가치는 아니었다. 전후 체제는 근대주의에 토대를 둔 것이었고, 이런 전후 체제를 전제로 정치적 보수도 이념적 보수도 존립할 수 있었다. 일본의 보수는 미국이 전후 체제(평화 헌법, 민주주의, 미일 동맹)를 규율하는 한,

아메리카니즘의 영향을 받지 않을 수 없었다. 아메리카니즘은 타율적, 자율적 아메리카화를 통해 보수 지식인의 전후 의식과 주체성을 규정했다. 일본의 보수는 아메리카니즘에 침윤된 전후 체제의 허구와 모순을 자각했지만, 일본 국가가 경제성장을 모색하는 한, 아메리카니즘이 제공한 산업주의와 민주주의를 용인해야만 했다.

'냉전 이후' 버블 경제의 파탄과 더불어 찾아온 '잃어버린 20년'의 불안을 겪으면서 전후 체제는 유동화했고 보수적 주체는 변용했다. 보수 정치가들은 헌법 개정을 추구했지만 민주주의와 미일 동맹을 포함한 전후 체제의 큰 틀을 깨려 하지는 않았다. 이와 달리 보수 지식인들은 경제성장 이후 일본 사회에 만연한 물질적 욕망과 정신적 니힐리즘에 주목하는 한편, 보수 정권의 대미 의존을 비판하면서 '전후 체제=아메리카니즘'을 부정했다. 니시베 스스무는 '근대주의=좌파', '전후 체제=좌파 체제'로 정의하면서 전후 체제를 전면 부정했다. 니시베에 버금가는 보수 논객 사에키 게이시佐伯啓思도 미국에서 도입된 리버럴 데모크라시(자유민주주의)를 폐기해야 한다고 주장한다. 리버럴 데모크라시는 공산주의에 대항해 출현한 것인데, 냉전이 종결된 이제 그 역할을 끝내야 한다는 것이다(佐伯啓思 2008, 123). 니시베나 사에키의 탈전후적 주체성은 반아메리카니즘, 반근대주의로 표출되었다.

니시베는 냉전 체제에서 배태된 '친미-반미' 구도를 거부했다. '반미인가 친미인가'라는 물음은 주체성을 상실한 자나 가능할 뿐, 진보 좌파가 몰락하고 보수 우파가 언설 세계를 장악한 상황에서는 더 이상 성립하지 않는다는 것이다(西部邁 1996, 212-214). 니시베는 '미국=좌익 국가'를 상정했기에 '친미-반미' 구도를 부정할 수 있었다. '미국=좌익 국가'를 전제했을 때 친미 보수를 "좌익적 반좌익"으로 규정하는 논법을 내세울 수 있었다(西部邁 2005, 70-71). 니시베는 "반-친미"를 표방한다(西部邁 2011, 224-225). '친미-반미' 구도를 '(우익)보수-(진보)좌파' 구도로 대체한 셈이다. 일본 사회에 내면화된 아메리카니즘과 그 위에 성립한 전후 체제를 전면 부정하는 탈전후 의식은 이런 논법에서 성립했다.

하지만 '친미-반미' 구도는 해소되지 않고 변형된 채 살아남아 있다. 니시베를 비롯한 탈냉전기 보수 논객들은 '친미=자민당 보수 정권=가짜 보수' 대 '반미=보수주의자=진정한 보수'라는 대립 구도를 설정한다. '친미 대 반미' 구도가 '가짜 보수 대 진짜 보수'의 대립 구도로 재편된 셈이다. 이런 변형된 대립 이항을 구별하는 기준은 아메리카니즘의 긍정과 부정이다. 전후 의식이 전후 체제를 규율하는 아메리카니즘의 강제성을 폭로하는 의지였다면, 탈전후 의식은 전후 체제와 이를 규율하는 아메리카니즘을 부정하는 의지라 할 수 있다. 보수주의자의 전후 의식에서는 미일 동맹의 당위성과 필요성 때문에 반미 감정이 억제되어 있었지만, 탈전후 의식에서는 '반미'='반아메리카니즘'이 노골화했다. 투쟁적 보수는 '미국=근대주의=좌파'의 논리에 입각한 미국발 자유민주주의의 부정과 전후 체제의 해체를 주장하는 한편, 일본 역사의 주체적 재구성, 국가 의식(내셔널 아이덴티티)과 애국심의 배양을 통한 공동체 국가 구축을 구상한다.

탈냉전기 일본 보수의 탈전후 의식은 아메리카니즘(자유민주주의)=근대주의를 부정하는 데서 성립한다. 하지만 전후 체제를 구성한 근대적 제도(평화 헌법, 민주주의, 미일 동맹)가 존속하는 한, 근대주의는 살아남기 마련이다. '자유'와 '민주주의'를 '근대주의'와 동일시하면서 부정하는 보수론자들의 이념적 지평은 현실을 구속하는 미일 동맹과 근대 국민국가의 틀에 구속받을 수밖에 없다. 미일 동맹을 매개로 '아메리카'의 관여를 허용할 수밖에 없는 일본의 동아시아 국제 관계가 지속되는 한, 평화 헌법과 민주주의는 수정이 이루어진다 한들 본질적인 변경은 쉽지 않을 것이다. 전후 체제의 기본 틀이 온존하는 한, 전후 체제의 속성을 탈근대적으로 극복하려는 초월적 지향은 용이하지 않을뿐더러 전후 체제 이전으로 돌아가려는 회귀적 지향도 제약받을 수밖에 없다. 더구나 투쟁적 보수의 공동체 국가 구상은 강렬한 국민국가 관념에 기초한다. '냉전 이후'가 동아시아에서 국민국가 체제의 본격적인 시작을 의미한다는 사실도 탈전후 의식의 '근대'적 피구속성을 벗어나기 어렵게 한다.[18] '냉전 이후' 일본에서 보수적 주체의 '탈전후 의식'은 '전후 의식'의 변형일 수밖에 없다.

18_이에 관해서는 장인성(2017), 서장 및 종장 참조.

8장

리쩌허우 서체중용론의
정치사상적 함의와 기술 철학적 토대

황종원

1. 머리말

오늘날 중국의 굴기崛起는 지난 40여 년간 중국 경제의 초고속 성장에 힘입은 것인데, 많은 서방 국가들은 이 성장을 자못 기이하게 느낀다. 그 이유는 무엇보다 그것이 시장경제 체제와 사회주의 정치체제의 병존이라는 형식 속에서 이루어졌다는 데 있다. 그러나 이제 중국에서는 이 발전 형식이 기이하다기보다는 특수한 혹은 출중한 것으로 여겨진다. 중국 모델론 같은 것이 대두되고, 최근에는 유교 문화를 복원하려는 운동이 대대적으로 일어나는 이유이다.

서구의 현대적인 시장경제 체제의 도입과 운용, 사회주의 정치체제의 온존, 유학의 가치에 대한 재인식 등은 새삼스럽게 그 거대한 사회적 변화가 일어난 초기에 제시된 이론 가운데 하나인 리쩌허우 李澤厚(1930~2021)의 서체중용론西體中用論을 떠올리게 한다. 주지하다시피 리쩌허우는 현대 중국을 대표하는 사상가 가운데 하나로 고전 마르크스주의의 실천 개념과 전통 유학의 실용 이성을 나름대로 결합해 서양의 칸트철학을 비롯해 중국 미학, 중국 철학, 중국 사회 등을 논한 인물이다. 그 가운데 중국 사회의 현대화 방향에 대해 세운 이론이 바로 서체중용론이다. '서체중용'이란 간단히 말하면 '서구의 현대 경제체제를 핵으로 하는 각종 사회제도 및 학문을 근본적인 것으로 삼아'(즉, 西體) 도입하되 '그것들의 도입과 운용은 중국의 특수한 상황을 고려해 점진적, 단계적, 창조적으로 이루어져야만'(즉, 中用) 중국은 서구적 현대화의 보편적 흐름에 합류하면서도 중국 나름의 창의적인 현대화 모델을 세계에 선보일 수 있다는 이론이다.

1980년대 중반에 제시되고 1990년대 중반에 보완된 이 이론은 본래 중국 정부의 현대화 방향 및 원칙과 그리 어긋나는 것이 아니었다. 비록 그가 개인의 독립과 자유를 중시하고 혁명 노선을 비판하기는 했지만, 서구 현대적인 시장경제 체제의 도입을 그 시대의 중심 과제라고 역설하고, 서구 민주정치 체제의 도입을 유보하며, 중국 전통 사상과 문화를 비판적으로 계승하려 했다는 점 등은 큰 틀에서 정부의 지향과 다르지 않다. 그럼에도 불구하고 그 이론은 1990년대에 중국 학계에서 집중 포화를 맞았는데, 그것은 그가 1989년 6·4 민주화 운동을 유혈 진압한 정부를 비판하여 불온한 인물로 취급되었다는 주로 정치적인 이유 때문이었다. 그래서 이 이론은 지금까지도 중국에서는 온당한 평가를 못 받고 있다. 반면 국내 연구자 강진석은 두 편의 연구 논문을 통해 이 이론의 일반적인 특징, 의의, 한계 등을 비교적 깊이 있게 밝혔다(강진석 2006a; 2006b).[1] 다만 이 연구도 서체중용론의 정치 사상적인 함의를 집중적으로 밝힌 것은 아니라는 점에서 그것을 좀 더 깊이 규명하는 것은 필요하다고 생각된다.

한편 서체西體, 즉 갖가지 서구적 현대 사회제도 가운데에서도 리쩌허우가 현대적 경제체제의 확립을 가장 우선시하는 관점은 2000년대에 이르러 이른바 도度 본체론에 의해 기술 철학적으로 그 타당성이 뒷받침된다. 여기서 도度란 인간이 최초에는 노동을 통해 후에는 기술의 혁신 등을 통해 습득하는, 인간에게 딱 적합한 기술 사용의 정도를 뜻하는 말로, 리쩌허우는 이 도度에 대한 습득을 인류의 물질문명을 풍요롭게 만든 원동력으로 보았다. 그는 이 '도'에 대한 습득, 즉 과학기술과 생산력을 중시하는 관점을 인간의 생존과 생활의 유지를 근본적인 문제로 생각하는 이른바 '밥 먹는 철학' 吃飯哲學이라 칭했다. 그리고 그것은 마르크스주의의 중요한 일부 정신의 계승이며, 자신이 말하는 전통 유학의 근본정신인 실용 이성Pragmatic Reason과도 부합한다고 주장했다. 이 글은 리쩌허우의 『역사본체론』(2002)에 주로 서술된 도度 본체론이 어떤 내용과 특

1_이 두 논문은 후에 강진석의 『체용철학』에 그대로 실렸다(강진석 2011).

징을 지니는지 살펴보고 그것과 서체중용론이 어떤 연관 관계를 갖는지도 규명하고자 한다. 이는 리쩌허우의 현대화 이론이 어떤 기술 철학적 기반 위에 서 있는지를 해명하는 것이라는 점에서 이제까지 시도되지 않았지만 필요한 연구라 하겠다.

요컨대 이 글은 리쩌허우의 서체중용론이 지니는 정치사상적 함의와 이 이론을 뒷받침하는 도度 본체론의 기술 철학적 함의를 규명하는 것을 목적으로 한다. 이 목적 달성을 위해 본문은 다음과 같은 순서로 기술될 것이다. 우선 서체중용론이 제시된 정치사상적 배경을 살펴볼 것이다. 그다음으로는 서체중용론의 함의를 밝힐 것이다. 그 후에는 '도' 본체론의 내용과 특징을 서술할 것이다. 마지막으로 '도' 본체론이 서체중용론을 어떻게 기술 철학적으로 뒷받침하는지 규명하고, 그것에 근거해 서체중용론이 지니는 의의와 한계를 논할 것이다.

2. 서체중용론의 정치사상적 배경

서체중용론은 중국 사회를 현대화하기 위한 원칙과 방법이다. 리쩌허우가 이 이론을 1980년대 중반에 제시한 데에는 당시의 사회적, 정치사상적 배경이 있다.

우선 그것은 1980년대부터 본격화되기 시작한 현대적인 시장경제 체제의 도입에 적극적으로 찬동해 이 정책을 뒷받침하려는 이론이다. 리쩌허우는 개혁 개방을 중국 사회가 참다운 의미의 현대화로 나아가는 신호탄으로 보고, 이 현대화의 도정에서 서구화는 당연히 큰 비중을 차지한다고 하며 '서체'를 주장했다.

> 물론 현대화가 곧 서구화인 것은 아니다. 그러나 현대화의 기본적인 관념, 사상, 특히 물질적 측면의 요소, 기반, 예컨대 근대적인 생산 도구, 과학기술, 그리고 생산관계, 경영관리 등은 모두 서양에서 온 것, 서양 자본주의 세계에서 배워 온 것들이다. 그 점들 때문에 오늘날 중국은 '개방'과 '도입'을 크게 주장하는 것이 아닌가? 그렇다면 현대화, 특히 물질적 생활의 '현대화'를 서구화로 요약해서 안 될 게 무엇인가?(李澤厚 2012, 50-51)

개혁 개방을 통한 시장경제 체제의 도입은 1950년대에서 1970년대에 걸쳐 마오쩌둥의 주도로 중국공산당이 전개한 대약진운동과 문화대혁명에 대한 부정을 뜻한다. 그리고 이는 이 운동들의 사상적 근거, 즉 사회주의적 생산양식으로 고도의 경제발전을 이룩할 수 있고, 지속적 계급투쟁으로 사회주의사회를 도덕적으로 고결한 이상 사회로 만들 수 있다는 환상적 관념의 폐기를 의미하기도 한다. 바꿔 말해 그것은 과거 수십 년간 중국 정치의 중심 이념이었던 마르크스레닌주의 및 그것의 중국적 형태인 마오쩌둥 사상이 상당한 수준에서 붕괴됨을 뜻한다.

그러나 마르크스주의와 마오쩌둥 사상이 중국 사상계에서 전부 사라진 것은 아니었다. 특히 마오쩌둥 혁명론의 핵심인 "마르크스주의의 보편적 진리와 중국 혁명의 구체적인 실천을 완전히 합당하게 통일시켜야 한다. 즉 민족적 특징과 서로 결합시켜 일정한 민족 형식을 얻어야 비로소 그 의미가 있는 것이지, 결코 주관적, 공식적으로 응용해서는 안 된다"(마오쩌둥 2018, 248)는 생각에서 보편과 특수의 통일이라는 관념은 여전히 중요한 것으로 여겨진다. 즉 당시 많은 중국의 학자들은 혁명이 아닌 현대사회 건설의 원칙과 방향 설정에서 서구의 현대 경제체제를 보편적인 것으로 여겨 받아들이면서도 그 과정에서 중국 사회의 특수한 현실이 충분히 고려되어야 한다고 생각했다. 그리고 이런 생각의 일환으로 오랫동안 비판하고 부정해 왔던 유학을 재평가하려는 움직임도 일고, 현대 신유학을 연구하고 긍정하는 이들도 생겨난다. 반면 전통 사상과 문화를 되살리려는 이런 움직임에 반대하고, 당시 중국이 진정으로 현대화된 사회로 나아가기 위해 가장 중요한 과제는 서구적인 시장경제 체제에 상응하는 서구적 민주정치 제도의 도입 및 시행이라고 주장하는 이들도 주로 청년 학생들 사이에 많이 있었다. 리쩌허우는 1980년대의 이런 두 조류를 70여 년 이전에 발흥했던 중체서용론中體西用論과 전면 서구화론全盤西化論의 재판이라고 규정하면서 자신의 "서체중용론은 본디 중체서용이나 전면 서구화(즉 서체서용西體西用)를 겨냥해 제시된 것"(李澤厚 2012, 49)이라고 말했다.

그는 자신의 서체중용론이 중국 근현대사를 관통하며 지속했던 위 두 대립적 사조에 대한 반성의 성과임을 명확히 드러내기 위해 중국 근현대 각 시기의 중체서용론과 전면 서구화론이 갖는 특징, 의의, 한계를 밝힌다.

중체서용론은 1890년대 양무운동 세력의 거두였던 장지동張之洞에서 비롯된 것으로 그는 "중국 학문을 체로 삼고 서양 학문을 용으로 삼자"以中學爲體, 以西學爲用(『勸學篇』)는 주장을 했다. 여기서 체와 용은 각각 근본적인 것과 부차적인 것, 불변하는 것과 가변적인 것을 뜻한다. 따라서 이 주장은 중국 전통 유교의 이념은 절대 진리이기 때문에 그 이념과 그것에 근거해 세운 정치체제는 고칠 수 없고, 서구의 과학기술은 부차적인 것으로서 그것을 기반으로 세워진 물질문명은 가변적일 수 있다는 의미이다. 물론 이는 당시에 정치적으로 매우 보수적인 견해였다. 서구의 근대적 과학기술과 물질문명은 수용할 수 있지만, 봉건적 윤리 규범과 정치체제는 고수해야 한다는 생각이기 때문이다. 리쩌허우는 이 중체서용론을 전체 양무운동 세력의 공통된 사고방식으로 확장해 적용한다. 그리하여 그는 양무운동이 적극적으로 펼쳐지던 1850년대에서 1890년대 초반까지만 해도 그것은 서구의 과학기술과 물질문명, 즉 서용西用마저 배격한 완고파에 대항하는 진보적 의의가 있었으나, 청일전쟁 패배(1895)와 무술변법(1898)으로 정치체제의 근대적 개혁이 절실히 요구되는 상황에서는 중국의 근대화를 가로막는 이론이 되고 말았다고 평가한다.

이 시기의 보수적 중체서용론자와 정치적, 사상적으로 대립한 이들이 캉유웨이康有爲, 탄쓰퉁譚嗣同 등의 유신변법파維新變法派이다. 이들은 모두 전통유학의 인仁이나 불교의 무분별지無分別智를 서구 근대의 자유, 평등, 박애와 융합하고 그 이념을 기반으로 중국의 근대적 정치 개혁을 시도했다. 이들에게는 분명 동서사상을 융합하려는 지향이 보이는데, 리쩌허우는 그 점을 인정하면서도, 중체서용론자에 비해 "실질적으로 이들은 부지불식간에 '서학'(자유, 평등, 박애)을 주체로 삼는 방향으로 전환했다"고 평가한다(李澤厚 2012, 10). 1990년대에는 아예 한 걸음 더 나아가 탄쓰퉁과 캉유웨이의 사상을 급진적인 것과 온건한 것으로 구분한다. 탄쓰퉁은 『인학』仁學에서 2,000여 년의 중국정치를 대도大盜와 향원鄕愿의 정치로 규정하고, 사회적 평등의 이념에 근거해 친구처럼 평등한 사회관계의 형성을 가로막는 봉건적 윤리 규범과 그 규범을 따르는 복잡한 상하관계의 그물망을 찢어 버릴 것을 주장한다. 바로 그 점에서 리쩌허우는 그를 "정치적 급진파와 문화적 급진파의 뿌리이자 선각자로서 신해혁명과 5·4운동의 선구자로 생각한다"(李澤厚 2012, 55). 그는 이 급진주의를 계승한 전면 서구화론이 지니는 진보적 의의를 긍정한다. 예를 들어 천두슈陳獨秀(1879~1942)가 "'서학'과 '중학'의 근본적 차이는 '개인 본위주의'와 '가족 본위주의'의 차이에 있다"(李澤厚 2012, 11)고 한 분석에 주목한다. 그리고 이에 근거해 리쩌허우는 중국의 문화전통에서 사람의 본질은 단지 갖가지 관계에 의해서만 규정될 뿐이므로, "그 속에서 개인의 자주, 자유, 평등, 독립은 존재하기 어렵다"(李澤厚 2012, 14)는 점을 강조한다. 그러나 리쩌허우는 서구 근대 정치 이념이 결코 급진적인 방식으로 추구되어서는 안 된다고 역설한다. 이는 1980년대에는 강조되지 않았던 점인데, 아마도 1989년의 급진적 민주화 운동이 유혈 진압된 뼈아픈 경험을 반성하고, 일정 정도 현실과 타협한 것이 사상에 반영된 것으로 보인다.

위와 같은 이유에서 그는 온건한 개량주의적 색채를 띤 캉유웨이의 사상에 더 공감한다. 그는 이렇게 말한다.

장지동의 중체서용이 보수주의이고 탄쓰퉁의 '곳곳에 피를 뿌리자'流血遍地는 주장이 급진주의라면, 양자 사이에 있는 캉유웨이는 서체중용적인 자유주의라 하겠다. 장지동이 강조한 것은 전통의 등급적 질서를 유지하고 옹호하는 것이었고, 탄쓰퉁은 급진적인 방식으로 그런 기존질서를 무너뜨릴 것을 요구하며 사람 사이의 평등을 강조했다면, 캉유웨이는 개인의 자유에 더 많은 기반을 두고 점진적으로 현존 질서를 바꿀 것을 주장했다. 이것이 곧 내가 찬동하는 세 번째 분파의 의견이다(李澤厚 2012, 55).

리쩌허우가 가장 결사반대한 것은 장지동과 같은 부류의 봉건적 보수주의이다. 그것과 대립한 근대 민주주의에 일단은 찬동한다. 그러나 탄쓰퉁 식의 급진적 발언은 위험시한다. 그리고 이 두 부류와는 달리, 자유가 극대화된 사회에 대한 원대한 이상을 갖고 있으면서도 그 이상의 실현은 점진적이어야 한다고 생각하고 행동했던 캉유웨이의 점진적 민주화 노선에 찬동한다. 캉유웨이는 『대동서』大同書에서 상공업적 유토피아를 그린다. 그것은 현대 대공업 생산의 토대 위에 국가도, 군대도, 심지어 가정도 해체된 상태에서 모든 사람이 일, 여가, 독서 등을 즐기며, 자유, 평등, 박애를 전면적으로 실현하는 사회이다. 그런데 그는 학생들의 거듭된 권유에도 그 책을 생전에 출판하지 않았다. 대동의 유토피아는 급작스럽게 실현될 수 없다고 생각했기 때문이다. 이 때문에 "그의 구체적인 정치 강령이나 책략은 '점진적 변화', '완만한 변화'였다"(李澤厚 2012, 56). 리쩌허우는 이런 캉유웨이의 사상적 경향을 서체중용적인 자유주의라고 규정한다. 그 근거는 그가 '서구 근대의 상공업적 경제체제와 그것에 토대를 둔 정치적 자유의 이념을 근간으로 하면서도'(즉, 西體) '봉건 정치체제와 윤리의식이 뿌리 깊은 당시 중국의 상황을 고려하여 근대적 이념을 유학 및 불교의 도덕적, 종교적 이념과 결합하여'(즉, 中用) 점진적으로 실현하려 했다는 점에 있다.

리쩌허우가 중국 근현대 사상사에서 보수적인 중체서용론과 급진적인 전면 서구화론을 비판하고, 서체중용적인 캉유웨이를 부각시킨 의도는 1980년대에서 1990년대로 이어지는 중국의 정치적 상황, 사상계의 상황을 생각하면 쉽게 파악된다.

우선 그는 당시 중체서용론을 계승한 자들로 1980년대의 교조적 마르크스레닌주의자, 1990년대 이후의 신좌파, 그리고 국내외 유학 부흥론자 등을 들고 있다. 그는 이렇게 말한다. 오늘날에도 지배적 지위를 점하고 있는 "중체서용파는 과학기술, 공업 기술을 받아들여 경제개혁만 하고, 정치적으로는 여전히 혁명 전통이라는 오래된 것 혹은 유학 전통이라는 오래된 것을 지지하며, (이것이 오늘날 대륙에서 국학열國學熱이 부는 중요한 원인이다) 그것들은 '근본', '본체'로서 바꿀 수 없다고 여긴다"(李澤厚 2012, 57).

교조적 마르크스레닌주의자들은 평등한 세상을 앞당기기 위한 폭력 혁명을 정당화하고 그 전통을 긍정한다. 이에 대해 리쩌허우는 평등 이념이 사회적 이상으로서의 지니는 가치는 긍정하지만,

그 이상을 급진적으로 실현하기 위해 계급투쟁을 절대화하는 투쟁 철학은 신랄하게 비판한다.

변증유물론에서 말하는 변증이란 이른바 모순의 통일이지요. 투쟁 철학은 이런 원칙에 근거해 모순과 투쟁을 절대화하고 대립된 상태에서는 오랫동안 조화가 불가능하다고 간주해 변화 속에서의 균형과 조화의 가능성을 부정합니다. 이런 철학 관념과 계급론이 결합하면 계급 간의 조화와 협력을 절대적으로 거부하게 되고, 오로지 너 죽고 나 살기 식의 계급투쟁 노선으로만 치닫게 되지요(리저허우·류짜이푸 2003, 310).

리쩌허우는 모순-투쟁-통일을 절대화하는 변증유물론과 그것에 기초해 계급적 차별과 불평등의 모순을 폭력 투쟁으로 해결하려는 혁명론이 구소련에서 생겨났는데, 중국의 마오쩌둥은 풍부한 전쟁 경험으로 이 철학을 체화했다고 한다. 그래서 국가 수립 이후에도 인민들의 협력을 얻어내 사회적 조화와 경제적 성장을 이루려 하지는 않고, 오히려 인민들 사이의 모순을 찾아내고 부단히 투쟁을 부추겨 중국을 수십 년간 도탄에 빠뜨렸다고 지적한다. 또한 1990년대에 등장한 신좌파는 여전히 경제적 균등과 계급적 평등만을 중시하고 그것을 실현하고자 했던 혁명의 시대를 긍정한다고 하면서, 이들 역시 "그 실질적 내용은 전혀 바뀌지 않은"(李澤厚 2012, 57) 중체서용론이라 규정한다. 이들은 정치적으로 보수주의자들이라는 것이다.

한편 현대 신유가 가운데 모우쭝산牟宗三, 뚜웨이밍杜維明 등은 과학과 민주를 핵심으로 하는 서구적 현대화를 긍정하면서도 유학이 현대에도 서양의 제 학문과의 대화를 통해 선진先秦, 송명宋明 두 시대의 유학을 이어 제3기의 발전을 이루어 낼 수 있다고 주장하는데, 리쩌허우는 이에 대해서도 회의적이다. 그는 이들의 견해를 여러 측면에서 비판했는데, 여기서는 정치사상적인 측면에서 가한 비판 하나만을 소개하겠다. 그는 20세기 내내 중국에서 유학에 반대하는 사조가 거세게 일어났던 근본 원인이 현대의 개인주의에 유학의 관계 중심주의가 적응하지 못한 데 있었다고 하며, 그 점을 아래와 같이 설명한다.

마오쩌둥이 농민의 균등, 평등의 이념으로 유학에 대해 반대했던 것 외에 다른 비판들은 그 초점이 실로 사회생활에서 개인의 위상 정립 문제를 어떻게 처리하는가에 집중되어 있었다. 현대화는 이 문제에 대해 새롭게 답하기를 요구했으나 그것은 전통 유학과는 아주 크게 혹은 완전히 어긋나고 충돌했다. 현대화는 (개인의 권리, 이익, 특성, 개인의 독립, 자유, 평등이라는) 개인주의와 (인간의 존재 및 본질은 오륜 관계 속에 있다는) 전통 유학이 서로 굉장히 모순되고 충돌하도록 만들기 때문이다. 사회계약과 인권선언처럼 현대화된 정치, 경제적 체제, 관념과 방식 등은 전통 유학과 저촉되어 통하지 않고 어울리지 않는다(李澤厚, 1999, 15).

인간은 갖가지 관계의 총화 외에 다른 것이 아니라는 유학의 인간관은 인간의 개별적 독립성을 강조하는 근대적 인간관과는 아주 이질적이다. 따라서 전통 유학의 관계 윤리적인 수양 혹은 실천을 통해 이루는 도덕적 자기완성內聖은 개인의 권리, 자유의 신장과 관련된 사회적 실천外王을 하는 내적 동력이 되기 어렵다는 것이다. 바로 유학이 개인의 권리, 자유의 문제 해결에 무기력하다는 이유에서 리쩌허우는 일종의 문화적 보수주의인 현대 신유가를 정치적 보수주의와 나란히 놓고 중체서용론으로 규정한다.

다음으로 리쩌허우는 당대의 전면 서구화론이 "일부 청년 지식인들과 해외의 민주화 운동가 사이에서 유행하고 있으며 그들은 정권을 무너뜨리거나 변화시켜 서양의 정치제도를 시행할 것을 요구한다"고 말한다(李澤厚 2012, 57). 전면 서구화론자들을 인권, 민주 등을 중시하는 민주화 세력들, 이른바 중국의 우파로 보는 것이다. 물론 리쩌허우 자신의 이념적 지향성은 우파에 가깝다. 그러나 그는 앞서 서술했듯 우파의 급진주의에 대해서는 좌파의 혁명에 대해 그랬던 것과 똑같이 부정적이다. 게다가 그는 이들의 전통 사상에 대한 경시의 태도에 대해서도 부정적이다. 그도 전면 서구화론자들처럼 유학의 전근대성을 부단히 들추어낸다. 하지만 그는 유학이 현대 신유학과는 다른 방식의 현대화를 이룰 수 있다고 주장한다는 점에서 유학에 대한 그의 견해는 전면 서구화론자들과 크게 다르다.

3. 서체중용론의 정치사상적 함의

이상의 서술을 통해 리쩌허우가 서체중용론을 제시한 사상사적 배경이 어느 정도 분명해졌다. 이제 그의 서체중용론이 무엇을 뜻하는지 살펴볼 차례이다. 1987년에 그는 '서체'의 '체'를 다음과 같이 규정한다.

> 내가 사용하는 '체'라는 말은 다른 사람들과는 다르다. 그것은 물질적 생산과 정신적 생산을 포함한다.[2] 나는 사회적 존재가 사회의 본체임을 거듭 강조한다. 체를 사회적 존재라고 하면 거기에는 이념만이, '학문學'만이 포함되는 것이 아니다. 사회적 존재는 사회적 생산양식과 일상생활이다. 이것이 유물사관의 입장으로 본 참된 본체이며 인간 존재 자체이다(李澤厚 2012, 31).

중체서용론에서 체는 유학의 이념과 그것에 근거한 정치체제를 가리키고 용은 서구의 근대 과학기술과 그것이 적용되어 창출되는 생산품을 가리킨다. 이에 반해 리쩌허우는 어떤 이념, 학문이든 그것은 특정 시대의 생산양식과 생활양식을 토대로 하여 형성되고 발전하는 것이기 때문에, 이념이나 학문이 인간 삶의 형태와 방식에 막대한 영향을 주는 가장 근본적인 것, 즉 '체'일 수는 없다고 생각

2_이 대목에서 리쩌허우는 다음과 같은 주석을 달고 있다. "여기서 말하는 정신적 생산은 심리적 본체 혹은 본체적 의식을 가리킨다."

한다. 오히려 생산에 이용되는 자연, 인간 사회의 사회적 생산력, 그리고 이 둘을 매개하는 생산 활동을 통칭하는 '사회적 존재'야말로 가장 근본적인 '체'라고 본다. 이런 생각은 그 자신이 말하듯 마르크스의 사회적 존재가 사회적 의식을 결정한다는 유물사관에 근거한 것이다.

그런데 여기서 유의할 점이 한 가지 있다. 바로 그가 특정 시대의 이념이나 학문을 특정한 사회적 생산양식보다 덜 근본적인 것으로 취급하면서도, 여전히 그것을 '체'의 범주 안에 포함시켰다는 점이다. 마르크스레닌주의의 관점에서 중국철학을 해석했던 장대년張岱年은 이 점을 비판한다. "리쩌허우의 이른바 서체西體는 '사회적 존재'를 '체'로 삼는다. …… 그는 또한 '서학을 체로 삼고 중학을 용으로 삼는다'고 하여 이른바 서체란 '서학을 체로 삼는 것'을 말하는 것 같기도 하다. 이렇게 체를 논하고 용을 논하는 것은 '개념의 혼란'에 빠진 것이라 할 만하다"(張岱年 1991, 60). 이런 비판을 의식해서인지, 리쩌허우는 1995년의 글에서 이념과 학문을 '체'의 개념 밖으로 밀어낸다. "체는 사회적 존재라는 본체, 즉 인민 대중의 '의식주와 교통'衣食住行, 일상생활을 가리켜야 마땅하다. 그것이야말로 어떤 사회든 그것의 생존, 지속, 발전의 근본이 되기 때문이다. '학문'은 이 근본, 기반 위에서 생장하는 사상, 학설, 이념이다"(李澤厚 2012, 58). 엄밀히 말하면 체는 사회적 존재일 뿐이라고 함으로써 장대년의 비판을 벗어나려는 것이다. 그러면서도 그는 넓은 의미에서는 여전히 서양 학문, 특히 과학기술과 관련된 학문이 체로 간주될 수도 있다고 한다. 1995년의 학생과 진행한 문답에서 이 점은 확인된다.

오늘날 (사회 존재라는 본체의 기반으로서의) 생산력과 밀접히 관련된 과학기술 또한 일종의 학문, 과학입니다. …… 우리는 대부분 혹은 주된 시간과 정력을 과학기술을 학습하고 운용하는 데 쓰고 있지 않습니까? 과학은 이미 현대의 일상생활과 의식주, 교통 가운데로 들어와 없어서는 안 되는 요소가 되었습니다. 그러니 이런 의미에서 서학을 체라고 해도 될 것입니다(李澤厚 2012, 79-80).

좁은 의미에서 체는 사회적 존재만을 뜻하지만 넓은 의미에서 그것은 학문 또한 포함할 수 있다는 생각은 중국의 현대화에 관한 그의 견해에 중요한 논리적 근거가 된다는 점에서 특별히 유의할 필요가 있다. 위에서 언급했듯이 사회적 존재라는 역사 유물론적인 개념은 자연, 생산력, 노동을 포함한다. 그런데 그는 이 포괄적 개념에서 생산력을 특별히 강조한다. 그 이유는 무엇보다 중국인의 물질적 삶을 현대 서구 사회의 수준으로 끌어올리는 것이 가장 중요하다고 여겼기 때문이다. 중국의 현대화가 곧 서양화인 것은 아니지만, "현대의 대공업 생산, 증기기관, 전기기구, 화학공학, 컴퓨터, 그리고 그것들을 생산해 낸 각종 과학기술, 경영관리 제도 등은 모두 서양에서 온 것"(李澤厚 2012, 33)이고, 바로 그 점에서 현대화는 서양화라고 하는 구절에서 그의 이런 생각을 엿볼 수 있다. 또 그런 맥락에서 그가 개념적 혼란을 무릅쓰고 학문을 광의의 '체' 안에 집어넣은 것도 이해가 된다. 현대에는 "과학이 직접적인 생산력이 되었다"(李澤厚 2012, 33)고 스스로 말하듯, 과학기술을 생산력 제고의 결정적 요인으로 보았기 때문이다.

생산력 및 그것을 크게 증대시킬 수 있는 과학기술을 근본으로 여기는 관점을 리쩌허우는 일종의 건설적 마르크스주의라고 칭한다. 그는 20세기에 마르크스주의가 소련, 중국 등 낙후된 국가에서는 혁명으로 체제를 전복하는 '무기의 비판'으로 기능했고, 서구에서는 자본주의사회와 문화를 비판하는 '비판의 무기'로서 기능했지만, 둘 다 실패했고 그로 인해 영향력이 갈수록 줄어들고 있다고 한다. 그러면서 그 원인 가운데 하나가 "오늘날에 이르기까지 유물사관에 기반을 둔 건설 이론이 마르크스주의에 부족한 데, 건설적인 정치 이론, 경제 이론, 문화 이론이 부족한 데 있다"고 했다(李澤厚 2012, 60). 혁명 아니면 비판에 머무르는 기존의 마르크스주의로는 사회 발전의 건설적 대안은 결코 제시될 수 없다는 것이고, 그런 점에서 자신의 '밥 먹는 철학'은 사회 발전의 대안을 제시하는 마르크스주의라는 것이다.

다음으로 중용中用에 대해 살펴보겠다. '서체'와의 관련 속에서 '중용'이란 '서구에서 유래한 현대 대공업적 생산양식과 그에 상응하는 현대적인 생활 방식'(즉, 西體)이 '현대 중국이라는 구체적 현실에 적합하게 적용되는 것'(즉, 中用)을 가리킨다. 리쩌허우는 한 시대의 보편이 된 서구적 생활 방식을, 그것과는 이질적인 생활 방식을 오랫동안 유지해온 특수한 주체가 수용하되, 그 수용은 현존하는 역사 전통, 즉 "경제조직, 정치제도, 생활 습관, 행위 방식, 가치관, 사유의 특징 등"(李澤厚 2012, 62)을 충분히 고려하여 선택적,

점진적으로 이루어져야 하며, 그 과정을 통해 서구와는 사뭇 다른 현대적 삶의 양식을 창출해야 한다고 말한다. 또 그는 이 보편과 특수, 현대와 전통 사이의 모순과 갈등을 푸는 일이 쉽지 않다는 점을 부각시키기 위해 전통 철학에서는 분리 불가능한 체와 용을 서체와 중용으로 분리한 것이라고 말한다.

서구에서 온 현대 대공업적 생산양식의 도입은 한편으로는 필연적으로 중국인의 생활 방식을 전 영역에 걸쳐 현대적으로 변모시킨다. 그러나 그런 변화는 급격하지 않고 점진적이다. 이 점을 리쩌허우는 이렇게 설명한다.

> 변화 혹은 전환은 전통을 전부 계승하는 것도, 전부 버리는 것도 아니다. 이는 새로운 사회적 존재라는 본체의 기반 위에서 새로운 본체적 의식을 전통에 '누적-침전'積淀시키거나 문화적 심리 구조에 스며들게 하여 유전인자를 바꾸는 것이다(李澤厚 2012, 39).

현대의 대공업 생산양식과 생활 방식이 그에 상응하는 현대적 의식을 중국인들이 갖추어 가도록 하지만, 그것은 원래 이들이 지니고 있던 문화적 심리 구조 속에 오랫동안 누적되고 점차 체화되어야 현대화는 성공을 거둘 수 있다는 뜻이다.

바로 현대화가 점진적이어야 한다는 생각에서 1995년의 글에서 리쩌허우는 '전환' 대신 '전화'轉化라는 어휘를 택하고, 중국의 현실을 고려한 창의적 현대화를 이루어야 한다는 점 또한 고려해 '전화적 창조'라는 개념을 제시한다. 즉 서구의 시장경제 체제를 도입하고 과학기술을 발전시켜 생산력을 극대화해야 하지만, 중국이 "반드시 서양의 기성 모델을 모방하고 추구하며 전화轉化할 대상으로 삼을 필요는 없고, 중국은 자신의 역사적 상황과 현실적 상황에 근거해 새로운 형식과 모델을 창조해 낼 수 있다"고 주장한다(李澤厚 2012, 63). 여기서 그가 말한 중국의 역사적, 현실적 상황이란 주로 유교와 사회주의의 전통을 가리킨다. 그는 이 두 전통이 현대에도 중국의 문화적 심리 구조 속에 누적되고 침전되어 강한 영향력을 발휘하고 있으며, 그중에 현대에도 가치 있다고 판단되는 것들은 서구의 현대적인 것들과 적절히 결합해 중국적인 발전 모델을 창조해 내는 데 적극적인 기능을 할 수 있다고 생각했다.

그는 1995년의 글에서 이 중국적인 현대화의 가능한 형식, 모델을 많은 지면을 할애해 이야기하고 있다. 경제, 정치, 문화의 세 측면에서 제시한 형식들의 골자를 소개하면 다음과 같다.

첫째, 경제적인 측면에서 그는 농민과 농촌 지역 정부가 공동으로 소유하고 운영하는 향진기업鄕鎭企業이 성공적이었고 앞으로도 성장 가능한 중국적이면서도 현대적인 경제조직의 형식 가운데 하나라고 한다. 또 국유 기업의 개혁을 통한 경쟁력 강화로 사유제와 공유제가 공존할 수 있도록 하고, 정부 주도의 내륙 경제개발로 자립적 경제 기반을 확보하고 다국적기업에 지배당하지 않아야 한다고 한다. 그는 이 현대화의 과정에서 중국이 해결해야 할 경제적 과제를 이렇게 요약한다. "어떻게 해야 효율을 위주로 하면서도 공평함이 함께 고려될 수 있을지, 개인과 집단, 사적 소유와 국가 소유, 개인의 발전과 공동의 부유함, 국가주권의 유지와 세계경제에의 참여라는 갖가지 다른 것들 사이에서 '딱 알맞은 정도度'를 최대한 습득함으로써 오늘날 자본주의 세계의 각종 심각한 위험성과 폐단을 최대한 피할 수 있도록 하는 것은 굉장히 중요한 일이다"(李澤厚 2012, 65). 시장경제 체제를 위주로 하되 사회주의 경제체제가 남긴 유산 가운데 자본주의사회의 폐단을 완화할 수 있는 것들은 적극적으로 활용하자는 것이다.

둘째, 정치적으로 리쩌허우는 한두 명의 절대적 권위에 기대는 정치를 긍정하는 신좌파는 중체서용론의 현대적 버전이라고 명확히 반대하여 정치개혁에 찬성하면서도, 전면 서구화론자들과는 달리 점진적 정치개혁을 주장했다. 그는 이 점진적 정치개혁 노선이 이론적으로나 현실적으로나 합당하다는 근거를 제시한다.

우선 이론적으로는 과학기술의 혁신에 따른 생산양식의 거대한 변화가 경제체제의 형태를 결정하기는 해도, 그것이 정치체제의 변화마저도 결정하지는 못한다는 점을 강조한다. 이는 마르크스주의 경제결정론에 대한 수정이다. 그는 경제적 토대가 상부구조인 정치체제의 필요조건이기 때문에, 현대의 시장경제 체제는 현대 민주정치 실현의 전제임을 인정한다. 하지만 자신은 "경제가 정치와 문화 등을 직접 결정할 수 있다고 생각한 적이 없고, 시장경제 또한 필연적으로 현대적 민주를 가져오는 것은 아니라고 생각하는" 점에서 자신의 이론은 경제결정론이 아니라 경제 전제론이라고 한다(李澤厚 2012, 72).

다음으로 현실적으로는 권력 분산, 사법권 독립, 언론 개방 등은 현대 민주정치 체제가 필수적으로 요구하는 것이지만, 중국공산당이 권력을 쥐고 있는 정치 현실에서 다당제, 보통선거 제도, 총통 직선제 등 급격한 정치 개혁의 요구는 사회적으로 대혼란을 초래해 경제적 토대마저 파괴되는 재앙을 초래할 수도 있다고 여긴다. 그래서 그는 공산당 일당독재체제라는 현 정치체제 아래에서, 극도로 제한적이나마 가능한 민주화의 시도들을 할 것을 제안한다. 구체적인 예를 들면 공산당 내부에서 민주적 토론과 의사 결정의 기풍을 만들 것, 인민대표자대회와 정치협상회의의 독립적 기능을 점차 강화할 것, 언론의 자유, 출판, 결사의 자유를 점차 확대하여 보장할 것, 정경분리, 일부 조직에서 시행되는 경선競選, 기층 조직에서의 보통선거 등을 유지해 갈 것 등이 그것이다. 전체적으로 볼 때 1995년에 리쩌허우가 제시한 중국의 정치 개혁 노선은 분명히 "체제 타협적이고 보수적인 면"(강진석, 2006, 38)이 있다거나 "주류 이데올로기와 화해하는 노선"(강진석, 2018, 218)이라고 평가될 수 있다. 서구 민주정치 체제의 한계를 비판하며 중국공산당의 일당독재를 새로운 형태의 민주인 양 포장하는 보수주의자들보다는 진보적이지만 말이다.

셋째, 문화의 측면에서 리쩌허우는 중국에서는 현대와 전통의 충돌이 필연적인지라, 우선은 현대적인 문화의 요소들이 강화되고 전통문화의 불합리한 구조가 해체되어야 하겠지만, 그와 더불어 전통 가운데 서구적 현대화가 수반하는 폐해들을 치유할 수 있는 요소들은 여전히 그 기능을 발휘하도록 하고, 나아가 그것들에 기대어 현대화 이후까지 주시할 수 있어야 한다고 역설한다. 현대는 개인 본위의 사회로서, 개인의 권리, 개인 간 경쟁, 사유재산 등을 중시한다. 물론 현대 교육은 권리에는 의무가 따르고 경쟁은 공정해야 하며 분배의 정의 등도 강조하지만, 이런 개인 본위의 문화는 이기주의로 치닫기 쉽다. 반면 유교 전통과 현대의 혁명 전통은 가족 혹은 당 같은 집단을 우선시하여 개인의 집단에 대한 의무, 헌신 등을 강조한다. 문제는 시장경제 체제가 자리를 잡고 상공업이 빠르게 성장하면서 그 속도만큼이나 급속도로 중국이 이기적 사회가 되어 버렸고 기존의 사회주의적 신념과 도덕은 완전히 힘을 잃었다는 것이다. 이에 문화 보수주의자들은 이 신념의 위기, 도덕의 위기를 전통 유가 사상과 문화로 극복하자고 주장하며, 중국 정부도 대체로 이에 호응한다.

그러나 리쩌허우는 이런 식의 유가 사상과 문화의 부흥에 반대한다. 그가 명확히 표명하지는 않았지만, 행간을 보면 가장 큰 이유는 유학의 봉건 이데올로기적인 요소가 중국 정부의 권위주의적, 보수적 정치를 합리화하고 정당화하는 데 이용될지도 모른다는 우려 때문임을 알 수 있다. 그는 중국 유교 문화의 가장 중요한 특징을 "정치, 윤리, 종교의 셋이 합일된 점, 즉 중국식 정교합일政教合一"로 요약한다(李澤厚 2012, 74). 예컨대 전통 사회에서 스승을 존경하여 절을 한 것은 윤리와 종교의 결합이고, 효와 충을 연결해 생각한 것은 윤리와 정치의 결합이다. 리쩌허우는 이런 중국식 정교합일의 전통이 현대에도 변형되어 재현되었음을 지적한다. 문화대혁명 시기에 마오쩌둥은 정치 지도자이자 사상과 생활을 지도하는 윤리 교사이며 절대적 숭배의 대상이었던 것이 그 전형적인 사례이다.

이런 역사의 비극을 반복하지 않기 위해 그는 이른바 종교적 도덕과 사회적 도덕을 분리할 것을 제안한다. 이 두 개념에 대해 명확히 정의를 내리지는 않았지만, 전후 맥락을 살펴보면 종교적 도덕이란 개인적으로 갖는 종교적 혹은 철학적 신념에서 파생된 도덕을 뜻한다. 반면 사회적 도덕이란 현대사회에서 사람들이 자유, 평등, 인권 등의 민주정치 이념에 근거해 공동으로 지켜야 할 도덕규범을 뜻한다. 이렇게 그가 도덕을 종교적인 것과 사회적인 것으로 구분한 것은 정치적 의도가 다분하다. 무엇보다 그가 두 개념의 구분에 이어서, 전통 사회의 군주에 대한 숭배가 현대에는 나라國에 대한 숭배로 바뀌었지만, 그것은 특정 정치체제나 정부에 대한 숭배가 아니라 고향, 향토, 고국에 대한 사랑 같은 것이어야 하고, "사회적 도덕은 (정부를 비롯한) 집단이 교육과 법률 등을 통해 최대한 빨리 기르고 확립하도록 해야 한다"고 말한 것에서 이 점을 간파할 수 있다. 즉 그의 의도는 종교적 믿음과 유사한, 과거의 마르크스레닌주의 같은 절대적 이념이 사회 혹은 정치의 영역에 침투하는 것을 막고, 자유, 평등과 같은 현대 민주주의의 원칙이 속히 실현되도록 하는 데 있는 것이다.

위에서 언급한 전통문화의 불합리한 구조가 해체된다고 함은 바로 도덕적 신념이 절대화되어 정치적으로 악용되는 구조를 해체한다는 뜻이다. 그렇지만 리쩌허우가 유교 문화가 지닌 정교합일적 구조의 해체만을 주장한 것은 아니다. 그는 종교적 도덕과 사회적 도덕의 분리 이후 이루어지는 양자의 원활한 상호작용 또한 말한다. 사회적 도덕은 현대인의 민주적 의식을 고양시키지만, 그 개인 본위의 사회의식은 쉽게 사람들을 이기적으로 만든다. 또 현대사회의 과학기술과 도구적 이성의 중시는 논리적, 수리적, 추상적 사유의 발달을 가져오지만, 이 세상을 쉽게 이해관계에 좌지우지되는 사회, 기계적 질서로 설명될 수 있는 세계로만 편협하게 이해하게 만든다. 리쩌허우는 전통 사상과 문화가 이런 현대사회의 심각한 병폐 및 세계관의 결함을 보완하며, 나아가 현대화 이후의 비전을 제시하는 데 적극적인 역할까지 할 수 있을 것으로 기대하며, 아래와 같이 말한다.

상품 경제는 사람들의 생활 방식, 도덕적 기준, 가치에 대한 의식의 변화를 일으키고, 정치가 도덕으로 화化하던 것을 변화시켜 정치가 법률이 되도록 하며, 논리적 사유와 도구적 이성을 발전시킨다. 그러나 이와 더불어 여전히 실용 이성이 자신의 깨어 있는 이지적인 태도와 실질을 추구하는 정신을 발휘하도록 해야 한다. 남을 앞세우고 자신은 뒤에 놓으며, 공적인 것을 앞세우고 사적인 것은 뒤에 놓는 도덕주의가 힘과 빛을 유지하도록 해야 한다. 추상적 사유와 이론적 인식 가운데에서도 직각直覺과 돈오頓悟가 여전히 그 종합적이고 창조적인 기능을 발휘하도록 해야 한다. 중국 문화가 인간관계를 처리하는 가운데 축적해 온 풍부한 경험과 습속, 그리고 그것이 길러 내고 조성해 낸 따뜻한 인간적 관심과 인정미가 여전히 중국과 세계에 향기를 발하도록 해야 한다. 중국이 냉혹한 금전적인 관계, 극단적인 개인주의, 극도로 혼란스러운 무정부주의, 편협하고 기계적인 합리주의에 완전히 파묻히지 않도록 해야 한다. 중국이 현대화의 과정에서 현대화 너머의 미래도 선견지명을 가지고 주시하도록 해야 한다(李澤厚 2012, 77-78).

4. 서체중용론을 뒷받침하는 도 본체론

이상으로 리쩌허우의 서체중용론이 지니는 정치사상적 함의를 살펴보았다. 그런데 그는 2000년대를 넘어서면서 '도'度 개념을 중심으로 또 하나의 본체 이론을 세운다. 물론 이 이론이 서체중용론과 이질적인 것은 아니다. "적당한 정도를 습득해 딱 알맞은 지점에 도달하는 것"掌握分寸, 恰到好處(李澤厚 2002, 1)을 뜻하는 이 도度 대한 정의가 암시하듯, 그것은 기술철학적인 측면에서 인간의 삶과 인류의 역사를 이해하는 데 가장 본질적인 것이 무엇인지 리쩌허우 자신의 견해를 밝힌 것이다. 그리고 바로 그 점에서 그것은 서체중용론을 철학적으로 뒷받침한다. 이에 이 절에서는 도度 본체론이 어떤 내용과 특징을 지닌 것인지 서술하고자 한다.

리쩌허우가 도度를 본체로 세운 까닭은 개인이든 인류 전체든 인간에게 가장 일차적인 욕구는 생존 욕구이고 그 욕구 충족의 목표는 생산 노동을 통해서만 달성될 수 있으며, 그 생산 노동이 성공적이려면 인간은 기술적으로 '딱 알맞은 정도', 즉 도度를 습득해야 한다고 생각했기 때문이다. 물론 이 도度는 다른 생물도 습득한다. 그러나 리쩌허우는 생물의 그것은 본능적인 훈련을 통한 습득이라고 하여, "도구를 사용-제조하여 사냥하고 채집하고 재배하고 음식을 만들며", 그것을 "대대로 전하고 서로 모방하여 부단히 확장하는" 인간의 생산기술과는 차이가 있음을 강조한다(李澤厚 2002, 2). 인간은 도구를 사용하여 생산품을 제조하는 사회적 노동과 그 노동과정 속에서 가장 적절한 기술을 습득하고 이를 사회적으로 공유하는 과정을 통해 인간다워졌다는 것이다. 이 노동과 기술 습득의 과정에서 중요한 기능을 발휘하는 것은 물론 이성이다. 그러나 이 이성은 주로 인간의 생존과 발전을 목적으로 노동과 기술 습득의 과정에서 사용된다는 점에서 실용적 혹은 실천적이다. 리쩌허우가 이성이란 실은 주로 실용적 이성으로, 그것은 "본래 합리성일 뿐"이라고 말하는 이유이다(李澤厚 2002, 6). 그런 맥락에서 그는 유학의 중용中庸 개념을 기술철학적으로 재해석한다. 예컨대 활을 제작한다고 할 때 '지나치지도 모자라지도 않은, 딱 적절한中' 활을 만들려는 목적은 '그것이 인간에게 최대한 유익한 기능을 발휘하게 하려는 데庸' 있다. 그런 의미에서 그는 "도度의 확립은 용用에 있다"고 말한다(李澤厚 2002, 6).

리쩌허우는 이 실용적 목적에서 이루어지는 노동 실천을 통해 인간은 자연의 질서를 구성하고 발견하며, 갖가지 인식의 형식을 확립한다고 말한다. 이 점을 그는 다음과 같이 표현한다.

> 인간은 도구를 사용하고 제작하는 실천과 조작 속에서 자신의 활동, 도구, 대상, 삼자 사이에 이루어지는 기하학적이고 물리적인 성능의 적응, 대항 및 동일 구조를 발견하고, 다른 질료의 동일성이라는 감성적 추상(예컨대 첨각尖角, 둔기, 삼각형 등)을 발견한다. 도구를 사용하는 활동으로 인해 (음식물이나 수렵물의 획득이라는) 목적을 달성하고 인과 범주가 강렬하게 지각되어 원시적 인간 집단은 인간다운 의식을 갖추기 시작한다(李澤厚 2002, 5-6).

앞서 예로 든 활을 제작하는 조작적 활동과 그것을 사용하는 실천적 활동을 가지고 위 구절을 해설하면 다음과 같다. 인간은 활이라는 도구를 만들 때 한편으로는 활을 쏠 주체와 화살을 쏘아 맞힐 대상의 기력과 체형 등을 충분히 고려해야 한다. 즉 활은 그것을 쏠 주체와 대상의 물리학적 기력과 기하학적 체형에 딱 알맞게 제작되어야 한다. 이렇게 주체와 대상에 딱 알맞게 활을 제작하려 노력하면서 사람은 활의 사용에 적응하면서도 때로는 그것에 대해 일종의 저항감으로서의 불편함을 느끼고, 대상 또한 활에 맞지 않으려 저항하면서도 결국은 맞게 되는 식으로 적응한다. 그리고 이런 적응과 저항 사이에서 활은 점차 인간이 그것을 사용하는 목적에 적합하도록 더욱 정교화된다. 이런 방식으로 인간은 자신과 대상 사이의 통일적 구조를 구성하며, 발견한다. 나아가 이 통일의 매개가 되는 도구인 활은 각기 다른 질료로 이루어진 것들이지만, 모두 그것을 사용해 수렵물을 획득하는 데 적합한 형태, 즉 궁형弓形이라는 점에서 동일하다는 것이 '감성적' 실천을 통해 점차 발견된다. 즉 실천은 감성적이지만, 이를 통해 구체적인 활을 벗어나, 궁형으로의 '추상화'가 이루어진다. 아울러 리쩌허우는 칸트가 말한 인과율과 같은 인식의 범주도 엄밀히 말하면 선험적인 것이 아니라 도구를 사용하는 실천 활동을 통해 점차 형성된 것이라고 한다. 예컨대 딱 적합한 활을 사용하니 짐승을 많이 잡을 수 있었다는 인과관계를 인식하는 능력은 부단한 수렵 활동을 통해 점차 형성된다는 것이다. 이렇게 리쩌허우는 인간의 수학적, 논리적 사유 능력 역시 노동 실천이 없었다면 생겨날 수 없었을 것이라고 말한다. 또 이 인간다운 능력은 수많은 경험적 시도의 실패를 거쳐 형성되고 강화된다는 점에서는 사회적, 역사적 필연성을 지니지만, 그 경험적 시도의 성공은 "개체에 의해 돌발적으로 솟구쳐 나온 게슈탈트라는 점"(李澤厚 2002, 5)에서 창조 활동이 지닌 역사적 우연성 또한 무시되어서는 안 됨을 역설한다. 과학적 발견, 기술적 발명이라는 창의적인 활동은 일종의 깨달음이며, 이 깨달음의 중심은 곧 자유로운 상상이라고 주장한다.

적절한 기술을 추구하는 노동 혹은 생산을 통해 갖가지 인간다운 인식의 형식이 가능해졌다는 말은 그것을 통해 주체와 객체의 구분이 가능해졌다는 뜻이기도 하다. 리쩌허우는 딱 알맞은 기술은 "천시天時, 지리地利, 인화人和(집단적 협력) 속에서 생겨난다"고 말한다(李澤厚 2002, 5). 적절한 기술을 습득하기 위해서는 자연의 시간적(천시) 공간적(지리) 조건, 자연 재료의 성능, 인간 사회의 노동 양식(인화) 등 다양한 차이를 보이는 것들을 대상화해 인식하지 않으면 안 된다는 뜻이다. 그렇게 주객 이분화의 필요성을 인정하면서도, 그는 "도度의 본체 가운데에서 주체와 객체는 원래 완전히 융합되어 일체를 이루고 있음"을 강조한다(李澤厚 2002, 6). 적절한 기술의 실현 속에서 주객은 합일되어 있다는 뜻으로 읽힌다. 바로 그런 이유에서 그는 주객으로의 이분화는 필요하지만, 그것이 가장 중요한 것은 아니라고 말한다.

주객 분립을 전제로 인간이 '주관적으로' 적절하다고 여기는 것을 측량하고 규정하는 이성의 기능을 리쩌허우는 위험할 수 있다고 경고한다. 적절한 기술이라는 것은 위에서 언급한 다양한 조건에 따라 다양하게 달라지는데, 기술 문명의 진보로 인간의 활동 영역이 확대 됨으로 인해 이 적절한 지점인 도度를 습득한다는 것은 더욱 어려워 질 가능성이 크다는 것이다. 또한 리쩌허우는 "과학기술에 반대하 는 조류와 사상에 무분별하게 맞장구를 치"는 데도 반대한다(李澤厚 2002, 8) 그 이유는 바로 역사적으로 인류가 자신의 생존과 발전을 위해 노동 혹은 생산을 통해 딱 알맞은 지점에 도달하려는 노력을 멈춘 적이 없다는 생각 때문이다. 그런 맥락에서 그는 적절한 기술 을 습득하려는 인간의 역사를 『주역』에 나오는 음양 그림의 중간선 과 같은 것이라고 했다. 그는 이 중간선의 의미를 다음과 같이 설명 한다.

그것은 곡선이지 직선이 아니다. 그것은 곧 도度를 이미지화한 것이 다. 그것은 음과 양으로 딱 잘라 이분화할 수 없음을 나타낸다. 양자가 서로 의존적이고 서로 보완적임을 나타낼 뿐 아니라, 양자가 늘 머물 지 않고 변화하는 여정 속에 있음도 나타낸다. 이것은 바로 도度의 본 체적 성격을 도식화한 것이자 생활, 인생, 자연, 우주 전체로 확대하여 도식화한 것이다. 저 굴곡진 중간선이 바로 도度로서, 그것은 음과 양 이 떠오르고 가라앉으며, 변화하고 응대하며 대항하는 가운데 이루어 내는 생명의 존재 및 긴장감이다(李澤厚 2002, 8-9).

도度가 주로 인간이 노동 혹은 생산을 통해 자연과 관계를 맺을 때 사용하는 적절한 기술을 뜻함을 생각한다면 위 구절에서 음양은 자연과 인간을 상징할 것이다. 인간과 자연은 절대 완전히 둘로 단절될 수 없다. 인간은 자연이 없으면 생존할 수 없고, 자연은 인간을 통해 그 진화의 목적을 실현한다. 이 둘은 노동 혹은 생산을 통해 끊임없이 관계를 맺어 긴장감 속에서 저항하고 역동적으로 변화하면서도 끊임없이 적절하게 균형과 조화를 이룰 수 있는 지점, 즉 도度에 도달한다. 우주, 자연 자체가 그렇고, 그 자연과 관계를 맺으며 살아가는 인간의 삶도 그렇다. 그러나 현대의 상공업적 노동 양식 속에서 발달해 온 과학기술은 결코 적절한 기술이라고 할 수만은 없다. 무엇보다 그것은 자연의 자연성과 인간의 자연성을 파괴한다. 이 점을 리쩌허우는 이렇게 표현한다. "과학기술(주로 현대 공업화 이후의 과학기술), 기계, 디지털, 대규모 생산 등은 극단적으로 이성화된 형식과 형태를 취함으로써 인간의 본체적인 도度의 원 모습이 펼쳐져 나타나는 것을 압살하고 틀어막고 저지한다"(李澤厚 2002, 9). 이성만을 극단적으로 신뢰하고 그 이성의 기능에 기대어 발전시켜 온 과학기술과 그것이 활용된 현대의 대규모 공업 생산은 인간과 자연이 역동적으로 소통하는 적정 기술이 아니다. 이에 그는 이 시대에 적절한 기술인 도度가 무엇일지 "근본으로 돌아가고 원천으로 돌아가 재탐색하고 재해석하는 것"(李澤厚 2002, 9)이 오늘날 철학의 중요한 과제라고 하고 있다.

5. 맺음말

본문에서 필자는 1980~90년대에 리쩌허우에 의해 서체중용론이 제기된 배경과 그 정치사상적 함의, 그리고 2000년대 이후에 제시한 도度 본체론의 내용과 특징을 차례로 고찰했다. 이제 마지막으로 서체중용론과 도度 본체론이 어떤 연관 관계를 맺고 있는지 규명하고, 이를 기반으로 서체중용론 내지 '도' 본체론이 지니는 의의와 한계를 밝히고자 한다.

'도' 본체론은 우선 다음 몇 가지 점에서 '서체'론을 기술철학적으로 뒷받침하고 있다. 첫째, 인간의 생산과 그것에 쓰이는 적절한 기술에 힘입어 인류가 생존하고 문명이 발전할 수 있었다는 생각은 체體가 이념이나 학문이 아니라 사회적 존재여야 한다는 그의 역사유물론적 관점과 상통한다. 둘째, 그가 노동과 적절한 기술, 즉 '도'가 문명 발전의 근본 동력이라고 천명하면서도 노동보다는 과학기술을 중시하고, 나아가 과학기술 혁신의 동력이 되는 개인의 창의성을 중시한 것은 중국의 현대화를 위해 사회적 존재의 구성 요소 중에서 생산력을 중시하고 정치적, 사회적으로 개인의 자유, 독립을 중시하는 경향을 뒷받침한다. 셋째, 인간이 노동 도구를 사용해 자연과 직접 관계를 맺을 때, 인간이 능동적으로 자연을 구성하는 측면을 강조하고, 그렇게 해서 확립한 여러 인식의 형식 가운데 특별히 수학적, 논리적, 이성적 인식을 강조한 것은 상공업적 사유의 색채를 강하게 띤다. 이와는 달리 전통 농업 노동적 사유 방식은 인간이 자연을 구성하면서도 따라갈 것을 말하고, 수학적, 논리적, 이성적 인식을 경시한 것은 아니지만 그것들에 못지않게 심지어 그것들보다 더 감성적, 직각적 인식을 중시한다. 따라서 위와 같은 것들에 대한 강조는 '서체'론을 뒷받침한다고 할 수 있다.

한편 '도' 본체론은 다음 몇 가지 점에서 '중용'론도 기술철학적으로 뒷받침하고 있다. 첫째, 전통 철학의 갖가지 개념들이 본래 지닌 윤리, 조화, 순응, 협력 등의 함의를 크게 약화하고 인간 중심적, 상공업 기술적 관점에서 그 개념들을 운용한 것은 실은 서구 상공업적 생산양식의 기반 위에 서 있는 서구적 개념이나 관념, 즉 '서체'를 중국의 상황을 고려해 적용한 것, 즉 '중용'中用이다. 예컨대 중용中庸은 본래 윤리적 성격이 강한데, 리쩌허우는 그것을 인간 중심적, 상공업적 기술사용의 적절함으로 설명한다. 천시天時, 지리地利, 인화人和는 본디 자연에의 순응과 인간 사이의 조화를 중시하는 개념인데, 리쩌허우는 그것을 자연조건에 대한 과학적 인식, 기술을 사용하는 집단의 단결 등으로 재해석한다. 둘째, 주객 분립에 기반을 둔 대상 인식과 과학기술의 발전이 필요하다고 하면서도, 적절한 기술, 즉 도度가 실현되어 주객이 합일되는 것이 더 중요하다고 말하고, 현대 상공업 기술은 적정 기술이 아니기 때문에 근원으로 되돌아가야 한다고 주장한 것은 서구적 현대화의 과정에서 생겨난 폐해를 중국 전통 사상을 활용해 현대 너머를 모색하는 자산으로 삼아야 한다는 중용中用의 또 다른 의미와 통한다.

'도' 본체론과 서체중용론의 상관관계를 위와 같이 정리하고 보면 서체중용론이 지닌 의의와 한계가 비교적 분명해진다.

필자가 생각하는 서체중용론의 의의는 다음과 같다. 첫째, 중국이 현대화하려면 우선은 서구의 시장경제 체제 및 그것과 긴밀히 연관된 서학을 적극적으로 수용해야 한다는 서체론西體論은 지극히 타당하다고 본다. 왜냐하면 필자는 리쩌허우의 인간이 사회적 노동과 그 노동에 쓰이는 기술의 부단한 혁신을 통해 역사적으로 생존, 발전해 왔다는 노동-기술철학적 관점에 찬동하기 때문이다. 또한 그 관점에 근거해 현대 중국이 근대에 서구에서 태동한 대규모의 상공업적 생산양식을 현대화의 전제로 삼아야 그 토대 위에서 개인의 권리, 자유를 보장하는 민주정치 체제도 싹틀 수 있다는 주장에도 동의하기 때문이다.

둘째, 서구의 시장경제 체제 및 관련 학문을 적극적으로 수용하면서도 사회주의와 유교의 문화 전통을 충분히 고려해야 한다는 중용中用론도 큰 틀에서는 타당하다고 생각한다. 그의 중용中用론은 한편으로는 서구의 현대적 경제체제, 정치제도, 사상적 관념 등으로 사회주의와 봉건주의 이데올로기가 남긴 부정적 잔재를 청산하면서도, 다른 한편으로는 서구적 현대화가 낳은 심각한 문제들을 마르크스주의와 유학의 이념, 관점, 견해 가운데 여전히 합리적이라고 판단되는 것들을 참조해 해결의 돌파구로 삼으려 한다는 점에서 균형 잡힌 시각이다.

그러나 그의 서체중용론은 다음 두 가지 점에서 아쉽다. 우선 쉽게 눈에 띄는 점은 서체중용론에 근거해 제시한 중국 현대화의 구체적 방법이 경제적 측면에서나 정치적 측면에서 대부분 중국 정부가 취해 온 방법과 대동소이하다는 것이다. 물론 관방官方의 이념과 그것에 기반을 둔 정치, 경제적 발전 방향을 긍정하는 것이 무조건

나쁘다고만 할 수는 없다. 또 민주화 운동의 격랑 속에서 정치적 탄압을 받았던 리쩌허우의 인생 역정을 생각할 때 현실과 일정 정도 화해하고 타협하려 한 것을 비난할 수만도 없다. 더군다나 그것이 지난 100여 년간 중국이 걸어온 혁명의 길에 대한 반성에 근거한 것이라는 점에서는 더욱 그렇다. 그러나 그 스스로 "역사적으로 각종 정치체제 가운데 영미英美의 민주제도가 그 가운데에서는 가장 나쁘지 않다"(李澤厚 2012, 71)고 인정한 이상, 현 중국 정치의 민주적 개혁에 대한 요구는 점진적 개혁 노선에 찬동한다손 치더라도 앞에서 제시한 것보다 조금은 더 개혁적이어야 하지 않을까?

하지만 이보다 더 아쉬운 점은 그가 2000년대 이후에도 심지어 최근까지도 현대 서구의 상공업적 생산양식을 전면 도입하여 야기한 심각한 문제, 대표적으로 현대 상공업 기술이 적정 기술, 즉 이시대의 도度가 아님으로 인해 생태계의 조화와 균형을 돌이킬 수없을 정도로 파괴하고 나아가 사회계층의 양극화와 인간 자신의 소외를 심화시킨다는 사실을 통찰했으면서도 기존의 서체西體를 넘어설 새로운 체體, 예컨대 생태적 노동 양식 혹은 기술에 대해서는 거의 말하고 있지 않다는 것이다. 이런 결점은 그가 개혁 개방을 한지 채 10년 정도밖에 안 된 1980년대 중반에 다음과 같은 말을 하고 있다는 것을 생각할 때 더욱 치명적이다. "자연을 대할 때 전 근대와 포스트모던은 인간과 자연의 조화를 더욱 중시하고 인간이 자연의 품으로 돌아갈 것을 중요시하는 데 반해 현대는 자연은 정복하고 환경을 개조하는 데 치중한다"(李澤厚 2012, 40). 그가 이 시기에 이 말을 하면서도 인간과 자연의 조화를 중시하는 방향으로 기술이 발전해야 한다고 주장하지 못했던 까닭이 당시 중국으로서는 서체西體를 굳건히 세우는 것이 급선무였기 때문임을 인정한다 하더라도, 그 서체의 규모가 비약적으로 성장하기 시작한 2000년대 이후에도 여전히 그저 모호하게 적절한 기술을 찾기 위해 근원으로 돌아가자고 말하는 수준에 그치고 있는 점은 상당히 아쉽다. 왜냐 하면 이 시대의 여러 징후들은 확실히 기존의 서체를 넘어서는 새로운 체體의 모색이 절박함을 보여 주고 있기 때문이다.

9장

대륙신유가의
유교 헌정주의 담론

그 배경과 맥락, 그리고 비판들

정종모

1. 들어가며

본 논문에서 필자는 최근 중국에서 부상하고 있는 이른바 '유교 헌정주의'Confucian Constitutionalism, 儒敎憲政主義 담론의 현황과 논쟁을 다루고자 한다. 주지하듯이 근래 중국에서는 대국굴기大國 屈起와 중국몽中國夢의 지향 속에서 중화 전통과 문화의 계승 움직 임, 특히 유학儒學의 재평가 노력이 활발하다. 초중고 교육에서의 고전 교육 강화, 민간에서의 경전 독송 운동 및 서원書院 운동의 확 산, 공민유학公民儒學, 생활유학生活儒學 담론의 대두, 국학원國學院 및 유학원儒學院의 연이은 창립 등 학술, 문화 차원에서의 유학 부흥 조짐이 뚜렷하다. 동시에 유학의 이념과 사상을 정치나 제도에 반영하려는 정치 유학, 제도 유학 담론도 활발해지고 있는데, 그 속에서 이른바 '유교 헌정주의' 담론도 나날이 힘을 얻고 있다. 한 세기 전 멸문지화滅門之禍에 직면했던 공문孔門이 부활해 전통적 사회주의 이념의 공백을 대체하고 있다는 진단도 이제는 생소하지 않다.

주지하듯이 '헌정주의'constitutionalism란 헌법의 운용을 통해 통치 권력의 사용과 공동체의 운영을 규제하는 정치 원리를 뜻한다. 특히 18, 19세기 서구에서 자유와 평등을 비롯한 국민의 기본권 보장, 권력의 분립, 법치주의 등이 강화되면서 근현대 헌정주의가 확립되었다.[1] 또한 이런 변화는 19세기 서세동점西勢東漸의 조류와 변법유신變法維新의 노력 속에서 중국에도 적잖은 영향을 미쳤다. 예컨대 보수파(개량파)라 할 수 있는 캉유웨이康有爲는 허군공화제虛君共和制를 기치로 입헌군주제를 제창했다. 또한 혁명파에 속했던 장타이옌章太炎이나 쑨원孫文은 민주공화제를 지지했다. 흥미로운 점은 비록 두 진영이 치열하게 대립했지만, 모두 유학의 이념을 얼마

1_ '입헌주의'(constitutionalism) 항목에 대한 사전적 정의는 다음을 참조할 수 있다. "정치 권력을 헌법의 범위 안에 둠으로써 그 자의적 행사를 막고 국가에 대해 국민의 기본적 인권과 자유, 권리를 옹호하는 주의. 국가의 기본 구조를 의미하는 constitution에서 유래하며 19세기 유럽에서 등장한 용어이다. …… 오늘날에는 국민주권에 기초한 의회정치 외에 기본적 인권의 보장, 권력분립, 법의 지배(법치주의) 등이 입헌주의의 내용을 구성한다. 1789년의 프랑스 인권선언 제16조에 '권리의 보장이 확보되지 않고 권력의 분립이 이루어지지 않은 모든 사회는 헌법을 갖지 않는다'는 것이 그 단적인 표현이다"(정치학대사전편찬위원회 편 2002, 1963-1964).

간 헌정憲政에 반영하려고 했다는 점에서 공통점이 있다. 따라서 우리는 이들을 근대 중국 유교 헌정주의의 출발로 삼을 수 있다. 다만 5·4운동 이래 '타도공가점'打倒孔家店이 상징하듯 반봉건, 반전통의 횡류 및 자유주의와 공산주의의 첨예한 대립 속에서 유교 헌정주의는 구체적 결실로 이어지지 못했다.[2]

그러나 백 년 뒤 상황은 급변했다. 유교 헌정주의자들의 목소리가 날로 중국 사상계에서 호응을 얻고 있다. 특히 장칭蔣慶의 부상과 그의 관점을 옹호, 수정하는 다니엘 벨Daniel A. Bell의 활약이 두드러진다.[3] 아래에서는 먼저 유교 헌정주의 부흥의 맥락과 배경을 살핀다. 다음으로는 장칭이 제시하는 유교 헌정주의의 내용을 간략히 소개하고, 그에 대한 비판적 논의를 야오중치우姚中秋와 천주웨이陳祖爲의 논의를 중심으로 정리한다. 그리고 이에 대한 평가와 반성으로 논의를 끝맺고자 한다.

2_다만 현재 대만 헌법의 전신인 중화민국헌법에는 유교의 이념과 사상이 일부 반영되었다. 예컨대 정치가, 법학자이면서 유가 지식인이었던 장쥔마이(張君勱, 1887-1969)는 1946년 중화민국헌법 제정 과정에 적극 참여하여, 쑨원(孫文)의 오권분립론(五權分立論)과 서구의 민주헌정을 수용하고, 유학의 이념이 헌법에 구현되는 데 중요한 역할을 담당했다. 이에 대해서는 陳弘毅(2014, 127-137) 및 郭齊勇(2017, 152-157) 참고.

3_예컨대 다니엘 벨이 편집한 *A Confucian Constitutional Order: How China's Ancient Past Can Shape Its Political Future*는 2010년 5월에 홍콩에서 열린 <유교헌정과 중국의 미래>라는 제목의 학술회의 내용을 정리한 것이다(Bell 2013). 당시 회의의 핵심은 장칭의 유교 헌정론에 대한 토론이었다. 장칭 외에도 다니엘 벨, 조셉 찬(Joseph Chan), 바이통동(白彤東) 등이 참여하여 열띤 논쟁을 이어갔다. 중국어로 정리된 당시의 논의에 대해서는 장칭(2011) 및 範瑞平·洪秀平(2012) 참고.

2. 근래 유교 헌정주의의 배경과 맥락

본 절에서는 근래 대두되고 있는 유교 헌정주의의 배경을 약술한
다. 우선 '헌정'憲政이란 한자어의 유래 및 유교 헌정주의에 대한 학
자들의 규정을 살펴볼 필요가 있다.[4] '헌'憲이란 글자는 『시경』詩經
이나 『서경』書經에 이미 등장하는데, 주로 법령法令이나 모범模範을
뜻하며, 성왕聖王이 제정한 문물제도 및 거기에서 파생한 권위를 표
현할 때 쓰였다.[5] 법령과 문물을 제정함으로써 통치의 근간을 확보
하고 숭고한 권위를 세웠다는 점에서 성왕의 정치가 '헌정'이라 지
칭되었던 셈이다. 또한 성왕이 예악과 문물의 제작자인 동시에, 백
성과 신하에 대해 도덕적 권위를 시녔다는 점에서 '유교 헌정'은 유
가적 통치의 이상을 대표하며, 이런 의미에서 다수의 학자들이 '유
교 헌정'의 기원을 '왕도 정치'王道政治나 '인정'仁政의 의미와 연계
해 논의한다. 그렇다면 이론적으로 유교 헌정의 기원은 멀게는 요堯,

---

[4] _ 본 논문에서는 광의의 개념으로 '유교 헌정주의'란 단어를 사용하고, 아래에서 소개할
장칭의 논의를 '유교 헌정론'으로, 야오중치우의 논의를 '유가 헌정론'으로 구분하여 사용
한다.

[5] _ 공영달(孔穎達)의 『상서정의』(尙書正義)에서는 "헌(憲)은 법(法)이다. 성왕(聖王)이 하늘
을 본받아 아래에 가르침을 세우고, 신하는 정성스럽게 순종하고 받들며, 백성은 윗사람을
섬기며 다스려진다(憲, 法也. 言聖王法天以立教, 臣敬順而奉之 , 民以從上為治)"고 했다. 또한
주자(朱子)는 『시경집전』(詩經集傳)에서 "헌(憲)은 법(法)이다. 문덕(文德)이 아니면 사람들
을 통솔할 수 없고, 무덕(武德)이 아니면 적을 제압할 수 없다. 문덕과 무덕을 갖추니 만방
(萬方)에서 그를 법도로 삼는다"(文武憲, 法也. 非文無以附衆. 非武無以威敵. 能文能武, 則萬邦
以之爲法矣)고 했다.

순舜의 치세로 소급할 수 있겠는데, 혹자는 중국 고대의 협의協議 전통과 헌정주의의 이념 사이의 친근성을 논의한다.[6] 또한 법령의 제정 면에서는, 홍범구주洪範九疇를 반포한 우禹, 또는 『주례』周禮로 대표되는 예악 질서를 정비한 주공周公을 그 기원으로 삼기도 한다. 혹자는 유가와 법가를 통합하면서 독존유술獨尊儒術, 대일통大一統의 유교 국가의 건립을 추동한 동중서董仲舒를 내세운다.[7] 이처럼 많은 경우에 성왕의 통치와 유학의 이념을 연계함으로써 유교 헌정의 기원을 논하는데, 그 연장선에서 황제와 사대부의 공치천하共治天下 이념이 고양되었던 송대宋代 문치주의의 경험을 소환하기도 하고,[8] 유학의 예치 이념에 담긴 헌정주의적 요소를 찾기도 하며,[9] 조선의 정치 질서를 공론 정치나 유교 헌정주의의 관점에서 접

6_천밍(陳明)은 「유가사상과 헌정주의」(儒家思想與憲政主義)란 글에서, 삼대의 왕도정치를 유가 헌정사상의 원천으로 보았다. 그리고 습속에 근거한 예제(禮制) 속에 이성적 선택과 판단 및 구성원들의 동의 과정이 담겼다는 점에서, 예제 전통에 담긴 정신이 인민의 '협의'(agreement)의 원리를 중시한 근대 헌법의 정신과 상응할 수 있다고 보았다. 이에 대해서는 陳明(2009, 137-138) 참고. 한편, 강정인 역시 유가에서 말하는 '대동'(大同)의 이상이 추상적인 수사가 아니라, 통치자와 백성이 함께 참여하는 일종의 합의에 의한 의사결정 방식을 함축하며, 여기에서 일종의 민주적 함의를 지닌 '헌정적 규범'의 작동이 드러난다고 지적한다. 이에 대해서는 강정인(2013, 209-210) 참고.

7_장칭은 동중서의 공헌을 적극적으로 긍정하고 있다. 蔣慶(2014) 참고.

8_런펑(任鋒)은 근세 이래의 헌정유학을 세 조류로 구분한다. 첫째, 송대 사대부 정치의 흥기와 공치천하(共治天下)의 이상 및 문치주의 이념의 대두. 둘째, 명말청초의 이른바 삼대유(三大儒), 즉 황종희(黃宗羲), 왕부지(王夫之), 고염무(顧炎武)의 계몽주의 사상과 민본주의 고양 움직임. 셋째, 청말 공자진(龔自珍)에서 캉유웨이에 이르는 변법개혁 사조의 흥기. 이에 대해서는 任鋒(2015, 87-102) 참고.

9_예컨대 최연식은 "유교입헌주의의 관점에서 『예기』(禮記)는 천자를 천하에 군림하는 지

근하기도 한다.[10] 그러나 그리스 민주정과 근대 서구의 정치제도 사이에 연속성과 단절이 함께 존재하는 것처럼, 유교 헌정주의의 기원을 중국의 고대, 중세 역사에 두는 것 역시 일정한 한계와 비약을 피할 수 없다. 본 논문에서는 논의 대상을 당대 중국의 유교 헌정주의 담론에 한정해 논의를 진행하고자 한다.

그렇다면 근래 중국에서 유교 헌정주의가 대두하는 사상적 배경과 맥락은 무엇인가? 무엇보다 이는 대륙신유가 진영의 홍기와 분리시킬 수 없다. 거자오광葛兆光은 2014년부터 2016년 무렵 대륙신유가의 기세가 격렬해졌다고 진단하면서, 대륙신유가의 지향과 성격을 다음 세 가지로 정리했다.

첫째, 대륙신유가는 이미 홍콩대만신유가港臺新儒家의 영향으로부터 벗어났다. 둘째, 대륙신유학의 중심적 관심은 이미 문화로부터 정치로

존의 존재로 설정했지만, 동시에 도덕규범과 법제를 준수하지 않는 자의적 권력 행사는 견제의 대상이었다. 『예기』가 지향하는 유교입헌주의는 황권을 부인하지 않는 범위 내에서 자의적 권력 행사에 대한 견제를 허용하는 절충적 구조였다"고 평가한다(최연식 2009, 45).

10_함재학은 권력의 규율과 제약의 원리가 작동했다는 의미에서 조선을 '유교적 입헌주의' 국가로 규정한다. 그는 이런 규정이 "잠재적 양립 가능성에만 근거하는 것이 아니라, 역사 속에서, 특히 우리의 역사 속에서 입헌주의적 문제의식이 유교적인 언어와 개념으로 표현되고 논의되어서 규범으로서 제도화된 경험이 실제로 존재했었다는 사실에도 근거하는 것이다"고 하면서 조선의 정치제도가 갖는 특성에 착안했다(함재학 2008, 29-61 참조). 한편, 이석희는 조선 사대부의 도통론과 문묘배향 논쟁을 실마리로 유교 입헌주의의 성립 논리와 양태를 분석했는데, 공론정치론, 예제론 등에서 나아가 보다 구체적인 논리와 실례를 제시했다는 점에서 의미가 있다(이석희 2018 참조).

바뀌었다. 셋째, 대륙신유학의 영수들은 고요한 학교에서 "앉아서 도를 논하는 것"에 만족하지 않고 막후에서 무대 앞으로 뛰쳐나와 국가의 정치제도의 설계에 참여했다. 바꾸어 말하면, 중국의 대륙신유학은 '혼이 신체에서 떠난 것'에 만족하지 않고, '시신에 혼을 돌려줄 것'을 요구하고 있다(거자오광 2017, 218).[11]

거자오광이 거론한 2014년 이래 대륙신유가의 움직임을 명징하게 보여 주는 사건 가운데 하나가 2016년 1월 중국 청두시成都市의 두보초당杜甫草堂에서 개최된 '양안신유가회강'兩岸新儒家會講 토론 회이다. 이 회의는 대륙신유가 진영과 홍콩대만신유가 진영의 주요 학자들이 한자리에 모여 벌인 '끝장 토론'이라 할 수 있는데,[12] 전자 쪽에서는 주로 유교 헌정주의나 공민종교론公民宗敎論을 제창하는 이른바 '캉유웨이당'康黨 그룹이 참석했고, 후자 쪽에서는 홍콩대만 신유가의 대표적 인물인 모우쫑산牟宗三(1909~1995) 문하의 학자

11_거자오광의 논문은 대륙의 정치 유학 노선 또는 캉유웨이당(康黨) 진영에 대한 신랄한 비판을 드러내고 있다. 특히 서구의 자유와 민주 등 보편가치를 등한시하고 민족주의 담론에 빠져서 패권주의로 흐르는 대륙신유가의 움직임에 화살을 돌리고 있는데, 기본 관점에서 대만의 리밍후이(李明輝)와 비슷한 입장을 피력하고 있다

12_한대의 석거각회의(石渠閣會議)나 백호관회의(白虎觀會議)의 모습을 연상시키는 이 회의에는 대륙신유가 진영에서는 천밍, 탕원밍(唐文明), 정이(曾亦), 간춘송(干春松), 런지엔타오(任劍濤), 리칭량(李淸良), 천비셩(陳壁生), 천원(陳贇)이 참석했고, 홍콩대만신유가 진영에서는 리밍후이, 린위에후이(林月惠), 시에따닝(謝大寧), 천자오잉(陳昭英), 쩡쫑이(鄭宗義)가 참석했다. 예상대로 대륙신유가 대 홍콩대만신유가 간의 난상토론이 벌어졌다. 그 내용은 쓰촨성(四川省) 연합학술지인『천부신론』(天府新論) 2016年2期에 "專題: 首屆兩岸新儒家會講"이란 제목으로 정리, 수록되었다.

들이 참석했다. 당시의 회의 내용을 통해 대륙신유가 진영의 관점과 유가 헌정주의에 대한 애착을 확인할 수 있는데, 아래에서 네 가지로 그 내용과 맥락, 배경을 정리한다.

첫째, 대륙신유가의 유교 헌정주의 담론은 홍콩대만신유가 진영에 대한 비판으로서 성립한다. 유교 헌정주의가 이른바 '대륙신유가' 진영의 주요 담론이라고 할 때, 이런 호칭(대륙신유가) 자체가 20세기 중후반 홍콩과 대만을 무대로 활약했던 '홍콩대만신유가' 진영을 다분히 의식한 것이다. 주지하듯이 1949년 중국의 공산화 이후 문화 보수주의 진영에 속했던 상당수 유민遺民 지식인들이 홍콩과 대만으로 이주하여 학술 활동을 이어갔다. 그 가운데 유교적 정체성을 고수하며 유학의 현대적 재해석에 몰두한 그룹을 일컬어 '홍콩대만신유가'라 칭한다. 비록 계보와 구성원에 대한 이견이 있지만, 쉬푸관徐復觀(1904~1982), 탕쥔이唐君毅(1909~1978), 모우쭝산을 대표적 인물로 꼽을 수 있는데, 유가 헌정주의를 제창하는 대륙신유가 학자들 다수는 홍콩대만신유가의 사상을 겨냥하여 학술 담론을 생산하고 있다. 이를 표명하듯 캉유웨이당의 리더 격이자 공민유학론의 제창자인 천닝陳明은 「모우쭝산을 초월하여 캉유웨이로 돌아가자」는 제목으로 발제를 진행했다. 그는 모우쭝산의 문제의식은 5·4운동 맥락을 벗어나지 못했으며, '캉유웨이당'이 지향하는 국가와 민족 통합 및 정치적 정체성의 확립이라는 과제를 감당하기에는 버거울 수밖에 없다고 성토했다(四川省社會科學界聯合會 2016, 18-19). 이런 까닭에 '양안신유가회강'에서는 유학 진영 내부의 종파의식이나 문호지견門戶之見에 대한 우려가 강하게 피력되었는데, 이를 통해 대륙신유가 노선이 홍콩대만신유가에 대한 견제와 극복의 성격을 지닌다는 점을 확인할 수 있다.[13]

둘째, 유교 헌정주의는 정치 유학, 제도 유학 운동의 일환으로서 성립한다. 예컨대 장칭을 비롯한 유교 헌정주의자들은 홍콩대만신유가가 심성유학心性儒學에만 지나치게 경도되었다고 비판하면서, 이제는 유학의 시대적 사명이 정치 유학과 제도 유학의 부흥에 있다고 주장한다. 따라서 그들은 유학의 사상적 자원 중에서도 특히 한대 동중서나 청대 캉유웨이 등을 통해 부흥한 공양학公羊學 전통에 관심을 쏟는다. 이는 홍콩대만신유가 진영이 윤리학 중심의 송명 유학을 계승했다고 자임했던 태도와 선명하게 대비된다. 예컨대 장칭은 유교 이념에 근거한 헌정 질서 체계와 그 배후의 정치적 정당성 이론 수립에 천착하고 있다. 그리고 그 핵심은 천도天道, 인도人道, 지도地道를 통합한 삼중합법성三重合法性 구상에 있으며, 이를

13_예컨대 쩡쭝이(鄭宗義)는 다음과 같이 지적했다. "앞서 리밍후위는 천밍 등이 종파의식을 지니고 있다고 말했다. 당신들은 분명 '캉유웨이당'(康黨) 또는 '대륙신유가'로 자처하고 있다. 이런 기치는 선명하며, 당신들의 입장을 명시한다는 점에서 장점도 있지만, 폐쇄적 관점을 쉽게 조장한다는 단점도 있다. …… 우리가 말하는 '캉유웨이당'은 캉유웨이康有爲를 중시하며 헌정주의, 공민종교 등을 주장하는데, 주로 20여 년 전에 공양학과 정치 유학을 설파한 장칭으로부디 배태되었나. …… 정리하면, 대륙신유가의 목소리만 가지고 (중국의 유학을) 대표할 수 없다. 여기에서 종파를 내세워보아야 다른 쪽을 배척하고, 서로 공격하며, 심지어 서로 거들떠보지도 않게 될 뿐이다. 내 얘기는 우리가 한편으로는 자신의 관념과 사유를 정립해야 하지만, 그 목적은 나는 나대로 너희와 다르다는 것을 확인하는 데 있지 않다. 우리가 어떻게 상호 대화를 촉진하고, 상호 간의 배움을 통해 유학에 다원적이고 풍부한 목소리를 담아내어 그 발전을 도모하는가 하는 점이 관건이다"(四川省社會科學界聯合會 2016). 이밖에 다음의 토론회 기록에서도 홍콩대만신유가에 대한 대륙신유가의 비판적 태도를 읽을 수 있다(曾亦 2013 참조).

구체화하여 통유원通儒院, 서민원庶民院, 국체원國體院에 기초한 의회삼원제議會三元制를 창안했다. 이 밖에 비록 구체적 제도의 설계자로 자임하진 않지만, 간춘송干春松 역시 캉유웨이가 제창하는 허군공화제虛君共和制 노선이 오히려 현대 중국이 수용, 발전시켜야 할 정치 모델이라고 강조하면서, 이른바 '제도 유학론'을 적극적으로 제창하고 있다(干春松 2012; 2015; 2017 참조).

셋째, 유교 헌정주의 논리에는 서구중심주의에 대한 반감과 그에 대한 탈피의 지향을 내포한다. 홍콩대만신유가의 경우 자유주의자들과 마찬가지로 동아시아가 서구 근대의 민주주의 이념과 제도를 적극적으로 수용할 필요가 있다고 보았다.[14] 그러나 그런 수용이 유가 전통을 배제함으로써가 아니라, 도덕 주체에 대한 강조나 민

14_모우쭝산은 중국에 치도(治道, governing authority)만 있었고 정도(政道, political authority)는 부재했으며, 그 때문에 민주주의와 유사한 전통을 세우지 못했다고 진단했다. 쉬지린(許紀霖)은 다음과 같이 모우쭝산의 논의를 요약한다. "모우쭝산 선생이 고대 중국의 정치에는 치도만 있었지 정도는 없었다고 본 것은 놀라운 탁견이다. 그는 다음과 같이 말한다: 정도는 정권(政權)에 상응하고, 치도는 치권(治權)에 상응하여 설명한 것이다. 정도는 '이성의 본질'을 상징하며 정권을 확보하여 치권로서의 헌법 구조를 창출하는 것이다. 반면에 치도는 '이성의 운용'만을 상징하며 (정치 종사자의) '지혜의 밝음'에만 의지한다. 중국에는 '이성의 운용적 표현(治道)'에 대한 논의만 있었을 뿐, '이성의 구조적 표현(政道)'에 대한 논의는 부재했다. 치도의 측면에서는 최고의 경지에 올랐는데, 이른바 성군과 현명한 신하를 중시했다. 그러나 정도, 즉 (객관적) 제도의 정립에서는 결국 신통한 방법을 내놓지 못했다. 역사적으로 다만 관리의 다스림(吏治)만 있었지, (제도에 입각한) 정치는 없었던 셈이다. 법률이라고 해도 오륜(五倫)의 수단이거나 상벌의 매개에 불과했을 뿐, 법률이 독립적 의미를 지니지 못했다. 국가, 정치, 법률이 모두 (객관적) 구조의 형태로서 표현되지 못한 것이다"(許紀霖 2012, 56). 이밖에 모우쭝산의 정치사상에 대한 간명한 요약과 비평으로는 Elstein(2015, 43-66) 참조.

본주의 전통에 대한 계승과 재해석을 통해 촉진될 수 있다고 보았다는 점에서 자유주의자들과 대립했으며, 여전히 문화 보수주의 입장을 고수했다. 이런 그들의 입장을 종자설種子說 또는 개출설開出說이라 일컫는데, 문화적인 요소가 어떻게 민주주의 토착화와 내면화에 기여할 수 있을지에 대한 고민이 응축되어 있다. 그러나 종자설과 개출설 이론이 실질적 개제입법을 적극적으로 추동한 것은 아니었다.[15] 반면에 중국의 유가 헌정주의 진영은 이런 태도를 강하게 성토한다. 그들은 탁고개제托古改制의 이상을 내세우면서 재조국가再造國家의 방책으로서 유학이 전면에 나서야 한다고 주장할 뿐만 아니라, 그것을 통해 서구 민주주의의 한계를 초극해야 한다고 목소리를 높인다.[16] 예컨대 장칭이나 다니엘 벨이 일인일표一人一票를 핵심으로 한 다당제 선거 민주를 공박하고 이른바 현능정치

15_김현주는 근현대 중국의 헌정주의를 크게 사회주의헌정파, 자유계몽헌정파, 유가헌정파, 민국헌정파, 국가주의헌정파로 구분하고, 쉬지린의 논의를 빌려 유가헌정파를 재차 '약한[柔性] 유가헌정론'과 '강한[剛性] 유가헌정론'으로 구별한다. 전자는 '유가 사상 속에 헌정적 요소가 있으므로 개조 또는 전화(轉化)를 통해서 헌정을 실현할 수 있다'고 보며, 여기에는 홍콩대만신유가 진영의 인물들(모우쭝산, 탕쥔이, 쉬푸관, 장쥔마이)과 현대 중국의 쉬지린, 천밍 등이 속한다. 또한 후자는 '유가사상이 곧 헌정사상이며, 유가전통이 곧 헌정전통이다'라고 주장하며, 이 노선에는 장칭, 야오중치우, 캉샤오꽝(康曉光)이 속한다(김현주 2018, 125-127).

16_천밍은 유교헌정주의의 시대적 의미로 다음 세 가지를 거론한다. 첫째, 미국 중심의 민주주의 제도와 정치에 편향되었던 기존의 오류를 교정할 수 있다. 둘째, 강력한 정부 조직과 체계에 의지하여 사회의 혼란을 막고, 각종 재난에 효율적으로 대응하며, 시민의 권리를 보장할 수 있다. 셋째, 문화정체성을 확립하여 도덕, 문화, 역사의 가치를 재고할 수 있다(陳明 2009, 142-143).

賢能政治 모델을 제안하는 것은 이미 잘 알려진 사실이다.[17] '양안유학회강'에서 정이曾亦는 홍콩대만신유가의 경우 5·4운동의 정신과 맥락에 갇혀 있었기 때문에 서구에 대한 추종을 회의할 능력이 없었지만, 캉유웨이는 오히려 5.4 이전 인물로서 그런 시대적 제약을, 다시 말해 서구중심주의의 제약을 벗어날 수 있는 계기를 제공한다고 지적한다. 또한 대만이나 서구의 정치 상황을 감안하면 서구의 민주주의에 대해 반성하지 않을 수 없다고 부연한다(『天府新論』 2016年2期, 44-46).

넷째, 유교 헌정주의 구상은 강한 민족주의 경향을 지니고 있으며, 민족과 강역疆域의 통합을 중국의 최우선 과제로 상정하고 있다. '양안신유가회강'에서 대만의 리밍후이李明輝는 누차 대륙신유가의 민족주의나 쇼비니즘 정서를 경계해야 한다고 지적한다. 그러나 여기에 대해 대륙신유가 진영의 학자들은 국족國族의 통합과 강역의 보존이야말로 중국의 당면 과제라고 강조하면서, '국가 보존' 保國, '종족 보존'保種, '유교 보존'保敎을 제창한 캉유웨이의 선견지명에 찬사를 보낸다. 예컨대 천밍의 경우 우파가 말하는 개인과 개성의 해방, 좌파가 말하는 계급의 해방은 작금의 시대적 사명에 맞지 않는다고 단언한다. 그는 지금은 주권을 세우고 강역을 확정하는 것이 더욱 중요하며, 그 이후에 인권 등의 문제도 해결될 수 있으리라 전망하면서 민주주의 자체는 이차적 과제일 뿐이라고 말한

17_다니엘 벨의 논의는 Bell(2017) 참조.

다(陳明 2009, 20). 탕원밍唐文明 역시 캉유웨이의 국교론國教論이나 천밍의 공민종교론 논의가 서구적 원자주의, 개인주의를 극복할 수 있는 대안을 제시할 수 있으며, 나아가 세계 질서의 재편이나 문명 국가로서 중국의 위상에 대해 적극적으로 고민할 수 있는 공간을 열어 준다고 평가한다(陳明 2009, 47-48). 큰 틀에서 유교 헌정론 노선에 속하는 캉샤오꽝康曉光은 유교 헌정론과 자유주의 헌정론을 대비시키면서 전자를 통해 인민주권에 대한 편향을 극복하고, 민족 주권의 확립을 가져올 수 있다고 강조한다(蔣慶 等 2016, 170-174).

이상과 같이 대륙신유가의 유교 헌정주의 노선은 20세기 중후반 홍콩대만신유가 진영이 누렸던 사상적 주도권을 되찾고자 분투하고 있다. 그들이 보기에 개인의 내재적 덕성과 도덕적 자각을 강조한 홍콩대만신유가 진영의 심성유학心性儒學 전통은 서구의 자유와 평등의 이념을 무비판적으로 수용하는 논리로 귀결되었고, 그 결과 서구중심주의의 폐해를 벗어나지 못했다.[18] 그들은 이런 한계를 극

18_중국 내부에서도 기본적으로 홍콩대만신유가의 절충적 입장에 가까운 논의가 대두하고 있는데, 대표적으로 자유주의 진영에 속하는 쉬지린의 입장을 들 수 있다. 사실상 그의 다음과 같은 입장은 순수한 자유주의자의 관점이라기보다는 홍콩대만신유가의 그것에 가깝다고 할 수 있다. "중국고대의 사상과 제도에는 풍부한 정치적 지혜가 담겨 있다. 도통(道統)과 정통(政統)의 이중권위, 사대부와 군주의 공치천하(共治天下), 민간의 청의(淸議) 전통, 문관고시(文官考試)와 어사제도(御史制度) 등등, 이런 정치적 지혜와 제도적 실천은 민의(民意)를 지향하면서 천리(天理)를 최상의 가치로 삼았다. 또한 유가 사대부는 사회의 중심 역량으로서 황권이 천하를 독점하는 것을 상당 정도로 제한했고, 중국의 정치가 왕조와 역사의 흐름 속에서 나름 투명성, 이성, 질서를 갖도록 만들었다. 이를 통해 유구한 전통의 중화 제국은 넓은 영토와 많은 인구, 다원적 문화를 유지하면서 이천 년 동안 문명과 역사를 유지했다. 이런 정치적 지혜를 서구와 구별되는 유가 헌정이라 칭한다면 안 될 것도

복하고 현대 중국이 당면한 정치적 요구에 부응하기 위해서 제도적 질서와 정치 측면에서 유학의 탁고개제 정신을 능동적으로 계승, 발휘하여 근대 서구의 민주주의와는 다른 중국 고유의 질서와 제도를 수립해야 한다고 주장한다. 이런 진단과 주장은 비록 내부적인 분화를 포함하고 있기는 해도 상당수 '유가 헌정주의' 담론으로 수렴되고 있다. 아래에서는 장칭의 유교 헌정론에 대해 간략히 소개하고 그에 대한 몇 가지 비판을 정리하고자 한다.

3. 장칭의 유교 헌정론 구상과 그에 대한 비판들

1) 장칭의 유교 헌정론 구상

앞서 언급했듯, 현대 중국에서 가장 적극적으로 유교 헌정주의를

없다. 그러나 결국 다음의 사실을 직시해야 한다. 이런 유가 헌정은 불완전한 예치형(禮治型) 헌정에 불과하며, 스스로 극복 불가능한 내재적 한계를 지니고 있다. 형이상학적 의리(義理)를 갖추었고, 치도 차원의 기술을 구비했지만 여전히 정도 측면의 대법(大法)을 결여하고 있다. 때문에 유가 헌정은 현실에 안착할 수 없으며, 최종적으로 여전히 삼강(三綱)을 핵심으로 하는 예치 질서의 규정에 종속되며, 성군(聖君)과 현상(賢相)의 개인 덕성에 의지하기 때문에 근원적으로 헌정이 해결해야 할 통치의 합법성, 권력의 유한성, 평화적 권력 교체 등의 과제를 실현할 수 없다. 이런 의미에서 유가 헌정은 현대사회에서 다시는 독립적 재생의 가치를 행사할 수 없다. 그러나 그 속에 담긴 정치적 지혜를 자유주의와 신중하게 접목시키고, 현대 민주 헌정의 기본 구조 속에서 창조적으로 변화시킨다면, 21세기 중국 정치에서 다시금 빛을 발할 수 있을 것이다"(許紀霖 2012, 57).

제창하는 학자는 장칭이다. 비록 제한적이기는 하지만, 장칭의 이른바 '정치 유학' 이론과 그 맥락에 대해서는 선행 연구가 일부 있으므로 여기에서는 요점만을 제시하고자 한다.[19] 1953년생인 장칭은 서남정법대학西南政法大學을 졸업하고(1982), 모교 등에서 재직하다 2001년 퇴직한 학자이다. 그 이후 귀주성貴州省 귀양시貴陽市에 자신의 연구소인 양명정사陽明精舍를 설립해 연구와 강학에 매진하고 있다. 그는 초기작 『공양학인론』公羊學引論(1995)에서 정치 유학과 심성 유학의 결별을 선포했고, 『정치유학』政治儒學(2003), 『재론 정치유학』再論政治儒學(2011), 『광론정치유학』廣論政治儒學(2014) 등을 통해서 다양한 각도에서 유교 헌정을 구상하고, 사상가로서 자신의 입지를 세우고 있다.

장칭 논의의 출발점은 먼저 '정치 유학', '제도 유학' 개념의 돌출에 있다. 그는 기존 홍콩대만신유가 진영이 송명 유학에 경도된 '심성 유학'의 틀에만 갇혔기 때문에 유가 전통의 정맥正脈이라 할 수 있는 정치, 법률, 제도 구축에 실패했다고 진단하고, 현대 유학의 과제가 외왕外王 유학의 재건에 있다고 주장한다. 그는 말한다.

앞서 말한 것처럼, 중국의 유학 전통에는 오로지 정치의 측면만을 논의의 대상으로 삼은 외왕 유학이 존재한다. 이런 외왕 유학은 객관적 예법 제도를 건립하는 것을 사명으로 삼는다. 그로써 '수평적 관계'의 사

19_이른바 대륙신유가 진영 내의 정치 유학의 동향 및 장칭의 이론을 다룬 국내의 연구로는 이연도(2009), 송인재(2015), 안재호(2016), 정종모(2017), 조경란(2018)을 참조할 수 있다.

고방식을 통해 내성외왕을 평면적이고 대등한 관계로 놓는다. 외왕이 내성에서 확대되어 나오는 것開出이 아니라, 그 자체로 독립적인 규정성과 권능을 지닌다고 간주한다. 또한 세계를 심체心體의 작용으로 바라보지 않고, 단지 사물의 상호 연관 구조를 통해 세계를 바라봄으로써 심체 외에 세계가 갖는 독립적 가치를 긍정한다. 말하자면 이렇다. 전통적 외왕 유학은 송명 유학을 대표로 하는 심성 유학과는 다르며, 그것의 본질은 정치 유학으로서 외왕을 확립하는 기능을 지닌다. 그것은 신외왕을 건립하기 위해 필요한 신유학의 세 가지 기본 조건, 즉 제도 건립의 학문이라는 유학의 조건에 부합한다(蔣慶 2014, 49).

이런 그의 외왕유학에 대한 집중과 강조는 자연스럽게 '유교 헌정' 논의로 이어진다. 그는 '헌정' 개념을 다음과 같이 규정한다.

헌정은 최고의 효력을 지니는 비성문법 또는 성문법 형태를 통해 국가 권력의 행사와 국가 활동의 운용을 규정하는 근원적 정치체제의 형태이다. 헌정은 국가의 근본 제도를 통해 권력의 악행惡行을 제약해야 하며, 동시에 국가의 근본 제도를 통해 권력의 행선行善을 촉진해야 한다. 이는 권력에 대한 규정이다. 민중에 대해서 헌정은 국가의 근본 제도를 통해 시민의 권리를 보장해야 할 뿐 아니라, 국민의 도덕을 고양해야 한다(蔣慶 2014, 135).

장칭이 보기에 유학이야말로 중국이 당면한 위기를 극복할 수 있는 이념적, 실천적 대안을 제시할 수 있다.[20] 특히 그는 유학의 본령은 어디까지나 정치 유학, 제도 유학에 있다고 강조하면서, 유학의 이념과 헌정주의의 이론적 통합을 시도한다. 공양학의 탁고개제 전통의 가장 열렬한 옹호자라는 점에서 그의 모습은 흡사 동중서 또는 캉유웨이의 재등장이라 할 만하다. 구체적으로, 그의 유교 헌정론 구상은 크게 정치적 정당성 부분과 제도론 부분으로 구성된다. 먼저 그는 유교 헌정의 합법성의 근거를 논하면서 이른바 '삼중합법성'三重合法性 원리를 제시한다. 그는 유교 헌정의 합법성이 유교의 천인합일의 이상, 구체적으로는 천도天道, 지도地道, 인도人道의 화해에 근거해야 한다고 주장한다. 그는 이들 각각을 '초월신성超越神性의 합법성', '역사문화歷史文化의 합법성', '인심민의人心民意의 합법성'이라 칭하는데, 서구 민주주의의 합법성이 민의民意 합법성에만 치중했다는 반성에 따른 것이기도 하다. 한편, 장칭은 천도, 인도, 지도의 합법성을 구현하는 제도적 기구로 통유원通儒院, 서민원庶民院, 국체원國體院 설립을 제안한다. 이를 그는 의회삼원제 형태라고 규정하는데, 이들 기구의 구성과 기능을 간단히 약술하면 다음과 같다.

먼저 통유원은 '초월신성의 합법성'을 대표한다. 그 구성원은 민간, 정부 출신의 엘리트나 유교 지식인, 사회 저명인사 등에서 충원

20_그는 작금의 중국 현실에 유학이 다음과 같은 기여를 할 수 있다고 평가한다. ① 중국인의 개체 생명을 안정시킨다. ② 중국인의 사회적 도덕을 재건한다. ③ 중화민족의 민족정신을 구축한다. ④ 중국인에게 신앙과 희망을 제공한다. ⑤ 중국의 정치문명을 재건한다. ⑥ 중국의 문화적 특색을 갖춘 정치문명을 건립한다. ⑦ 중국 현대화 과정에서의 도덕적 기초를 정립한다. ⑧ 중국의 생태, 환경 문제에 대안을 제시한다(蔣慶 2012, 3-16 참조).

한다. 선발 기준 가운데는 사서오경四書五經을 비롯한 유교 경전에 대한 지식이 중심이 된다. 한편 통유원의 의장은 유교 진영에서 추천한 인물이 맡는데, 최장 20년의 임기가 가능하다. 그리고 서민원은 보통선거를 통해 대표자를 뽑으며 인심민의의 합법성을 대표한다. 이는 서구의 선거 민주제를 제한적으로 수용한 것이다. 끝으로 국체원은 역사 문화의 합법성을 대표하며, 세습과 지명을 통해 구성원을 선발한다. 공자의 후손들, 역대 성왕이나 위인의 후손들이 주요 구성원이다. 일종의 귀족제 또는 상원제에 가까운 기구라고 할 수 있다. 장칭은 통유원과 국체원을 통해서 현능 정치나 사인士人 정부 전통을 회복할 수 있으며, 서구의 다당제 민주제나 선거 민주제가 초래하는 부작용(예컨대 포퓰리즘)을 방지할 수 있다고 보았다.[21] 한편 의회삼원제 체제와는 별도로 태학감국太學監國이라고 하는 학교 기구를 별도로 세우자고 말한다. 이것은 의회삼원제 체제를 지도, 견제하는 최고의 감독 기구이다.[22] 그는 태학감국 구상이 황종희가 『명이대방록』明夷待訪錄에서 강조한 '학교에 의한 통치'學治를 계승했다고 이해한다(蔣慶 2011, 139). 그는 결국 유교적 이념에 해당하는 '도통'道統이 정치제도 측면의 '정통'政統을 지배하는 구조가 되어야 한다고 주장하면서, 자신의 구상이 정교합일의 형태에 속한다고 인정한다(蔣慶 2014a, 29). 이런 관점에서 그는 서구처럼 권리의 보장이 헌정 제도의 일차적 목적이 되어서는 안 되며, 오

21_의회삼원제의 기본 구성에 대해서는 蔣慶(2011, 19-27) 참조.

22_蔣慶의 태학감국제 구상에 대해서는 蔣慶(2011, 29 이하) 참조.

히려 공동체에서 종교적, 도덕적 가치를 구현하는 것이 일차적 목적이 되어야 한다고 강조한다(蔣慶 2014a, 137). 아래에서는 장칭의 이런 유교 헌정 구상에 대한 두 가지 반론을 소개하고자 한다.

2) 천주웨이의 '온건한 유교헌정주의'

영문 이름(Joseph Chan)으로 더 잘 알려진 홍콩 학자 천주웨이陳祖爲는 유학이 입법 과정에 적극적으로 참여할 수 있는지에 관해 현재 긍정과 부정 두 입장이 대립한다고 지적한다. 당연히 전자는 장칭을 비롯한 유교 헌정주의 노선을 가리킨다. 후자의 예로 그는 위잉스余英時와 리밍후이를 거론한다. 위잉스는 현대사회에서 유학은 '떠도는 혼령'遊魂에 불과하며, 상아탑 안에서야 겨우 명맥을 유지하고 있다고 비관적 전망을 내린다. 리밍후이는, 비록 현실 비판자로서 유가 지식인 나름의 역할 공간이 있겠지만, 유가적 이념을 정치제도에 직접 반영시키자는 주장에 대해서는 비판적이다(陳祖爲 2012, 75-76). 한편 천주웨이는 유학이 사회의 개혁과 변화에 목소리를 낼 수 있다면, 정책 결정이나 제도 형성에도 이론적으로 기여할 수 있다고 말한다. 다만 그는 자신의 입장이 장칭처럼 급진적이지는 않다고 재차 부연하면서 논의를 이어간다.

장칭과의 차별화 과정에서 천주웨이는 유교 헌정주의 노선을 두 가지로 구별한다. 그는 장칭의 입장을 '급진적 유교 헌정주의' 노선이라 규정하면서, 자신의 '온건한 유교 헌정주의'와 차별화를 시도한다. 이 두 노선의 차이를 그는 다음과 같이 설명한다. 전자는 '극단적 완전주의'extreme perfectionism 또는 '포괄적 완전주의'comprehensive perfectionism에 근거해 인간과 공동체의 완전한 이상을 설계하는 국가의 역할을 중시한다. 반면에 후자는 '온건한 완전주의'moderate perfectionism 입장에 속한다. 이 입장에 따르면, 국가가 유학의 이론을 토대로 입법과 제도의 건립에 적극적으로 나설 수는 없지만, 시민의 덕성을 함양하기 위해 정책의 입안이나 실천에 국가가 개별적, 선택적으로 개입할 수는 있다고 본다. 그는 다음과 같이 질문한다.

우리는 유가 헌정주의를 둘로 구분할 수 있다. 유학의 '전면적 확장 노선'과 유가 가치의 '온건한 확장 노선'이 그것이다. 유학의 '전면 확장 노선'은 '극단적 완전주의'에 속한다. 이 노선은 국가가 유학 전통에서 훌륭한 인생과 사회의 질서에 대한 정합적이고 완전한 이론을 널리 전파할 필요가 있으며, 이런 정합적 이론을 입법이나 정책 제정의 근거로 삼아야 한다고 본다. 한편 유가 가치의 '온건한 확장 노선'은 '온건한 완전주의'에 속한다. 이 노선은 국가가 나서서 훌륭한 인생과 사회의 질서에 대한 정합적이고 완전한 이론을 선택해야 한다는 주장에 반대하지만, 국가가 유학에 내포된 구체적이고 개별적인 가치판단을 입법이나 정책의 부분적 근거로 삼을 수 있다고 본다. 그러나 가치판단을 호소할 때, 유학의 이론을 포괄적으로 강요하거나, 다양한 가치에 우열을 정해서는 안 된다고 본다. 이런 두 가지 유교 헌정주의 중에서 무엇을 선택해야 하는가?(陳祖爲 2012, 77)[23]

'완전주의'perfectionism 입장은 국가가 개인들의 가치관이나 공동체의 선善과 목적을 판단하여, 개인과 공동체의 삶과 지향에 개입할 수 있다고 본다. 반면에 국가의 '중립성'을 중시하는 현대 영미철학의 자유주의자들은 대체로 이런 입장에 반대한다. 그것이 현대 사회가 요구하는 가치의 다원성을 훼손한다고 보기 때문이다. 예컨대 롤즈John Rawls의 이론에서 '완전주의'는 '포괄적 교리'comprehensive doctrine들이 공존하면서 서로 경쟁, 갈등하는 상황인 '합당한 다원주의적 사실'에 대한 위협 요소로 간주된다. 롤즈는 '완전주의'를 "예술이나 학문, 문화에 있어서 인간적 탁월성excellence의 성취를 극대화할 수 있도록 사회가 제도를 마련하고 개인의 의무와 책무를 규정하는 데 지침이 되는 단일 원리의 목적론적 이론이다"(롤즈 2004, 428)라고 규정한다. 그리고 이런 완전주의 입장이 한 국가의 정치 원리로 채택되는 것을 거부하는데, 이와 관련해 "어떤 하나의 포괄적인 종교적, 철학적 또는 도덕적 교리에 대한 공유된 이해의 지속은 국가권력의 강압적 사용을 통해서만 유지될 수 있다는 점이다. 우리가 만약 정치사회를 유인하고 동일한 포괄적인 교리의 수용을 통해 결속된 공동체로서 생각한다면, 이런 정치 공동체에서는 국가권력의 강압적 사용이 필요하게 된다"(롤즈 2016, 126)고 지적한다. 개인의 권리가 공동체의 이익보다 우선하며, 정의의 원칙이 특정 가치관에 의존하지 않는다고 생각하는 롤즈의 관점은 아리스

23_한편 유교적 완전주의의 구분에 대한 천주웨이의 다른 지면에서의 설명은 다음을 참조할 수 있다(Chan 2014, 99-100; 200).

토텔레스 식의 '목적론' 또는 '완전주의' 입장을 거부한다.

천주웨이의 논의는 이런 현대 정치철학 담론을 기초로 삼는다. 그가 보기에 장칭의 관점은 극단적인 '유교적 완전주의'에 속한다. 그리고 이는 개인의 행복한 삶 또는 공동체의 공공선을 설정하는 과정에서 국가의 적극적 역할과 개입의 필요성을 요청한다는 점에서 다원주의적 가치와 양립할 수 없고, '국가의 중립성'을 강조하는 자유주의 입장과도 명확하게 대립한다. 물론 천주웨이의 구분은 영미 철학의 자유주의적 입장을 옹호하기 위한 것이라기보다는 장칭의 '급진적 유교 헌정주의'와 자신의 '온건한 유교 헌정주의'를 구별하기 위한 전략이다. 넓게는 양자 모두 '유교적 완전주의' 입장을 취하지만, 천주웨이는 자신의 노선이 문화적, 역사적 전통을 존중하면서도 동시에 현대의 다원주의 관점과 양립할 수 있는 합리적인 선택이라고 생각한다. 그는 장칭이 유교 헌정을 "중국의 역사와 문화를 기초로 하여 중국 문명의 고유한 특성을 체현한 헌정 체제"로 규정했다고 보고, 태학감국제太學監國制, 의회삼원제, 허군공화제를 그 핵심 요소로 거론한다. 그는 다음과 같이 장칭의 유교 헌정론이 표방하는 '극단적 완전주의' 형태를 비판한다.

유학의 경전이 진리를 드러내는가 여부에 관계없이, 시민의 화해를 위해서도 장칭의 유교 헌정론을 수용할 수 없다. 장칭이 건의하는 것은 의심의 여지없이 정교 합일의 방책으로서 유학을 유아독존의 통치 사상으로 만들자는 계획이다. 그러나 현대의 중국 사회에서 시민들은 서로 다른 생활을 향유하고, 각자의 생활 이념을 지니고 있으며, 이데올로기나 종교 신앙에 대한 서로 다른 관점을 지니고 있다. 어떠한 현대의 유학자도 이를 무시할 수 없다. 현대 중국 사회에서 시민의 화해는 매우 중요하다. 그것을 위해 정부와 시민의 사상적 개방성이 요구되며, 가능한 상호 분열을 줄여야 하고, 심지어 의정議政 과정에서 적당한 양보도 필요하다. 그러나 장칭의 유교 헌정론은 유학의 세계관과 인생관을 헌정의 기초로 삼는다. 이는 자유주의, 사회주의, 불교 또는 기독교 등을 믿는 중국 시민이 헌정에 있어서는 완전히 실패한다는 것을 뜻한다. 그런 방책은 기필코 시민의 화해를 심각하게 위협할 것이며, 사회의 현실과도 동떨어진 논의가 되어 버릴 것이다(陳祖爲 2012, 78-79).

천주웨이가 볼 때 장칭이 강조하는 유교적 성인에 대한 존중과 천도天道 개념에 대한 신앙은 현대의 다원주의적 세계관에서 볼 때, 형이상학과 결부된 특정한 가치 체계를 강요하기 때문에 수용하기 어렵다. 종교, 신앙, 민족, 가치관이 다양한 현실을 배제한 채, 유학의 진리성을 내세우고, 국가의 정신 생명의 계승과 확립을 주창하는 장칭의 관점은 현대 다원주의 사회에 대한 도전이다. 이처럼 특정한 '포괄적 교리'를 개인과 공동체에 강요하는 것을 반대한다는 점에서 천주웨이는 롤즈의 입장에 동의한다. 그러나 그렇다고 해서 '국가의 중립성'을 불변의 원칙으로 삼지는 않는다. 그는 비록 종교적, 도덕적 차원의 '포괄적 교리'를 국가의 이념과 제도 전반에 적용하는 데에는 반대하지만, 그럼에도 국가가 구체적이고 개별적인 정책 차원에서 개인의 행복과 공동체의 공공선을 위한 판단과 선택을 행할 수 있다고 본다.

이상과 같이 천주웨이는 '반反완전주의'와 '극단적 완전주의' 사이에서 '온건한 완전주의'의 노선을 선택하면서 '온건한 유교 헌정주의'의 가능성을 모색한다. 그의 이론은 장칭의 이론이 지닌 원리주의fundamentalism 경향이 지닌 편향을 겨냥하고 있다. 또한 다원주의적 가치의 공존을 옹호하는 현대의 자유주의 이론을 수용할 뿐만 아니라, 그 속에서 문화적, 종교적 전통의 현대적 의미와 계승 가능성을 모색한다는 점에서 중용적 입장을 취한다고 할 수 있겠는데, 유교적 가치를 존중하면서 동시에 공정성, 자유, 평등, 인권, 복지 등의 주제를 수용하고 논의할 여지를 열어 준다는 점에서도 이론적 공헌이 있다.

3) 야오중치우의 '유가 헌정론'儒家憲政論과 장칭에 대한 비판

'유교 헌정주의' 노선을 명확하게 선언하는 학자로 장칭 이외에 야오중치우姚中秋(필명 추풍秋風, 1966~)를 들 수 있는데, 그는 장칭과의 대비 속에서 자신의 이론을 가다듬는다. 그는 북경항공항천대학北京航空航天大學 교수 및 홍도서원弘道書院 원장으로 재직하고 있으며, 『유가 헌정주의 전통』儒家憲政主義傳統(2013), 『유가 헌정론』儒家憲政論(2016) 등의 저술을 통해 유가 헌정주의를 적극적으로 제창하고 있다. 먼저 그는 자신의 입장을 '유가 헌정론'儒家憲政論이라 칭하면서 장칭의 '유교 헌정론'儒敎憲政論과 차별화를 시도한다. 그는 다음과 같이 말한다.

장칭은 정치 유학을 제기하여 천지를 진동시켰고, 유학이 자신을 제약했던 협소한 구도를 타파했다. 또한 유학의 연구 영역을 확장하여 논의의 범위를 온전하게 회복시켰다. …… 그러나 장칭의 유교 헌정론은 많은 난제를 안고 있다. 첫째 난제는 유교가 어떻게 성립하는가의 문제이다. 장칭의 유교론은 캉유웨이의 공교론孔教論을 직접 계승하고 있으며, 공교는 기본적으로 기독교가 제도화된 교회를 건립하여 서구 헌정의 건립 이후 보편적 교화를 실행하려고 한 구상을 모방했다. 그러나 캉유웨이가 직면한 최대 과제는 공교에 신神이 과연 존재하는가의 문제였다. …… 역사적으로 유학에는 애초부터 신교神敎가 존재하지 않았다. 다만 문교文敎만이 존재했기 때문에 지금의 신교 방식으로는 유학을 재건할 수 없다. …… 장칭은 완전한 헌정 제도 방책을 설계한다. 그것은 허군공화虛君共和를 국체國體의 형식으로 삼고, 국체원, 통유원, 서민원을 통한 삼원제를 의회의 형식으로 삼는다. 또한 태학감국제太學監國制를 감독 기구로 삼았다. …… 장칭의 유교 헌정론을 겨냥해, 필자는 '유가 헌정론'을 제시했다. 이는 중국 헌정의 기초를 마련하는 것으로서, 신교화神敎化된 유교가 아니라 문교文敎로서의 유가를 지향하는 것이다. 역사적으로 중국 정치의 기초는 지금껏 유가 문교였으며 미래에도 동일할 것이다. 이천 년 전에 동중서가 제시한 변혁 방안 역시 먼저 학문의 흥성, 즉 문교의 흥성을 우선했다(姚中秋 2016, 246-248).

장칭에 대한 야오중치우의 비판은 캉유웨이가 제창한 공교孔敎 운동에 대한 비판과 연동된다. 그는 장칭처럼 유가 헌정주의의 실질적 현실화와 제도화에 몰두하지 않는다. 오히려 그는 유가 헌정주의의 사상적 연원을 발굴하는 사상사 차원의 해석학 작업에 충실하며, 유학의 정치사상이 지니는 긍정적 면모를 온건한 수준에서 재해석한다. 예컨대 그는 역사적으로 중국에 세 차례의 헌정주의 형태가 존재했다고 분석한다. 첫째는 서주西周 시기의 귀족 봉건제이고, 둘째는 한대에 시작된 군주와 신하의 공치천하의 이상이며, 셋째는 캉유웨이에서 장쥔마이에 이르는 근현대 헌정주의자들의 시도이다(姚中秋 2016, 176-181). 그는 장칭처럼 정교합일 경향이 농후하고, 통합된 이데올로기에 기초한 유교 국가 건립을 지향하지 않는다. 그는 오히려 유학의 정치철학 전통에 내재한 인문주의의 발굴과 발양에 힘쓴다. 그에게 이 지점에서 그는 유교의 '교'教가 지닌 의미 해석을 두고 장칭의 관점을 비판한다.

유학에는 분명 종교성이 있다. 이는 당대 유학의 주류적 견해이다. 그러나 종교성과 종교는 다르다. 유학자는 분명 신앙을 지니고 있으며, 예컨대 천도天道 신앙을 갖는다. 그러나 이런 신앙은 제도 건립의 종교로 발전하지 않았다. …… 유학은 애초에 종교인 적이 없었다. 고대 사람들이 유학을 '교'教로 삼았지만, 그 의미는 교화教化를 의미할 뿐, 현대인이 말하는 '종교'가 아니다. 유학은 기독교, 이슬람교, 불교적 의미에서의 종교가 아니다. 오히려 유학은 '문교'文教의 형태이다. …… 나는 유학을 계승하려는 장칭 선생의 노력을 흠모하지만, 유교에 관한 그의 생각에 동의하지는 않는다. …… 유학의 부흥은 유교의 형태로 이루어질 수 없다. '유가 헌정'이야말로 실천 가능한 방안이다(姚中秋

2016, 205-206).

이처럼 야오중치우는 종교 신앙을 핵심으로 한 유교 헌정 구상에 반대한다. 앞서 말했듯 그것은 캉유웨이 공교론에 대한 비판과 상응한다. 그에게 유교의 핵심은 종교적 성격이 아니라 인문주의 전통에 놓여 있다. 그리고 이런 인문주의 전통의 핵심으로서 예컨대 그는 '공'公 개념을 제시한다. 특히 그는 '공천하'公天下의 이상을 중시하면서, 그 속에서 공평公平(인간의 평등), 공민公民(정치의 주체), 공유公有(인본주의), 공론公論(언론자유), 공화共和(군주제의 한계), 공치公治(현자 우대) 등의 개념을 도출한다(姚中秋 2016, 34이하 참조). 그의 작업은 공천하의 이상에 기초해 유학의 정의론正義論을 구성하고, 유교 헌정주의의 지향점을 모색하는 과정이라 할 수 있다.

야오중치우의 사상사적 해독은 다분히 모우쫑산을 위시한 대만 홍콩신유가의 '종자설' 또는 '개출설'을 의식, 수용하고 있다. 다만 그는 모우쫑산 등이 유가 전통에 내재하는 헌정주의, 민주주의의 이론적 가능성을 철학적으로 해명하는 데 공헌했지만, 여전히 심성유학 전통에 치중해 그 이론적 성과를 어떻게 현실에 안착시킬 것인가에 대해서는 적극적 해명을 내놓지 못했다고 비판한다.[24] 또한 야오중치우는 장칭의 이론에도 크게 빚지고 있는데, 심성유학보다는 정치 유학에 기울어진 동중서나 캉유웨이의 사상적 지위나 공헌

24_모우쫑산의 공헌에 대한 야오중치우의 이해와 비판에 대해서는 姚中秋(2013) 참조.

을 충분히 긍정한다는 점에서 그렇다. 그러나 유학의 이념을 강력한 국교의 지위에 올리려는 장칭의 시도에는 명확하게 반대표를 던진다는 점에서 천주웨이의 입장과 마찬가지로 '온건한 완전주의' 노선을 걷는다고 할 수 있다. 다만, 천주웨이가 구체적 정책과 법률 측면에서 제한적으로 유교의 이념을 현실에 투영시키자고 제안한다면, 야오중치우는 직접적인 제도화 구상보다는 정치 문화나 사회 문화 측면에서 유학의 인문주의 전통을 회복하고, 유학의 공공성을 확장하는 방향으로 나아간다는 점에서 또 다른 특성과 지향을 갖는다고 할 수 있다.

4. 나오며: 비판과 전망

이상으로 근래 중국의 유교 헌정주의 노선의 배경과 맥락, 그리고 그에 대한 비판을 정리해 보았다. 위에서 논한 내용 이외에도 예컨대 간춘송의 제도 유학, 캉샤오꽝의 헌정주의 논의 등도 모두 유교 헌정주의 계보의 한 축으로서 다룰 여지가 있지만 지면 관계상 생략했다. 한편 캉유웨이당과 장칭과의 차이점에 대한 부분도 향후 더 면밀하게 살펴보아야 할 지점이지만 본 논문에서는 다루지 못했다.

혹자는 중국의 유교 헌정주의 노선이 서구의 민주주의에 대한 원숙한 이해를 결여한 채 무분별하게 진행되고 있다고 비판한다. 그러나 유학 전통의 창조적 계승을 고민하고, 역사와 현실 속에서 함께 호흡해 나가는 그들의 실천을 가볍게 지나칠 수는 없다. 그럼에도 거자오광이 「기상천외: 최근 대륙신유학의 정치적 요구」에서 일갈했듯, 장칭의 유교 헌정주의 노선이나 캉유웨이당의 국가주의적 경향에는 이론적 숙고를 충분히 거치지 않은 편향된 민족주의, 중화 패권주의, 반서구중심주의 등의 부정적 요소가 적잖게 혼재되어 있다. 아래에서는 대륙신유가의 유교 헌정주의 담론이 갖는 한계와 나아가야 할 지점에 대해 몇 가지 지적함으로써 논의를 마무리하고자 한다.

첫째, 거자오광의 지적처럼 정치 유학의 부흥을 표방하는 노선은 권력에 대한 비판적 '견제'의 측면보다는 오히려 '결탁'의 방향으로 흘러가는 것 아닌가? 필자가 보기에, 전통적으로 유학자의 지향에는 사도師道 전통과 현신賢臣 전통이 혼재되어 있다. 전자의 경우 권력에 영합하지 않는 비판적 지식인의 역할을 요구하는데, 만년에 이학異學으로 몰려 조정에서 배척당한 송대의 정이천程伊川과 주자朱子가 대표적이다. 한편, 후자에서는 왕을 보좌하여 국가의 기틀을 세우는 역할이 중시된다. 또한 전자에서는 군주와 유학자 사이의 수평적 관계가 중시되고, 도의道義의 가치가 우선한다. 반면에 후자에서는 수직적 관계가 중시되고, 충절忠節의 가치가 우선한다. 그렇다면 정치 유학의 대두를 말할 때, 전체 유학의 발전과 사명 차원에서 전자의 측면이 억제되어서는 안 된다. 『논어』의 "정치란 바로잡는 것이다"政者, 正也란 말을 상기한다면, 여기에서의 '정'正이란 제도와 질서의 건립뿐만 아니라, 정치에 대한 비판을 포함하는 것이어야 한다. 이 점에서 비판적 지식인 전통의 회복이라는 측면에서 유학의 정체성을 유지할 필요가 있다.

둘째, 앞서 언급했듯 대륙신유가의 유가 헌정주의 담론은 홍콩대만신유가에 대한 비판과 초극을 지향한다. 그러나 현대 서구의 자유주의, 민주주의 전통과 유학의 이념을 소통시키고자 했던 홍콩대만신유가의 고민은 여전히 유효하다. 자율적 주체의 자각과 양성을 통한 민주주의의 내면화와 성숙, 전통문화와 다원주의의 공존, 자유와 평등이라는 가치의 우선성 등은 유교적 자원을 재해석하고 활용함으로써 고양되어야 한다. 서구중심주의에 대한 반성으로서 유교 헌정주의 담론이 대두하는 것에는 그 나름의 정당성이 있지만, 그런 지향이 또 다른 편향을 조장한다는 점에서 경계의 목소리가 필요하다.

셋째, 장칭의 유교 헌정주의 논의에 대한 천주웨이나 야오중치우의 비판은 서구적 자유주의 전통이나 가치 다원주의적 지향을 수용하면서, 어떻게 유학 전통과 가치를 계승할 것인가에 대한 고민이 응축되어 있다. 예컨대 그 속에는 서구의 근대성에 대한 비판적 성찰, 민본주의와 민주주의의 소통 가능성에 대한 통찰 등이 담겨 있다. 나아가 같은 유교 문화권인 한국의 입장에서도, 현실과 유학 이론의 괴리를 극복하고, 일상의 문화나 정치적 담론 속에서 유학의 사상적 기능과 실천적 역할을 고민하는 데 참고할 지점이 많다.

넷째, 유학의 '종교성'에 대한 보다 치밀한 이론적 규명이 필요하다. 정교분리와 정교합일의 대립 차원에서 유교 헌정주의를 바라보는 것은 논의의 가능성을 협소하게 만든다. 예컨대 敎를 '인문주의'로 이해하는 야오중치우의 관점은 설득력이 있지만, 그런 인문성 속에 과연 종교성이 배제되어 있는가는 재론의 여지가 있다. 다시 말해, 국가 이념 혹은 폐쇄적 도그마로서 성립하는 종교가 아니라, 주체의 자율성이나 숭고함을 확보하는 차원에서 인문주의적 종교성의 가능성을 얼마든지 생각해 볼 수 있다.

끝으로, 현재 유교 헌정주의 담론은 이른바 천하주의, 유교 국가론, 공양학 이론, 화이和夷 담론 등과 착종하면서 그 계보와 지향점을 이해하는 과정이 더욱 복잡한 함수를 푸는 상황이 되어 버렸다. 그런 까닭에 각론 측면에서 각 계보와 주장을 파악하고, 그 의미를 해명할 필요가 있다. 그런 작업의 준비로서 이상의 논의가 작은 실마리가 될 수 있기를 기대하며 논의를 마치고자 한다.

| 참고문헌 |

1장

고민택. 2008. "대선 이후 노동자계급 정치운동."『마르크스주의연구』 5.

권영숙. 2015. "자본주의 위기 정세와 좌파운동의 진로."『레프트대구』 10.

김세균. 2003. "사회변혁과 국가변혁." 맑스코뮤날레 조직위원회 엮음.『지구화시대 맑스의 현재성』제2권. 문화과학사.

_____. 2004. "좌파운동, 어디로 나아가야 하나."『진보평론』 22.

_____. 2006. "사회주의 정치체제에 대한 소고."『진보평론』 30.

_____. 2012. "세계자본주의 위기와 한국 진보정치."『마르크스주의연구』 9.

김수행. 2012.『마르크스가 예측한 미래사회: 자유로운 개인들의 연합』. 한울.

김의연. 2017. "레닌의 유산과 우리 시대의 혁명."『진보평론』 74.

김인식. 2017. "마르크스의 삶과 중심사상."『마르크스21』 22.

김정주. 2018. "인간의 위기와 21세기 사회주의."『진보평론』 74.

김태연. 2015. "노동자계급정당 추진 현황과 전망."『레프트대구』 9.

노동자운동 연구공동체 뿌리. 2015. "노동자계급의 혁명적 잠재력 해방에 앞장서는 사회주의자."『레프트대구』 9.

문영찬. 2007. "세계경제와 프롤레타리아 국제주의."『정세와 노동』 27.

_____. 2009. "소련 사회주의의 흥망과 스탈린." 맑스코뮤날레 조직위원회 엮음.『맑스주의와 정치』. 문화과학사.

_____. 2011. "한국 사회주의 변혁의 전망."『정세와 노동』 4.

_____. 2015. "한국의 국가권력과 사회주의운동."『정세와 노동』 8.

박노영. 2004. "대안 찾기와 마르크스주의."『마르크스주의연구』 1(2).

_____. 2016. "나는 아직도 마르크스주의자다."『경제와 사회』 111.

박성인. 2008. "21세기 시대정신 구현할 사회주의 정당 건설."『문화과학』 53.

박영균. 2006. "사회주의와 변혁 주체: 코뮌과 노동계급."『진보평론』 30.

_____. 2009. "오늘날 맑스주의적 관점에서 적·녹·보라의 연대를 어떻게 모색할 것인가?"『진보평론』 40.

_____. 2018. "맑스의 코뮤니즘, 그 고유성과 현재성."『진보평론』 76.

박지웅. 2013. "자유로운 개인들의 연합에서의 자유, 개인 및 연합." 『마르크스주의연구』 10.

서영표. 2011. "21세기 사회주의전략: 녹색사회주의+급진민주주의." 『진보평론』 47.

_____. 2012. "사회주의, 생태주의 그리고 민주주의." 『진보평론』 51.

성두현. 2016. "진보정치, 진보운동 전반이 몰락한 이유-" 『레프트대구』 11.

안승천. 2005. "생동하는 사회혁명." 오세철 편. 『좌파운동의 반성과 모색』. 현장에서 미래를.

양준석. 2009. "오늘날 세계 자본주의 위기와 레닌의 제국주의론." 맑스코뮤날레 조직위원회 엮음. 『맑스주의와 정치』. 문화과학사.

오세철. 2000. "21세기: 혁명을 향한 대장정의 시작." 『진보평론』 4.

_____. 2009. 『다시 혁명을 말한다』. 빛나는 전망.

_____. 2014. "자본주의 쇠퇴기의 위기의 본질과 코뮤니스트 운동의 전망." 『레프트대구』 8.

이광일. 2009. "민주주의의 급진화를 몇 가지 테제들과 '보-녹-적 연대'." 『진보평론』 41.

_____. 2011. "진보좌파정치의 재구성과 2012년 선거." 『마르크스주의연구』 8.

이득재. 2010. "오늘 우리에게 좌파란 무엇인가." 『레프트대구』 2.

이재현. 2017. "러시아혁명과 세계혁명." 맑스코뮤날레 엮음. 『혁명과 이행』. 한울.

전국노동자정치협회. 2015. "한국사회 이른바 좌파 노선의 심대한 오류에 대하여." 『레프트대구』 9.

전지윤. 2009. "한국 사회변혁과 민주주의." 『마르크스21』 3.

정상은. 2018. "정당과 주체형성." 『진보평론』 74.

정성진. 2001. "자본주의와 반자본주의 운동의 전망." 『진보평론』 9.

_____. 2006. "21세기 자본주의의 위기와 대안." 『진보평론』 29.

_____. 2008. "21세기 세계대공황." 『진보평론』 38.

_____. 2009. "대안세계화운동의 이념과 마르크스주의." 『경제와 사회』 84.

_____. 2010. "신자유주의에 대한 개혁주의적 대안의 문제들." 『마르크스21』 5.

_____. 2013. "한국자본주의에서 위기와 축적의 절대적 일반법칙." 맑스코뮤날레 집행위원회 엮음. 『세계자본주의의 위기와 좌파의 대안』. 한울.

_____. 2015. "마르크스 공산주의론의 재조명." 『마르크스주의연구』 12.

정재원. 2017. "러시아혁명의 현재적 의의." 『진보평론』 73.

채만수. 2008. "10월혁명과 20세기." 『정세와 노동』 31.

_____. 2009. "21세기 사회주의의 전망과 과제." 『정세와 노동』 9.

_____. 2011. "제국주의 이데올로기 지배와 노동자계급의 후퇴." 『정세와 노동』 4.

_____. 2012. "좌익 공산주의자들을 쏘련론(상)." 『정세와 노동』 5.

채장수. 2003. "한국사회에서 좌파 개념의 설정." 『한국 정치학회보』 37(2).

_____. 2004. "한국 좌파집단의 인식과 지향." 『한국 정치학회보』 38(3).

_____. 2010. "진보의 이념적 분화와 좌파의 분립." 『대한정치학회보』 17.

최일붕 외. 2009. "21세기 한국 좌파의 전망." 『마르크스21』 3.

최진석. 2017. "소비에트 민주주의와 프롤레타리아 독재." 맑스코뮤날레 엮음. 『혁명과 이행』. 한울.

최형익. 2008. "이행의 정치학: 진보적 정치문법의 재구성을 위한 시론." 『마르크스주의연구』 5.

최형익 외. 2004. "민주노동당 의회진출과 좌파정치의 방향." 『진보평론』 21.

편집위원회. 2012. "사회주의 로그인을 발간하며." 편집위원회 엮음. 『세계를 변혁하라!
　　사회주의 로그인』. 메이데이.

편집자. 2006. "대안사회로서 사회주의에 대한 논의를 재활성화하자." 『진보평론』 30.

한정주. 2002. "노동자투쟁과 맑스(주의)." 『진보평론』 11.

2장

고하리 스스무. 2016. "한일관계 50년의 국민의식과 상호인식." 박철희 편저. 『한일관계
　　50년: 비교사적 이해』. 대한민국역사박물관.

공보실. 1959. 『우리 대통령 이승만 박사』. 공보실

권보드래·천정환. 2012. 『1960년을 묻다』. 천년의 상상.

김성민. 2014. 『일본을 금(禁)하다』. 글항아리.

노히라 슌수이. 1997. 『일본인이 쓴 반일이야기』. 오늘예감.

다카사키 소오지(高崎宗司). 2010. 『일본 망언의 계보』. 최혜주 옮김. 한울.

박유하. 2000. 『누가 일본을 왜곡하는가』. 사회평론.

서중석. 2000. "이승만 대통령의 반일운동과 한국민족주의." 『인문과학』 30.

_____. 2005. "이승만의 반일운동과 한일 양국인의 연대." 『이승만의 정치이데올로기』.
　　역사비평사.

손열. 2018. "위안부 합의의 국제정치: 정체성-안보-경제 넥서스와 박근혜 정부의
　　대일외교." 『국제정치논총』 58-2.

신욱희. 2018. "한일관계의 양면 안보딜레마: 이명박 정부의 사례." 『아시아리뷰』 15.

이규배. 2007. "반일감정의 시원에 관한 시론적 고찰: 임진왜란과의 상관성을 중심으로."
　　『일본문화연구』 24.

_____. 2012. "조선시대 적대적 對日인식에 관한 고찰: 임진왜란-조선시대 말기를
　　중심으로." 『군사』 84.

이지원. 2015. "한일 문화교류와 '반일' 논리의 변화." 이종구·이소자키 노리요 외.
　　『한일관계사 1965-2015 Ⅲ 사회·문화』. 역사공간.

이현지. 2016. "민주당 "외신도 샤머니즘 국가 비웃어" …… 박승주 안전처 장관 내정자
　　쇠말뚝 뽑기 사업으로 해명?" 『뉴스인사이드』 11월 7일.

장용걸. 2000. "일본 대중문화의 수용을 통해 본 「반일」의 역설적 의미에 대한 고찰."
　　『동북아 연구』 5.

전재호. 2002. "한국 민족주의와 반일." 『정치비평』 9.

정대균. 2000. 『한국인에게 일본은 무엇인가』. 강.

지병근. 2008. "동북아 공동체 형성의 인식론적 장애 요인: 한국에서의 반일 반중 의식." 『한국과 국제정치』. 62.

천정환. 2007. "2002년 이후의 한일 문화 교류와 민족주의의 행로." 『공간과 사회』 28.

최길성. 2004. 『위험한 한일 관계: 친일과 반일』. 다락원.

최석영. 2010. 『김치 애국주의』. 인물과 사상사.

최장집. 1996. "현대 한일 관계와 한국 민족주의." 『세계의 문학』 80.

한계옥. 1998. 『망언의 뿌리를 찾아서』. 자유포럼.

한국문화정책개발원. 1994. 『일본대중문화 개방 대응방안 연구』 한국문화정책개발원.

허동현. 2004. "개화기(1876~1910) 한국인의 일본관." 『사학연구』 76.

『경향신문』. "사라지지 않는 왜색." 1946/01/12; "중앙청의 왜색벽화." 1948/04/25;
    "왜문자 간판 정리." 1950/03/14; "8·15 광복절 기념행사 요강:
    광복절기념행사결정." 1952/08/12.

『국정브리핑』. "반 외교, "일 문부상 발언 시대착오적 발상"." 2005/03/30.

『동아일보』. "왜취왜색(倭臭倭色)을 소탕(掃蕩)." 1946/08/20; "우리말에서 왜색(倭色)을
    청소하자." 1947/01/09.

『한겨레신문』. 1990/05/18; 27, 05/25; 05/26.

『한국일보』. 2007/09/21.

Greenfeld, Liam. 1993. "Trenscending the nation's worth." *Daedalus* 122(3).

3장

강원택. 2008. 『보수정치는 어떻게 살아남았나?: 영국 보수당의 역사』. EAI.

강정인. 1999. "한국 보수주의의 이념적 위상." 『성곡논총』 30(2). 성곡언론문화재단.

_____. 2009. "보수주의: 비동시성의 동시성 그리고 모호한 정상화." 강정인 외. 『한국 정치의 이념과 사상』. 후마니타스.

고프, 존. 1995. "로크의 정치사상." 강정인·문지영 편역. 『로크의 이해』. 문학과지성사.

교과서포럼. 2008. 『(대안교과서) 한국 근·현대사』. 기파랑.

국정홍보처. 2005. 『노무현 대통령 연설문집』 제2권. 대통령비서실.

권용립. 2015. 『보수』. 소화.

김기봉. 2008. "역사교과서 논쟁 어떻게 할 것인가." 『역사학보』 198. 역사학회.

김세중. 2011a. "박정희 시대 산업화 보수주의와 민주주의."『한국 민주주의의 기원과
　　　미래: 보수가 이끌다』. 시대정신.

＿＿＿. 2011b. "건국, 산업화, 민주화의 갈등과 상호의존."『한국 민주주의의 기원과
　　　미래: 보수가 이끌다』. 시대정신.

김재호. 2006. "한국 근현대사 이해의 소통과 그 어려움:『역사비평』의 '교과서포럼'
　　　역사인식 비판에 답함."『시대정신』 겨울호. (사)시대정신.

김주성. 2011a. "보수주의와 민주주의."『한국 민주주의의 기원과 미래: 보수가 이끌다』.
　　　시대정신.

＿＿＿. 2011b. "현대 정치의 복합구조와 민주주의 논쟁."『한국 민주주의의 기원과 미래:
　　　보수가 이끌다』. 시대정신.

김충남. 2009. "한국 국가건설의 도전과 이승만의 응전." 이인호·김영호·강규형 편.
　　　『대한민국 건국의 재인식』. 기파랑.

김호기. 2004. "비판적 시각에서 본 뉴라이트 운동."『관훈저널』 45. 관훈클럽.

나종일. 2005.『영국의 역사(하)』. 한울아카데미.

니스벳, 로버트. 1997. "보수주의."『에드먼드 버크와 보수주의』. 문강정인·김상우 옮김.
　　　문학과지성사.

로크, 존. 1996.『통치론』. 강정인·문지영 옮김. 까치.

맥퍼슨, C. B. 1997. "에드먼드 버크." 강정인·문지영 편역.『에드먼드 버크와 보수주의』.
　　　문학과지성사.

문지영. 2011. "자유주의와 근대 민주주의 국가: 명예혁명의 정치사상."『한국
　　　정치학회보』 45(1). 한국 정치학회.

바커, 어네스트. 1995. "사회계약론." 강정인·문지영 편역.『로크의 이해』. 문학과지성사.

박세일. 2007a. "지난 10년은 왜 反선진화'의 시대였나?: 反선진화와 5적."『선진화 혁명,
　　　지금이 마지막 기회』. 한반도선진화재단.

＿＿＿. 2007b. "향후 10년 어떻게 '선진화의 시대'를 열어야 하나?: 선진화 10대
　　　국정과제."『선진화 혁명, 지금이 마지막 기회』. 한반도선진화재단.

박지향 외. 2006.『해방 전후사의 재인식』. 책세상.

박태균. 2007. "뉴라이트의 등장과 역사인식 논쟁."『황해문화』 56. 새얼문화재단.

박효종. 2005. "보수주의자들의 칠거지악."『한국의 보수를 論한다』. 바오.

＿＿＿. 2009. "역사교과서 논쟁을 정리한다."『시대정신』 봄호. (사)시대정신.

박효종 외. 2006.『빼앗긴 우리 역사 되찾기』. 기파랑.

버크, 에드먼드. 2018.『프랑스혁명에 관한 성찰』. 이태숙 옮김. 한길사.

복거일. 2004. "친일 문제는 정치가 아닌 역사학의 영역에 속한다."『한국논단』 179.
　　　한국논단.

블라우트, 제임스. 2008.『식민주의자의 세계 모델』. 김동택 옮김. 성균관대학교출판부.

송규범. 2010. "명예혁명과 로크의『정부론』."『서양사론』 106. 한국서양사학회.

스트라우스, 레오. 2001.『자연권과 역사』. 홍원표 옮김. 인간사랑.

신주백. 2006. "교과서포럼의 역사인식 비판."『역사비평』76. 역사비평사.

_____. 2007. "교과서포럼의 '대안교과서' 비판."『월간 말』2월호. 월간말.

안병직. 2007a. "대한민국의 성취를 토대로 해야만 통일도 실현 가능해진다."『한국논단』 216. 한국논단.

_____. 2008b. "한국근현대사의 체계와 방법."『시대정신』가을호. (사)시대정신.

_____. 2011a. "머리말."『한국 민주주의의 기원과 미래: 보수가 이끌다』. 시대정신.

_____. 2011b. "(증언) 민주화운동과 민주주의."『한국 민주주의의 기원과 미래』. 시대정신.

안병직 편. 2011.『한국 민주주의의 기원과 미래: 보수가 이끌다』. 시대정신.

양승태. 1995. "한국 보수주의 연구를 위한 방법론적 시론."『한국 정치학회보』28(2).

윤해동. 2012. "뉴라이트 운동과 역사인식."『민족문화논총』51. 영남대 민족문화연구소.

이명희. 2013. "역사교육 행정의 문제점과 개선 방향."『시대정신』가을호. (사)시대정신.

이영훈. 2007.『대한민국 이야기』. 기파랑.

_____. 2008. "우리에게 국사란 무엇인가."『시대정신』가을호. (사)시대정신.

_____. 2013.『대한민국 역사』. 기파랑.

이인호·김영호·강규형 편. 2009.『대한민국 건국의 재인식』. 기파랑.

이주영. 2006. "고교 근·현대사 교과서 이렇게 만들어야."『빼앗긴 우리 역사 되찾기』. 기파랑.

이지윤. 2018. "친일 청산의 딜레마: 동원된 협력자 학병을 중심으로." 서강대 박사학위 논문.

이태숙. 2013a. "명예혁명과 휘그, 그리고 휘그 역사해석."『근대영국헌정』. 한길사.

_____. 2013b. "버크의 역사관과 보수주의."『근대영국헌정』. 한길사.

_____. 2013c. "프랑스혁명 논쟁자들의 영국헌정 의식."『근대영국헌정』. 한길사.

임혁백. 2004. "한국의 뉴라이트: 배경과 전망."『관훈저널』45. 관훈클럽.

전재호. 2012. "박정희 정권의 '호국 영웅 만들기'와 전통문화유산정책."『역사비평』99. 역사비평사.

_____. 2014. "2000년대 한국 보수주의의 이념적 특성에 관한 연구: 뉴라이트를 중심으로."『현대정치연구』7(1). 서강대학교 현대정치연구소.

젠킨슨, 키스. 1999.『누구를 위한 역사인가』. 최용찬 옮김. 혜안.

조한욱. 2015.『내 곁의 세계사』. 휴머니스트.

포퍼, 칼. 2016.『역사법칙주의의 빈곤』. 이한구 옮김. 철학과현실사.

하버, 윌리엄 R. 1994.『보수주의 사상의 이론적 기초』. 정연식 옮김. 경북대학교 출판부.

하종문. 2007. "반일민족주의와 뉴라이트."『역사비평』78. 역사비평사.

한국현대사학회 현대사교양팀. 2012.『대한민국을 만들다』. 기파랑.

화이트, 헤이든. 1991.『19세기 유럽의 역사적 상상력: 메타 역사』. 천형균 옮김. 문학과지성사.

Pocock, J.G.A. ed. 1993. "Political Thought in the English-Speaking Altantic, 1760-1790: (ii) Empire, Revolution and an End of Early Modernity." *The Varieties of the British Political Thought, 1500-1800*. Cambridge: Cambridge Univ.

4장

강정인. 1997. 『민주주의의 이해』. 문학과지성사.

김남국. 2011. "한국 정치의 대안 모델로서의 합의제 민주주의." 서병훈 외. 『왜 대의민주주의인가』. 이학사.

김상준. 2006. "헌법과 시민의회." 『동향과 전망』 67.

_____. 2017. "시민의회, 왜 필요한가." 『녹색평론』 152.

김주성. 2011. "심의민주주의인가, 참여민주주의인가." 서병훈 외. 『왜 대의민주주의인가』. 이학사.

김형철. 2010. "뉴질랜드 선거제도 개혁 : 과정, 결과, 한국에 주는 시사점." 『비교민주주의 연구』 5(2).

달, 로버트. 1999. 『민주주의와 그 비판자들』. 조기제 옮김. 문학과지성사.

_____. 2004. 『미국헌법과 민주주의』. 박상훈·박수형 옮김. 후마니타스.

대법원 판결문. "사건 2004마1148 공사착공금지가처분 2004마1149(병합)."

더불어민주당 정당발전위원회. 2017. "정당발전위원회 혁신안 설명집."

레이브라우크, 다비트 판. 2016. 『국민을 위한 선거는 없다』. 양영란 옮김. 갈라파고스.

마넹, 버나드. 2004. 『선거는 민주적인가』. 곽준혁 옮김. 후마니타스.

밀, 존 스튜어트. 2012[1861]. 『대의정부론』. 서병훈 옮김. 아카넷.

버틀러, 이몬. 2012. 『나쁜 민주주의』. 이성규·김행범 옮김. 북코리아.

베블런, 소스타인. 2012. 『유한계급론』. 김성균 옮김. 우물이있는집.

벨, 대니얼. 2017. 『차이나 모델, 중국의 정치 지도자들은 왜 유능한가: 대의민주주의의 덫과 현능정치의 도전』. 김기협 옮김. 서해문집.

볼, 테렌스·리처드 대거. 2006. 『현대정치사상의 파노라마』. 정승현 외 옮김. 아카넷

슈미트, 칼. 2010[1922]. 『정치신학: 주권론에 관한 네 개의 장』. 김항 옮김. 그린비.

엄기홍. 2011. "고액 정치후원금의 정치적 대표성: 대통령선거 경선, 국회의원선거, 광역단체장선거 후보자 후원회에 관한 경험적 분석." 『한국 정치학회보』 45(1).

오현철. 2009. "민주주의의 새로운 주체: 작은공중(minipublics)을 중심으로." 『시민사회와 NGO』 7(2).

_____. 2012. "트위터와 민주주의 발전: 토의민주주의적 해석." 『민주주의와 인권』 12(3).

이관후. 2016. "한국 정치에서 대표의 위기와 대안의 모색: 정치철학적 탐색." 『시민과

세계』 28.

_____. 2018. "Deliberative Democracy의 한국적 수용과시민의회: 숙의, 심의, 토의라는
    번역을 중심으로." 『현대정치연구』 11(1).

이정옥. 2008. "스위스의 직접민주주의가 아닌 우리의 직접민주주의를 위하여: 편역자
    서문." 부르노 카우프만 외. 『직접민주주의로의 초대』. 이정옥 옮김. 리북.

이지문. 2015. 『추첨민주주의 강의』. 삶창.

_____. 2016. 『추첨민주주의의 이론과 실제』. 이담북스.

이지문·박현지. 2017. 『추첨시민의회』. 삶창.

이진순 외. 2016. 『듣도 보도 못한 정치』. 문학동네.

최태욱. 2014. 『한국형 합의제 민주주의를 말하다』. 책세상.

킴리카, 윌. 2010. 『다문화주의 시민권』. 황민혁·송경호 옮김. 동명사.

프랭크, 토마스. 2012. 『왜 가난한 사람들은 부자를 위해 투표하는가: 캔자스에서 도대체
    무슨 일이 있었나』. 김병순 옮김. 갈라파고스.

허시먼, 앨버트 O. 2010. 『보수는 어떻게 지배하는가』. 이근영 옮김. 웅진씽크빅.

홍철기. 2017. "비밀 투표는 '민주적'인가?: 존 스튜어트 밀과 카를 슈미트의 비밀 투표
    비판." 『정치사상연구』 24(1).

Ackerman, Bruce and James S. Fishkin. 2004. *Deliberative Day.* New Haven: Yale University Press.

Ankersmit, Frank. 2002. *Political Representation.* Stanford: Stanford University Press.

Brown, Mark. 2006. "Survey Article: Citizen Panels and the Concept of Representation." *The
    Journal of Political Philosophy* 14(2).

Burke, Edmund. 1961[1774]. "Speech to the Electors of Bristol." *In Speeches and Letters on American
    Affairs.* London: Everyman Edition.

Castiglione, Dario and Mark Warren. 2006. "Rethinking Democratic representation: eight theo-
    retical issues." *Paper presented at the Bellagio Study and Conference Center* 30.

Farrelly, Colin. 2005. "Making Deliberative Democracy a More Practical Political Ideal."
    European Journal of Political Theory 4(2).

Folami, Akilah N. 2013. "Using the Press Clause to Amplify Civic Discourse beyond Mere
    Opinion Sharing." *Temple Law Review* 85(2).

Ginsburg, Tom. 2002. "Confucian Constitutionalism? The Emergence of Constitutional Review
    in Korea and Taiwan." *Law and Social Inquiry* 27(4).

Hibbing JR and E. Theiss-Morse. 2002. *Stealth Democracy: Americans' Beliefs about How Government
    Should Work.* UK: Cambridge University Press.

_____. 2005. "Citizenship and civic engagement." *Annual Review of
    Political Science* 8(1).

International IDEA. 2017. 『Global Passport to Modern Direct Democracy (한글판)』.

Stockholm: Sweden.

Jaske, Maija. 2017. "Soft forms of direct democracy: Explaining the occurrence of referendum motions and advisory referendums in Finnish local government." *Swiss Political Science Review* 23(1).

Kim, Sungmoon. 2014. *Confucian Democracy in East Asia: Theory and Practice: Theory and Practice.* Cambridge: Cambridge University Press.

Macpherson, Ctawford. 1977. *The Life and Times of Liberal Democracy.* Oxford: Oxford University Press.

Mansbridge, Jane. 2003. "Rethinking Representation." *The American Political Science Review.* 97(4).

Martin, James R. 2013. "Pierre Rosanvallon's Democratic Legitimacy and the legacy of anti-totalitarianism in recent French thought." *Thesis Eleven* 114(1).

Mill, James. 1978[1820]. "Essay on Government." In Utilitarian Logic and Politics: James Mill's "Essay on Government." J. Lively and J. Rees ed. *Macaulay's Critique, and the Ensuing Debate.* Oxford: Clarendon Press.

Pateman, Carole. 1970. *Participation and Democratic Theory.* Cambridge: Cambridge University Press.

_____. 2012. "Participatory Democracy Revisited." *Perspectives on Politics* 10(1).

Pettit, Philip. 2009. "The Reality of Group Agents." Chris Mantzavinos ed. *In Philosophy of the Social Sciences: Philosophical Theory and Scientific Practice.* Cambridge: Cambridge University Press.

Phillips, Anne. 1995. *The politics of presence.* Oxford: Oxford University Press.

Pitkin, Hanna. 1967. *The Concept of Representation.* Berkeley: University of California Press.

Poulantzas, Nicos. 1980. *State, Power and Socialism.* New York: Verso.

Przeworski, Adam, Susan C. Stokes, Bernard Manin ed. 1999. *Democracy, Accountability, and Representation.* Cambridge: Cambridge University Press.

Rehfeld, Andrew. 2005. *The Concept of Constituency: Political Representation, Democratic Legitimacy and Institutional Design.* Cambridge: Cambridge University Press.

_____. 2011. "The Concepts of Representation." *American Political Science Review* 105(3).

Rosanvallon, Pierre. 2008. *Counter-democracy: Politics in an Age of Distrust, translated by Arthur Goldhammer.* Cambridge: Cambridge University Press.

_____. 2011. *Democratic Legitimacy: Impartiality, Reflexivity, Proximity.* translated by Arthur Goldhammer. Stanford: Stanford University Press.

Saward, Michael. 2006. "The Representative Claim." *Contemporary Political Theory* 5.

_____. 2010. *The Representative Claim.* Oxford: Oxford University Press.

Tan, Sor-Hoon. 2004. *Confucian Democracy: A Deweyan Reconstruction.* New York: State University of New York Press.

Tormey, Simon. 2014. "The Contemporary Crisis of Representative Democracy." *Democratic*

Theory 1(2).

_____. 2015. *The end of representative democracy.* Cambridge: Polity Press.

Urbinati, Nadia. 2002. *Mill on Democracy: From the Athenian Polis to Representative Government.* Chicago: University of Chicago Press.

Urbinati, Nadia and Mark Warren 2008. "The concept of representation in contemporary democratic theory." *Annual Review of Political Science* 11.

Weale, Albert. 1999. *Democracy.* Basingstoke: Macmillan.

5장

강수영. 2013. "정치적 자기효능감 척도(PSES) 제작 및 타당화 연구."『한국언론학보』 57(3).

고선규. 2017. "한국, 미국, 프랑스 대선에서의 가짜뉴스 비교." 한국 정치학회 하계학술회의자료집.

굿윈, 제프 외. 2012.『열정적 정치: 감정과 사회운동』. 박형신·이진희 옮김. 한울아카데미.

김동환. 2018.『빅데이터는 거품이다』. 페이퍼로드.

김영기. 2010. "온라인 정보원의 유형별 신뢰지수 및 신뢰성 평가요인." 『정보관리학회지』27(1).

김진욱·허재영. 2018. "인정을 위한 저항."『한국 정치학회보』52(2).

김현정·원영아. 2015. "전통적 미디어에 대한 신뢰가 정치적 참여에 미치는 영향." 『언론과학연구』15(4).

나은영·차유리. 2012. "인터넷 집단극화를 결정하는 요인들."『한국심리학회지』26(1).

노성종·최지향·민영. 2017. "가짜뉴스효과의 조건."『사이버커뮤니케이션학보』34(4).

도묘연. 2017. "2016-2017년 촛불 집회 참여가 시민성에 미친 영향력 분석." 『한국지방자치연구』19(2).

매키넌, 레베카. 2014.『인터넷 자유 투쟁』. 김양욱·최형우 옮김. 커뮤니케이션북스.

맥체스니, 로버트 W. 2014.『디지털 디스커넥트』. 전규찬 옮김. 삼천리.

민희·윤성이. 2016. "감정과 정치참여."『한국 정치학회보』50(1).

박상운. 2014. "왜 SNS에서 양극화가 지속되는가?"『사회과학연구』30(1).

박성호·성동규. 2005. "미디어 신뢰도가 정치효능감과 투표행위에 미치는 영향에 관한 연구."『한국언론학보』49(4).

박형신·정수남. 2015.『감정은 사회를 어떻게 움직이는가: 공포 감정의 거시사회학』. 한길사.

서키, 클레이. 2008. 『끌리고 쏠리고 들끓다: 새로운 사회와 대중의 탄생』. 송연석 옮김.
　　갤리온.

선스타인, 캐스. 2009. 『왜 사회에는 이견이 필요한가』. 박지우·송호창. 후마니타스.

_____. 2011. 『우리는 왜 극단에 끌리는가』. 이정인 옮김. 프리뷰.

슈밥, 클라우스. 2016. 『클라우스 슈밥의 제4차 산업혁명』. 송경진 옮김. 새로운현재.

신창선·배영. 2016. "정보의 신뢰와 전달 요인에 대한 연구." 『정보사회와 미디어』 17(3).

심홍진. 2017. "가짜 뉴스(Fake News)와 민주주의." 『KDF Report: Issue & Review on
　　Democracy』 14. 한국민주주의연구소.

오닐, 캐시 오닐. 2017. 『대량살상 수학무기: 어떻게 빅데이터는 불평등을 확산하고
　　민주주의를 위협하는가』. 김정혜 옮김. 흐름출판.

이현출. 2017. "탈진실시대의 대항집회." 현대정치연구소 특별학술대회: 촛불과
　　태극기의 정치 자료집.

장우영. 2004. "정보기술의 정치적 제도화: NEIS 도입 사례를 중심으로." 『한국
　　정치학회보』 38(3).

_____. 2006. "사이버공간의 이념과 정치." 『한국과 국제정치』 22(4).

전상진. 2017. "인지부조화, 맞불 시민, 시간의 실향민." 현대정치연구소 특별학술대회:
　　촛불과 태극기의 정치 자료집.

정우영. 2018. "태극기 집회엔 돈 받고 동원된 노인뿐? …… 대졸·중산층이 절반 넘어."
　　『조선일보』 8월 27일.

정철운. 2017. "태극기 든 '가짜 보수' 광장에 '극단'을 꽂다." 『미디어오늘』 3월 2일.

조유빈·조해수. 2017. "노컷일베, 태극기 집회 기부금으로 발행됐다." 『시사저널』 4월
　　26일.

하승태·이정교. 2011. "미디어 이용량과 선호 콘텐츠 유형이 미디어 신뢰도에 미치는
　　영향." 『한국언론학보』 55(1).

한수경. 2014. "인터넷 여론조작과 숙의적 정치커뮤니케이션." 『정치와 평론』 15.

호네트, 악셀. 2011. 『인정투쟁』. 이현재·문성훈 옮김. 사월의책.

황금비. 2016. "세계 정치권, 뒤흔드는 '가짜뉴스'의 모든 것." 『한겨레신문』 12월 8일.

황용석·권오성. 2017. "가짜뉴스의 개념화와 규제수단에 관한 연구." 『언론과법』 16(1).

Allcott, H. and M. Gentzkow. 2017. "Social media and fake news in the 2016 election." *Journal of
　　Economic Perspectives* 31(2).

Anas, O. 2016. "From Revolutionary to Cyber Realism." M. Gunter, M. Elareshi, K Al-Jaber eds.
　　Social Media in the Arab World. London·New York: I.B.Tauris.

Balch, G. I. 1974. "Multiple indicators in survey research: The concept "sense of political effi-
　　cacy"." *Political Methodology* 1(2).

Bandura, A. 1997. *Self-efficacy: The exercise of control*. New York: Freeman.

_____. 2001. "Social Cognitive Theory: An Agentic Perspective." *Annual Review of Psychology* 52.

Barbalet, J. M. 1998. *Emotion, Social Theory and Social Structure: A Macro-sociological Approach.* Cambridge University Press.

Borah, P. 2013. "Interactions of News frames and incivility in the political blogosphere: Examining perceptual outcomes." *Political Communication* 30.

Campbell, A., B. Gurin, W. E. Miller. 1954. *The Voter Decides.* Evanston, Ill: Row Peterson & Company.

Craig, S. C. and M. A. Maggiotto 1982. "Measuring political efficacy." *Political Methodology* 8(3).

Eisend, M. 2006. "Source credibility dimensions in marketing communication: A generalized solution." *Journal of Empirical Generalizations in Marketing* 10(2).

Festinger, L. 1975. *A Theory of Cognitive Dissonance.* Calif: Stanford University Press.

Frenda, S. J., R. M. Nichols, E. F. Loftus. 2011. "Current issues advances in misinformation research." *Current Directions in Psychological Science* 20(1).

Garrett, R. K., E. C. Nisbet, E. K. Lynch. 2013. "Undermining the corrective effects of media–based political fact checking? The role of contextual cues and naïve theory." *Journal of Communication* 63(4).

Golding, P., H. Sousa, L. van Zoonen. 2012. "Trust and the media." *European Journal of Communication* 27.

Hercus, C. 1999. "Identity, Emotion and Collective Action." *Gender and Society* 13.

Ho, S. S., A. R. Binder, A. B. Becker, P. Moy, D. A. Scheufele, D. Brossard, A. C. Gunther. 2011. "The role of perceptions of media bias in general and issue-specific political participation." *Mass Communication & Society* 14.

Hovland, C. I. and W. Weiss. 1951. "The Influence of source credibility on communication effectiveness." *Public Opinion Quarterly* 15.

Jasper, J. M. 1998. "The Emotions of Protest: Affective and Reactive Emotions in and around Social Movements." *Sociological Forum* 13.

Jones, D. A. 2004. "Why Americans don't trust the media: A preliminary analysis." *The Harvard International Journal of Press/Politics* 9.

Kunda, Z. 1990. "The case for motivated reasoning." *Psychological bulletin* 108(3).

Levi, M., and L. Stoker 2000. "Political trust and trustworthiness." *Annual Review of Political Science* 3.

Lucassen, T., and J. M. Schraagen. 2011. "Factual accuracy and trust in information: The role of expertise." *Journal of the American Society for Information Science and Technology* 62(7).

Miller, W. E., H. M Arthur, J. S. Edward. 1980. *American National Election Studies Data Sourcebook 1952-1978.* Cambridge, Mass.: Harvard University Press.

Newhagen, J. and C. Nass. 1989. *Differential criteria for evaluating credibility of newspapers and TV news.* *Journalism Quarterly* 66.

Norriss, P. 2000. *A Virtuous Circle.* Cambridge: Cambridge University Press.

Nyhan, B. and J. Reifler. 2010. "When corrections fail: The persistence of political misperceptions." *Political Behavior* 32(2).

Petty, R. E., D. T. Wegener, L. R. Fabrigar. 1997. "Attitudes and Attitudes Change." *Annual Review of Psychology* 48(1).

Pinch, T. F. and W. E. Bijker. 1987. "The Social Construction of Facts and Artifacts: Or How the Sociology of Science the Sociology of Technology Might Benefit Each Other." W. E. Bijker, T. P. Huges, T. F. Pinch eds. *The Social Construction of Technological Systems.* Cambridge, Mass: MIT Press.

Polletta, F. and J. M. Jasper. 2011. "Collevtive Identity in Social Movement." *Annual Review of Sociology* 27.

Prior, P., G. Sood, K. Khanna. 2015. *You cannot be serious: The impact of accuracy incentives on partisan bias in reports of economic perceptions.* Quarterly Journal of Political Science 10(4).

Rabin, Matthew and Schrag Joel L. 1999. "First Impressions Matter: A Model of Confirmatory Bias." *Quarterly Journal of Economics* 114(1).

Sarbin, T. R. 1986. "Emotion and Act: Roles and Rhetoric." R. Harre ed. *The Social Construction of Emotions.* Oxford: Blackwell.

Shapiro, A. L. 1999. *The Control Revolution.* Cambridge: Perseus Books.

_____. 2000. *The control Revolution: How the Internet is Putting Individuals in Charge and Changing the World We Know, Public Affairs.*

Taber, C. S. and M. Lodge. 2006. "Motivated skepticism in the evaluation of political beliefs." *American Journal of Political Science* 50(3).

Veba, K. K., L. Scholzman, H. Brady. 1995. *Voice and Equality: Civic Volantarism in American Politics.* Cambridge University Press.

6장

강정인. 2008. "민주화 이전 한국 자유주의의 이념적 특성과 발현양상에 대한 고찰." 『아세아연구』 51(4). 고려대 아세아문제연구소.

_____. 2014. 『한국 현대 정치사상과 박정희』. 아카넷.

강정인·정승현. 2013. "한국 현대정치의 이념적 지형: "민족주의의 신성화"." 『한국과국제정치』 29(4). 경남대 극동문제연구소.

김경숙. 2015. "UN 젠더 주류화 20년과 한국: 거버넌스적 조망."『민족연구』64. 한국민족연구원.

김경희. 2005a. "적극적 조치의 민간부문으로의 확대방안: 미국사례를 중심으로." 『여성연구』68. 한국여성정책연구원.

_____. 2005b. "여성정책 관점의 재구성을 위한 시론적 연구: 여성발전론과 성주류화 개념의 이해를 중심으로."『한국여성학』21(2). 한국여성학회.

김기선미. 2004. "'진보적 여성운동'의 전망." 정진성·안진 외.『한국현대여성사』. 한울아카데미.

김미덕. 2011. "정치학과 젠더: 사회분석 범주로서 젠더에 대한 이해."『한국 정치학회보』 45(2). 한국 정치학회.

김민정. 2015. "프랑스 남녀동수법과 양성평등."『젠더리뷰』36. 한국여성정책연구원.

김엘림. 1996. "여성차별철폐협약."『국제인권법』제1권. 국제인권법학회.

김영옥·김이선·황정미·황정임·마경희. 2006. "제2차 여성정책기본계획의 성과와 과제." 『제2차 여성정책기본계획(2003-2007) 추진성과와 과제』. 한국여성개발원 제34차 여성정책 포럼 자료집.

김은경. 2015. "젠더와 개발에 있어서 WID/GAD, 성 주류화 접근방식에 대한 고찰." 『아시아여성연구』54(2). 숙명여대 아시아여성연구원.

김은실. 2008. "한국의 여성정책과 페미니즘에서의 성 주류화 전략."『국제사회의 성 주류화 동향과 한국의 여성정책 전략』. 한국여성정책연구원 개원25주년 기념 국제학술심포지엄 발표논집.

김혁. 2004. "관료제에서의 여성 대표성에 관한 연구: 한·미 비교를 통한 실질적 대표성의 성취수준에 대한 분석."『한국정책연구』4(2).

마경희. 2007. "성 주류화(gender mainstreaming)에 대한 비판적 성찰."『한국여성학』 23(1), 한국여성학회.

모한티, 찬드라. 2005.『경계없는 페미니즘: 이론의 탈식민화와 연대를 위한 실천(2004)』. 문현아 옮김. 도서출판 여이연.

민무숙·양인숙·윤덕경·황정임·마경희·김양희·최윤정. 2011.『제3차 여성정책기본계획 이행점검 및 제4차 여성정책기본계획 수립을 위한 기초연구』. 여성가족부.

바치, 캐롤. 2009. "성 주류화와 적극적 조치, 그리고 다양성: 성평등 정책의 정치와 의미." 『성주류화의 이론과 실천』. 국제학술심포지엄 발표논집. 한국여성정책연구원.

박경순. 2008. "여성을 위한 적극적 우대조치에 관한 연구."『서강법학』10(1). 서강대학교 법학연구소.

박의경. 2016. "젠더정치 활성화를 위한 모색: 그 성과와 전망을 중심으로." 『현대사회과학연구』20. 전남대 사회과학연구소.

박주연. 2017. "'양성평등' 적폐 청산하고 '성평등' 정책 펴야: 여성가족부 제2차 양성평등정책 기본계획에서 용어 혼용."『일다』12월 22일.

박혜영·정재명. 2010. "공직인사 상 유리천장(glass ceiling)현상에 관한 연구:
　　　　지방자치단체 남녀공무원의 인식차이를 중심으로."『지방정부연구』13(4).
　　　　한국지방정부학회.
배귀희·차재권. 2008. "여성공무원 채용목표제의 정책 효과 분석."
　　　　『정책분석평가학회보』18(1). 한국정책분석평가학회.
배은경. 2004. "사회분석 범주로서의 '젠더' 개념과 페미니스트 문화 연구."
　　　　『페미니즘연구』4(1). 한국여성연구소.
백현석. 2005. "여성 정책 용어, 알기 쉽게 바뀐다"『오마이뉴스』3월 16일.
부르디외, 피에르. 2000.『남성지배』. 김용숙·주경미 옮김. 동문선.
부츠, 크리스틴·시나몬 베네트. 2004. "유럽연합의 성 주류화: 평등 기회에 대한 새로운
　　　　개념과 실천을 향하여?" 김영옥·마경희 편역.『주류화와 성평등의 논리: 한국
　　　　여성정책의 뉴 패러다임 정립을 위한 편역서』. 여성부.
브라운, 크리스티나 폰·잉에 슈테판 편. 2000.『젠더 연구』.
　　　　탁선미·김륜옥·장춘익·장미영 옮김. 나남출판.
스콧, 조안. 2009.『성적 차이, 민주주의에 도전하다』. 오미영 외 옮김. 인간사랑.
여성가족부. 2008.『2008-2012 제3차 여성정책기본계획 수정(판)』.
＿＿＿＿＿. 2013.『제4차 여성정책기본계획(2013-2017)』.
＿＿＿＿＿. 2015.『제1차 양성평등정책 기본계획(2015-2017)』.
＿＿＿＿＿. 2018.『2017년도 양성평등정책 연차보고서』.
여성부. 2001.『제5차 유엔여성차별철폐협약 이행보고서』.
＿＿＿. 2002.『제2차 여성정책기본계획(2003-2007)』.
＿＿＿. 2003.『제1차 여성정책기본계획(1998-2002) 주요 추진성과』.
＿＿＿. 2008a.『제2차 여성정책기본계획(2003-2007) 2007년도 시행실적』.
＿＿＿. 2008b.『제3차 여성정책기본계획(2008-2012) 2008년도 시행계획
　　　　[중앙행정기관]』.
여성특별위원회. 1997.『제1차 여성정책기본계획(1998-2002)』.
영, 케이트. 2004. "젠더관점의 설계: 차이의 세계 만들기." 김영옥·마경희 편역.
　　　　『주류화와 성평등의 논리: 한국 여성정책의 뉴 패러다임 정립을 위한 편역서』. 여성부.
오성진·이수자·이재경·차인순. 2002.『여성정책 용어사전』. 여성부.
월비, 실비아. 2008. "성주류화의 이론과 실천."『국제사회의 성 주류화 동향과 한국의
　　　　여성정책 전략』. 한국여성정책연구원 개원25주년 기념 국제학술심포지엄 발표논집.
유정미. 2019. "반격의 '양성평등'에서 '(양)성평등'의 재정립으로."『한국여성학』35(2).
　　　　한국여성학회.
이병하. 2015. "비동시성의 동시성, 시간의 다중성, 그리고 한국 정치."『국제정치논총』
　　　　55(4). 한국국제정치학회.
이하나. 2015. "여성가족부, 양성평등가족부로 바뀌나."『여성신문』3월 23일.

임혁백. 2014. 『비동시성의 동시성: 한국 근대정치의 다중적 시간』. 고려대학교출판부.

자한, 로나크. 2009. "성주류화의 접근, 도구, 방향." 『성주류화의 이론과 실천』. 국제학술심포지엄 발표논집. 한국여성정책연구원.

장필화·김효정·마정연. 2015. "여성주의 임파워먼트를 위한 시론." 『여성학논집』 32(1). 이화여대 한국여성연구원.

전경옥·유숙란·신희선·김은실. 2011. 『한국 근현대 여성사: 정치·사회 3 (1980~현재)』. 모티브북.

전진영. 2013. "국회의원 여성할당제 채택의 정치적 동인 분석." 『한국 정치연구』 22(1). 서울대 한국 정치연구소.

전학선. 2010. "정치적 영역에서 여성참여를 높이기 위한 정당공천 여성할당제와 남녀평등." 『세계헌법연구』 16(2). 세계헌법학회 한국학회.

정인경. 2012. "젠더주류화와 여성의 시민권." 『한국 정치학회보』 46(4). 한국 정치학회.

조영희. 2008. "성주류화의 집행유형에 관한 연구: 국가간 비교분석." 『한국행정학회 2008년도 하계학술대회 발표논문집(3)』. 한국행정학회.

허라금. 2008. "여성주의 성평등 개념을 통해 본 성주류화." 『여성학논집』 25(2). 이화여대 한국여성연구원.

황아란·서복경. 2011. "여성의 정치적 대표성과 선거제도 효과: 지방의원 선거를 중심으로." 『선거연구』 1(1). 한국선거학회.

Boserup, Ester. 1970. *Women's Role in Economic Development*. London: George Allen & Unwin.

CEDAW(Committee on the Elimination of Discrimination against Women). 2004. "General rec ommendation No. 25: Article 4, paragraph 1, of the Convention (temporary special mea sures)"(https://tbinternet.ohchr.org/Treaties/CEDAW/Shared%20Documents/1_Global /INT_CEDAW_GEC_3733_E.pdf).

Daly, Mary. 2005. "Gender Mainstreaming in Theory and Practice." *Social Politics* 12(3).

ECOSOC. 1990. Resolutions 1990/15. Recommendations and conclusions arising from the first review and appraisal of the implementation of the Nairobi Forward-looking Strategies for the Advancement of Women to the year 2000.

Norris, Pippa and Drude Dahlerup. 2015. "On the Fast Track: The Spread of Gender Quota Poli cies for Elected Office." Havard Kennedy School Faculty Research Working Paper Series, No. RWP15-041(https://www.hks.harvard.edu/publications/fast-track-spread-gender-q uota-policies-elected-office).

Pitkin, Hanna Fenichel. 1967. *The concept of representation*. Berkeley and Los Angeles: Univ. of California Press.

Squires, Judith. 2004. "Gender Quotas in Britain: A Fast Track to Equality?" Quotas - a Key to E quality?, Working Paper Series 2004:1, Stockholm: Department of Political Science, Sto ckholm University(https://www.researchgate.net/publication/228711857_Gender_quot as_in_Britain_a_fast_track_to_equality).

Sterner, Gunilla and Helene Biller. 2007. *Gender Mainstreaming in the EU Member States: Progress, Obstacles and Experiences at Governmental level, Ministry of Integration and Gender Equality, Sweden.*

UN Women. 2000. "Gender Mainstreaming." extract from Report of the ECOSOC for 1997(A/52/3, 18 September 1997, Ch.Ⅳ).

Walby, Sylvia. 2005. "Introduction: Comparative Gender Mainstreaming in a Global Era." *International Feminist Journal of Politics* 7(4).

7장

노병호. 2014. 『전후 일본의 내셔널리즘과 미국』. 신서원.

서동주. 2018. "전후일본의 친미내셔널리즘과 문화보수주의: 에토 준의 전후민주주의 비판론을 중심으로." 『한일민족문제연구』 34. 한일민족문제학회.

요시미 순야. 2008. 『왜 다시 친미냐 반미냐: 전후일본의 정치적 무의식』. 산처럼.

장인성. "고도대중사회 일본과 보수주의: 니시베 스스무(西部邁)의 보수이념." 『일본사상』 26. 한국일본사상사학회.

_____. 2018. "세계사와 포월적 주체: 고야마 이와오의 역사철학과 근대비판." 『일본비평』 19. 서울대학교 일본연구소.

_____. 2021. 『현대일본의 보수주의』. 연암서가.

조관자. 2017. "'전후'의 시간의식과 '탈전후'의 지향성." 조관자 엮음. 『탈전후 일본의 사상과 감성』. 박문사.

Desmond, Jane C. 2012. "Americanization." *Encyclopedia of Global Studies.* Thousand Oaks, Calif: SAGE Publications, Inc.

Dower, John. 1999. *Embracing Defeat: Japan in the Wake of World War II.* New York: W. W. Norton & Company.

Elteren, Mel van. 2006. "Rethinking Americanization Abroad: Toward a Critical Alternative to Prevailing Paradigms." *The Journal of American Culture* 29(3).

Koschmann, J. Victor. 1996. *Revolution and Subjectivity in Postwar Japan.* Chicago: University of Chicago Press.

『世界』編集部 編. 2005. 『戦後60年を問い直す』. 東京: 岩波書店.

加藤典洋. 1985. 『アメリカの影』. 東京: 河出書房新社.

江藤淳. 1967a.「〈戦後〉知識人の破産」(1960).『江藤淳著作集』6. 東京: 講談社.

_____. 1967b.「政治的季節のなかの個人」(1960b).『江藤淳著作集』6. 東京: 講談社.

_____. 1967c.「新しい国体」(1965).『江藤淳著作集』6. 東京: 講談社.

_____. 1967d.「安保闘争と知識人」(1965).『江藤淳著作集』6. 東京: 講談社.

_____. 1973.「ごっこの世界が終わった時」(1970).『江藤淳著作集』続3. 東京: 講談社.

_____. 1975.『成熟と喪失: '母'の崩壊』. 東京: 河出書房新社.

_____. 1980.『一九四六年憲法』. 東京: 文藝春秋.

古矢旬. 2002.『アメリカニズム:「普遍国家」のナショナリズム』. 東京: 東京大学出版会.

亀井俊介. 1978.『自由の聖地: 日本人のアメリカ』. 東京: 研究社出版.

_____. 1979.『メリケンからアメリカへ: 日米文化交渉史覚書』. 東京: 東京大学出版会.

大熊信行. 1957.『国家悪: 戦争責任は誰のものか』. 東京: 中央公論社.

林房雄. 1964.『大東亜戦争肯定論』. 東京: 番町書房.

福田恆存. 1987a.「戦争と平和と」(1955).『福田恆存全集』제3권. 東京: 文藝春秋.

_____. 1987b.「平和論に対する疑問」(1954).『福田恆存全集』제3권. 東京: 文藝春秋.

上山春平. 1972.『大東亜戦争の遺産』. 東京: 中央公論社.

西部邁. 1984.『生まじめな戯れ: 価値相対主義との闘い』. 東京: 筑摩書房.

_____. 1987.『大衆の病理: 袋小路にたちすくむ戦後日本』. 東京: 日本放送出版協会.

_____. 1989.『ニヒリズムを超えて』. 東京: 日本文芸社.

_____. 1991.『戦争論: 絶対平和主義批判』. 東京: 日本文芸社.

_____. 1996.『破壊主義者の群れ: その蛮行から日本をいかに守るか』. 東京: PHP研究所.

_____. 2002.『保守思想のための39章』. 東京: 筑摩書房.

_____. 2005.『無念の戦後史』. 東京: 講談社.

_____. 2011.『文明の敵・民主主義: 危機の政治哲学』. 東京: 時事通信社.

_____・小林よしのり. 2002.『反米という作法』. 東京: 小学館.

小林敏明. 2010.『〈主体〉のゆくえ: 日本近代思想史への一視角』. 東京: 講談社.

小熊英二. 2002.『〈民主〉と〈愛国〉: 戦後日本のナショナリズムと公共性』. 東京: 新曜社.

岩佐茂. 2009.「主体性論争の批判的検討」.『一橋大学研究年報 人文科学研究』28. 一橋大学.

佐伯啓思. 2008.『自由と民主主義をもうやめる』. 東京: 幻冬舎.

中曾根康弘 외. 1992.『共同研究「冷戦以後」』. 東京: 文藝春秋.

村上兵衛. 1963.「大東亜戦争私観」.『中央公論』3月号.

8장

강진석. 2006. "리쩌허우 현대화 이론의 방법과 적용."『국제지역연구』10(1).

_____. 2006. "리쩌허우 '서체중용' 이론의 구조와 의의."『중국학연구』 36.

_____. 2011.『체용철학』. 문사철.

_____. 2018. "리쩌허우의 '유학 4기설'을 어떻게 볼 것인가?"『중국학보』 83.

리쩌허우·류짜이푸. 2003.『고별혁명』. 김태성 옮김. 북로드.

마오쩌둥. 2018.『마오쩌둥 주요 문선』. 이등연 옮김. 학고방.

조경란. 2013.『중국 지식인 지도』. 글항아리.

李澤厚. 1999.『己卯五說』. 北京: 中國電影出版社.

_____. 2002.『歷史本體論』. 北京: 三聯書店.

_____. 2012.『說西體中用』. 上海: 上海譯文出版社.

張岱年. 1991. 「評所謂'西體中用'」.『商討與爭鳴』.

張之洞.『勸學篇』.

9장

강정인. 2013.『넘나듦의 정치사상』. 후마니타스.

거자오광(葛兆光). 2017. "기상천외: 최근 대륙신유학의 정치적 요구."『동양철학』 48.
　　　양일모 옮김. 한국동양철학회.

김현주. 2018. "헌정의 중국성이 갖는 이데올로기적 성격: 姚中秋의 유가헌정민생주의를
　　　중심으로."『유교사상문화연구』 71. 한국유교학회.

롤스, 존. 2016.『정치적 자유주의』. 장동진 옮김. 동명사.

_____. 2004.『정의론』. 황경식 옮김. 이학사.

벨, 대니얼 A. 2017.『차이나 모델: 중국의 정치 지도자들은 왜 유능한가』. 김기협 옮김.
　　　서해문집.

송인재. 2015. "21세기 중국 정치 유학의 이념과 쟁점."『유학연구』 33. 충남대학교
　　　유학연구소.

안재호. 2016. "대륙신유가와 중국문화정책: 유교만능주의를 피하기 위하여."
　　　『중국학보』 78. 한국중국학회

이석희. 2018. "조선 유교입헌주의의 성립과 붕괴: 도통론과 문묘배향논쟁을 중심으로."
　　　서강대학교 석사학위논문.

이연도 2009. "정치유학의 의미와 문제: 대동, 소강설을 중심으로."『중국학보』 60. 한국중국학회.

정종모. 2017. "현대신유학 내부의 충돌과 분열: 장경(蔣慶) 유교헌정론에 대한 비판을
　　　중심으로."『유학연구』 39. 충남대학교 유학연구소.

정치학대사전편찬위원회 편. 2002.『21세기정치학대사전』. 아카데미아리서치.

조경란. 2018. "2000년대 중국의 유교부흥 현상 분석: 의미와 문제점."『한국학연구』49. 인하대학교 한국학연구소.

최연식. 2009. "『예기』에 나타난 예의 법제화와 유교입헌주의."『한국 정치학회보』43(1). 한국 정치학회.

함재학. 2008. "유교적 입헌주의와 한국의 헌정사."『헌법학연구』14(3). 한국헌법학회.

Chan, Joseph. 2014. *Confucian Perfectionism: A Political Philosophy for Modern Times*. Princeton University Press.

Elstein, David. 2015. *Democracy in contemporary Confucian philosophy*. Routledge.

Qing, Jiang. 2013. *A Confucian Constitutional Order: How China's Ancient Past Can Shape Its Political Future*. Princeton University Press.

干春松. 2012.『制度儒家及其解體(增訂版)』. 中國人民大學出版社.

_____. 2015.『康有爲與儒學的新世』. 華東師範大學出版社.

_____. 2017.『制度儒學(增訂版)』. 中央編譯出版社.

孔穎達.『尙書精義』

郭齊勇. 2017.『現當代新儒家思想研究』. 人民出版社.

四川省社會科學界聯合會. 2016.『天府新論』2期. 天府新论编辑部.

姚中秋. 2013.『儒家憲政主義傳統』. 中國政法大學出版社.

_____. 2016.『儒家憲政論』. 香港城市大學出版社.

任鋒 主編. 2015.『儒家與憲政論集』. 中央編譯出版社.

蔣慶 等. 2016.『中國必須再儒化: 大陸新儒家新主張』. 八方文化工作室.

蔣慶. 2011.『再論政治儒學』. 華東師範大學出版社.

____. 2014a.『廣論政治儒學』. 東方出版社.

____. 2014b.『公羊學引論(修訂本)』. 福建教育出版社.

____. 2014c.『政治儒學(修訂本)』. 福建教育出版社.

蔣慶·範瑞平·洪秀平 編. 2012. "儒學在當今中國什麼用?"『儒家憲政與中國未來』. 華東師範大學出版社.

朱熹.『詩經集傳』

曾亦·郭曉東 編. 2013.『何謂普世? 誰的價值?: 當代儒家論普世價值』. 華東師範大學出版社.

陳明. 2009.『文化儒學: 思辨與論辨』. 四川人民出版社.

陳祖爲·範瑞平·洪秀平 編. 2012. "儒家憲政的合法性問題."『儒家憲政與中國未來』. 華東師範大學出版社.

陳弘毅. 2014. "儒家與憲政: 從張君勱先生的生平與志業談起)"『中國法律評論』1期. 法律出版社.

許紀霖. 2012. "儒家憲政的現實與歷史."『開放時代』1期. 廣州市社會科學院.

● 이 책에 실린 글들의 최초 출전이 다음과 같음을 밝힌다.

1장   정승현. 2019. "한국의 '사회주의 변혁'좌파의 인식과 지향."
      『한국정치연구』 28(2).

2장   전재호. 2019. "한국의 반일(反日) 민족주의 연구: 담론의 변화와 특징."
      『한국과 국제정치』 35(2).

3장   이지윤. 2019. "2000년대 이후 한국 보수주의의 변화: 에드먼드 버크와
      뉴라이트의 역사적 서사를 중심으로."『정치사상연구』 28(1).

4장   이관후. 2018. "'시민의회'의 대표성: 유권자 개념의 변화와 유사성 문제를
      중심으로."『한국정치학회보』 52(2).

5장   장우영. 2018. "정보/미디어 선택과 편향 동원: 태극기집회를 사례로."
      『한국정치학회보』 52(5).

6장   최일성. 2020. "여성할당제인가, 젠더할당제인가: 한국의 할당제 정책에
      내재된 '비동시성의 동시성'."『정치사상연구』 26(1).

7장   장인성. 2019. "일본 보수지식인의 전후/탈전후의식과 '아메리카': 에토
      준, 니시베 스스무의 아메리카니즘 비판과 보수적 주체화."
      『국제정치논총』 59(2).

8장   황종원. 2019. "이택후의 서체중용론의 정치사상적 함의와 기술 철학적
      토대."『중국학논총』 62.

9장   정종모. 2018. "대륙신유가의 유교헌정주의 담론: 그 배경과 맥락, 그리고
      비판들."『철학탐구』 51.